2025年度版

# 高卒警察官 教養試験 過去問350

【試験ガイド】



【令和５年度試験出題例】

【高卒警察官〈教養試験〉過去問&解説No.1〜No.350】



◆本書は、平成９年度から令和５年度の過去問を収録しています。
◆各科目の問題数は、過年度試験の出題比率を考慮して配分しています。したがって、主要科目ほど掲載数が多くなっています。
◆法改正、制度変更などがあった分野の問題、またはデータが古くなった事情問題は、問題文を最新情報に基づいた記述に改めたうえで、〈改題〉表示をしています。
◆本書に掲載した過去問は、受験者から寄せられた情報をもとに実務教育出版が独自に復元したものです。したがって、必ずしも実際の試験問題と同一であるとは限りません。


資格試験研究会編



実務教育出版

# 高卒警察官<br>試験ガイド

# ① 試験概要

**受験しやすく，複数回受験可能な場合もあり，人気があるのが，高卒警察官採用試験だ。令和５年度の情報をもとに，その仕事内容や採用試験の仕組みなどを紹介していこう。**

## ■仕事ガイド

日本の治安を維持するために日夜活躍しているのが警察官である。警察官は公安職の地方公務員であり，その仕事には，交通取締りやパトロールのほかに，警察の各部門の業務を円滑に進めるための調整や企画，自動車教習所や警備業者などの関係団体への指導育成，コンピュータなどによる情報処理などさまざまなものがある。各自の能力や特性，取得した資格などを生かす道は多数用意されているといえる。

### ●組織体系

都道府県警察が独立しており，各都道府県の公安委員会のもとに警察本部が置かれている。たとえば静岡県警の場合，警察本部は総務部，警務部，生活安全部，地域部，刑事部，交通部，警備部，静岡市警察部，浜松市警察部の各部に分かれており，さらに各地域を管轄する警察署がある。

### ●採用後は警察学校へ

採用されると，まず各都道府県の警察学校に入学し，10か月程度で警察官に求められる基礎知識や技能などを習得する。具体的な授業のカリキュラム例は次のとおり。

**【授業のカリキュラム例】**

| 科目 | 内容 |
|---|---|
| 一般教養 | 職務倫理，国語，英会話，OAなど |
| 法　学 | 憲法，刑法，民法，刑事訴訟法，警察行政法など |
| 警察実務 | 警務一般，生活安全警察，地域警察，刑事警察，交通警察，警備警察など |
| 術　科 | 体育，柔道，剣道，逮捕術，救急法，けん銃操法，点検，礼式，教練など |
| その他 | 実務研修，各種行事 |

すべての分野が，専門の教官によって教えられる。よって，柔道・剣道などは初心者であっても卒業時には有段者になることができるという。多くの警察学校が全寮制ではあるが，週休２日制で週末は帰宅が許されている。

卒業後は，警察署に配属され交番などの第一線で経験を積むことになる。

### ●勤務時間・異動

警察官の勤務体系は，「通常勤務」と「交替制勤務」の２種類に大別される。

通常勤務は完全週休２日制で，１週間の勤務時間は40時間である。交番や交通取締りなどの仕事に就く場合は，交替制勤務となり，３交替であれば，１日ごとに当番—非番—週休（または日勤）のローテーションとなる。その場合でも，１週間の勤務時間が40時間になるように調整される。

勤務場所は，原則的には採用された都道府県内の警察署や交番などだが，警察庁や関係機関等に出向・派遣されることもある。

### ●給与・休暇など

給与は各都道府県ごとに規定されており，公安職として地方公務員の中でも優遇措置がとられている。

たとえば静岡県の場合，高校卒の新規採用者の給与は約198,900円（令和５年１月１日現在）で，警察学校卒業後は，このほかに通勤手当や住居手当，特殊勤務手当なども支給される。

休暇は自治体により異なるが，年次有給休暇は年間20日程度で，そのほかに特別休暇（結婚，忌引，夏季など）が設定されている。

また，共済制度も充実しており，警察共済施設や各種公務員施設を優遇利用できるのはもちろん，契約民間スポーツ施設などを利用できる。

官舎なども整備されており，ワンルーム形式の独身寮やマンション形式の家族住宅なども低料金のため多くの職員に利用されている。

### ●階級・昇任

警察官には，巡査→巡査長→巡査部長→警部補→警部→警視→警視正といった階級がある。

昇任には，試験による昇任と勤務成績や勤続年数に基づく昇任がある。自治体によって異なるが，たとえば静岡県では，高卒者の場合採用後４年で巡査部長への昇任試験を受けることができる。

## ■試験ガイド

警察官の採用試験は，各都道府県ごとに実施される。高卒程度の場合は，警察官Bと呼ばれることが多い。

### ●試験日程

1次試験は，例年，北海道と本州の大半の自治体では9月に行われ，四国や九州の多くでは10月に行われる。そのほか，青森県などのように，9月に行っていても独自の試験日に実施しているところもある。

また自治体によっては，年に数回採用試験を行っているところもある。

### ●教養試験

知識分野（社会科学・人文科学・自然科学）と知能分野（文章理解・判断推理・数的推理・資料解釈）から各25題程度ずつの計50題出題され，試験時間は120分から150分が多い。問題の難易度は，国家一般職（高卒）よりも若干やさしい。また，択一式試験のほかに漢字の書取りを課すところもある。

択一式の教養試験の内容は，試験日によってほぼ共通の問題が出題されている。本書では⓮～⓲ページに令和3年度以降の高卒程度警察官試験，ならびに警視庁警察官Ⅲ類試験の出題内訳表と，分析記事を掲載している。

なお，柔道・剣道の段位や語学資格の取得者等に試験で一定点を加算する「資格加点」を導入するところも増えている。

### ●作文試験

すべての自治体で主に1次試験で実施されている。試験時間はだいたい60分で，字数は600字から1,000字というのが主流。課題としては，例年警察官に関するものが多く，これまでに「警察官を選んだ理由」「警察官になってやりたいこと」「理想の警察官像」などが出されている。

### ●身体検査・体力検査

身体基準についての測定のほかに精密検査を行うところが多い。

体力検査は，2次試験で実施されることが多く，垂直跳び，握力，反復横跳び，腕立て伏せ，上体起こしなどが実施される。

### ●共同試験

男性警察官の採用試験には，「共同試験」という制度がある。これは，各都道府県が協力して採用試験を実施し，受験者がその中から志望都道府県を選択して併願できる制度である。その仕組みを次の図に即して説明すると，A県で受験するとして第2志望としてB県も志望することを申込書に記入すれば，A・B両県を同時に受験するものとして取り扱われる。A県の1次試験で不合格になっても，B県に合格することがあり，つまり，合格のチャンスが広がることを意味する。もっとも「志望できるのは第2志望までで，かつ受験地を第2志望にはできない」という条件がつくところがほとんどである。

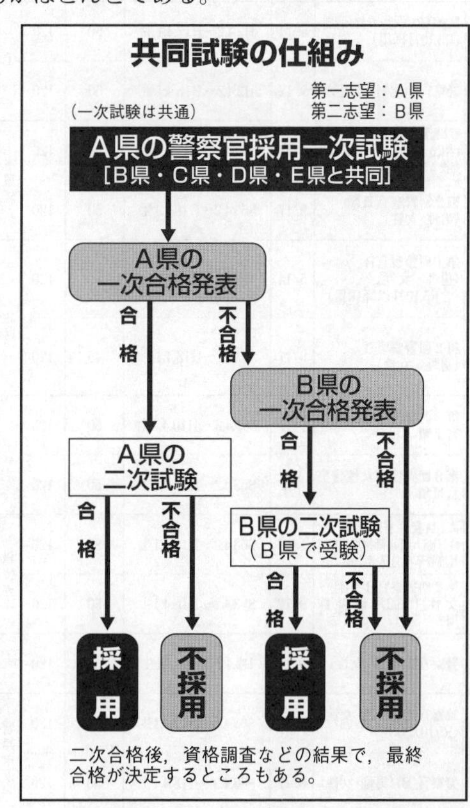

## 5年度 警察官（男性・女性）〈高卒・短大卒程度〉試験構成一覧

| 自治体名 | 試験区分等 | 一次試験日 | 年齢資格 | 教養試験（特に記述のないものは，一次で実施）択一式 題数 | 択一式 時間(分) | 記述式・短答式，資格加点等 ①・②の別，試験名(内容)，題数，時間 | 作文（論文）試験 ①or② | 字数(程度) | 時間(分) | 面接試験 ①or②or③ | 形式 個…個別面接 集…集団面接 討…集団討論 | その他 適…適性検査 性…性格検査 身…身体検査 測…身体測定 体…体力検査 資…資格調査 |
|---|---|---|---|---|---|---|---|---|---|---|---|---|
| 北海道 | 警察官（第1回）男性B区分・女性B区分（含R5.10月採用）（高校在学中の者を除く） | 5/14 | H3.4.2～H18.4.1生 | *50* | *120* | ①資格加点（柔道，剣道，スポーツ歴，北海道警察学生ボランティア活動歴，語学〈英語，ロシア語，中国語，韓国語，その他〉，その他）※1 | ①＊ | *800* | *60* | ② | 個 | ①適 ②体，身 資 |
| | 警察官（第2回）男性B区分・女性B区分 | 9/17 | H3.4.2～H18.4.1生 | *50* | *120* | | ①＊ | *800* | *60* | ② | 個 | ①適 ②体，身 資 |
| 青森県 | 警察官B（男性・女性） | 9/24 | H3.4.2～H18.4.1生 | 50 | 120 | ①資格加点（柔道，剣道，中国語，韓国語） | ② | 800 | 60 | ② | 集・個 | ①適 ②適，体，身 |
| 岩手県 | 警察官B（男性・女性） | 9/17 | S63.4.2～H18.4.1生 | 50 | 120 | ①資格加点（英語，中国語，韓国語，財務，情報処理，武道〈柔道，剣道〉） | ① | *1,000* | 60 | ② | 個 | ①適 ②適，体，身 |
| 宮城県 | 警察官B（男性・女性） | 9/17 | S63.4.2～H18.4.1生 | 50 | 120 | ①資格加点（柔道，剣道，英語，中国語，韓国語，財務，情報処理 | ①＊ | *無制限* | 60 | ② | 個 | ②適，身，体 資 |
| 秋田県 | 警察官B・女性警察官B | 9/17 | S63.4.2～H18.4.1生 | 50 | 120 | なし | ① | 800 | 60 | ② | 個 | ②体，適，身体精密検査 資 |
| 山形県 | 警察官B（男性・女性） | 9/17 | S63.4.2～H18.4.1生 | 50 | 120 | ①資格加点（英語，中国語，韓国語，ベトナム語，情報処理 | ② | 1,000 | 60 | ② | 個 | ①体 ②適，測，身，体 |
| 福島県 | 警察官B（男性・一般）（女性・一般） | 9/17 | H2.4.2～H18.4.1生 | 50 | 120 | なし | ① | 800 | 60 | ② | 個・討 | ②適，体，身 |
| 茨城県 | 第1回警察官B（男性・女性）（R6.3月高校卒業見込者を除く） | 5/14 | S63.4.2～H17.4.1生 | | 120 | ①資格加点（武道〈柔道，剣道〉，スポーツ，語学〈英語，中国語，韓国語，ポルトガル語，スペイン語，ベトナム語，タイ語〉，財務，情報処理）※2 | ① | 500～800 | 60 | ② | 討・個 | ②身，体，適 資 |
| | 第2回警察官B（男性・女性） | 9/17 | S63.4.2～H18.4.1生 | | 120 | | ① | 500～800 | 60 | ② | 討・個 | ②身，体，適 資 |
| 栃木県 | 警察官（高卒者等）第1回（男性・女性）（R5.10月またはR6.4月採用） | 5/14 | H2.4.2～H17.4.1生 | 50 | 120 | ②資格加点（英語，中国語，韓国語，財務，情報，柔道，剣道） | ①＊ | 800 | 60 | ② | 集・個 | ②身，体，適 資 |
| | 警察官（高卒者等）第2回（男性・女性） | 9/17 | H2.4.2～H18.4.1生 | 50 | 120 | | ①＊ | 800 | 60 | ② | 集・個 | ②身，体，適 資 |
| 群馬県 | 警察官B（男性・女性）特別（R5.10月採用） | 5/14 | H2.4.2～H17.4.1生 | 50 | 120 | ①資格加点（柔道，剣道） | ①＊ | 900 | 60 | ②，③ | ②集 ③個・自己PR | ②体 ③身体外形・精密，適 |
| | 警察官B（男性・女性） | 9/17 | H2.4.2～H18.4.1生 | 50 | 120 | | ①＊ | 900 | 60 | ②，③ | ②集 ③個・自己PR | ②体 ③身体外形・精密，適 |
| 埼玉県 | 第1回警察官Ⅲ類（男性・女性）（含R5.10月以降採用）（R6.3月高校卒業見込者を除く） | 5/14 | S63.4.2～H17.4.1生 | 50 | 120 | ①資格加点（武道〈空手，日本拳法，柔道，剣道，合気道〉，情報，財務，語学〈英語，中国語，韓国語，ベトナム語〉，スポーツ経歴）※3 | ①＊ | 700～900 | 60 | ② | 個 | ①適 ②身，体 |
| | 第2回警察官Ⅲ類（男性・女性） | 9/17 | S63.4.2～H18.4.1生 | 50 | 120 | | ①＊ | 700～900 | 60 | ② | 個 | ①適 ②身，体 |
| 千葉県 | 第1回警察官B（男性・女性）（含R5.10月以降採用） | 5/14 | H5.4.2～H17.4.1生 | 45 | 120 | ①資格加点（術科〈柔道，剣道〉，語学〈英語，中国語，韓国語〉，財務，情報処理） | ①＊ | | 60 | ② | 個 | ①体格・体力検査（男性の体力検査のみ），②適，身，体格・体力検査，資 |
| | 第2回警察官B（男性・女性） | 9/17 | H5.4.2～H18.4.1生 | 45 | 120 | | ①＊ | *900* | 60 | ② | 個 | ①体格検査，体力（男性の体力検査のみ），②適，身，体格・体力検査，資 |
| 警視庁 | 第2回男性・女性警察官Ⅲ類 | 9/17 | S63.4.2,～H18.4.1生 | 50 | 120 | ①国語試験（五肢択一式・20分），資格経歴等の評定 ※4 | ① | *1,000* | 80 | ② | *個* | ①適 ②身，体，適 |
| | 第3回男性・女性警察官Ⅲ類 | R6.1/7 | S63.4.2～H18.4.1生 | 50 | 120 | | ① | *1,000* | 80 | ② | *個* | ①適 ②身，体，適 |
| 神奈川県 | 第1回警察官B（男性・女性）（R5.10月以降採用）（R6.3月高校卒業見込者を除く） | 5/14 | S63.4.2～H18.4.1生 | 50 | 120 | ①資格加点（柔道，剣道，情報処理，語学（英語，中国語，韓国語，スペイン語，ポルトガル語，ベトナム語），スポーツ歴 ※5 | ①＊ | 600 | 60 | ② | 個 | ①適 ②体格検査，体，身 |
| | 第2回警察官B（男性・女性）（R6.2月以降採用） | 9/17 | S63.4.2～H18.4.1生 | 50 | 120 | | ①＊ | 600 | 60 | ② | 個 | ①適 ②体格検査，体，身 |
| 山梨県 | 警察官B（男性・女性） | 9/17 | H2.4.2～H18.4.1生 | 50 | 120 | ①資格加点（武道〈柔道，剣道〉，英語，情報処理） | ①（三次で評価） | | 60 | ②，③ | ②個，③個 | ②身，体，適 ③身 資 |
| 長野県 | 警察官（B）（男性・女性）（R5.10月採用） | 5/14 | S63.4.2～H17.4.1生 | 50 | 120 | ①資格加点（武道・スポーツ歴〈柔道，剣道，空手他〉，語学〈英語，中国語，韓国語，ポルトガル語，ベトナム語，タイ語〉，簿記，情報処理，心理） | ② | 800 | 60 | ② | 個・個 | ②適，体，身 資 |
| | 警察官（B）（男性・女性） | 9/17 | S63.4.2～H18.4.1生 | 50 | 120 | | ② | 800 | 60 | ② | 個・個 | ②適，体，身 資 |

| 5年度 警察官（男性・女性）〈高卒・短大卒程度〉試験構成一覧 | | | | 試験構成 | | | | | | | | |
|---|---|---|---|---|---|---|---|---|---|---|---|---|
| | | | | 教養試験（特に記述のないものは，一次で実施） | | | 作文（論文）試験 | | | 面接試験 | | その他<br>適…適性検査<br>性…性格検査<br>身…身体検査<br>測…身体測定<br>体…体力検査<br>資…資格調査 |
| 自治体名 | 試験区分等 | 一次試験日 | 年齢資格 | 択一式 題数 | 択一式 時間（分） | 記述式・短答式，資格加点等<br>①・②の別，試験名（内容），題数，時間 | ①or② | 字数（程度） | 時間（分） | ①or②or③ | 形式<br>個…個別面接<br>集…集団面接<br>討…集団討論 | |
| 新潟県 | 男性警察官Ｂ・女性警察官Ｂ | 9/17 | H2.4.2～H18.4.1生 | 45 | 105 | なし | ①* | 800 | 60 | ② | | ①適<br>②体，身 |
| 岐阜県 | 警察官B（男性・女性） | 9/17 | S63.4.2～H18.4.1生 | 50 | 120 | ①資格加点（柔道，剣道，語学〈英語，中国語，ポルトガル語，韓国語〉，簿記，情報処理，スポーツ経歴） | ①* | 無制限 | 60 | ② | 個 | ②身，体，適，身体精密検査 |
| 静岡県 | 警察官B（男性・女性） | 9/17 | S63.4.2～H18.4.1生 | 40 | 100 | ①経歴評定（武道〈柔道，剣道〉，語学〈英語，中国語，韓国語，ポルトガル語，スペイン語〉，情報処理，簿記） | ①* | 575 | 50 | ② | 個・討 | ②適，測，体，身 |
| 愛知県 | 第１回警察官B（男性・女性）（R5.10月採用）（R6.3月高校卒業見込者を除く） | 5/14 | H5.4.2～H17.4.1生 | 50 | 120 | なし | ①* | 800 | 60 | ② | | ①適<br>②適，身，体 |
| | 第２回警察官B（男性・女性） | 9/17 | H5.4.2～H18.4.1生 | 50 | 120 | なし | ①* | 800 | 60 | ② | | ①適<br>②適，身，体 |
| 三重県 | 警察官B（男性・女性） | 9/17 | S63.4.2～H18.4.1生 | 50 | 120 | ①資格加点（柔道，剣道，情報処理，英語，簿記） | ①* | 600 | 60 | ② | 個 | ①適<br>②身 |
| 富山県 | 第２回男性警察官B<br>第２回女性警察官B | 9/17 | S63.4.2～H18.4.1生 | 50 | 120 | ②資格加点（剣道，柔道，空手，英語，中国語，韓国語，ロシア語，ポルトガル語，スペイン語，ベトナム語，情報処理） | ① | 600 | 60 | ② | 個・個 | ②体，適，身 |
| 石川県 | 警察官B・女性警察官B | 9/17 | H2.4.2～H18.4.1生 | 50 | 120 | ①資格等加点（柔道，剣道，英語，中国語，韓国語，ポルトガル語，スペイン語，ベトナム語，簿記，情報処理） | ① | 600 | 60 | ② | 個 | ①適<br>②体，身<br>資 |
| 福井県 | 警察官（男性B・女性B） | 9/17 | H5.4.2～H18.4.1生 | | 120 | ②段位加点（柔道，剣道），英語，情報処理 | ② | | 50 | ② | 個 | ①適<br>②身，体，適<br>資，身体検査書提出 |
| 滋賀県 | 警察官（男性B・女性B） | 9/17 | S63.4.2～H18.4.1生 | 50 | 120 | ①資格加点（武道等資格〈柔道，剣道，拳銃〉，語学資格〈英語，中国語，ポルトガル語，スペイン語，韓国語〉，サイバー関連資格，簿記検定資格） | ①* | | 60 | ② | 個・討 | ②身，身体精密検査，適，体 |
| 京都府 | 第１回警察官（男性B）（R5.10月採用） | 5/14 | S63.4.2～H17.4.1生 | 50題中45題選択 | 120 | ①資格加点（柔道，剣道，柔・剣道の全国大会出場者，語学（英語，中国語，韓国語，ポルトガル語，スペイン語，ベトナム語，タイ語，ロシア語），情報処理） | ①* | | 60 | ①，② | ①集，②個 | ①適，体，面接カード1，2 ※6<br>②身 |
| | 第１回警察官（男性B・女性B）（R6.4月採用）（R6.3月高校卒業見込者を除く） | | | | | | | | | | | |
| | 第２回警察官（男性B・女性B） | 9/17 | S63.4.2～H18.4.1生 | 50題中45題選択 | 120 | | ①* | | 60 | ①，② | ①集，②個 | ①適，体，面接カード1，2 ※6<br>②身 |
| 大阪府 | 第１回警察官B（男性・女性）（R6.4月以降採用）（R6.3月高校卒業見込者を除く） | 5/4 | H2.4.2～H18.4.1生 | 45 | 120 | ①資格加算（柔道，剣道） | ①* | 1,000 | 60 | ② | ①エントリーシート，②個 | ②身（一般精密），適，体 |
| | 第２回警察官B（男性・女性） | 9/17 | H2.4.2～H18.4.1生 | 45 | 120 | | ①* | 1,000 | 60 | ② | ①エントリーシート，②個 | ②身（一般精密），適，体 |
| | 第３回警察官B（男性・女性）（R6.3月高校卒業見込者に限る） | R6.1/6 | H2.4.2～H18.4.1生 | 45 | 120 | | ①* | 1,000 | 60 | ② | ①エントリーシート，②個 | ②身（一般精密），適，体 |
| 兵庫県 | 第１回警察官一般区分B（男性・女性）（R5.10月採用）（R6.3月高校卒業見込者を除く） | 5/4 | S62.10.2～H17.10.1生 | 50題中40題選択 | 120 | ①資格加点（語学〈英語，中国語，韓国語〉，簿記，情報処理，優秀スポーツ歴） | ① | 800（論文） | 60 | ② | 個・集 | ①適<br>②体格・体力検査，適，身 |
| | 第２回警察官一般区分B（男性・女性） | 9/17 | S63.4.2～H18.4.1生 | 50題中40題選択 | 120 | | ① | 800（論文） | 60 | ② | 個・集 | ①適<br>②体格・体力検査，適，身 |
| | 第３回警察官一般区分B（男性・女性）（R6.10月採用） | R6.1/13 | S63.10.2～H18.10.1生 | 50題中40題選択 | 120 | | ① | 800（論文） | 60 | ② | 個・集 | ①適<br>②体格・体力検査，適，身 |
| 奈良県 | 警察官B（男性・女性） | 9/17 | H2.4.2～H18.4.1生 | 40 | 120 | ①資格加点（柔道，剣道，英語，中国語，韓国語，ベトナム語，情報処理，財務，国語） | ① | | 60 | ①，② | ①個，②個 | ①体<br>②身，適 |
| 和歌山県 | 警察官B（男性・女性） | 9/17 | H3.4.2～H18.4.1生 | 50 | 120 | ①資格加点（柔道，剣道，英語，情報処理，財務） | ②（三次で評価） | 800 | 60 | ②，③ | ②個，③個 | ①適<br>②体，身，身体精密検査 |
| 鳥取県 | 警察官B（男性・女性）第1回チャレンジコース（R6.3月高校卒業見込者を除く） | 5/14 | S63.4.2～H18.4.1生 | SPI3基礎能力のみ | 70 | なし | ② | | 60 | ② | 個 | ①適<br>②身，体 |
| | 警察官B（男性・女性）第２回 | 9/17 | S63.4.2～H18.4.1生 | 50 | 120 | ①資格加点（英語，中国語，韓国語，ベトナム語，スペイン語柔道，剣道，財務，情報処理，公認心理師または臨床心理士） | ② | | 60 | ② | 個 | ①適<br>②身，体 |
| 島根県 | 警察官（高卒程度）（男性・女性） | 9/17 | H2.4.2～H18.4.1生 | 50 | 120 | ①特技加点（英語，柔道，剣道，情報処理） | ② | | 60 | ② | 個・自己紹介書 | ①身，体<br>②適，身 |

## 5年度 警察官（男性・女性）〈高卒・短大卒程度〉試験構成一覧

| 自治体名 | 試験区分等 | 一次試験日 | 年齢資格 | 試験構成：教養試験（特に記述のないものは，一次で実施）択一式 題数 | 択一式 時間(分) | 記述式・短答式，資格加点等 ①・②の別，試験名(内容)，題数，時間 | 作文(論文)試験 ①or② | 字数(程度) | 時間(分) | 面接試験 ①or②or③ | 形式 個…個別面接 集…集団面接 討…集団討論 | その他 適…適性検査 性…性格検査 身…身体検査 測…身体測定 体…体力検査 資…資格調査 |
|---|---|---|---|---|---|---|---|---|---|---|---|---|
| 岡山県 | 第1回警察官B(男性・女性)（R5.10月採用） | 5/14 | H2.4.2～H17.4.1生 | 50 | 120 | ①資格加点(柔道, 剣道, 英語, 中国語, 韓国語, 財務, 情報処理, スポーツ歴) | ① | 800 | 60 | ② | 集・個 | ①適, 体, 身<br>②身 |
|  | 第2回警察官B(男性・女性) | 9/17 | H2.4.2～H18.4.1生 | 50 | 120 |  | ① | 800 | 60 | ② | 集・個 | ①適, 体, 身<br>②身 |
| 広島県 | 第1回警察官B（男性・女性）(含R5.10月以降採用)(R6.3月高校卒業見込者を除く) | 5/14 | H3.4.2～H18.4.1生 | *50* | 120 | ①資格加点（武道〈柔道，剣道〉，スポーツ実績，語学〈英語，中国語，韓国語〉，情報処理，財務，心理） | ①＊ | 800 | 60 | ③ | 個 | ②身，体，適<br>③身 |
|  | 第2回警察官B（男性・女性） | 9/17 | H3.4.2～H18.4.1生 | *50* | 120 |  | ①＊ | 800 | 60 | ③ | 個 | ②身，体，適<br>③身 |
| 山口県 | 警察官(男性・女性)(B) | 9/17 | H2.4.2～H18.4.1生 | 50 | 120 | ①資格加点（武道〈柔道，剣道〉)，情報処理，語学〈英語，中国語，韓国語，ベトナム語〉，簿記) | ② | 1,000 | 60 | ② | 個 | ②適，身，体 |
| 徳島県 | 警察官B(男性・女性) | 10/15 | S62.4.2～H18.4.1生 | 50 | 120 | なし | ② | 800 | 60 | ② | 個 | ①身，体<br>②適，身体精密検査 |
| 香川県 | 警察官(高卒程度)（男性・女性） | 10/15 | H5.4.2～H18.4.1生 | 50 | 120 | ①資格等加点(柔道・剣道，スポーツ全国大会出場，英語，簿記，情報処理) | ① |  | 60 | ①，② | ①集 ※7，<br>②個・自己PR | ①体，身<br>②適，身 |
| 愛媛県 | 警察官(男性・女性)(高卒程度) | 10/14・15 | H3.4.2～H18.4.1生 | 50 | 120 | ①特定資格加点（武道〈柔道，剣道，空手〉，スポーツ歴，語学〈英語，中国語，韓国語，ベトナム語〉，情報処理，簿記 | ② | *800* | 60 | ② | 個 | ①体，身<br>②適，身体精密検査 |
| 高知県 | 警察官B(男性・女性) | 10/15 | H元.4.2～H18.4.1生 | 50 | 120 | ①資格加点（情報処理推進機構が実施する対象資格） | ① | （論文） |  | ② | 討・個 | ①適<br>②身，体，身体精密検査 |
| 福岡県 | 警察官B(早期採用男性・女性)(R5.10月以降採用)(R6.3月高校卒業見込者を除く) | 5/14 | H5.4.2～H17.4.1生 | 50 | 150 | なし | ①＊ | 800 | 60 | ①<br>② | ①個，②個 | ①体，測 ※8<br>②測，身，資 |
|  | 警察官B(男性・女性) | 9/17 | H5.4.2～H18.4.1生 | 50 | 150 | なし | ①＊ | 800 | 60 | ①<br>② | ①個，②個 | ①体，測 ※8<br>②測，身，資 |
| 佐賀県 | 警察官B(男性一般・女性一般) | 10/15 | H3.4.2～H18.4.1生 | 50 | 150 | ①資格加点（柔道，剣道，簿記，英語，情報処理） | ② |  | 60 | ② | 個・個 | ①体，身<br>②身<br>資 |
| 長崎県 | 警察官Ⅲ類(男性・女性) | 10/15 | H5.4.2～H18.4.1生 | 50 | 120 | なし | ② | 800 | 60 | ② | 個 | ②身，体，適 |
| 熊本県 | 警察官B(男性・女性) | 10/15 | H8.4.2～H18.4.1生 | 50 | 120 | ①資格加点(語学〈英語，中国語，韓国語・朝鮮語〉，武道〈柔道，剣道〉，情報処理) | ①＊ |  | 60 | ② | 個・集 | ②身，体，適 |
| 大分県 | 警察官B・警察官B(女性) | 9/17 | H2.4.2～H18.4.1生 | 50 | 150 | ①資格加点（英語，中国語，韓国語，簿記，柔道，剣道，情報処理） | ② | 800 | 60 | ② | 個 | ① 体，身 ②体，適，身体精密検査 資 |
| 宮崎県 | 警察官B(男性・女性) | 10/15 | S63.4.2～H18.4.1生 | 50 | 150 | ①資格加点（柔道，剣道，スポーツ歴，英語，中国語，韓国語，情報処理，簿記，免許） | ② |  | 60 | ② | 個・個 | ①測，体<br>②適，身 |
| 鹿児島県 | 警察官B(男性・女性) | 9/17 | S62.4.2～H18.4.1生 | *50* | 150 | ①資格加点（語学〈英語，中国語，韓国語，ベトナム語，タイ語〉，情報処理，簿記，武道〈柔道，剣道〉） | ①＊ | 800 | 60 | ② | 個 | ①適，身<br>②体，身 |
| 沖縄県 | 警察官B(男性・女性) | 10/14・15 | H6.4.2～H18.4.1生 | 50 | 150 | ②資格加点（救命救急士，英語，中国語，韓国語，簿記，情報処理，柔道，剣道，空手） | ② | 600 | 60 | ② | 個 | ①体<br>②適，体，測，身 |

注１：５年度に各自治体で行われた警察官（男性・女性）の構成を受験案内と受験者からの情報をもとに一覧表にした。①，②，③はそれぞれ一次試験，二次試験，三次試験の意である。①＊は一次で実施，二次で評価。
注２：受験資格は年齢のほか，身体要件（基準：身長・体重・視力）などがある。
注３：年齢資格は基本的な年齢のみを表示しており，複数回実施されている場合は，新卒見込者は受験できない回がある場合がある。
注４：身体検査の中には健康診断書等の提出が含まれる場合がある。また，試験構成のその他の種目のほかに，健康診断書等の提出が求められる場合もある。
注５：警察官B（高卒程度）は，ほとんどの自治体で大卒（見込）者は受験できない。
注６：試験区分の中で，柔道や剣道の段位が必要な「武道指導」および「少年警察補導員」は除いている。
注７：適性検査，性格検査，身体検査，体力検査の名称と内容は，自治体によって異なる。
注８：空欄は不明。斜体文字は４年度以前の情報である。
※１　スポーツ歴は中学卒業後に全国規模のスポーツ大会に選手として出場した経験のある者。その他は簿記，情報処理，各種免許，その他警察官の職務執行に特に有用と認められる資格。
※２　スポーツ歴は，中学卒業以降に全国規模で行われるスポーツ大会に出場した経験がある場合。
※３　スポーツ経歴は，中学卒業後に国民体育大会，全日本学生選手権大会，全国高等学校総合体育大会，全国高等学校野球選手権大会，全国高等学校選抜等大会，選抜高等学校野球大会に選手として出場経験があり，その証明ができる人。
※４　資格経歴等は，体力（柔道，剣道その他武道初段以上またはスポーツ歴〈全日本選手権，国民体育大会，大学選手権，全国高校総合体育大会等の出場経験またはこれに類するもの〉)，語学（英語，中国語，韓国語)，情報処理のほか，警察官の職務執行に有用な資格経歴等をさす。
※５　スポーツ経験は，中学校を卒業した後に，全国規模で行われるスポーツ大会等に選手として出場経験がある場合。
※６　一次および二次の口述試験の資料。
※７　集団面接試験は，体力検査の得点が50点以上である者を対象に実施。また，この基準に達しなかった場合，作文試験は採点されない。
※８　体力検査・人物試験（個別面接）・身体測定は教養試験で一定の基準を満たした者のみ別日程で実施。

# 5年度 警察官（男性）身体基準一覧

注：空欄は受験案内に記載なし。6年度は受験案内で確認してください。

| 自治体名 | 体力検査・検査区分 | 視力 | 色覚 | 聴力 | その他 |
|---|---|---|---|---|---|
| 北海道 |  | 両眼とも裸眼視力がおおむね0.6以上または矯正視力がおおむね1.0以上 | 職務執行に支障がないこと |  | 胸部疾患および感染症等の有無，聴力，その他職務執行に支障がないこと |
| 青森県 | 20mシャトルラン，反復横跳び，腕立て伏せ，握力 | 両眼とも裸眼視力0.6以上または矯正視力1.0以上 | 職務の遂行に支障のないこと |  | 職務の遂行に支障のない身体的状態であること |
| 岩手県 | 反復横跳び，腕立て腕屈伸，上体起こし，20mシャトルラン | 裸眼または矯正の視力が両眼で0.8以上，かつ一眼でそれぞれ0.5以上 | 職務執行に支障がないこと | 正常であること | 職務執行に支障がない身体状態であること |
| 宮城県 | 握力（左右平均），腕立てふせ（2秒に1回），立ち幅とび | 両眼で0.7以上かつ片眼でそれぞれ0.3以上（矯正可） | 職務を行うのに支障がないこと | 職務を行うのに支障がないこと | 職務を行うのに支障がなく，健康であること |
| 秋田県 | 握力，立ち幅跳び，反復横跳び，バーピーテスト | 両眼とも裸眼視力0.6以上または矯正視力1.0以上 | 職務遂行に支障がないこと |  | 職務遂行に支障がなく，健康であること |
| 山形県 | 反復横跳び，握力，上体起こし，立ち幅跳び，関節運動等，20mシャトルラン | 裸眼または矯正視力が両眼で0.8以上，かつ一眼でそれぞれ0.5以上 | 職務執行に支障のないこと | 職務執行に支障のないこと | 職務執行に支障のないこと |
| 福島県 | 反復横とび，握力，上体起こし，20mシャトルラン | 両眼とも裸眼視力0.6以上または矯正視力1.0以上 | 職務遂行に支障のないこと |  | 職務遂行に支障のないこと |
| 茨城県 | 腕立て伏せ，上体起こし，反復横跳び，握力，立ち幅跳び，20mシャトルラン | 両眼とも裸眼視力0.6以上または矯正視力1.0以上 | 職務遂行に支障がないこと |  | 職務遂行に支障のない身体的状態であること |
| 栃木県 | 前後左右跳び，その場駆け足，腕立伏せ，上体起こし等 | 両眼とも裸眼視力0.6以上または矯正視力1.0以上 | 職務遂行に支障がないこと |  | 職務遂行に支障のない身体的状態であること |
| 群馬県 | 握力，上体起こし，立ち幅とび，反復横とび，20mシャトルラン | 両目とも裸眼視力0.6以上または矯正視力1.0以上 | 職務遂行に支障がないこと | 職務遂行に支障がないこと | 五指腕関節その他：職務遂行に支障がないこと |
| 埼玉県 | 腕立て伏せ，反復横跳び，握力 | 両眼とも裸眼視力0.6以上または矯正視力1.0以上 | 職務執行に支障のないこと | 職務執行に支障のないこと | 職務執行に支障のない身体であること |
| 千葉県 | 腕立て伏せ，反復横跳び，立ち幅跳び，握力 | 両眼とも裸眼視力0.6以上または矯正視力1.0以上 | 職務遂行上支障がないこと |  | 関節および五指の運動：職務遂行上支障がないこと |
| 警視庁 | 腕立て伏せ，バーピーテスト，上体起こし，反復横跳び | 両眼とも裸眼視力0.6以上または矯正視力1.0以上 | 職務執行に支障がないこと | 職務執行に支障がないこと | ※1 |
| 神奈川県 | 腕立て伏せ，膝つき腕立て伏せ，上体起こし，バーピーテスト，握力 | 両眼とも裸眼視力0.6以上または矯正視力1.0以上 | 職務遂行に支障のないこと |  | 関節および五指の運動：職務遂行に支障のないこと |
| 山梨県 | 握力，20mシャトルラン，立ち幅とび，腕立て伏せ | 両眼とも裸眼視力0.6以上または矯正視力1.0以上 | 職務遂行上支障がないこと | 正常であること | 職務遂行に支障のない身体的状態であること |
| 長野県 | 反復横とび，立ち幅とび，握力，上体起こし，20mシャトルラン | 両眼とも裸眼視力0.6以上または矯正視力1.0以上 | 職務遂行に支障のないこと |  | 関節等：職務遂行に支障のないこと |
| 新潟県 | 腕立て伏せ，反復横跳び，立ち幅跳び，20mシャトルラン | 両眼とも裸眼視力0.6以上または矯正視力1.0以上 | 職務遂行上支障がないこと | 職務遂行上支障がないこと | 関節等：職務遂行上支障がないこと |
| 岐阜県 | 反復横跳び，立ち幅跳び，上体起こし，腕立て伏せ，握力（左右いずれか），20mシャトルラン | 両眼とも裸眼視力0.6以上または矯正視力1.0以上 | 職務遂行に支障がないこと |  | 職務遂行に支障がない身体的状況であること |
| 静岡県 | 腕立て伏せ，上体起こし，反復横跳び，握力，立ち幅跳び | 両眼とも裸眼視力0.6以上または矯正視力1.0以上 | 職務遂行に支障のないこと |  | 四肢，関節機能等が職務遂行に支障のない状態であること |
| 愛知県 | 20mシャトルラン，腕立て伏せ，握力，立ち幅とび，上体起こし，反復横とび等 | 両眼とも裸眼視力0.6以上または矯正視力1.0以上 | 職務遂行に支障のないこと | 職務遂行に支障のないこと | 職務遂行に支障のない身体的状態であること |
| 三重県 | 実施なし | 両眼とも裸眼視力0.6以上または矯正視力1.0以上 | 職務遂行に支障がないこと | 正常であること | 職務遂行に支障がない身体的状態であること |
| 富山県 | 腕立て伏せ，上体起こし，反復横跳び，20mシャトルラン，関節運動 | 一眼でそれぞれ裸眼視力が0.6以上または矯正視力1.0以上 | 職務遂行に支障がないこと | 職務遂行に支障がないこと | 職務遂行に支障のない身体的状態であること |
| 石川県 | 腕立て伏せ，上体起こし，反復横跳び，20mシャトルラン | 両眼とも裸眼視力0.6以上または矯正視力1.0以上 | 職務遂行に支障がないこと |  | 身体の状態：職務の遂行に支障がなく強健であること |
| 福井県 | 握力，上体起こし，反復横とび，20mシャトルラン，立ち幅とび | 両眼で0.7以上（矯正含む）かつ単眼でそれぞれ0.3以上 | 職務遂行上支障のないこと |  | 職務遂行上支障のない身体的状態であること |
| 滋賀県 | 握力，上体起こし，長座体前屈，反復横とび，立ち幅とび，20mシャトルラン | 両眼とも裸眼視力0.6以上または矯正視力1.0以上 | 職務執行に支障がないこと | 職務執行に支障がないこと | 職務の遂行に支障のない身体的状態であること |
| 京都府 | 握力，上体起こし，反復横跳び，腕立伏せ，20mシャトルラン | 両眼とも裸眼視力0.6以上または矯正視力1.0以上 | 職務執行に支障のないこと |  | 職務執行に支障のない身体的状態であること |
| 大阪府 | バーピーテスト，上体おこし，腕立伏せ，反復横とび，握力測定 | 両眼とも裸眼視力0.6以上または矯正視力1.0以上 | 職務遂行に支障のないこと |  | 職務遂行に支障のない身体的状態であること。身長おおむね160cm以上，体重おおむね47kg以上 |
| 兵庫県 | 握力，20mシャトルラン | 視力（矯正視力を含む）が両眼で0.7以上，かつ単眼でそれぞれ0.3以上 | 職務執行に支障のないこと |  | 職務執行に支障のない身体的状態であること |
| 奈良県 | 腕立て伏せ，握力，反復横跳び，20mシャトルラン | 両眼とも裸眼視力が0.6以上または矯正視力が1.0以上 | 職務遂行に支障のないこと |  | ※2 |
| 和歌山県 | 立ち幅跳び，腕立伏臥腕屈伸，反復横跳び，往復持久走 | 両眼とも裸眼視力0.6以上または矯正視力1.0以上 | 職務遂行に支障のないこと |  | その他（胸部疾患，伝染性疾患，心臓疾患等）：職務遂行に支障がないこと |
| 鳥取県 | シャトルラン，反復横跳び，立幅跳び，上体起こし，長座体前屈，握力 | 両眼とも裸眼視力0.6以上または矯正視力1.0以上 | 職務執行に支障がないこと | 職務執行に支障がないこと | 一般内科系検査・四肢の運動機能：職務執行に支障がないこと |
| 島根県 | 反復横跳び，腕立て伏せ，立ち幅跳び，時間往復走 | 両眼とも裸眼視力0.6以上または矯正視力1.0以上 | 職務遂行に支障がないこと | 職務遂行に支障がないこと | 指および関節：職務遂行に支障がないこと |
| 岡山県 | 反復横跳び，上体起こし，握力，20mシャトルラン | 両眼とも裸眼視力0.6以上または矯正視力1.0以上 | 職務遂行に支障のないこと | 職務遂行に支障のないこと | 精密検査：職務遂行に支障のない身体状態であること |
| 広島県 | 握力，腕立て伏せ，反復横跳び，立ち幅跳び，上体起こし，20mシャトルラン | 両眼とも裸眼視力0.6以上または矯正視力1.0以上 | 職務遂行に支障がないこと |  | 職務遂行に支障のない身体的状態であること |
| 山口県 | 反復横跳び，シャトルラン，関節運動 | 両眼とも裸眼視力0.6以上または矯正視力1.0以上 | 職務の遂行に支障がないこと | 職務の遂行に支障のないこと | 職務の遂行に支障がない身体的状態であること |
| 徳島県 | 腕立て伏せ，上体起こし，反復横跳び，握力，立ち幅跳び | 両眼とも裸眼視力0.6以上または矯正視力1.0以上 | 職務遂行に支障がないこと |  |  |
| 香川県 | 握力，腕立てふせ，反復横とび，立ち幅とび | 両眼とも単眼で裸眼視力0.6以上または矯正視力1.0以上 | 職務遂行に支障のないこと |  | 職務遂行に支障のない身体的状態であること |
| 愛媛県 | 反復横とび，握力，上体起こし，腕立て伏せ，20mシャトルラン | 裸眼または矯正視力が両眼で0.7以上かつ一眼でそれぞれ0.3以上 |  | 完全であること | 職務遂行に支障のない身体的状態であること |
| 高知県 | 反復横跳び，腕立て伏せ，上体起こし，立ち幅跳び | 両眼とも裸眼視力0.6以上または矯正視力1.0以上 | 職務に支障がないこと | 正常であること | 身体に職務遂行上の支障がないこと |
| 福岡県 | 反復横とび，握力，腕立て伏せ，20mシャトルラン | 両眼とも裸眼視力0.6以上または矯正視力1.0以上 | 職務遂行に支障がないこと |  | 身体の運動機能：職務遂行に支障がないこと |
| 佐賀県 | 立幅跳び，上体起こし，腕立て伏せ，時間往復 | 裸眼または矯正視力が両眼で0.7以上かつ一眼で0.3以上 | 職務遂行上支障がないこと |  | 職務遂行上必要な身体的状況にあること |
| 長崎県 | 反復横とび，20mシャトルラン，上体起こし，腕立て伏せ | 両眼とも裸眼視力0.6以上または矯正視力0.8以上 | 職務遂行に支障がないこと | 職務遂行に支障がないこと | 疾患・身体の運動機能等：職務遂行上，支障のある疾患がないこと |
| 熊本県 | 反復横跳び，20mシャトルラン，腕立て伏せ | 両眼とも裸眼視力0.6以上または矯正視力1.0以上 | 職務遂行上支障がないこと | 職務遂行上支障がないこと | 身体に職務遂行上支障がないこと |
| 大分県 | 握力，上体起こし，反復横とび | 両眼とも裸眼視力0.6以上または矯正視力1.0以上 | 職務の遂行に支障のないこと |  | 職務の遂行に支障のない身体的状態であること |
| 宮崎県 | 腕立て伏せ，上体起こし，反復横跳び，立ち幅跳び，20mシャトルラン，握力 | 両眼とも裸眼視力0.6以上または矯正視力1.0以上 | 職務遂行に支障のないこと | 職務遂行に支障のないこと | その他(胸部疾患，心臓疾患の有無等)：職務遂行に支障のないこと |
| 鹿児島県 | 腕立て屈伸，時間往復走，20mシャトルラン | 両眼とも裸眼視力0.6以上または矯正視力1.0以上 | 職務遂行に支障のないこと |  | 職務遂行に支障のない身体的状態であること |
| 沖縄県 | 20mシャトルラン，腕立て伏せ，反復横跳び，上体起こし | 両眼とも裸眼視力0.6以上または矯正視力1.0以上 | 職務に支障がないこと | 正常であること | 諸関節機能：身体の諸機能が健全であること |

※1　疾患：職務執行上，支障のある疾患がないこと。その他身体の運動機能：職務執行に支障がないこと。
※2　健康状態・運動機能等：胸部疾患，伝染性疾患，心臓疾患，運動機能等について，職務遂行に支障のない身体的状態であること。

# 5年度 警察官（女性）身体基準一覧

注：空欄は受験案内に記載なし。6年度は受験案内で確認してください。

| 自治体名 | 体力検査・検査区分 | 視力 | 色覚 | 聴力 | その他 |
|---|---|---|---|---|---|
| 北海道 | | 両眼とも裸眼視力がおおむね0.6以上または矯正視力がおおむね1.0以上 | 職務執行に支障がないこと | 職務執行に支障がないこと | 胸部疾患および感染症等の有無，その他職務執行に支障がないこと |
| 青森県 | 20mシャトルラン，反復横跳び，腕立て伏せ，握力 | 両眼とも裸眼視力0.6以上または矯正視力1.0以上 | 職務遂行に支障のないこと | | 職務遂行に支障のない身体的状態であること |
| 岩手県 | 反復横跳び，腕立て腕屈伸，上体起こし，20mシャトルラン | 裸眼または矯正視力が両眼で0.8以上，かつ一眼でそれぞれ0.5以上 | 職務執行に支障がないこと | 正常であること | 職務執行に支障がない身体状態であること |
| 宮城県 | 握力（左右平均），腕立てふせ（2秒に1回），立ち幅とび | 両眼で0.7以上かつ片眼でそれぞれ0.3以上（矯正可） | 職務を行うのに支障がないこと | 職務を行うのに支障がないこと | 職務を行うのに支障がなく，健康であること |
| 秋田県 | 握力，立ち幅跳び，反復横跳び，バーピーテスト | 両眼とも裸眼視力0.6以上または矯正視力1.0以上 | 職務遂行に支障がないこと | | 職務遂行に支障がなく，健康であること |
| 山形県 | 反復横跳び，握力，上体起こし，立ち幅跳び，関節運動等，20mシャトルラン | 裸眼または矯正視力が両眼で0.8以上，かつ一眼でそれぞれ0.5以上 | 職務執行に支障のないこと | 職務執行に支障のないこと | 職務執行に支障のないこと |
| 福島県 | 反復横とび，握力，上体起こし，20mシャトルラン | 両眼とも裸眼視力0.6以上または矯正視力1.0以上 | 職務遂行に支障のないこと | | 職務遂行に支障のないこと |
| 茨城県 | 腕立て伏せ，上体起こし，反復横跳び，握力，立ち幅跳び，20mシャトルラン | 両眼とも裸眼視力0.6以上または矯正視力1.0以上 | 職務遂行に支障がないこと | | 職務遂行に支障のない身体的状態であること |
| 栃木県 | 前後左右跳び，その場駆け足，腕立伏せ，上体起こし等 | 両眼とも裸眼視力0.6以上または矯正視力1.0以上 | 職務遂行に支障がないこと | | 職務遂行に支障のない身体的状態であること |
| 群馬県 | 握力，上体起こし，立ち幅とび，反復横とび，20mシャトルラン | 両目とも裸眼視力0.6以上または矯正視力1.0以上 | 職務遂行に支障がないこと | 職務遂行に支障がないこと | 五指腕関節その他：職務遂行に支障がないこと |
| 埼玉県 | 腕立て伏せ，反復横跳び，握力 | 両眼とも裸眼視力0.6以上または矯正視力1.0以上 | 職務執行に支障のないこと | 職務執行に支障のないこと | 職務執行に支障のない身体であること |
| 千葉県 | 腕立て伏せ，反復横跳び，立ち幅跳び，握力 | 両眼とも裸眼視力0.6以上または矯正視力1.0以上 | 職務遂行上支障がないこと | | 関節および五指の運動：職務遂行上支障がないこと |
| 警視庁 | 腕立て伏せ，バーピーテスト，上体起こし，反復横跳び | 両眼とも裸眼視力0.6以上または矯正視力1.0以上 | 職務執行に支障がないこと | 職務執行に支障がないこと | ※1 |
| 神奈川県 | 腕立て伏せ，膝つき腕立て伏せ，上体起こし，バーピーテスト，握力 | 両眼とも裸眼視力0.6以上または矯正視力1.0以上 | 職務遂行に支障のないこと | | 関節および五指の運動：職務遂行に支障のないこと |
| 山梨県 | 握力，20mシャトルラン，立ち幅とび，腕立て伏せ | 両眼とも裸眼視力0.6以上または矯正視力1.0以上 | 職務遂行上支障がないこと | 正常であること | 職務遂行に支障のない身体的状態であること |
| 長野県 | 反復横とび，立ち幅とび，握力，上体起こし，20mシャトルラン | 両眼とも裸眼視力0.6以上または矯正視力1.0以上 | 職務遂行に支障のないこと | | 関節等：職務遂行に支障のないこと |
| 新潟県 | 腕立て伏せ，反復横跳び，立ち幅跳び，20mシャトルラン | 両眼とも裸眼視力0.6以上または矯正視力1.0以上 | 職務遂行上支障がないこと | 職務遂行上支障がないこと | 関節等：職務遂行上支障がないこと |
| 岐阜県 | 反復横跳び，立ち幅跳び，上体起こし，腕立て伏せ，握力（左右いずれか），20mシャトルラン | 両眼とも裸眼視力0.6以上または矯正視力1.0以上 | 職務遂行に支障がないこと | | 職務遂行に支障がない身体的状況であること |
| 静岡県 | 腕立て伏せ，上体起こし，反復横跳び，握力，立ち幅跳び | 両眼とも裸眼視力0.6以上または矯正視力1.0以上 | 職務遂行に支障のないこと | | 四肢，関節機能等が職務遂行に支障のない状態であること |
| 愛知県 | 20mシャトルラン，腕立て伏せ，握力，立ち幅とび，上体起こし，反復横とび等 | 両眼とも裸眼視力0.6以上または矯正視力1.0以上 | 職務遂行に支障のないこと | 職務遂行に支障のないこと | 職務遂行に支障のない身体的状態であること |
| 三重県 | 実施なし | 両眼とも裸眼視力0.6以上または矯正視力1.0以上 | 職務遂行に支障がないこと | 正常であること | 職務遂行に支障がない身体的状態であること |
| 富山県 | 腕立て伏せ，上体起こし，反復横跳び，20mシャトルラン，関節運動 | 一眼でそれぞれ裸眼視力が0.6以上または矯正視力1.0以上 | 職務遂行に支障がないこと | 職務遂行に支障がないこと | 職務遂行に支障のない身体的状態であること |
| 石川県 | 腕立て伏せ，上体起こし，反復横跳び，20mシャトルラン | 両眼とも裸眼視力0.6以上または矯正視力1.0以上 | 職務遂行に支障がないこと | | 身体の状態：職務の遂行に支障がなく強健であること |
| 福井県 | 握力，上体起こし，反復横とび，20mシャトルラン，立ち幅とび | 両眼で0.7以上（矯正含む）かつ単眼でそれぞれ0.3以上 | 職務遂行上支障のないこと | | 職務遂行上支障のない身体的状態であること |
| 滋賀県 | 握力，上体起こし，長座体前屈，反復横とび，立ち幅とび，20mシャトルラン | 両眼とも裸眼視力0.6以上または矯正視力1.0以上 | 職務執行に支障がないこと | 職務執行に支障がないこと | 職務の遂行に支障のない身体的状態であること |
| 京都府 | 握力，上体起こし，反復横跳び，腕立伏せ，20mシャトルラン | 両眼とも裸眼視力0.6以上または矯正視力1.0以上 | 職務執行に支障のないこと | | 職務執行に支障のない身体的状態であること |
| 大阪府 | バーピーテスト，上体おこし，腕立伏せ，反復横とび，握力測定 | 両眼とも裸眼視力0.6以上または矯正視力1.0以上 | 職務遂行に支障のないこと | | 職務遂行に支障のない身体的状態であること。身長おおむね150cm以上，体重おおむね43kg以上 |
| 兵庫県 | 握力，20mシャトルラン | 視力（矯正視力を含む）が両眼で0.7以上，かつ単眼でそれぞれ0.3以上 | 職務執行に支障のないこと | | 職務執行に支障のない身体的状態であること |
| 奈良県 | 腕立て伏せ，握力，反復横跳び，20mシャトルラン | 両眼とも裸眼視力が0.6以上または矯正視力が1.0以上 | 職務遂行に支障のないこと | | ※2 |
| 和歌山県 | 立ち幅跳び，腕立伏臥腕屈伸，反復横跳び，往復持久走 | 両眼とも裸眼視力0.6以上または矯正視力1.0以上 | 職務遂行に支障がないこと | | その他（胸部疾患，伝染性疾患，心臓疾患等）：職務遂行に支障がないこと |
| 鳥取県 | シャトルラン，反復横跳び，立幅跳び，上体起こし，長座体前屈，握力 | 両眼とも裸眼視力0.6以上または矯正視力1.0以上 | 職務執行に支障がないこと | 職務執行に支障がないこと | 一般内科系検査・四肢の運動機能：職務執行に支障がないこと |
| 島根県 | 反復横跳び，腕立て伏せ，立ち幅跳び，時間往復走 | 両眼とも裸眼視力0.6以上または矯正視力1.0以上 | 職務遂行に支障がないこと | 職務遂行に支障がないこと | 指および関節：職務遂行に支障がないこと |
| 岡山県 | 反復横跳び，上体起こし，握力，20mシャトルラン | 両眼とも裸眼視力0.6以上または矯正視力1.0以上 | 職務遂行に支障のないこと | 職務遂行に支障のないこと | 精密検査：職務遂行に支障のない身体状態であること |
| 広島県 | 握力，腕立て伏せ，反復横跳び，立ち幅跳び，上体起こし，20mシャトルラン | 両眼とも裸眼視力0.6以上または矯正視力1.0以上 | 職務遂行に支障がないこと | | 職務遂行に支障のない身体的状態であること |
| 山口県 | 反復横跳び，シャトルラン，関節運動 | 両眼とも裸眼視力0.6以上または矯正視力1.0以上 | 職務の遂行に支障がないこと | 職務の遂行に支障のないこと | 職務の遂行に支障がない身体的状態であること |
| 徳島県 | 腕立て伏せ，上体起こし，反復横跳び，握力，立ち幅跳び | 両眼とも裸眼視力0.6以上または矯正視力1.0以上 | 職務遂行に支障がないこと | | |
| 香川県 | 握力，腕立てふせ，反復横とび，立ち幅とび | 両眼とも単眼で裸眼視力0.6以上または矯正視力1.0以上 | 職務遂行に支障のないこと | | 職務遂行に支障のない身体的状態であること |
| 愛媛県 | 反復横とび，握力，上体起こし，腕立て伏せ，20mシャトルラン | 裸眼または矯正視力が両眼で0.7以上かつ一眼でそれぞれ0.3以上 | | 完全であること | 職務遂行に支障のない身体的状態であること |
| 高知県 | 反復横跳び，腕立て伏せ，上体起こし，立ち幅跳び | 両眼とも裸眼視力0.6以上または矯正視力1.0以上 | 職務に支障がないこと | 正常であること | 身体に職務遂行上の支障がないこと |
| 福岡県 | 反復横とび，握力，腕立て伏せ，20mシャトルラン | 両眼とも裸眼視力0.6以上または矯正視力1.0以上 | 職務遂行に支障がないこと | | 身体の運動機能：職務遂行に支障がないこと |
| 佐賀県 | 立幅跳び，上体起こし，腕立て伏せ，時間往復 | 裸眼または矯正視力が両眼で0.7以上かつ一眼で0.3以上 | 職務遂行上支障がないこと | | 職務遂行上必要な身体的状況にあること |
| 長崎県 | 反復横とび，20mシャトルラン，上体起こし，腕立て伏せ | 両眼とも裸眼視力0.6以上または矯正視力0.8以上 | 職務遂行に支障がないこと | 職務遂行に支障がないこと | 疾患・身体の運動機能等：職務遂行上，支障のある疾患がないこと |
| 熊本県 | 反復横跳び，20mシャトルラン，腕立て伏せ | 両眼とも裸眼視力0.6以上または矯正視力1.0以上 | 職務遂行上支障がないこと | 職務遂行上支障がないこと | 身体に職務遂行上支障がないこと |
| 大分県 | 握力，上体起こし，反復横とび | 両眼とも裸眼視力0.6以上または矯正視力1.0以上 | 職務の遂行に支障のないこと | | 職務の遂行に支障のない身体的状態であること |
| 宮崎県 | 腕立て伏せ，上体起こし，反復横跳び，立ち幅跳び，20mシャトルラン，握力 | 両眼とも裸眼視力0.6以上または矯正視力1.0以上 | 職務遂行に支障のないこと | 職務遂行に支障のないこと | その他（胸部疾患，心臓疾患の有無等）：職務遂行に支障のないこと |
| 鹿児島県 | 腕立て屈伸，時間往復走，20mシャトルラン | 両眼とも裸眼視力0.6以上または矯正視力1.0以上 | 職務遂行に支障のないこと | | 職務遂行に支障のない身体的状態であること |
| 沖縄県 | 20mシャトルラン，腕立て伏せ，反復横跳び，上体起こし | 両眼とも裸眼視力0.6以上または矯正視力1.0以上 | 職務に支障がないこと | 正常であること | 諸関節機能：身体の諸機能が健全であること |

※1　疾患：職務執行上，支障のある疾患がないこと。その他身体の運動機能：職務執行に支障がないこと。

※2　健康状態・運動機能等：胸部疾患，伝染性疾患，心臓疾患，運動機能等について，職務遂行に支障のない身体的状態であること。

# 警察官（男性・女性）〈高卒程度〉実施結果

（令和６年２月10日現在）
※競争率（倍）は一次受験者数÷最終合格者数。
※採用予定人数は，それぞれ「約～名」の意。原則として，受験案内に記載された人数。一部，最終合格発表時のものもある。
※二次受験者数欄の◎印は二次試験の後，三次試験を行っている。
※空欄は未実施または未発表。
※★印は，男女別の集計を行っていない区分

| 試験の種類 | 職種（試験区分） | 申込者数 | 一次受験者数 | 一次合格者数 | 二次受験者数 | 最終合格者数 | | 競争率（倍） | 採用予定人数 |
|---|---|---|---|---|---|---|---|---|---|
| | | | | | | 総数 | 女性の内数 | | |
| **北海道** | | | | | | | | | |
| 警察官（第１回） | 男性Ｂ区分 | 非公表 | 390 | 372 | 非公表 | 171 | — | 2.3 | 35 |
| 警察官（第１回） | 女性Ｂ区分 | 非公表 | 132 | 127 | 非公表 | 56 | 56 | 2.4 | 15 |
| 警察官（第２回） | 男性Ｂ区分 | 非公表 | 499 | 457 | 非公表 | 189 | — | 2.6 | 115 |
| 警察官（第２回） | 女性Ｂ区分 | 非公表 | 205 | 194 | 非公表 | 88 | 88 | 2.3 | 35 |
| **青森県** | | | | | | | | | |
| 警察官Ｂ | 警察官Ｂ（男性） | 167 | 130 | 114 | 非公表 | 44 | — | 3.0 | 44 |
| 警察官Ｂ | 警察官Ｂ（女性） | 72 | 62 | 52 | 非公表 | 15 | 15 | 4.1 | 15 |
| **岩手県** | | | | | | | | | |
| 警察官Ｂ | 警察官Ｂ（男性） | 126 | 104 | 83 | 80 | 43 | — | 2.4 | 36 |
| 警察官Ｂ | 警察官Ｂ（女性） | 52 | 43 | 36 | 36 | 10 | 10 | 4.3 | 10 |
| 高卒程度の警察官選考 | 警察官（武道指導） | 11 | 11 | 9 | 9 | 2 | 0 | 5.5 | 若干 |
| **宮城県** | | | | | | | | | |
| 警察官Ｂ | 警察官Ｂ（男性） | 167 | 148 | 114 | 104 | 36 | — | 4.1 | 40 |
| 警察官Ｂ | 警察官Ｂ（女性） | 55 | 50 | 31 | 29 | 12 | 12 | 4.2 | 10 |
| **秋田県** | | | | | | | | | |
| 警察官Ｂ | 警察官Ｂ | 86 | 75 | 61 | 61 | 50 | — | 1.5 | 37 |
| 女性警察官Ｂ | 女性警察官Ｂ | 44 | 43 | 37 | 36 | 18 | 18 | 2.4 | 8 |
| **山形県** | | | | | | | | | |
| 警察官Ｂ | 警察官Ｂ（男性） | 131 | 102 | 68 | 64 | 28 | — | 3.6 | 21 |
| 警察官Ｂ | 警察官Ｂ（女性） | 31 | 27 | 18 | 16 | 8 | 8 | 3.4 | 7 |
| **福島県** | | | | | | | | | |
| 警察官Ｂ | 警察官Ｂ（男性・一般） | 159 | 136 | 125 | 117 | 61 | — | 2.2 | 51 |
| 警察官Ｂ | 警察官Ｂ（女性・一般） | 46 | 43 | 34 | 33 | 20 | 20 | 2.2 | 16 |
| **茨城県** | | | | | | | | | |
| 警察官（第１回） | 男性警察官Ｂ（一般） | 107 | 81 | 55 | 46 | 13 | — | 6.2 | 6 |
| 警察官（第１回） | 女性警察官Ｂ（一般） | 38 | 23 | 17 | 11 | 5 | 5 | 4.6 | 4 |
| 警察官（第１回） | 男性警察官Ｂ（職務経験） | 6 | 3 | 1 | 1 | 1 | — | 3.0 | 1 |
| 警察官（第１回） | 女性警察官Ｂ（職務経験） | 0 | 0 | 0 | 0 | 0 | 0 | — | 1 |
| 警察官（第２回） | 男性警察官Ｂ（一般） | 146 | 104 | 68 | 64 | 30 | — | 3.5 | 26 |
| 警察官（第２回） | 女性警察官Ｂ（一般） | 71 | 53 | 42 | 39 | 16 | 16 | 3.3 | 12 |
| **栃木県** | | | | | | | | | |
| 警察官（高校卒業者等）（第１回） | 高校卒業者等（男性） | 63 | 51 | 35 | 27 | 9 | — | 5.7 | 7 |
| 警察官（高校卒業者等）（第１回） | 高校卒業者等（女性） | 19 | 17 | 16 | 12 | 4 | 4 | 4.3 | 3 |
| 警察官（高校卒業者等）（第２回） | 高校卒業者等（男性） | 97 | 74 | 64 | 55 | 20 | — | 3.7 | 22 |
| 警察官（高校卒業者等）（第２回） | 高校卒業者等（女性） | 42 | 35 | 32 | 27 | 12 | 12 | 2.9 | 8 |
| 警察官（特別区分） | 特別区分（武道指導（柔道）） | 0 | 0 | 0 | 0 | 0 | ★ | — | 1 |
| 警察官（特別区分） | 特別区分（武道指導（剣道）） | 1 | 1 | 0 | 0 | 0 | ★ | — | 1 |
| **群馬県** | | | | | | | | | |
| 警察官Ｂ | 警察官Ｂ（男性）特別 | 201 | 129 | 91 | 73 | 19 | — | 6.8 | 12 |
| 警察官Ｂ | 警察官Ｂ（女性）特別 | 80 | 45 | 37 | 27 | 8 | 8 | 5.6 | 5 |
| 警察官Ｂ | 警察官Ｂ（男性） | 234 | 117 | 84 | 72 | 23 | — | 5.1 | 18 |
| 警察官Ｂ | 警察官Ｂ（女性） | 97 | 61 | 45 | 37 | 16 | 16 | 3.8 | 13 |
| **埼玉県** | | | | | | | | | |
| 第１回　警察官 | Ⅲ類（男性） | 901 | 383 | 279 | 非公表 | 72 | — | 5.3 | 10 |
| 第１回　警察官 | Ⅲ類（女性） | 267 | 103 | 66 | 非公表 | 5 | 5 | 20.6 | 5 |
| 第２回　警察官 | Ⅲ類（男性） | 1,201 | 454 | 400 | 非公表 | 93 | — | 4.9 | 75 |
| 第２回　警察官 | Ⅲ類（女性） | 391 | 163 | 117 | 非公表 | 10 | 10 | 16.3 | 10 |
| **千葉県** | | | | | | | | | |
| 第１回　警察官 | 警察官Ｂ（男性） | 628 | 452 | 148 | 138 | 74 | — | 6.1 | 30 |
| 第１回　警察官 | 警察官Ｂ（女性） | 223 | 153 | 25 | 21 | 15 | 15 | 10.2 | 5 |
| 第２回　警察官 | 警察官Ｂ（男性） | 707 | 423 | 373 | 350 | 155 | — | 2.7 | 120 |
| 第２回　警察官 | 警察官Ｂ（女性） | 242 | 150 | 138 | 123 | 42 | 42 | 3.6 | 30 |
| **東京都** | | | | | | | | | |
| 警視庁警察官 | 第２回　男性警察官Ⅲ類 | 非公表 | 1,773 | 1,153 | 非公表 | 245 | — | 7.2 | 200 |
| 警視庁警察官 | 第３回　男性警察官Ⅲ類 | | | | | | — | | |
| 警視庁警察官 | 第２回　女性警察官Ⅲ類 | 非公表 | 676 | 479 | 非公表 | 127 | 127 | 5.3 | 100 |
| 警視庁警察官 | 第３回　女性警察官Ⅲ類 | | | | | | | | 100 |
| **神奈川県** | | | | | | | | | |
| 警察官（第１回） | 警察官Ｂ（男性） | 1,289 | 1,076 | 671 | 641 | 104 | — | 10.3 | 40 |
| 警察官（第１回） | 警察官Ｂ（女性） | 422 | 354 | 177 | 173 | 44 | 44 | 8.0 | 20 |
| 警察官（第２回） | 警察官Ｂ（男性） | 597 | 467 | 374 | 341 | 117 | — | 4.0 | 100 |
| 警察官（第２回） | 警察官Ｂ（女性） | 232 | 194 | 154 | 151 | 36 | 36 | 5.4 | 25 |

| 試験の種類 | 職種（試験区分） | 申込者数 | 一次受験者数 | 一次合格者数 | 二次受験者数 | 最終合格者数 |  | 競争率（倍） | 採用予定人数 |
|---|---|---|---|---|---|---|---|---|---|
|  |  |  |  |  |  | 総数 | 女性の内数 |  |  |
| 警察官（第２回） | 術科Ｂ（柔道） | 2 | 2 | 2 | 2 | 0 | ★ | — | 1 |
| 警察官（第２回） | 術科Ｂ（剣道） | 0 | 0 | 0 | 0 | 0 | ★ | — | 2 |
| **山梨県** |  |  |  |  |  |  |  |  |  |
| 警察官Ｂ | 警察官Ｂ（男性） | 92 | 57 | 52 | 39 | 17 | — | 3.4 | 14 |
| 警察官Ｂ | 警察官Ｂ（女性） | 56 | 41 | 31 | 27 | 8 | 8 | 5.1 | 6 |
| **長野県** |  |  |  |  |  |  |  |  |  |
| 警察官（Ｂ）（10月採用） | 男性 | 160 | 87 | 82 | 66 | 25 | — | 3.5 | 15 |
| 警察官（Ｂ）（10月採用） | 女性 | 61 | 33 | 31 | 23 | 12 | 12 | 2.8 | 5 |
| 警察官（Ｂ） | 男性 | 230 | 117 | 93 | 73 | 39 | — | 3.0 | 35 |
| 警察官（Ｂ） | 女性 | 90 | 48 | 36 | 31 | 19 | 19 | 2.5 | 10 |
| **新潟県** |  |  |  |  |  |  |  |  |  |
| 警察官Ｂ | 男性警察官Ｂ | 154 | 130 | 117 | 112 | 46 | — | 2.8 | 57 |
| 警察官Ｂ | 女性警察官Ｂ | 48 | 39 | 34 | 34 | 15 | 15 | 2.6 | 13 |
| 警察官（武道） | 男性警察官（武道）剣道 |  |  |  |  |  | — |  |  |
| 警察官（武道） | 女性警察官（武道）剣道 |  |  |  |  |  |  |  |  |
| **岐阜県** |  |  |  |  |  |  |  |  |  |
| 警察官Ｂ | 警察官Ｂ（男性） | 314 | 146 | 136 | 106 | 51 | — | 2.9 | 50 |
| 警察官Ｂ | 警察官Ｂ（女性） | 155 | 68 | 63 | 44 | 24 | 24 | 2.8 | 15 |
| **静岡県** |  |  |  |  |  |  |  |  |  |
| 警察官Ｂ | 一般（男性） | 277 | 226 | 211 | 187 | 80 | — | 2.8 | 63 |
| 警察官Ｂ | 一般（女性） | 76 | 64 | 58 | 53 | 18 | 18 | 3.6 | 14 |
| 警察官Ｂ | 自己推薦（男性） | 4 | 3 | 3 | 3 | 1 | — | 3.0 | 2 |
| 警察官Ｂ | 自己推薦（女性） | 4 | 4 | 4 | 4 | 0 | 0 | — | 2 |
| 警察官Ｂ | 情報処理（サイバー犯罪捜査） | 2 | 0 | 0 | 0 | 0 | 0 | — | 2 |
| **愛知県** |  |  |  |  |  |  |  |  |  |
| 警察官（Ｂ）第１回 | 一般（男性） | 447 | 367 | 304 | 非公表 | 52 | — | 7.1 | 30 |
| 警察官（Ｂ）第１回 | 一般（女性） | 129 | 104 | 78 | 非公表 | 23 | 23 | 4.5 | 10 |
| 警察官（Ｂ）第２回 | 一般（男性） | 305 | 256 | 224 | 非公表 | 70 | — | 3.7 | 80 |
| 警察官（Ｂ）第２回 | 一般（女性） | 103 | 81 | 64 | 非公表 | 28 | 28 | 2.9 | 20 |
| **三重県** |  |  |  |  |  |  |  |  |  |
| 警察官Ｂ | 警察官Ｂ（男性） | 102 | 80 | 56 | 54 | 30 | — | 2.7 | 22 |
| 警察官Ｂ | 警察官Ｂ（女性） | 49 | 39 | 28 | 24 | 15 | 15 | 2.6 | 12 |
| **富山県** |  |  |  |  |  |  |  |  |  |
| 警察官（第２回） | 男性警察官Ｂ | 64 | 51 | 42 | 非公表 | 25 | — | 2.0 | 24 |
| 警察官（第２回） | 女性警察官Ｂ | 32 | 32 | 25 | 非公表 | 15 | 15 | 2.1 | 7 |
| **石川県** |  |  |  |  |  |  |  |  |  |
| 警察官Ｂ | 警察官Ｂ[*1] | 75 | 61 | 53 | 54 | 20 | — | 3.1 | 18 |
| 警察官Ｂ | 警察官Ｂ（武道指導） | 1 | 1 | 1 | 1 | 0 | — | — | 1 |
| 警察官Ｂ | 女性警察官Ｂ[*1] | 27 | 22 | 17 | 16 | 8 | 8 | 2.8 | 3 |
| 警察官Ｂ | 警察官Ｂ（サイバー・デジタル） | 3 | 3 | 3 | 3 | 0 | 0 | — | 若干 |
| **福井県** |  |  |  |  |  |  |  |  |  |
| 警察官（男性Ｂ） | 警察官（男性Ｂ） | 98 | 74 | 44 | 34 | 20 | — | 3.7 | 11 |
| 警察官（女性Ｂ） | 警察官（女性Ｂ） | 36 | 26 | 12 | 7 | 6 | 6 | 4.3 | 3 |
| 警察官（武道指導） | 警察官（武道指導） | 2 | 1 | 0 | 0 | 0 | 0 | — | 2 |
| **滋賀県** |  |  |  |  |  |  |  |  |  |
| 警察官 | 男性Ｂ | 59 | 50 | 44 | 40 | 12 | — | 4.2 | 10 |
| 警察官 | 女性Ｂ | 32 | 27 | 25 | 23 | 8 | 8 | 3.4 | 4 |
| **京都府** |  |  |  |  |  |  |  |  |  |
| 警察官（第１回） | 警察官（男性Ｂ・10月） | 118 | 99 | 47 | 43 | 29 | — | 3.4 | 40 |
| 警察官（第１回） | 警察官（男性Ｂ・４月） | 310 | 223 | 75 | 73 | 55 | — | 4.1 | 20 |
| 警察官（第１回） | 警察官（女性Ｂ・４月） | 104 | 88 | 30 | 29 | 18 | 18 | 4.9 | 10 |
| 警察官（第２回） | 警察官（男性Ｂ） | 121 | 91 | 48 | 46 | 39 | — | 2.3 | 40 |
| 警察官（第２回） | 警察官（女性Ｂ） | 47 | 38 | 18 | 18 | 17 | 17 | 2.2 | 15 |
| **大阪府** |  |  |  |  |  |  |  |  |  |
| 第１回警察官（一般選考） | 警察官Ｂ（男性）[*2] | 2,772 | 2,269 | 非公表 | 非公表 | 718 | — | 3.2 | 320 |
| 第１回警察官（一般選考） | 警察官Ｂ（女性）[*2] | 805 | 657 | 非公表 | 非公表 | 151 | 151 | 4.4 | 90 |
| 第１回警察官（自己推薦方式） | 警察官Ｂ（男性）[*2] | 41 | 37 | 非公表 | 非公表 | 17 | — | 2.2 | 20 |
| 第１回警察官（自己推薦方式） | 警察官Ｂ（女性）[*2] | 48 | 46 | 非公表 | 非公表 | 14 | 14 | 3.3 |  |
| 第２回警察官（一般選考） | 警察官Ｂ（男性）[*2] | 1,387 | 640 | 非公表 | 非公表 | 220 | — | 2.9 | 240 |
| 第２回警察官（一般選考） | 警察官Ｂ（女性）[*2] | 440 | 225 | 非公表 | 非公表 | 79 | 79 | 2.8 | 70 |
| 第２回警察官（自己推薦方式） | 警察官Ｂ（男性）[*2] | 35 | 24 | 非公表 | 非公表 | 12 | — | 2.0 | 10 |
| 第２回警察官（自己推薦方式） | 警察官Ｂ（女性）[*2] | 27 | 16 | 非公表 | 非公表 | 5 | 5 | 3.2 |  |
| 第３回警察官（一般選考） | 警察官Ｂ（男性）[*2] |  |  |  |  |  | — |  | 20 |
| 第３回警察官（一般選考） | 警察官Ｂ（女性）[*2] |  |  |  |  |  |  |  | 10 |
| 第３回警察官（自己推薦方式） | 警察官Ｂ（男性）[*2] |  |  |  |  |  | — |  | 若干 |
| 第３回警察官（自己推薦方式） | 警察官Ｂ（女性）[*2] |  |  |  |  |  |  |  |  |
| **兵庫県** |  |  |  |  |  |  |  |  |  |
| 第１回警察官 | 一般区分（男性Ｂ） | 290 | 211 | 111 | 91 | 23 | — | 9.2 | 20 |
| 第１回警察官 | 一般区分（女性Ｂ） | 63 | 45 | 33 | 28 | 10 | 10 | 4.5 | 10 |
| 第１回警察官 | 特別区分（武道Ｂ）[*3] | 0 | 0 | 0 | 0 | 0 | 0 | — | 4 |
| 第２回警察官 | 一般区分（男性Ｂ） | 283 | 215 | 172 | 157 | 67 | — | 3.2 | 102 |
| 第２回警察官 | 一般区分（女性Ｂ） | 83 | 65 | 54 | 49 | 26 | 26 | 2.5 | 15 |
| 第２回警察官 | 特別区分（武道Ｂ）[*3] | 0 | 0 | 0 | 0 | 0 | 0 | — | 4 |

| 試験の種類 | 職種（試験区分） | 申込者数 | 一次受験者数 | 一次合格者数 | 二次受験者数 | 最終合格者数 | | 競争率（倍） | 採用予定人数 |
|---|---|---|---|---|---|---|---|---|---|
| | | | | | | 総数 | 女性の内数 | | |
| 第３回警察官 | 一般区分（男性Ｂ） | | | | | | — | 0.0 | 10 |
| 第３回警察官 | 一般区分（女性Ｂ） | | | | | | | 0.0 | 10 |
| **奈良県** | | | | | | | | | |
| 警察官（第２回） | Ｂ男性 | 77 | 66 | 35 | 34 | 26 | — | 2.5 | 25 |
| 警察官（第２回） | Ｂ女性 | 22 | 18 | 9 | 9 | 6 | 6 | 3.0 | 5 |
| **和歌山県** | | | | | | | | | |
| 警察官Ｂ | 警察官Ｂ（男性） | 78 | 58 | 51 | 49 | 21 | — | 2.8 | 21 |
| 警察官Ｂ | 警察官Ｂ（女性） | 31 | 26 | 22 | 21 | 8 | 8 | 3.3 | 5 |
| **鳥取県** | | | | | | | | | |
| 警察官Ｂ（１回目） | 警察官（チャレンジコース）＊4 | 45 | 37 | 11 | 10 | 1 | 0 | 37.0 | 2 |
| 警察官Ｂ（２回目） | 警察官（男性）＊4 | 35 | 26 | 21 | 19 | 8 | — | 3.3 | 9 |
| 警察官Ｂ（２回目） | 警察官（女性）＊4 | 5 | 5 | 4 | 4 | 1 | 1 | 5.0 | 2 |
| **島根県** | | | | | | | | | |
| 警察官（高校卒業程度） | 男性 | 50 | 39 | 31 | 30 | 19 | — | 2.1 | 17 |
| 警察官（高校卒業程度） | 女性 | 16 | 15 | 12 | 12 | 8 | 8 | 1.9 | 3 |
| 警察官（高校卒業程度） | 武道 | 2 | 2 | 2 | 2 | 1 | — | 2.0 | 1 |
| **岡山県** | | | | | | | | | |
| 第１回警察官 | 警察官Ｂ（男性）10月採用 | 121 | 77 | 54 | 43 | 12 | — | 6.4 | 10 |
| 第１回警察官 | 警察官Ｂ（女性）10月採用 | 34 | 20 | 13 | 10 | 3 | 3 | 6.7 | 3 |
| 第２回警察官 | 警察官Ｂ（男性） | 120 | 90 | 50 | 47 | 19 | — | 4.7 | 18 |
| 第２回警察官 | 警察官Ｂ（女性） | 60 | 44 | 29 | 26 | 10 | 10 | 4.4 | 5 |
| **広島県** | | | | | | | | | |
| 第１回警察官 | 警察官Ｂ（男性） | 266 | 183 | 53 | 51 | 16 | — | 11.4 | 9 |
| 第１回警察官 | 警察官Ｂ（女性） | 83 | 46 | 20 | 17 | 6 | 6 | 7.7 | 4 |
| 第２回警察官 | 警察官Ｂ（男性） | 236 | 163 | 124 | 114 | 50 | — | 3.3 | 31 |
| 第２回警察官 | 警察官Ｂ（女性） | 99 | 61 | 45 | 37 | 18 | 18 | 3.4 | 10 |
| **山口県** | | | | | | | | | |
| 警察官（男性）（Ｂ） | 警察官 | 129 | 97 | 88 | 81 | 43 | — | 2.3 | 26 |
| 警察官（女性）（Ｂ） | 警察官 | 69 | 46 | 45 | 42 | 25 | 25 | 1.8 | 12 |
| **徳島県** | | | | | | | | | |
| 警察官 | Ｂ（男性） | 135 | 82 | 39 | 38 | 24 | — | 3.4 | 12 |
| 警察官 | Ｂ（女性） | 53 | 38 | 33 | 31 | 23 | 23 | 1.7 | 9 |
| **香川県** | | | | | | | | | |
| 警察官（高校卒業程度） | 男性 | 141 | 111 | 30 | 24 | 10 | — | 11.1 | 10 |
| 警察官（高校卒業程度） | 女性 | 49 | 34 | 10 | 7 | 4 | 4 | 8.5 | 3 |
| **愛媛県** | | | | | | | | | |
| 警察官 | 男性・高校卒程度＊5 | 236 | 166 | 109 | 88 | 81 | — | 2.0 | 35 |
| 警察官 | 女性・高校卒程度＊5 | 73 | 51 | 29 | 26 | 26 | 26 | 2.0 | 9 |
| **高知県** | | | | | | | | | |
| 警察官Ｂ | 警察官Ｂ男性 | 87 | 65 | 56 | 51 | 24 | — | 2.7 | 24 |
| 警察官Ｂ | 警察官Ｂ女性 | 33 | 21 | 20 | 16 | 10 | 10 | 2.1 | 6 |
| **福岡県** | | | | | | | | | |
| 警察官Ｂ（男性） | 警察官Ｂ（男性） | 641 | 516 | 281 | 267 | 74 | — | 7.0 | 67 |
| 警察官Ｂ（女性） | 警察官Ｂ（女性） | 209 | 168 | 76 | 75 | 20 | 20 | 8.4 | 18 |
| **佐賀県** | | | | | | | | | |
| 警察官Ｂ | 男性一般 | 237 | 165 | 112 | 90 | 39 | — | 4.2 | 28 |
| 警察官Ｂ | 女性一般 | 99 | 66 | 26 | 19 | 8 | 8 | 8.3 | 5 |
| 警察官Ｂ | 武道指導（柔道） | 1 | 1 | 0 | 0 | 0 | 0 | — | 1 |
| 警察官Ｂ | 武道指導（剣道） | 1 | 1 | 0 | 0 | 0 | 0 | — | 1 |
| 警察官Ｂ | 情報工学 | 1 | 1 | 1 | 1 | 1 | 0 | 1.0 | 1 |
| **長崎県** | | | | | | | | | |
| 警察官Ⅲ類（男性） | 警察官Ⅲ類（男性） | 213 | 172 | 116 | 100 | 47 | — | 3.7 | 36 |
| 警察官Ⅲ類（女性） | 警察官Ⅲ類（女性） | 60 | 49 | 36 | 29 | 18 | 18 | 2.7 | 14 |
| **熊本県** | | | | | | | | | |
| 警察官Ｂ | 男性 | 340 | 245 | 153 | 116 | 39 | — | 6.3 | 38 |
| 警察官Ｂ | 女性 | 128 | 94 | 64 | 56 | 17 | 17 | 5.5 | 16 |
| **大分県** | | | | | | | | | |
| 警察官Ｂ | 一般 | 158 | 117 | 72 | 60 | 26 | — | 4.5 | 24 |
| 警察官Ｂ（女性） | 一般 | 68 | 38 | 27 | 23 | 12 | 12 | 3.2 | 10 |
| **宮崎県** | | | | | | | | | |
| 警察官Ｂ（男性） | 警察官Ｂ（男性） | 124 | 76 | 62 | 53 | 19 | — | 4.0 | 17 |
| 警察官Ｂ（女性） | 警察官Ｂ（女性） | 61 | 35 | 34 | 31 | 16 | 16 | 2.2 | 7 |
| 警察官Ｂ（情報工学） | 警察官Ｂ（情報工学） | 1 | 0 | 0 | 0 | 0 | 0 | — | 1 |
| **鹿児島県** | | | | | | | | | |
| 警察官Ｂ | 警察官Ｂ（男性） | 104 | 80 | 74 | 68 | 34 | — | 2.4 | 16 |
| 警察官Ｂ | 警察官Ｂ（女性） | 58 | 50 | 45 | 38 | 14 | 14 | 3.6 | 14 |
| 警察官Ｂ | 警察官Ｂ（武道） | 4 | 4 | 4 | 4 | 2 | — | 2.0 | 2 |
| 警察官Ｂ | 警察官Ｂ（サイバー） | 1 | 1 | 0 | 0 | 0 | 0 | — | 1 |
| **沖縄県** | | | | | | | | | |
| 警察官Ｂ | 警察官Ｂ（男性） | 409 | 214 | 90 | 67 | 23 | — | 9.3 | 17 |
| 警察官Ｂ | 警察官Ｂ（女性） | 157 | 57 | 25 | 20 | 8 | 8 | 7.1 | 5 |

＊1　二次受験者数，最終合格者数には「サイバーデジタル区分」との併願者を含む。／＊2　採用予定人数，実施結果は「Ａ区分」との合計。一般選考の採用予定人数は，自己推薦方式の採用予定人数を含む。／＊3　採用予定人数は「Ａ区分」との合計。／＊4　採用予定人数は，実施決定時のもの。／＊5　採用予定人数は，当初予定数。

## ② 出題分析

教養試験で出題される多くの科目をマスターするためには，効率的な学習が不可欠である。公務員試験では，過去の出題と類似した問題が出ることが多い。出題されやすいテーマを把握していれば，そのテーマを重点的に学習することができ，効率が断然アップする。以下，各科目の出題ポイントを，⑯～⑱ページの「出題内訳表」と合わせて読んでほしい。

**◎政治**

憲法に関する問題が最頻出で，出題の柱は基本的人権と統治機構の２つ。基本的人権の中では，自由権と社会権と「新しい人権」をチェックしておくとよい。統治機構の中では，国会が頻出である。憲法以外では，選挙と各国の政治制度もしばしば出題される重要テーマである。

**◎経済**

①経済用語などの基本的な知識の確認と，②現代の日本経済事情（背景）に関連した出題が増えている。教科書レベルの経済知識を，現代社会の中での問題と関連させて，正確に理解できているかが問われている。日本経済における景気の問題やそれに対する財政・金融政策などが頻出である。

**◎社会**

①社会学・心理学の理論，②現代社会の諸相，③国際事情に大別できるが，「時事的な」問題についての出題が多い。環境，人口，社会保障，労働などのテーマに関する問題が頻出である。特に，日本の少子高齢化に関する問題と，それに関連した社会保障制度（改革）の問題は重要である。

**◎日本史**

出題されやすい時代は，例年，鎌倉時代から江戸時代であるが，飛鳥・奈良・平安といった古代史や近代史の出題も見られるので，各時代の特色をしっかり把握しておくことが重要である。「テーマ史」では，文化史や外交史の出題頻度が高い。

**◎世界史**

ヨーロッパ史とアジア史に大きく分けられる。ヨーロッパ史（アメリカ史を含む）では，古代ギリシアをはじめとして，中世の十字軍遠征，近代のルネサンスや大航海時代，市民革命，産業革命から戦後の冷戦，ソ連の崩壊まで出題されている。アジア史では，秦・漢・隋・唐などの王朝史，孫文の中華民国，毛沢東の中華人民共和国，天安門事件までの中国史の出題頻度が高い。

**◎地理**

気候と地形および農林水産業に加え，世界の主要地域（国）と日本の地誌，民族（言語等）・宗教，環境問題などが出題される。気候は，ケッペンの気候区の特徴，ハイサーグラフや雨温図，植生や土壌などとの関連を問うものが多い。各国地誌では，東南アジアがやや多く，アフリカやヨーロッパの農業や環境問題に関する出題にも注意。

**◎倫理**

西洋思想・東洋思想とも，複数の思想家を組み合わせ，条件に合致する「人物」を選ぶ形式で出題されることが多い。思想家の残した有名な言葉や著書，思想内容で正誤を判断するものが主流。西洋思想の出題が多いが，中国の諸子百家や日本の有名な思想家についても問われている。

**◎文学・芸術**

文学では，日本文学が出題の中心で，古典文学から現代の戦後文学まで幅広い範囲から出題されている。有名な作品の冒頭文も重要である。芸術は，美術と音楽に大きく分かれ，美術では西洋の近代絵画と画家との組合せ，音楽では西洋のクラシック音楽と作曲家との組合せの問題が多い。

**◎国語**

主流は漢字と慣用表現で，漢字は四字熟語が頻出である。同音異義語の中から正確な熟語を選び出す能力はIT社会に不可欠であり，手で書く練習が重要。慣用表現ではことわざ・慣用句からの出題が多い。敬語表現も基本事項が問われる。

**◎数学**

高校の数学Ⅰと数学Aの範囲が中心で，教科書の基本例題レベルの問題が大半。数学Ⅰでは数と式の計算，方程式・不等式，一次関数・二次関数，図形と計量（三角比，面積，体積など），数学Aでは平面図形，数学Ⅱでは図形と方程式（直線・放物線，不等式の表す領域など）が頻出。

**◎物理**

「力学」が最頻出，次いで「電磁気」「波」が頻出テーマ。計算問題は，力学では「等加速度運動」「落下運動」「力のつりあい」「運動の法則」「仕事」「力学的エネルギー保存の法則」，電磁気では「直流回路」「抵抗の接続」「電力」「電流の熱作用」の出題がほとんどである。知識問題は，基本的な物理現象を問う問題が大半で，「波動の性質」「熱の伝わり方」「電磁波の性質」が頻出分野。

**◎化学**

物質量を用いた簡単な計算，化学反応式の係数の決定や量的計算，非金属元素の性質（特に気体の性質），熱化学の計算などが頻出事項。「日常生活の化学」として，「酸性雨」「オゾン層の破壊」「地球の温暖化」「家庭にある化学物質」などが出題されることもある。日頃から新聞の科学欄などを注意深く読むようにするとよいだろう。

**◎生物**

「体液と恒常性」「刺激と動物の行動」からの出題が圧倒的に多い。また，「植物の反応と調節」の分野からも光合成や光周性などの出題が続いており注意が必要である。

**◎地学**

①大気・気象，②天文関連，③地球内部のエネルギーが頻出分野。「気象」ではエルニーニョ現象などの出題も見られる。「大気」では，その構造や太陽放射と大気の熱収支，風の吹き方など。天文分野は，地球の自転・公転とその現象や証拠などが頻出。災害や緊急地震速報からの出題もあるので，ニュースや新聞なども見ておくとよい。

**◎文章理解**

英文の出題形式は内容把握が中心。内容把握は選択肢と本文のある部分が一致しているかどうかを問うもので，英文を正確に読む力，選択肢間の相違を的確にとらえる力が必要である。要旨把握は全文の内容から要旨を判断する問題で，部分一致を問う内容把握とは異なる。現代文は要旨把握，内容把握の出題が多いが，筆者の言いたいことや要旨を大まかに把握するだけでは不十分で，複数のポイントについて内容を正確に反映しているかどうかを検討させる出題が多くなっている。

**◎判断推理**

「非図形分野」は，大きく形式論理，文章条件推理，数量条件推理に分けられる。形式論理では，命題に関する対偶と三段論法をしっかりと理解しておくこと。文章条件推理では，条件の読み取り，条件の整理が確実にできるように，問題演習で実力を養っておくとよい。数量条件推理はパターン化しにくい問題も多いので，なるべく多くの問題に触れておくことが望ましい。「図形分野」では，平面図形の構成，多面体の展開図，軌跡といった頻出分野を中心に学習し，解法の要点となる事項を理解しておくとよい。

**◎数的推理**

数に関する問題，数量に関する問題（文章題），場合の数と確率，図形が出題の中心である。数に関する問題では，約数・倍数の基本となる素数と素因数分解から学習し，割算の商と余りに関しても，約数・倍数との関連で考えるようにするとよい。数量に関する問題では，まず単純な連立方程式型の問題を確実に解けるようにし，そのうえで速さ，濃度，割合と比，仕事算といった問題について，それぞれの要点を理解しよう。

**◎資料解釈**

題材として与えられた資料を正しく読み取り，それに基づいてさまざまな結論を正しく導き出す能力を見ようとするものであり，結論を導く過程では，多くの場合，なんらかの計算処理が要求される。数量データの代表的なものは実数，指数，構成比，増減率である。これらについて，その意味を正しく理解し，固有の計算方法に慣れておくことが，資料解釈攻略のための第一歩である。

## ５年度 警察官９月型 教養試験 出題内訳表(9/17実施)

| No. | 科　目 | 出　題　内　容 |
|---|---|---|
| 1 | 時　事 | インターネットでの選挙運動(電子メール，ウェブサイト等) |
| 2 | | 領土問題(北方領土，竹島，尖閣諸島) |
| 3 | | 日本の人口(総人口，都道府県別人口等) |
| 4 | | 消費者行政(PL法，クーリングオフ等) |
| 5 | 政　治 | 人身の自由(現行犯逮捕等) |
| 6 | | 地方自治(条例等) |
| 7 | 経　済 | 需要曲線・供給曲線の移動要因(技術革新，原材料費の高騰等) |
| 8 | | 国民所得(フロー，ストック，GDP) |
| 9 | 地　理 | 資源の産出国(鉄鉱石，銅，レアメタル等) |
| 10 | | 世界の宗教(スペイン，フィリピン，インドネシア等) |
| 11 | | 日本の気候(日本海側，太平洋側等) |
| 12 | 日本史 | 鎌倉時代の出来事(承久の乱，御成敗式目等) |
| 13 | | 高度経済成長期の出来事(四大公害等) |
| 14 | 世界史 | 大航海時代のヨーロッパ諸国のアジア進出(西回り航路，日本との貿易等) |
| 15 | 国　語 | 正しい漢字 |
| 16 | | 四字熟語の漢字(意気揚々，唯々諾々等) |
| 17 | | 対義語(帰納・演繹，寡作・多作等) |
| 18 | | 文法(「で」の用法，「図書館で勉強する」等) |
| 19 | 数　学 | ２次関数($y=x^2-4x+a$のグラフが$y=5$で頂点となるときの$a$の値) |
| 20 | 物　理 | 速度(北に進む船Ａから見た，東に進む船Ｂの向きと速さ) |
| 21 | 化　学 | 酸化と還元(酸化銅と炭素の反応) |
| 22 | | 融解熱のグラフ |
| 23 | 生　物 | 酵素(基質特異性，最適温度，最適pH等) |
| 24 | | 血糖濃度の調節(グルコース，インスリン等) |
| 25 | 地　学 | 地層(チバニアン，アンモナイト等) |
| 26 | 文章理解 | 英文(要旨把握) |
| 27 | | 英文(要旨把握) |
| 28 | | 英文(要旨把握) |
| 29 | | 現代文(要旨把握) |
| 30 | | 現代文(要旨把握) |
| 31 | | 現代文(内容把握) |
| 32 | | 現代文(空欄補充) |
| 33 | | 古文(不明) |
| 34 | 判断推理 | 命題(５年生・６年生の起床時間) |
| 35 | | 位置関係(Ａ～Ｆ６人の家の位置) |
| 36 | | 対応関係(Ａ～Ｄ４人が働く曜日) |
| 37 | | 対応関係(Ａ～Ｄ４人の車の種類と色) |
| 38 | | 数量の関係(円卓の周りでＡ～Ｆ６人がコインの受け渡しをした後の枚数) |
| 39 | | 軌跡(三角形の辺上の点が描く軌跡) |
| 40 | | 立体図形(組み合わせると立方体になる図形) |
| 41 | | 展開図(面に色が塗られた正四面体) |
| 42 | | 平面図形(折る前と折った後の三角形の面積比) |
| 43 | 数的推理 | 方程式(２つの商品を買った金額と個数) |
| 44 | | 集合(ＡとＢがレッスンを受けた日) |
| 45 | | 場合の数(Ａ～Ｇ７人のうちＡとＢが同じ部屋となる分け方) |
| 46 | | 整数(位を入れ替えた数との差が63となる２ケタの数の和) |
| 47 | | 方程式(本のページ数) |
| 48 | | 平均(クラスのテストの平均点) |
| 49 | 資料解釈 | 駅の乗車人数(数表) |
| 50 | | GDPと防衛費(棒グラフ) |

※この表は受験者からの情報をもとに分類・整理したものである。したがって，No.や出題内容が実際とは異なっている場合がある。

## ５年度 警視庁Ⅲ類 教養試験 出題内訳表(9/16実施)

| No. | 科　目 | 出　題　内　容 |
|---|---|---|
| 1 | 政　治 | 日本国憲法(欽定憲法，天皇の国事行為，平和的生存権，公共の福祉，改正) |
| 2 | | 基本的人権(自由権・社会権の例)〈空欄補充〉 |
| 3 | | 地方自治(普通地方公共団体，地方債，首長の不信任決議，住民投票，自治事務・法定受託事務) |
| 4 | | SDGs(目標年次，国連総会，目標，ターゲット)〈空欄補充〉 |
| 5 | 経　済 | 租税(シャウプ勧告，間接税・直接税，租税法律主義，中立の原則，消費税) |
| 6 | | 金融(間接金融・直接金融，金利，信用創造，公開市場操作，金融政策) |
| 7 | 社　会 | 条件付特定外来生物(アメリカザリガニ，タスマニアオオザリガニ，ウチダザリガニ等) |
| 8 | | 改正私立学校法(改革目的，理事会，理事・評議員，特別背任罪，評議員会) |
| 9 | | 相続土地国庫帰属制度(遺贈，共有持分，法務大臣の審査)〈空欄補充〉 |
| 10 | 日本史 | 南北朝の動乱(観応の擾乱，貞永式目，後醍醐天皇，南朝の武士，中先代の乱) |
| 11 | | 政党政治史(竹下内閣・宇野内閣，海部内閣・福田内閣，細川内閣等) |
| 12 | 世界史 | フランス革命(国民公会，バスティーユ要塞，総裁政府，恐怖政治，三部会) |
| 13 | | インドの王朝(マウリヤ朝，アショーカ王，カニシカ王，クシャーナ朝) |
| 14 | 地　理 | ケッペンの気候区分(熱帯雨林気候区，砂漠気候区，地中海性気候区等) |
| 15 | | 環境問題(オゾンホール，モントリオール議定書，京都議定書，パリ協定)〈空欄補充〉 |
| 16 | 倫　理 | ニーチェ(超人，神の死，主体的真理，実存の三段階，著作) |
| 17 | 文　学 | 日記文学(土佐日記，更級日記，蜻蛉日記，十六夜日記) |
| 18 | 国　語 | ことわざ・慣用句の意味(毒を以て毒を制す，転ばぬ先の杖，雨後の筍等) |
| 19 | | 外来語の意味(モラトリアム，アセスメント，センサス，コンセンサス，レシピエント) |
| 20 | 物　理 | 加速度(ブレーキをかけて静止した自動車の加速度の向きと大きさ) |
| 21 | 化　学 | 遷移元素(最外殻電子の数，性質，イオンの価数と酸化数，周期表等) |
| 22 | 生　物 | 細胞の物質輸送(拡散，チャネル，選択的透過性，ナトリウムポンプ等) |
| 23 | 地　学 | 地球の内部構造(地殻，マントル，核，質量組成) |
| 24 | 英　語 | 単語(psychology―心理学)〈空欄補充〉 |
| 25 | | 文法(Have I made myself clear enough to you?)〈単語の整序〉 |
| 26 | | 長文読解(内容把握) |
| 27 | | 長文読解(内容把握) |
| 28 | 文章理解 | 現代文(空欄補充，本郷和人『日本史でたどるニッポン』) |
| 29 | | 現代文(文章整序，木村尚『都会の里海　東京湾』) |
| 30 | | 現代文(要旨把握，諏訪正樹『身体が生み出すクリエイティブ』) |
| 31 | | 現代文(要旨把握，黒田龍之助『言語学の考え方』) |
| 32 | | 現代文(要旨把握，福原義春『美』) |
| 33 | | 現代文(要旨把握，森口佑介『自分をコントロールする力』) |
| 34 | 判断推理 | 操作(45枚の硬貨から偽の硬貨１枚を選び出す上皿てんびんの最少使用回数) |
| 35 | | 曜日(2024年から見て12月31日が土曜日になる最初の年，元日が木曜日だった一番近い年) |
| 36 | | 位置関係(長方形のテーブルの両側に座るＡ～Ｈ８人の位置) |
| 37 | | 発言の真偽(Ａ～Ｅ５人の職業) |
| 38 | | 試合の勝敗(Ａ～Ｅ５人の卓球のリーグ戦) |
| 39 | 数的処理 | 整数(76を割ると４余り，99を割ると３余り，149を割ると５余る自然数の個数) |
| 40 | | 確率(男子５人，女子６人が１列に並ぶとき男子どうしが隣り合わない確率) |
| 41 | 図形判断 | 平面図形(正三角形を７個つなげて１個に文字を書いた図形を折りたたんだときの文字の向き) |
| 42 | | 展開図(正方形を５つつなげた図形に正方形を１つ加えてできる立方体の展開図の個数) |
| 43 | | 平面図形(等脚台形を並べて環状にするために必要な枚数) |
| 44 | | 空間図形(正十二面体を展開図にするために切る必要のある辺の数) |
| 45 | 数的処理 | 記数法(「８進法の$abc-5$」=「６進法の$1cba$」となる数の10進法表示$abc$の各位の数の和) |
| 46 | | 方程式(マラソン大会の出走者を14人ずつ並ばせたときの最後の列の人数) |
| 47 | | 立体図形(高さ12cmの円錐の半分の高さの円錐台と同量の水が入る円柱の高さ) |
| 48 | | 速さ・時間・距離(甲町から乙町へ向かったＡと，乙町から甲町へ向かったＢの速さ) |
| 49 | 資料解釈 | 平成30年におけるＡ～Ｃ県の農業産出額とその構成割合(数表) |
| 50 | | 刑法犯の認知・検挙件数，検挙人数(数表) |

## 4年度 警察官９月型 教養試験 出題内訳表(9/18実施)

| No. | 科　目 | 出　題　内　容 |
|---|---|---|
| 1 | 時　事 | マイナンバー制度 |
| 2 | | 成年年齢引き下げ |
| 3 | | 日本の労働(法改正，労働問題等) |
| 4 | 政　治 | 基本的人権(堀木訴訟，朝日訴訟等) |
| 5 | | 国会・内閣・裁判所 |
| 6 | | 国際連合 |
| 7 | 経　済 | 地方財政制度 |
| 8 | | 日本の経済連携協定(EPA) |
| 9 | 地　理 | ケッペンの気候区分(温帯等) |
| 10 | | 県別の農業・製造業産出額(千葉県，愛知県等) |
| 11 | | オセアニア(オーストラリア，ニュージーランドの特徴) |
| 12 | 日本史 | 織豊政権 |
| 13 | | 明治初期～第一次世界大戦までの出来事 |
| 14 | 世界史 | 古代ギリシヤ・ローマ(ポリス，神聖ローマ帝国等) |
| 15 | | 第二次世界大戦後の各国の状況 |
| 16 | 国　語 | 漢字 |
| 17 | | 文法(形容詞) |
| 18 | | 「まで」の用法 |
| 19 | 数　学 | 一次関数($y=4x+3$と$x$軸に関して対称なグラフ) |
| 20 | 物　理 | 水圧・浮力 |
| 21 | 化　学 | モル濃度(計算) |
| 22 | | ２つの物質(金属) |
| 23 | 生　物 | 耳の仕組み |
| 24 | | 植物の構造(双子葉類・単子葉類，維管束等) |
| 25 | 地　学 | 火成岩・堆積岩(火山岩，深成岩，石灰岩，チャート等) |
| 26 | 文章理解 | 英文(要旨把握) |
| 27 | | 英文(要旨把握) |
| 28 | | 英文(要旨把握) |
| 29 | | 現代文(内容把握) |
| 30 | | 現代文(内容把握) |
| 31 | | 現代文(要旨把握) |
| 32 | | 現代文(要旨把握) |
| 33 | | 現代文(空欄補充) |
| 34 | 判断推理 | 命題 |
| 35 | | 順序関係(順位) |
| 36 | | 対応関係(A～Fの６人の通う２小学校と学年) |
| 37 | | 対応関係(A～Eの５人の購入したお菓子の種類) |
| 38 | | 手順(A～Eの５人のバトンリレー) |
| 39 | | 平面図形(６枚の三角形の重ね合わせ) |
| 40 | | 立体図形(立方体の切断面の形) |
| 41 | | 軌跡(直線上を回転する正五角形の頂点Pの軌跡) |
| 42 | | 平面図形(曲尺形の図形を重ね合わせたときの高さ) |
| 43 | 数的推理 | 場合の数(黒・白２色のシャツを着たA～Eの５人の並び順) |
| 44 | | 自然数(積が700でともに35, 10の約数ではない$a$, $b$の２数の和) |
| 45 | | 数列(５列に並べた奇数で近接する４数の和が360になるもの) |
| 46 | | 方程式(A，B2部屋間の人の移動) |
| 47 | | 速さ・時間・距離(速度を変えたときの時間差とトラックの長さ) |
| 48 | | 平均(テストの受験回数と平均点) |
| 49 | 資料解釈 | (実数) |
| 50 | | (折れ線グラフと棒グラフ) |

※この表は受験者からの情報をもとに分類・整理したものである。したがって，No.や出題内容が実際とは異なっている場合がある。

## 4年度 警視庁Ⅲ類 教養試験 出題内訳表(9/17実施)

| No. | 科　目 | 出　題　内　容 |
|---|---|---|
| 1 | 政　治 | 新しい人権と法律(特定秘密保護法，環境基本法等) |
| 2 | | 国会(国権の最高機関，唯一の立法機関等)〈空欄補充〉 |
| 3 | | 日本の政党(マニフェスト，政党助成法，55年体制等) |
| 4 | | 欧州の政治制度(イギリス，ドイツ・イタリア，フランス，EU) |
| 5 | 経　済 | 高度経済成長(貯蓄率，資源・エネルギー，設備投資等) |
| 6 | | 発展途上国・新興国の経済問題(南北問題，BRICS，OECD等) |
| 7 | 社　会 | 宇宙開発(「はやぶさ２」が探査した小惑星)〈空欄補充〉 |
| 8 | | 教育公務員特例法及び教育職員免許法の一部を改正する法律 |
| 9 | | IPEF(インド太平洋経済枠組み) |
| 10 | 日本史 | 第二次世界大戦後(統治方式，傾斜生産方式，GHQ等) |
| 11 | | ７世紀の出来事(遷都，文化，白村江の戦い等) |
| 12 | 世界史 | 清朝(科挙の廃止，中国同盟会，辛亥革命等)〈空欄補充〉 |
| 13 | | 第一次世界大戦(ヨーロッパの火薬庫，開戦の契機等) |
| 14 | 地　理 | 小地形(沖積平野，扇状地，フィヨルド，ワジ等) |
| 15 | | ヨーロッパ地誌(イタリアの地勢，気候，経済，産業) |
| 16 | 倫　理 | 諸子百家(老子の言葉「大道廃れて，仁義あり。～」) |
| 17 | 文　学 | 日本の古典作品(伊勢物語，堤中納言物語，狭衣物語等) |
| 18 | 国　語 | ことわざ(笛吹けど踊らず，紺屋の白袴，獅子身中の虫等) |
| 19 | | 外来語(ある時代を代表するものの見方：パラダイム) |
| 20 | 物　理 | 電気回路(抵抗の接続と電流の大きさ)〈計算〉 |
| 21 | 化　学 | 熱化学方程式(一酸化炭素の生成熱)〈計算〉 |
| 22 | 生　物 | 刺激の受容と活動電位(ナトリウム・カリウムポンプ)〈空欄補充〉 |
| 23 | 地　学 | 大気と雲(成層圏，熱圏，対流圏，雲の形成，氷晶) |
| 24 | 英　語 | 英熟語(take charge of ～：～の担当をする)〈空欄補充〉 |
| 25 | | 「go」の時制(I can't leave until the guest of honor〔　〕)〈空欄補充〉 |
| 26 | | 長文読解(内容把握) |
| 27 | | 長文読解(内容把握) |
| 28 | 文章理解 | 現代文(空欄補充，小野良太『未来を変えるちょっとしたヒント』) |
| 29 | | 現代文(文章整序，曽山哲人『強みを活かす』) |
| 30 | | 現代文(要旨把握，片山杜秀『歴史という教養』) |
| 31 | | 現代文(要旨把握，北村雄一『ダイオウイカ vs. マッコウクジラ』) |
| 32 | | 現代文(要旨把握，保坂隆『老後のイライラを捨てる技術』) |
| 33 | | 現代文(要旨把握，五木寛之『退屈のすすめ』) |
| 34 | 判断推理 | 対応関係(４つの部署の所在階とA～Fの６人の所属状況) |
| 35 | | 対応関係(A～Dの４人の４種の試験の受験結果) |
| 36 | | トーナメント戦(A～Fの６人のサッカーのPK対決) |
| 37 | | 順序関係(A～Fの６つのビルの高さの決定条件) |
| 38 | | 論理(好きな食べ物に関する２つの命題から導ける結論) |
| 39 | 数的推理 | 覆面算(分数の計算式中の７つの空欄に入る数字の和) |
| 40 | 空間把握 | 平面図形(直角二等辺三角形と円を重ねてできる図形の面積) |
| 41 | | 展開図(正八面体の４面の位置関係が一致するもの) |
| 42 | | 軌跡(正方形を直線に沿って回転させたとき１辺の描く軌跡の面積) |
| 43 | | 立体図形(立体を２方向から見た図と構成する立方体の最少個数) |
| 44 | | 折り紙(折った紙の一部を切断し展開したときの模様) |
| 45 | 数的推理 | 余り(98を割ると２余り75を割ると３余る正整数の総和) |
| 46 | | 速さ・時間・距離(２通りの通学方法で同着するときの到着時刻) |
| 47 | | 平面図形(正六角形の各頂点を中心とする円に巻きつけて１周させたひもの長さ) |
| 48 | | 割合(値段の異なる２種類の弁当の割引販売金額と販売個数) |
| 49 | 資料解釈 | 冷凍メバチマグロの月別／市別・月末在庫量(数表) |
| 50 | | 種類別公害苦情件数の推移と主な都道府県の種類別公害苦情件数(数表) |

## 3年度 警察官9月型 教養試験 出題内訳表(9/19実施)

| No. | 科目 | 出題内容 |
|---|---|---|
| 1 | 時事 | サイバー犯罪(サーバー，関係法等) |
| 2 | | 日本のエネルギー問題(発電等) |
| 3 | | 医療を巡る状況(医療保険，臓器移植等) |
| 4 | | 世界の人口 |
| 5 | 政治 | 基本的人権 |
| 6 | | 選挙制度(選挙区･比例代表，被選挙権等) |
| 7 | | 地方自治(自治事務･法定受託事務等) |
| 8 | 経済 | デフレーション |
| 9 | | 株式会社 |
| 10 | 地理 | 火山(富士山，カルデラ，温泉等) |
| 11 | | アメリカ地誌 |
| 12 | 日本史 | 江戸時代の経済 |
| 13 | | 第二次世界大戦後 |
| 14 | 世界史 | 清 |
| 15 | | 冷戦期(マーシャル･プラン，ペレストロイカ，大統領等) |
| 16 | 国語 | 漢字 |
| 17 | | 文法(助動詞) |
| 18 | | 慣用句･ことわざ(体の一部を含むもの) |
| 19 | 数学 | 一次関数($y=1/2x$に垂直で点P(−4，3)を通る直線) |
| 20 | 物理 | 熱の移動(伝導，対流，放射等) |
| 21 | 化学 | 炭素，ケイ素の性質(同素体等) |
| 22 | | メタンと酸素の反応式(係数) |
| 23 | 生物 | 光合成(器官，光合成速度，光合成量等) |
| 24 | | 肝臓と腎臓(グルコースの再吸収等) |
| 25 | 地学 | 星(日食･月食，水星･金星，白夜･極夜等) |
| 26 | 文章理解 | 英文(内容把握，ブラジル人とアメリカ人のコミュニケーションの違い) |
| 27 | | 英文(内容把握，庭に落としたリングの行方) |
| 28 | | 英文(内容把握，学力低下) |
| 29 | | 英文 |
| 30 | | 現代文(要旨把握) |
| 31 | | 現代文(内容把握) |
| 32 | | 現代文(内容把握) |
| 33 | | 現代文(空欄補充) |
| 34 | 判断推理 | 論理 |
| 35 | | 対応関係(A～Cの3人によるジャンケン) |
| 36 | | 対応関係(6枚のカードに書かれたアルファベットと数字の組合せ) |
| 37 | | 位置関係(十字路周辺のA～Iの9人の家) |
| 38 | | 手順(A～Fの6人の作業条件と全体の終了時間) |
| 39 | | 平面図形(模様の描かれた正方形のパネル4枚の並び替え) |
| 40 | | 平面図形(平行四辺形と正三角形が重なってできる図形) |
| 41 | | 投影図(異なる向きに並べた4つの円柱) |
| 42 | | 立体図形(直方体の切断面と側面の面積比と体積) |
| 43 | 数的推理 | 整数(値段の異なる3種類のお菓子の購入) |
| 44 | | 濃度(濃度11%の食塩水$x$gに水150gを加えて濃度5%) |
| 45 | | 覆面算(A～Fの6つの数の掛け算結果からAとDの差を求める) |
| 46 | | 連立方程式(ある学校の科学2科目の選択状況) |
| 47 | | 仕事算(A，B2種類のポンプの給水能力) |
| 48 | | 確率(サイコロ3つを振って出た目の和が16) |
| 49 | 資料解釈 | (不明) |
| 50 | | (不明) |

※この表は受験者からの情報をもとに分類・整理したものである。したがって，No.や出題内容が実際とは異なっている場合がある。

## 3年度 警視庁Ⅲ類 教養試験 出題内訳表(9/19実施)

| No. | 科目 | 出題内容 |
|---|---|---|
| 1 | 政治 | 憲法に規定される社会権(教育を受ける権利，労働三権等) |
| 2 | | 法の下の平等(両性の本質的平等，法内容の平等，被選挙権等) |
| 3 | | 衆議院と参議院(内閣総理大臣の指名，条約の承認，予算の議決等) |
| 4 | | 欧州連合(ベネルクス3国，マーストリヒト条約等)〈空欄補充〉 |
| 5 | 経済 | 市場(カルテル，寡占市場，独占市場，市場の失敗等) |
| 6 | | 企業(持株会社，コングロマリット，コンプライアンス等) |
| 7 | 社会 | パリ2024オリンピック競技大会の新競技(ブレイクダンス) |
| 8 | | プロバイダ責任制限法(権利侵害，削除義務，適用範囲，発信者情報等) |
| 9 | | 世界文化遺産(三内丸山遺跡と所在県) |
| 10 | 日本史 | 寛政の改革(囲米，棄捐令，旧里帰農令，寛政異学の禁等) |
| 11 | | 戦後の内閣(池田勇人，鳩山一郎，佐藤栄作，中曽根康弘等) |
| 12 | 世界史 | 中国の宋(科挙･殿試，貨幣経済，文化･宗教等) |
| 13 | | 古代オリエント(シュメール人，メソポタミア，ヒッタイト人等) |
| 14 | 地理 | 世界の航空･水上交通(ハブ空港，LCC，運河，国際河川，船舶) |
| 15 | | ヨーロッパの工業(ミッドランド，ロレーヌ，ルール等)〈空欄補充〉 |
| 16 | 倫理 | 本居宣長(賀茂真淵，惟神，たをやめぶり等)〈空欄補充〉 |
| 17 | 文学 | 大正･昭和の作家と作品(堀辰雄―聖家族) |
| 18 | 国語 | 故事成語(「人生の栄枯盛衰のはかなさ」のたとえ：一炊の夢) |
| 19 | | 慣用句(手をこまねく：何も手出しをせずに傍観すること) |
| 20 | 物理 | 自由落下(自由落下させた小球と床との間の反発係数) |
| 21 | 化学 | 密度(硫化亜鉛結晶の単位格子の模式図と密度) |
| 22 | 生物 | ヒトの肝臓や腎臓(肝門脈，血糖値の調節，原尿，腎単位等) |
| 23 | 地学 | 古生物の変遷(冥王代，古生代，中生代，新生代新第三紀等) |
| 24 | 英語 | 文法上の用法(未来完了形) |
| 25 | | 文法上正しい表現(spoken to by：話しかけられた)〈空欄補充〉 |
| 26 | | 長文読解(内容把握) |
| 27 | | 長文読解(内容把握) |
| 28 | 文章理解 | 現代文(空欄補充，岩田誠『上手な脳の使いかた』) |
| 29 | | 現代文(文章整序，長沼毅『辺境生物はすごい！』) |
| 30 | | 現代文(要旨把握，小川和也『デジタルは人間を奪うのか』) |
| 31 | | 現代文(要旨把握，武内孝夫『こんにゃくの中の日本史』) |
| 32 | | 現代文(要旨把握，遠藤薫『ロボットが家にやってきたら…』) |
| 33 | | 現代文(要旨把握，巽岩奈々『〇のない大人 ×だらけの子ども』) |
| 34 | 判断推理 | 命題(旅行同好会のメンバーの意見) |
| 35 | | 位置関係(交差点周辺の8区画にあるA～Fの6棟のマンション) |
| 36 | | 順序関係(A～Eの5人の100メートル競走のタイム差と順位) |
| 37 | | 対応関係(A～Cの3人のアメリカ等4か国への旅行の経験) |
| 38 | 数的推理 | 場合の数(3チーム辞退後のリーグ戦数の減と当初参加予定チーム数) |
| 39 | | 有理数･無理数($\sqrt{6}$，$6/(\sqrt{3}+1)$，7/3の大小関係) |
| 40 | 空間把握 | 平面図形(円Oに内接する四角形ABCDの∠BCDの大きさ) |
| 41 | | 展開図(2つつなげた立方体の展開図の2面に書いた三角形が重なるもの) |
| 42 | | 軌跡(一辺が$a$の正三角形の頂点Pが描く軌跡と直線Lでできた図形の面積) |
| 43 | | 立体図形(一辺が6cmの正六面体の各面の重心を頂点とする立体の体積) |
| 44 | | 立体図形(横にした正六角柱に水を入れ，底面を下にしたときの水面の高さ) |
| 45 | 数的推理 | 速さ･時間(同時に3人が歩き出し誰かがゴールした時点の残る2人の距離) |
| 46 | | 確率(白玉8個，赤玉3個入りの袋から白玉と赤玉が1回ずつ出る確率) |
| 47 | | 場合の数(4分割した長方形の隣り合う部分が異色になる4色での塗り分け) |
| 48 | | 循環小数(7/13を小数にしたときの小数第100位と小数第200位の数字の差) |
| 49 | 資料解釈 | 三大都市圏の公園での球技禁止告知･強調の看板掲示状況(円グラフ) |
| 50 | | 平成30年度における産業別個人企業の1事業所当たりの営業状況(数表) |

# 令和5年度試験出題例

高卒警察官

令和5年度

警視庁

## 政治　基本的人権

基本的人権に関する記述中の空所A，Bに当てはまる語句の組合せとして，最も妥当なのはどれか。

基本的人権は，自由権・平等権・社会権・参政権・請求権などに分類することが可能である。このうち，自由権の例として（　A　）が，社会権の例として（　B　）が挙げられる。

| | A | B |
|---|---|---|
| **1** | 財産権の不可侵 | 公務員の選定・罷免権 |
| **2** | 法定手続きの保障 | 教育を受ける権利 |
| **3** | 不法逮捕の禁止 | 請願権 |
| **4** | 勤労の権利 | 住居の不可侵 |
| **5** | 選挙権 | 生存権 |

### 解説

**1**．「財産権の不可侵」は経済的自由権に当てはまり，自由権の一種である。「公務員の選定・罷免権」は参政権の一種であり，不適である。

**2**．妥当である。「法定手続きの保障」は身体的自由権に当てはまり，自由権の一種である。「教育を受ける権利」は社会権の一種である。

**3**．「不法逮捕の禁止」は身体的自由権に当てはまり，自由権の一種である。「請願権」は請求権の一種であり，不適である。

**4**．「勤労の権利」は社会権の一種であり，不適である。「住居の不可侵」は身体的自由権に当てはまり，自由権の一種であるため，不適である。

**5**．「選挙権」は参政権の一種であり，不適である。「生存権」は社会権の一種である。

**正答　2**

高卒警察官

令和5年度 警視庁

# 政治 地方自治

地方自治に関する記述として，最も妥当なのはどれか。

**1** 市町村や東京都区部（23区）は普通地方公共団体であり，基礎的な自治体である点でも共通する。

**2** 地方公共団体が独自に発行できる公債のことを地方債といい，その発行にあたって国の許可や事前協議は不要である。

**3** 首長に対する議会の不信任決議は，議員の過半数が出席し，その3分の2以上の賛成で成立する。

**4** 住民投票条例による住民投票の結果には法的拘束力があり，住民の意思を地方の行政に反映する強力な手段である。

**5** 地方分権一括法により機関委任事務は廃止され，地方の事務は自治事務と法定受託事務に再編された。

## 解説

**1**．市町村は普通地方公共団体であるが，特別区である東京都区部（23区）は特別地方公共団体である。ただし，市町村と東京都区部（23区）は，基礎的な自治体であるという点では共通点がある。

**2**．地方公共団体が独自に発行できる公債のことを地方債というが，地方債の発行には都道府県および政令指定都市では総務大臣と，市町村・特別区では都道府県知事と事前協議を行う必要がある。また，地方債の発行は，かつては許可制であったが，2006（平成18）年から事前協議制に移行している。

**3**．地方自治体の首長の不信任は，議会の議員の3分の2以上が出席し，その4分の3以上が賛成すると成立する（地方自治法178条）。

**4**．住民投票条例に基づく住民投票の結果には，法的拘束力がない。

**5**．妥当である。

正答 5

高卒警察官

令和5年度 警視庁

## 経済　日本の金融

我が国の金融に関する記述として，最も妥当なのはどれか。

**1**　企業が株式や社債の発行により資金を調達することを間接金融といい，企業が銀行からの融資により資金を調達することを直接金融という。

**2**　金利は金融市場における需要と供給の関係で決まり，資金の供給を一定とした場合，資金の需要が増加すれば金利は下落し，資金の需要が減少すれば金利は上昇する。

**3**　銀行の信用創造機能により作り出される預金通貨量は，支払準備率が上昇するほど増大する。

**4**　公開市場操作は，日本銀行の金融政策の中心的な手段であり，民間の金融機関との間で国債などを売買することで通貨供給量が調整される。

**5**　日本銀行は，不況時には，金融緩和政策で通貨の供給量を増やして金利を上げ，景気過熱時には，金融引き締め政策で通貨の供給量を減らして金利を下げようとする。

### 解説

**1**．株式や社債を発行して資金調達することを直接金融といい，銀行からの融資により資金調達することを間接金融という。

**2**．金融市場（貨幣市場）において，資金の供給を一定とした場合，資金の需要が増加することで金利は上昇し，資金の需要が減少することで金利は下落する。

**3**．信用創造機能によって作り出される預金通貨量は「当初の預金額$\times\dfrac{1}{\text{支払準備率}}$」の大きさに等しくなる。このため，（当初の預金額を一定として）支払準備率が上昇するほど，預金通貨量は減少することになる。

**4**．妥当である。

**5**．日本銀行は，不況時には，金融緩和政策で通貨の供給量を増やして金利を下げ，景気過熱時には，金融引き締め政策で通貨の供給量を減らして金利を上げようとする。

**正答　4**

高卒警察官

令和5年度 警視庁

# 社会 私立学校法

本年4月に一部改正された私立学校法に関する記述として，最も妥当なのはどれか。

**1** 今回の改正は，私立学校が社会の信頼を得て一層発展していくため，社会の要請に応え得る実効性のあるコンプライアンス改革の推進を目的としている。

**2** 学校法人の最高機関に位置づけられた評議員会は，執行機関である理事会を監視・監督する機能を果たす。

**3** 理事と評議員の兼任は禁止し，理事の定数は，評議員の定数と同数でなければならない。

**4** 理事らによる特別背任，贈収賄，目的外の投機等について刑事罰が科されることになったが，新設された特別背任罪は，刑法の背任罪より法定刑が軽い。

**5** 評議員会は，理事の解任を理事選任機関に求めたり，理事の行為の差止請求・責任追及を監事に求めることができる。

## 解説

**1**．令和5年の私立学校法改正は，私立大学での不祥事への対応として，「我が国の公教育を支える私立学校が，社会の信頼を得て，一層発展していくため，社会の要請に応え得る実効性のあるガバナンス改革」を推進するための制度改正を行うことを趣旨としている。

**2**．今回の改正でも，最高意思決定機関は理事会であり，評議員会は諮問機関とされている。そのうえで，評議員会の理事会に対するチェック機能を強化することとしている（私立学校法29条，30条，37条）。

**3**．理事と評議員の兼職を禁止し，評議員の定数は，理事の定数を超える数でなければならないとしている（私立学校法18条3項，31条3項）。

**4**．役員や清算人等が，自己や第三者の利益を図る目的や，学校法人等に損害を加える目的で，背任行為をし，学校法人に損害を与えたときは，7年以下の拘禁刑もしくは500万円以下の罰金が科せられる（私立学校法157条）。これは刑法上の背任罪（247条）の「5年以下の懲役又は50万円以下の罰金」よりも重い。

**5**．妥当である（私立学校法67条1項）。

**正答 5**

高卒警察官

令和 5 年度

警視庁

# 日本史　南北朝の動乱

南北朝の動乱に関する記述として，最も妥当なのはどれか。

**1**　1335年，足利尊氏は，北条貞時の子時行が起こした観応(かんのう)の擾乱(じょうらん)を機に，その討伐のために関東に出陣し，新政権に反旗をひるがえした。

**2**　1336年，京都を制圧した足利尊氏は，大覚寺統の光明天皇を立て，幕府を開く目的のもとに当面の政治方針を明らかにした貞永式目を発表した。

**3**　後醍醐天皇は，吉野にのがれ，支配の正統性を主張したため，京都の北朝と吉野の南朝とが対立する南北朝の動乱がはじまった。

**4**　南朝では，動乱初期に楠木正成や加藤清正らの有力な武士が戦死し，1339年には後醍醐天皇も没したが，その後は北畠親房や後醍醐天皇の皇子たちが東北・関東・九州で抗戦した。

**5**　北朝では，足利尊氏の弟の足利義教を支持する勢力と，尊氏の執事新田義貞を中心とする勢力とが対立し，1350年，両派は武力対決に突入し，中先代の乱がおこった。

## 解説

**1**．1335年に北条高時の遺児北条時行が起こしたのは，中先代の乱である。足利尊氏は中先代の乱を平定して鎌倉に入り，建武の新政に反対する立場を鮮明にした。観応の擾乱（1350～52年）は，建武政権崩壊後，二頭政治を行っていた足利尊氏とその弟足利直義の対立から起こった内紛およびそれに連動した全国的騒乱で，尊氏の直義討伐により終結した。

**2**．足利尊氏が後醍醐天皇に対抗して擁立した光明天皇は，持明院統の天皇である。また，尊氏が政治方針を示したのは，建武式目である。貞永式目は，鎌倉幕府の執権北条泰時が1232年に制定した日本初の武家法で，御成敗式目とも呼ばれる。

**3**．妥当である。

**4**．加藤清正は織豊時代から江戸初期にかけての有力武将である。動乱初期に戦死した南朝方の有力武将は，新田義貞である。

**5**．1350年に，尊氏の弟足利直義と，尊氏の執事高師直が対立して内紛に発展した事件は，観応の擾乱である。また，足利義教は6代将軍，新田義貞は鎌倉幕府滅亡時に活躍した武将である。

**正答　3**

高卒警察官

令和 5 年度 警視庁

## 世界史　フランス革命

フランス革命に関するA～Eの出来事を，年代の古いものから並べたときの順番として，最も妥当なのはどれか。

A　男性普通選挙が行われ，これにより国民公会が成立した。国民公会は王政の廃止と共和制の樹立を宣言し，翌年，国王を処刑した。

B　パリの民衆は，武力による弾圧に反発し，武器・弾薬を求めてバスティーユ要塞を攻撃した。この事件後，全国的に農民蜂起がおこった。

C　制限選挙制を復活させた新しい憲法が制定され，５人の総裁からなる総裁政府が樹立した。しかし，社会不安が続き，革命で利益を得た有産市民層や農民は社会の安定を望んだ。

D　ロベスピエールを中心とするジャコバン派は，強大な権限を持つ公安委員会を中心に急進的な施策を強行したほか，反対派を多数処刑する，いわゆる恐怖政治を行った。

E　ヴェルサイユで三部会が開かれたが，議決方法をめぐって特権身分と第三身分が対立した。第三身分の議員は，自分たちが真の国民の代表であるとして国民議会を開いた。

**1**　B→E→A→D→C
**2**　C→B→E→D→A
**3**　C→D→E→B→A
**4**　E→B→A→D→C
**5**　E→D→C→B→A

## 解説

A：1792年８月10日，武装蜂起に勝利した民衆は，男性普通選挙による国民公会の召集を要求し，召集された国民公会は王政の廃止と共和政の樹立を宣言し，翌1793年１月に国王ルイ16世は，無条件死刑の判決を受けギロチンにかけられた。

B：パリ民衆のバスティーユ要塞攻撃・占領は1789年７月14日のことである。この事件はフランス革命を象徴するものとされ，７月14日は現在も革命記念日とされている。

C：制限選挙を復活させた共和国憲法は，1795年８月22日に制定された。それにより，同年10月に総裁政府が成立した。

D：ロベスピエールを中心とするジャコバン派のいわゆる恐怖政治は，1793年９月から1794年７月のテルミドールのクーデタによりロベスピエールらが逮捕処刑されるまでの約10か月続いた。

E：三部会の招集は，1789年５月である。三部会に集まった第三身分の議員たちは，自分たちの部会を「国民議会」と呼び，これ以降革命を進めていった。

以上より，年代の古いものから順に並べると，E→B→A→D→Cとなる。

したがって，正答は**4**である。

**正答　4**

高卒警察官 令和5年度 警視庁

# 地理　ケッペンの気候区分

ケッペンの気候区分に関する記述として，最も妥当なのはどれか。

**1**　熱帯雨林気候区は，雨季と乾季がはっきりしており，雨季にはスコールという強風を伴う激しい雨が降る。

**2**　砂漠気候区は，年降水量が250mm 未満の地域がほとんどであり，まれに降る大雨の際に現れるかれ川（ワジ）に流水が集中するものを除き，年間を通して水が流れている河川は見られない。

**3**　地中海性気候区は，夏が高温で乾燥し，オリーブ・コルクがし・ぶどう・かんきつ類の栽培が盛んである。

**4**　亜寒帯（冷帯）湿潤気候区は，１年中降水または降雪があるが，低温であるために穀物の栽培は行われておらず，酪農が盛んである。

**5**　氷雪気候区は，短い夏には気温が上がり，低木・草・コケ類・地衣類などがまばらに育つが，それ以外の長い期間は雪と氷に覆われ，農耕は不可能である。

## 解説

**1**．熱帯雨林気候区は，年中高温多雨であり，雨季と乾季の区別は見られない。午後にはスコールという強風を伴った激しい雨に見舞われることがある。なお，熱帯気候で雨季と乾季が明瞭なのはサバナ気候区である。

**2**．砂漠気候区に属する地域にも，外来河川と呼ばれる周辺の湿潤な気候区に源流を持つ河川が存在している所もある。代表例は，ナイル川，ニジェール川，チグリス川，ユーフラテス川などである。

**3**．妥当である。

**4**．亜寒帯（冷帯）湿潤気候区では，比較的気温が高い南部では春小麦・ライ麦などの栽培が行われている。気温の低い北部では農業はほとんど行われていない。

**5**．氷雪気候区は，最暖月の平均気温が０℃未満の気候であり，南極やグリーンランド内陸部などがこれに当たる。夏に低木・草・コケ類・地衣類などがまばらに育つのは，ツンドラ気候区である。

**正答　3**

高卒警察官

令和5年度

警視庁

# 倫理　ニーチェ

ニーチェに関する記述として，最も妥当なのはどれか。

**1**　運命愛の立場に立った人間を「超人」と呼び，キリスト教的神への信仰をすててこの「超人」を目指すように説いた。

**2**　キリスト教徒の堕落を厳しく批判しながら，イエスそのものに対面しようと苦闘した。

**3**　客観的真理ではなく，私自身にとっての真理である主体的真理が重要であると考えた。

**4**　本来的な実存に至る道を「美的実存」「倫理的実存」「宗教的実存」の三段階で説明した。

**5**　デンマークに生まれ，哲学・神学を学び，「あれかこれか」や「死に至る病」を著した。

## 解説

**1**．妥当である。ニーチェは19世紀のドイツの哲学者で，実存主義思想の先駆者である。「超人」はニーチェが理想とする人間像である。

**2**．ニーチェはキリスト教徒の堕落を批判したが，キリスト教に代わる価値観として，力（権力）への意志（あらゆる抵抗を克服し，自己を成長させる根源的な生命力に基づく意志）の重要性を説いた。

**3**．主体的真理の重要性を説いたのは，デンマークの思想家で，実存主義思想の先駆者キルケゴールである。

**4**．「美的実存」，「倫理的実存」，「宗教的実存」（実存の三段階）はキルケゴールの考える人間のあり方のことである。

**5**．「あれかこれか」（1843年刊行），「死に至る病」（1849年刊行）を著したのはキルケゴールである。ニーチェの代表的な著作は『ツァラトゥストラはこう語った』である。

正答　1

高卒警察官

令和5年度 警視庁

# 国語 ことわざ・慣用句の意味

次のことわざ・慣用句とその意味の組合せとして，最も妥当なのはどれか。

**1** 毒を以て毒を制す ― 人は付き合う相手によって，良くも悪くもなる
**2** 転ばぬ先の杖 ― 非常な危険を冒す
**3** 水清ければ魚棲まず ― 手に入れ損ねたものは，実際よりも良いものに思える
**4** 鬼の目にも涙 ― 困っている時にさらに不運が重なる
**5** 雨後の筍 ― 似たようなものが次々に現れる

## 解説

**1**.「毒を以て毒を制す」は悪を排除するのに別の悪を使うこと。「人は付き合う相手によって，良くも悪くもなる」は「朱に交われば赤くなる」。
**2**.「転ばぬ先の杖」は失敗しないように前々から用心すること。「非常な危険を冒す」は「危ない橋を渡る」。
**3**.「水清ければ魚棲まず」は，清廉潔白すぎる人はかえって親しまれず，孤立してしまうこと。「手に入れ損ねたものは，実際よりも良いものに思える」は「逃がした魚は大きい」。
**4**.「鬼の目にも涙」は非情な人でも時には感情に負けて涙を流すことがあること。「困っている時にさらに不運が重なる」は「泣きっ面に蜂」。
**5**. 妥当である。

正答 5

高卒警察官 令和5年度 警視庁

# 英語　単語

次の英文の（　　）に当てはまる単語として，最も妥当なのはどれか。

（　）is the study of the mind and how it influences people's behaviour.

**1** Physics
**2** Politics
**3** Psychology
**4** Economics
**5** Biology

## 解説

空欄は,「心と，心が人の行動にどのような影響を与えるかについて研究する学問である」の主語に当たる部分であることから，Psychology（心理学）が当てはまる。Physics は物理学，Politics は政治学，Economics は経済学，Biology は生物学である。

したがって，正答は**3**である。

全訳〈心理学は，心と，心が人の行動にどのような影響を与えるかについて研究する学問である〉

**正答　3**

高卒警察官

令和 **5** 年度

警視庁

## 物理　加速度

北向きに20［m/s］で走行していた自動車が，ブレーキをかけ続けたところ，一定の割合で速度が変化し，4.0秒後に静止した。このときの自動車の加速度として，最も妥当なのはどれか。ただし，北向きを正とする。

**1**　南向きに3.0［$m/s^2$］
**2**　北向きに4.0［$m/s^2$］
**3**　南向きに4.0［$m/s^2$］
**4**　北向きに5.0［$m/s^2$］
**5**　南向きに5.0［$m/s^2$］

### 解説

速度に関する公式は，

$v=v_0+at$

（$v$：速度〔m/s〕，$v_0$：初速度〔m/s〕，$a$：加速度〔$m/s^2$〕，$t$：時間〔s〕）

である。

$v=0$〔m/s〕，$v_0=20$〔m/s〕，$t=4.0$〔s〕

を代入すると，

$0=20+a\times4.0$

より，

$a=-5.0$〔$m/s^2$〕

となる。

北向きが正なので，正答は**5**である。

**正答　5**

高卒警察官

令和5年度 警視庁

# 化学　遷移元素の特徴

遷移元素の特徴として，最も妥当なのはどれか。

**1**　最外殻電子の数は3個または4個であり，周期表上で横に並んだ元素と異なる性質の場合が多い。

**2**　典型元素の金属に比べて融点や沸点が低く，密度が小さいものが多い。また，単体や化合物は触媒として働く元素が多い。

**3**　イオンや化合物はすべて無色となり，錯イオンをつくるものは存在しない。また，酸化数の大きい原子を含む化合物は酸化剤に利用されるものが多い。

**4**　同一の元素であっても価数の異なるイオンになるものが多い。また，いろいろな酸化数をとるものも多い。

**5**　周期表の12～18族に属する元素をいい，金属元素と非金属元素が混在している。

## 解説

**1**．遷移元素の最外殻電子の数は1個または2個であり，周期表上で横に並んだ元素と似通った性質を持つものが多い。

**2**．典型元素の金属に比べて遷移元素の融点や沸点は高く，密度は大きいものが多い。遷移元素では単体や化合物が触媒として働くものが多い点は正しい。

**3**．遷移元素のイオンや化合物は有色のものが多く，錯イオンを形成する元素も多く存在する。酸化数の大きい原子を含む化合物が酸化剤に利用されるものが多い点は正しい。

**4**．妥当である。同じ元素が価数の異なるイオンを形成するとは，すなわち異なる酸化数を持つことを意味している。たとえば，鉄では$Fe^{2+}$（酸化数＋2），$Fe^{3+}$（酸化数＋3），クロムでは$Cr^{3+}$（酸化数＋3），$Cr_2O_7^{2-}$（Crの酸化数＋6）などがある。

**5**．遷移元素は周期表の3族～12族に属し，金属元素のみからなる（かつては11族までとされていた）。

**正答　4**

高卒警察官

令和
5
年度

警視庁

# 生物　細胞の物質輸送

細胞の物質輸送に関する記述のうち，正しいものをすべて選んだ組合せとして，最も妥当なのはどれか。

ア　物質が，濃度勾配に従って，濃度の低い側から高い側へと移動する場合には，エネルギーを必要としない。

イ　イオンのように小さいが電荷をもった物質の通路をチャネルという。チャネルでは濃度勾配に従って物質が輸送される。

ウ　細胞膜が特定の物質を通過させる性質を選択的透過性という。細胞膜を構成する脂質二重層は，小さな分子やイオンを透過させやすい。

エ　動物の細胞内はナトリウムイオン濃度が低く，カリウムイオン濃度が高く維持されている。ナトリウムイオンを細胞内から外へ排出し，カリウムイオンを細胞内へと取り込む役割を持っているのがナトリウムポンプである。

オ　脂質二重層や輸送タンパク質を通過できないような大きな分子は，小胞と細胞膜の融合や細胞膜の陥入により輸送される。この小胞と細胞膜の融合による物質の分泌をエンドサイトーシス，細胞膜の陥入による物質の取り込みをエキソサイトーシスという。

**1**　ア，ウ
**2**　ア，エ
**3**　イ，エ
**4**　イ，オ
**5**　ウ，オ

## 解説

ア：物質が濃度の低いほうから高いほうへ濃度勾配に逆らって移動するのは能動輸送であり，その際にはエネルギーを必要とする。逆に物質が濃度の高いほうから低いほうへ濃度勾配に従って移動するのは受動輸送であり，その場合はエネルギーを必要としない。

イ：妥当である。チャネルはタンパク質でできており，細胞膜を貫通して物質を通す孔となっている。その多くは開閉式になっていて，刺激を受けるとタンパク質の構造が変化して孔が開く。イオンは小さいが＋や－の電荷を持っているため，細胞膜を構成する主成分であるリン脂質の層は透過しづらい。そのため，チャネルを通って濃度勾配に従って細胞の内外へと移動する。チャネルには特異性があり，透過させられるイオンが決まっている。ナトリウムチャネルはナトリウムイオンのみを，カリウムチャネルはカリウムイオンのみを透過させる。

ウ：細胞膜が選択的透過性の性質を持つことは正しい。ただし，細胞膜を構成するリン脂質の二重層は，酸素や二酸化炭素のような小さい分子は透過させやすいが，イオンや大きな分子は透過させにくい。また，脂質に溶けやすいアルコールなどの分子は透過させやすい性質を持つ。

エ：妥当である。ナトリウムポンプもチャネル同様の膜輸送タンパク質であるが，こちらはエネルギーを消費して能動輸送を行う。ナトリウムポンプは$Na^{+}-K^{+}-$ATP アーゼ（ATP 分解酵素）であり，ATP のエネルギーを利用してナトリウムイオンを細胞外へ，カリウムイオンを細胞内へ濃度勾配に逆らって輸送する。

オ：エンドサイトーシスとエキソサイトーシスの説明が逆である。細胞膜の陥入や，細胞膜への小胞の融合による膜輸送において，細胞内へ物質を取り込む現象がエンドサイトーシスであり，細胞外へ物質を放出（分泌）する現象がエキソサイトーシスである。

したがって，正答は**3**である。

正答　3

# 地学　地球の内部構造

地球の内部構造に関する記述として，最も妥当なのはどれか。

**1**　地球の表層部を地殻といい，大陸地殻と海洋地殻とに分けられる。大陸地殻の上部は玄武岩質の岩石，下部は花こう岩質の岩石で構成される。また海洋地殻はほとんどが花こう岩質の岩石で構成される。

**2**　地殻の下はマントルと呼ばれ，深さが約2900kmまで続く。地殻とマントルとの境界をモホロビチッチ不連続面と呼び，上部マントルは主にかんらん岩で構成される。

**3**　核は，内核と外核に分類される。内核は外核よりも圧力が高いため，外核は固体で，内核は液体の状態である。

**4**　大陸地殻とマントルの質量組成を比べると，地殻を構成する元素で最も多いのが酸素であるのに対して，マントルではケイ素が最も多い。

**5**　核の質量組成はニッケルが最も多く８割程度を占めている。そのため地球全体でみてもニッケルが占める割合が２番目に多く，全体の４割以上となっている。

## 解説

**1**．文中の花こう岩を玄武岩に，また，玄武岩を花こう岩とすると正しい文となる。
**2**．妥当である。
**3**．文末の固体と液体を入れ替えると正しい文となる。
**4**．マントルで最も多い化学組成は酸素であり，ケイ素は２番目である。
**5**．文中のニッケルを鉄とすると正しい文となる。

**正答　2**

高卒警察官

令和5年度

警視庁

## 文章理解　現代文（要旨把握）

次の文章の要旨として，最も妥当なのはどれか。

自宅から最寄り駅までの道に，いくつかの選択肢があるなら，たまには別の道を選んで，いつも通る道との差異を感じ取り，自分なりに「ここが好き，あそこが嫌い」と評定してみる，「大人の道草」を勧めたい。

車通勤をしている人なら，自宅から勤め先までの経路には，選択肢は多いことだろう。運転者として街に接するとき，歩く速度で接するのとは全く異なる着眼が得られるはずだ。細い道，広い道，坂道，曲がりくねった道，歩道のあるなし，対向車の量の違い，道端の建物や植栽の違い。スピードが出ているが故に気づく関係性や流れがあるはずだ。道が異なれば，運転している気分も大いに変わる。

いつもの道を行くと，ついつい認識フレームを固定化してしまう。あまり行かない道を選ぶと，見慣れない風景に出くわし，真新しい変数に着眼できるかもしれない。自宅のそばにこんな風景があったなんて！そういう素朴な驚きとときめきが，新しい着眼と解釈を手に入れる絶好のチャンスである。

新しい道を経験してからいつもの道に戻ると，同じ道なのに新たな変数に気づくかもしれない。新しい着眼と解釈を得ることの楽しさをじわじわと体得できる。道草の効用はまさにここにある。子どもはそれを自然にやってのけている。それに比べて，大人はつい客観性や効率性に絡め取られて，自らクリエイティブの芽を摘み取ってしまいがちだ。身体の反応というより，頭で街に接している。そして，自分の住む街のことを意外に知らない。

**1**　新しい着眼と解釈を得るためには，いつも通る道は役に立たないので，常に新しい道を探す「大人の道草」が必要である。

**2**　身体の反応ばかりを楽しむ子どもと違い，大人は「大人の道草」から客観性や効率性を養い，クリエイティブの芽を育てることができる。

**3**　新しい道を通ったり，そうしてからいつもの道に戻ったりすることで，いつもと異なる新たな着眼や解釈を得ることの楽しさを体得できる。

**4**　いつも同じ道ではなく，たまには別の道を通ってみることで，公平な客観性や効率性を持った視点を養うことができる。

**5**　新しい道を通ってからいつもの道に戻ると，以前には気付けなかった様々な課題や問題点を，理論的に導き出すことができる。

**解説**

出典は諏訪正樹『身体が生み出すクリエイティブ』

通勤などでいつも通る道とは別の道を選択する「大人の道草」を勧めた文章。いつもの道を行くと認識フレームを固定化してしまうのに対し，新しい道を通ったり，そうしてからいつもの道に戻ったりすることで，新しい着眼と解釈を得る楽しさを体得できるから，と「大人の道草」を勧める理由を述べている。

**1**．第4段落で「新しい道を経験してからいつもの道に戻ると」「新たな変数に気づくかもしれない」とあることから，「いつも通る道は役に立たない」わけではなく，「常に新しい道を探す」ことを勧めているわけでもない。

**2**．第4段落に，大人は「客観性や効率性に絡め取られて」「クリエイティブの芽を摘み取ってしまいがち」とあるので，「『大人の道草』から客観性や効率性を養い」とするのは誤り。また，子どもが「身体の反応ばかりを楽しむ」とする記述は見られない。子どもが「自然にやってのけている」のは，「新しい着眼と解釈を得ることの楽しさ」を体得することである。

**3**．妥当である。第3・第4段落で述べられている。

**4**．第4段落によれば，客観性や効率性は，新しい着眼と解釈を得ることを妨害するものととらえられており，むしろ「客観性や効率性」に邪魔されないようにするために別の道を通ることを勧めているので，「別の道を通ってみることで，公平な客観性や効率性を持った視点を養うことができる」とするのは誤り。

**5**．第3・第4段落に「新たな変数に気づく」ことや「新しい着眼と解釈を得る」ことは「素朴な驚きとときめき」から生じるとある。「理論的に導き出す」では，「素朴な驚きとときめき」と矛盾してしまう。

**正答 3**

# 文章理解　英文（内容把握）

次の英文の内容と合致するものとして，最も妥当なのはどれか。

Back in the 1970s, I worked in Osaka, and at that time foreigners were rather thin on the ground*1. I was tall, big-boned, and obviously non-Oriental, so I was somewhat conspicuous. Every day without fail, I would receive a chorus of *Gaijin!*, particularly from children, and *Okii!*, mostly from adults, some of whom would also pat my stomach as if I were a sumo wrestler. I found that slightly annoying at first, as I'm sure you can imagine. But once I realized that that kind of behaviour was good-humoured*2, I refused to let it upset me. Nowadays, there are foreigners everywhere as well as many tall Japanese, so I rarely hear *Gaijin!* or *Okii!* However, I do still get complimented on my skill at using chopsticks: *O-hashi jozu desu ne!* This conversation opener has always stuck me as more of a conversation stopper, akin to*3 Japanese visitors to the UK being complimented on their ability to use teacups with handles. I say that because holding and using chopsticks has never struck me as particularly difficult once you get the hang of*4 it, and in some ways it's easier than coordinating a knife and fork. I personally learned how to use them at Chinese restaurants in England as a student — and shiny round Chinese versions are much more difficult to handle. However, I have discovered that many Japanese suffer from rather poor chopstick handling skills. Anyway, I have a word of advice for you: if you're ever tempted to compliment a foreigner on their chopstick handling ability, try asking two questions first: 1. How long have you been in Asia?; 2. Do you often use chopsticks in your home country? If the answers are "Not long" and "No, I don't", then by all means praise them!

［語義］　thin on the ground*1　数が少ない／good-humoured*2　愛想のよい／
akin to ～*3　～と同類の／get the hang of ～*4　～のこつをつかむ

**1**　1970年代の大阪では，背が高く骨格がしっかりした日本人は珍しくなかった。

**2**　筆者は，まるで相撲力士であるかのように腹を叩いてくる日本人にずっと腹を立てている。

**3**　イギリスを訪れる日本人旅行者は，持ち手のあるティーカップが使えることを褒められている。

**4**　筆者にとって，つるつるとした丸い中国版の箸の方が日本の箸よりはるかに扱いやすい。

**5**　筆者は，箸の使い方があまり上手でない日本人が多いことに気が付いた。

## 解説

出典はStuart Varnam－Atkin「Trad Japan, Mod Nippon」

全訳〈1970年代，私は大阪で働いており，その当時，外国人の数はかなり少なかった。私は背が高く，がっちりした体格で，明らかに東洋人ではなかったため，いささか目立っていた。毎日欠かすことなく，特に子どもたちから，「外人！」と口々に言われたものだった。「大きい！」とも言われたが，たいていは大人からで，彼らの中には私がまるで相撲力士であるかのように腹をたたいてくる者もいた。ご想像にたがわず，そんなことをされて最初のうち私は少しばかりいらいらした。しかし，そのような行動が愛想のよさから来ているものであると気づいてからは，そのことで動揺しなくなった。最近は，背の高い日本人が多いだけでなく外国人も至る所にいるので，「外人！」「大きい！」と呼ばれることはめったにない。けれども，箸の使い方については今でも褒められて「お箸上手ですね！」と言われる。この会話の切り出し方（conversation opener）は，思いがけない発言（conversation stopper）として心にいつも引っかかっていた。イギリスを訪れた日本人が持ち手のついたティーカップを使えることを褒められるのと同じように。なぜそんなことを言うかというと，コツさえつかんでしまえば箸を持って使うことは，私にとってとりたてて難しいと感じることではなく，ある意味ナイフとフォークを使うより簡単だからだ。学生の頃，イギリスの中華料理店で，自分で箸の使い方を学んだ。光っていて丸い中国の箸のほうが日本の箸よりはるかに扱いにくい。けれども私は，多くの日本人が箸の使い方があまり上手でなくて困っていることに気づいた。とにかく，一言アドバイスしよう。外国人の箸の使い方を褒めたいという誘惑に駆られたら，まず2つの質問をしてみよう。「1．アジアにどのくらい滞在したことがありますか？」「2．母国でよく箸を使いますか？」。答えが「そんなに長くはないです」とか「いえ，使いません」だったら，その時にはぜひとも褒めてあげてください！〉

**1**．1970年代の大阪には背が高くがっちりした体格の日本人が少なかったため，筆者は「大きい！」と言われていたのである。最近は背の高い日本人も多い，とある。

**2**．腹をたたいてくる日本人に対し，最初のうちはいらいらしていた筆者だったが，彼らに悪意がないことに気づいてからは動揺しなくなった，とある。

**3**．イギリスを訪れた日本人が，持ち手のあるティーカップが使えることを褒められるというのは，日本を訪れた外国人が箸の使い方を褒められることに似た例としてたとえただけであって，実際に日本人旅行者が褒められているわけではない。

**4**．中国の箸のほうが日本の箸より扱いにくい，とある。

**5**．妥当である。

**正答 5**

## 判断推理　命　題

5年生と6年生が泊まり込みの合宿を行った。その際の起床時刻について，次のア～ウのことがわかっているとき，A～Cのうち確実に推論できる記述のみをすべて挙げているのはどれか。

ア　午前6時以前に起床したのは，6年生だけであった。
イ　5年生は，全員が午前7時以前に起床した。
ウ　午前7時より後に起床した者がいた。

A　6年生は，全員が午前6時以前に起床した。
B　午前5時台に起床した5年生がいた。
C　午前7時より後に起床した6年生がいた。

**1**　A
**2**　B
**3**　C
**4**　A，B
**5**　B，C

### 解説

午前7時より後に起床した者がいるが，5年生は全員が午前7時以前に起床しているので，午前7時より後に起床したのは6年生である。また，5年生は全員が午前7時以前に起床しているが，午前6時以前に起床したのは6年生だけなので，午前6時以前に起床した5年生はいない。

したがって，A，Bは推論として誤りで，確実に推論できるのはCだけである。

以上から，正答は**3**である。

正答　3

高卒警察官

令和 5 年度 9月実施

## 判断推理 位置関係

図のような，道路を挟んだ８区画のうち，６区画にＡ～Ｆの家が１軒ずつあり，残りの２区画は空き地となっている。次のア～エのことがわかっているとき，確実にいえるのはどれか。

ア　Ａの家の西隣には家があり，その家の向かいにＢの家がある。
イ　Ｄ，Ｅの家はどちらも北側の区画にあり，１区画の空き地を挟んでいる。
ウ　Ｂ，Ｃの家はどちらも同じ側の区画にあり，Ｃの家はＢの家よりも東側にある。
エ　Ｅの家の向かいは空き地である。

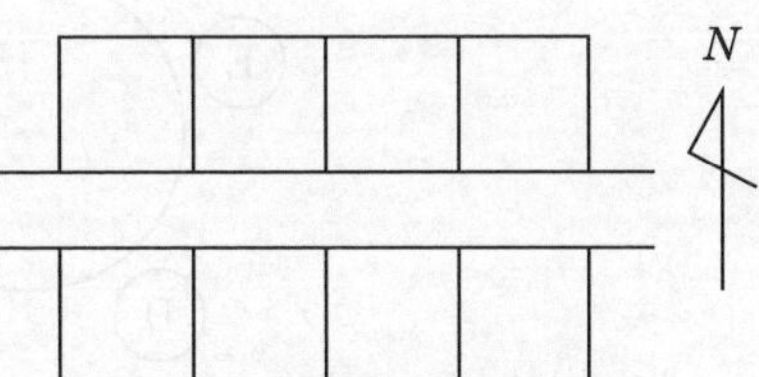


**1**　Ａの家の西隣は，Ｅの家である。
**2**　Ｂの家の西隣は，Ｄの家である。
**3**　Ｃの家の向かいは，空き地である。
**4**　Ｄの家の向かいは，Ｆの家である。
**5**　Ｆの家の西隣は，空き地である。

### 解説

Ｄ，Ｅの家は北側の区画にあり，１区画の空き地を挟んでいるので，Ｂ，Ｃの家は南側の区画である。ここから，Ａの家は北側の区画となる。Ａの家の西隣には家があるので，図Ⅰ，図Ⅱのいずれかとなる。しかし，図Ⅱでは条件エを満たせない。これにより，図Ⅲのようになる。

図Ⅰ

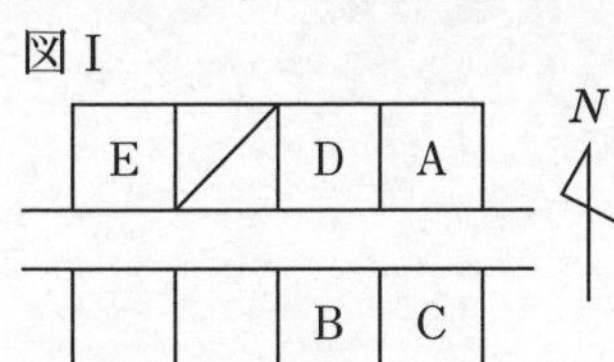


図Ⅱ

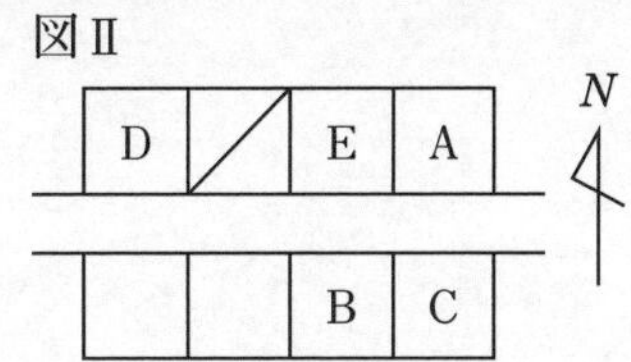


図Ⅲ

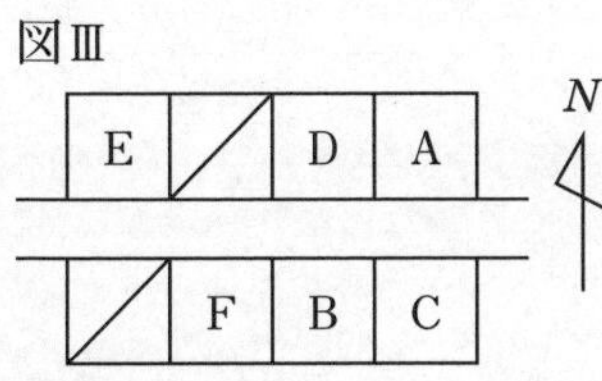


したがって，正答は**5**である。

正答　**5**

高卒警察官

令和5年度 9月実施

# 判断推理　数量関係

A～Eの５人が，円卓に向かい図のように着席している。５人はそれぞれ３枚のコインを持っており，Aから左隣の者へ「A→B→C→D→E→A」の順で，手持ちのコインのうちの１～３枚を１回だけ渡していった。これについて，次のア～エのことがわかっているとき，確実にいえるのはどれか。

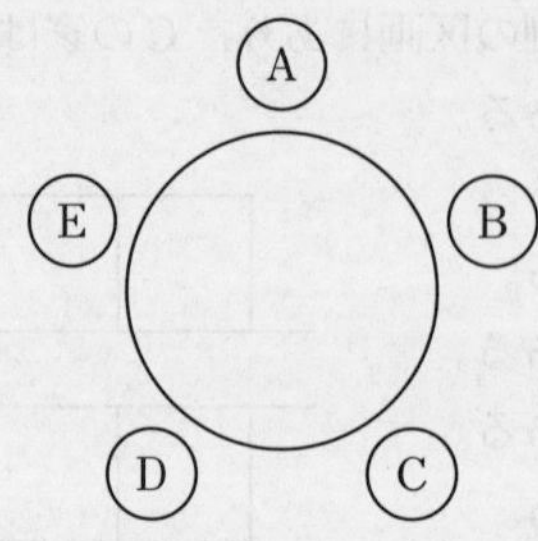


ア　５人が左隣の者にコインを渡し終わった後，手持ちのコインの枚数が３枚になっていた者はいなかった。

イ　左隣の者に１枚渡した者は２人，２枚渡した者は２人，３枚渡した者は１人だった。

ウ　EはAにコインを渡した後，手持ちのコインの枚数が４枚になった。

エ　AはBに，コインを１枚渡した。

**1**　BはCに，コインを１枚渡した。
**2**　CはDに，コインを３枚渡した。
**3**　DはEに，コインを２枚渡した。
**4**　EはAに，コインを２枚渡した。
**5**　最終的に，Aが持っているコインの枚数は，Cが持っているコインの枚数より多かった。

## 解説

Eは，Aにコインを渡した後に，コインを４枚持っている。AはBにコインを１枚渡しているので，EがAに渡したコインの枚数が１枚だと，Aが持っているコインの枚数は３枚となってしまう。つまり，EはAに２枚以上のコインを渡している。しかし，DがEに渡すコインは最大でも３枚なので，最初に自分が持っているコインの枚数と合わせても６枚である。ここからAに３枚渡すと，Eに残るコインの枚数は３枚になってしまう。したがって，DはEにコインを３枚渡し，Eは６枚となったコインの中から，２枚をAに渡している。この結果，AとEはコインを４枚ずつ持っていることになる。Aが１枚，Dが３枚，Eが２枚のコインを渡しているので，B，Cの一方が１枚，他方が２枚渡している。しかし，BはAからコインを１枚渡されているので，BがCにコインを１枚渡したとすると，Bはコインを３枚持つことになってしまい，条件に合わない。これにより，BはCにコインを２枚渡し，CはDにコインを１枚渡したことになる。コインの移動は表に示すとおりであり，最終的な枚数は，A，C，Eが４枚，Bが２枚，Dが１枚である。

| A | 3 | Bに１枚渡す | 2 | Eから２枚受け取る | 4 |
|---|---|---|---|---|---|
| B | 3 | Aから１枚受け取る | 4 | Cに２枚渡す | 2 |
| C | 3 | Bから２枚受け取る | 5 | Dに１枚渡す | 4 |
| D | 3 | Cから１枚受け取る | 4 | Eに３枚渡す | 1 |
| E | 3 | Dから３枚受け取る | 6 | Aに２枚渡す | 4 |

したがって，正答は**4**である。

**正答 4**

高卒警察官

令和5年度　警視庁

## 判断推理　展開図

下図のような同じ大きさの正方形を5つつなげた図形がある。この図形に同じ大きさの正方形を1つ付け加えることで，立方体の展開図ができる。正方形を付け加える場所によって異なる展開図ができるが，その個数として，最も妥当なのはどれか。ただし，すべて山折りとする。

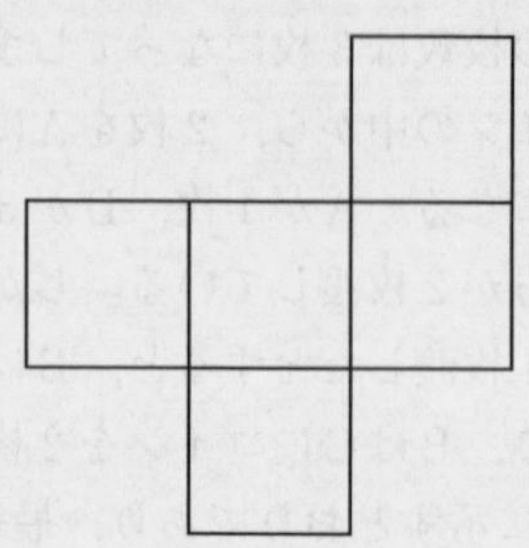

**1**　1個
**2**　2個
**3**　3個
**4**　4個
**5**　5個

正六面体（立方体）の展開図は，下に示すように全部で11通りである（回転させたり，反転させたりして同一となる図は１通りと数える）。この中で，問題図と同様の構成部分を有するのは，４通りである。

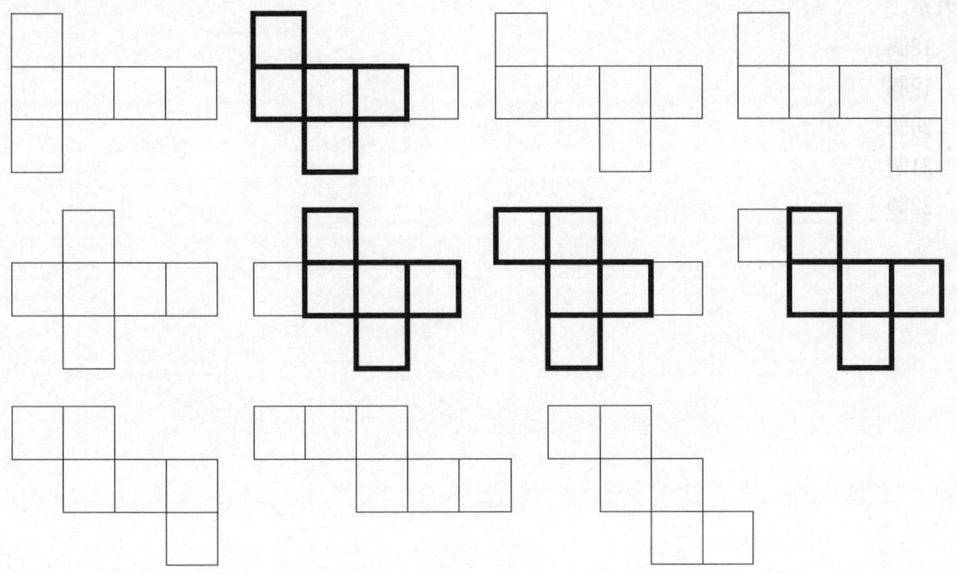

したがって，正答は**4**である。

**正答　4**

高卒警察官

令和 **5** 年度

9月実施

## 数的推理　方程式

A，B２種類の商品があり，AとBを４個ずつ買った場合の金額と，Aだけ５個買った場合の金額が等しい。このとき，この金額で買うことができる商品Bの最多個数として，正しいのはどれか。

**1**　18個
**2**　19個
**3**　20個
**4**　21個
**5**　22個

### 解説

A１個の金額を $x$，B１個の金額を $y$ とすると，

$4x+4y=5x$

$x=4y$

となる。ここから，

$4x+4y=4\times4y+4y=20y$

となり，AとBを４個ずつ買った場合の金額で，Bだけなら20個買えることになる。

したがって，正答は**3**である。

正答　**3**

高卒警察官

令和5年度 9月実施

## 数的推理　場合の数

A～Gの７人を，３人部屋と４人部屋の２部屋に宿泊させる。AとBは必ず同じ部屋に宿泊させるとき，７人の部屋割りは何通りあるか。

**1**　13通り
**2**　14通り
**3**　15通り
**4**　16通り
**5**　17通り

### 解説

AとBが３人部屋に宿泊する場合，３人部屋のもう１人は，C～G５人のうちのいずれかなので，５通りである。AとBが４人部屋に宿泊する場合，４人部屋の残る２人は，C～G５人の中から２人を選ぶ組合せとなり，

$${}_5C_2=\frac{5\times4}{2\times1}=10$$

より，10通りある。

したがって，5＋10＝15より，15通りあり，正答は**3**である。

**正答　3**

高卒警察官

令和5年度 9月実施

# 数的推理　整　数

2ケタの整数がある。この整数の十の位の数と一の位の数を入れ替えると2ケタの整数となり，元の整数より63小さくなった。この条件を満たす元の整数は2通りあるが，その2個の整数の和として，正しいのはどれか。

**1**　170
**2**　171
**3**　172
**4**　173
**5**　174

## 解説

元の整数の十の位の数を $x$，一の位の数を $y$ とすると，

$(10x+y)-(x+10y)=63$

$9x-9y=63$

$x-y=7$

となる。$x$，$y$ はいずれも1ケタの自然数だから，$y \leqq 2$ であり，$(x=9,\ y=2)$，$(x=8,\ y=1)$ の2通りである。

$92+81=173$ となり，正答は**4**である。

**正答　4**

# 数的推理　方程式

Aは1冊の本を読むことにし，1日目は全体の$\frac{1}{3}$を読み，2日目は残りの$\frac{5}{8}$を読み，3日目に36ページを読んで，読み終えた。この本のページ数として，正しいのはどれか。

**1**　141ページ
**2**　142ページ
**3**　143ページ
**4**　144ページ
**5**　145ページ

## 解説

本のページ数を$x$とすると，

$$\frac{1}{3}x+\frac{5}{8}\times\frac{2}{3}x+36=x$$

$$8x+10x+864=24x$$
$$6x=864$$
$$x=144$$

となり，144ページである。

したがって，正答は**4**である。

正答　4

高卒警察官

令和5年度 警視庁

# 資料解釈　刑法犯の認知・検挙件数

次の表は，我が国における刑法犯の認知・検挙件数を示したものである。この表から読み取れるア～ウの記述の正誤の組合せとして，最も妥当なのはどれか。

| | 認知件数（件） | 検挙件数（件） | 検挙人数（人） |
|---|---|---|---|
| 平成24年 | 1,403,167 | 437,610 | 287,021 |
| 平成25年 | 1,314,140 | 394,121 | 262,486 |
| 平成26年 | 1,212,163 | 370,568 | 251,115 |
| 平成27年 | 1,098,969 | 357,484 | 239,355 |
| 平成28年 | 996,120 | 337,066 | 226,376 |
| 平成29年 | 915,042 | 327,081 | 215,003 |
| 平成30年 | 817,338 | 309,409 | 206,094 |
| 令和元年 | 748,559 | 294,206 | 192,607 |
| 令和２年 | 614,231 | 279,185 | 182,582 |
| 令和３年 | 568,104 | 264,485 | 175,041 |

ア　認知件数に対する検挙件数の割合は毎年増加している。
イ　認知件数の対前年減少率が最も大きいのは令和２年である。
ウ　検挙人数の対前年減少率が10％以上になったことはない。

| | ア | イ | ウ |
|---|---|---|---|
| **1** | 正 | 正 | 正 |
| **2** | 正 | 誤 | 正 |
| **3** | 誤 | 正 | 誤 |
| **4** | 誤 | 正 | 正 |
| **5** | 誤 | 誤 | 正 |

## 解説

ア：誤り。平成24年は，437610÷1403167≒0.312，平成25年は，394121÷1314140≒0.30であり，平成25年における認知件数に対する検挙件数の割合は，平成24年より減少している。

イ：正しい。平成25年から令和２年までの間で，令和２年の認知件数は最も少なく，対前年減少数は最も多い。したがって，平成25年から令和２年までの間で，認知件数の対前年減少率が最も大きいのは令和２年である。令和３年は，対前年減少数が令和２年の$\frac{1}{3}$程度なので，対前年減少率は令和２年より小さい。

ウ：正しい。平成25年における検挙人数の対前年減少数は25,000人未満なので，対前年減少率は10％未満である。平成26年から令和３年までの間で対前年減少数が15,000人を超えた年はないので，対前年減少率はいずれも10％未満である。

したがって，正答は**4**である。

正答　**4**

# 高卒警察官
# 教養試験

## 過去問&解説
## No.1～No.350

高卒警察官

No. 1　9月実施

# 政治　議院内閣制　平成20年度

議院内閣制に関する次の記述のうち，誤っているものはどれか。

**1**　内閣総理大臣は，国会議員の中から国会の議決により指名される。

**2**　内閣は，行政権の行使について，国会に対し連帯して責任を負う。

**3**　衆議院の解散中に緊急の必要が生じたとき，内閣は臨時国会の開催を要請できる。

**4**　国務大臣の過半数は，国会議員の中から選ばなければならない。

**5**　衆議院が内閣不信任の決議案を可決し，または信任の決議案を否決したとき，内閣は10日以内に衆議院を解散しない限り，総辞職しなければならない。

## 解説

**1**．正しい記述（憲法67条）。

**2**．正しい記述（同66条３項）。

**3**．誤りの記述。衆議院の解散中に緊急の必要が生じたとき，内閣が開催を要請できるのは参議院の緊急集会である。

**4**．正しい記述（同68条１項）。

**5**．正しい記述（同69条）。

よって，正答は**3**である。

**正答　3**

# 政治 日本の法 令和 2年度



我が国の法に関する記述として，最も妥当なのはどれか。

**1** 法を国内法と国際法に分類した場合，国際法の例として条約があげられるが，慣習法を国際法に含めることはできない。

**2** 国内法は，公法，私法，社会法に大別できるが，公法の例としては，日本国憲法，刑法，民事訴訟法があげられる。

**3** 国内法のうち，私法とは私人相互の私的な関係を規律するものをいい，私法の例としては，民法，商法，健康保険法があげられる。

**4** 国内法のうち，社会法とは国家が私法の領域に属することがらを福祉や平等の観点から干渉し，調整するためのものであり，社会法の例としては，労働基準法，国家公務員法があげられる。

**5** 人間の行為によって作り出された法で，実効性を持っているものを実体法といい，権利，義務などの法律関係や内容を規定する法律を実定法という。

## 解説

**1**．国際法は条約および国際慣習法（＝慣習に基づいて多くの国に守られている事実上の法）からなる。したがって，慣習法も国際法に含まれる。

**2**．妥当である。公法とは公的な関係を規律する法のことであり，憲法，刑法，行政法，民事訴訟法，刑事訴訟法などがこれに該当する。

**3**．私法とは私人相互の私的な関係を規律する法のことであり，民法や商法がこれに該当する。これに対して，健康保険法は社会保障法の一種であり，国家が私人の福祉を増進するために制定した法であることから，私法ではなく社会法に該当する（**4**の解説を参照のこと）。

**4**．社会法とは，国家が私法の領域に属する事柄を福祉や平等の観点から干渉し，調整するための法であり，労働三法（労働組合法，労働関係調整法，労働基準法）や独占禁止法などの経済法，健康保険法や生活保護法などの社会保障法などがこれに該当する。これに対して，国家公務員法は行政法の一種であり，国の行政を担う国家公務員のあり方を定めた法であることから，社会法ではなく公法に該当する（**2**の解説を参照のこと）。

**5**．実体法と実定法の説明が逆である。人間の行為によって作り出された法で，実効性を持っているものを実定法といい，権利，義務などの法律関係や内容を規定する法律を実体法という。

**正答 2**

高卒警察官

No. 3　9月実施

# 政治　日本の裁判制度　平成24年度

我が国の裁判制度に関する記述として，妥当なのはどれか。

**1**　我が国の裁判所には，最高裁判所，中級裁判所及び下級裁判所があり，中級裁判所は高等裁判所，下級裁判所は地方裁判所と家庭裁判所である。

**2**　日本国憲法は，裁判は公開の法廷で行われなければならないことを定めており，いかなる場合も裁判を非公開とすることはできない。

**3**　日本国憲法は，司法権の独立を守るために，大日本帝国憲法下の行政裁判所のような特別裁判所の設置を禁止している。

**4**　公正な裁判を実現するために裁判官の身分は保障されており，裁判官が罷免されるのは，心身の故障のために職務を執ることができないと裁判により決定された場合だけである。

**5**　我が国の裁判員制度は，国民の判断を裁判に反映させるため，裁判員は裁判官から独立して事実認定を行い，量刑は裁判官が決定する点に，その特徴がある。

## 解説

**1**．日本の裁判所は最高裁判所と下級裁判所から構成されている。下級裁判所に分類されるのは高等裁判所，地方裁判所，家庭裁判所，簡易裁判所である。

**2**．憲法82条２項は，「公の秩序又は善良の風俗を害する虞がある」場合は審理を非公開にすることができる旨を定めている。

**3**．妥当である。

**4**．裁判官の罷免は，心身の故障のために職務を執ることができない場合のほか，弾劾裁判による場合に行われる。また，最高裁判所裁判官は，国民審査により罷免される可能性がある。

**5**．裁判員だけでは，被告人に不利な判断（被告人が有罪か無罪かの評決の場面では，有罪の判断）をすることはできないとされている。よって，裁判員が裁判官から独立して事実認定を行うということはできない。また，量刑の際には裁判員の意見も裁判官と同じ重みを持つ。

**正答　3**

# No. 4 警視庁 政治 法の下の平等 令和3年度

日本国憲法の定める法の下の平等に関する記述として，最も妥当なのはどれか。

**1** 日本国憲法は，家族生活における両性の本質的平等や教育の機会均等に関する明文の規定を欠くものの，憲法第14条の法の下の平等の解釈により当然保障される。

**2** 日本国憲法は法の下の平等を保障するために，華族その他の貴族の制度や，栄誉，勲章その他の栄典の授与は認めない。

**3** 法の下の平等は，等しい法的取扱いを要求するものであるから，各人の事実上の差異は考慮せずに，絶対的・機械的に均一に扱うことが要求される。

**4** 法の下の平等は，法を執行し適用する行政権・司法権が国民を差別してはならないという，法適用の平等のみを意味し，法内容の平等までは意味していない。

**5** 両議院の議員及びその選挙人の資格に関する憲法第44条但し書は人種，信条，性別，社会的身分，門地のほか，教育，財産又は収入による差別も禁止する。

## 解説

**1**．日本国憲法は，家族生活における両性の本質的平等（24条）や教育の機会均等（26条1項）について，明文で規定している。

**2**．日本国憲法は，「華族その他の貴族の制度は，これを認めない」（14条2項）とする一方，いかなる特権も伴わず，効力が一代に限られる限りにおいて，栄誉，勲章その他の栄典の授与を認めている（14条3項）。

**3**．法の下の平等においては，各人の事実上の差異を考慮することが求められる。たとえば，妊娠中の女性労働者について深夜労働や時間外労働をさせてはならないとする労働法上の規定は，男女の絶対的・機械的な平等という観点からは批判的にとらえられるが，母性保護のためには必要な措置と考えられる。

**4**．法の下の平等は，法適用の平等のみならず，法内容の平等までも意味する。たとえば，男性のみを絶対的に優遇する内容を持った法律は，たとえ万人に平等に適用されたとしても，男性を不当に優遇するという結果を生むため，法の下の平等に違反すると考えられ，その違憲性をもって無効を主張できる。

**5**．妥当である。憲法44条は，「両議院の議員及びその選挙人の資格は，法律でこれを定める。但し，人種，信条，性別，社会的身分，門地，教育，財産又は収入によつて差別してはならない」と規定している。

**正答 5**

高卒警察官

No. 5 警視庁

# 政治　基本的人権　平成21年度

基本的人権に関する記述として，最も妥当なものはどれか。

**1**　請願権は，明治憲法では保障されていなかったが，日本国憲法では保障されている。

**2**　教育を受ける権利は，明治憲法においても日本国憲法においても保障されている。

**3**　思想・良心の自由は，明治憲法においても日本国憲法においても保障されている。

**4**　信教の自由は，明治憲法においても日本国憲法においても保障されている。

**5**　財産権は，明治憲法では保障されていなかったが，日本国憲法では保障されている。

## 解説

**1**．請願権とは，議会や行政府などに対し，平穏に要望を伝えることのできる権利をいう。日本国憲法（16条）にも明治憲法（30条）にも規定がある。

**2**．日本国憲法は，「すべて国民は，法律の定めるところにより，その能力に応じて，ひとしく教育を受ける権利を有する」と規定している（26条1項）。明治憲法には教育を受ける権利についての規定はない。当時の教育は国民の権利ではなく，天皇に忠実な臣民をつくるために行われるものであった。

**3**．日本国憲法は，「思想及び良心の自由は，これを侵してはならない」と定めているが（19条），明治憲法にはこれに類する規定が存在しない。戦前の日本では，天皇や国家のあり方を批判すると弾圧された。実質的にも，思想・良心の自由はなかったと考えられる。

**4**．正しい。ただし，明治憲法における信教の自由は形式的なものであり，実質的には神道が国教として優遇されていた。

**5**．明治憲法においても財産権は保障されていた（27条など）。

**正答　4**

高卒警察官
No. 6 警視庁

# 政治　憲法改正　平成26年度

日本国憲法の改正手続きに関する記述中の空所A，Bに当てはまる語句の組合せとして，最も妥当なのはどれか。

各議院の総議員の（　A　）で，国会が発議し，国民に提案してその承認を経なければならない。この承認には，特別の国民投票又は国会の定める選挙の際行われる投票において，その（　B　）を必要とする。

| | A | B |
|---|---|---|
| **1** | 過半数の賛成 | ３分の２以上の賛成 |
| **2** | ３分の２以上の賛成 | ３分の２以上の賛成 |
| **3** | ３分の２以上の賛成 | 過半数の賛成 |
| **4** | ３分の１以上の賛成 | 過半数の賛成 |
| **5** | 過半数の賛成 | 過半数の賛成 |

## 解説

A.「３分の２以上の賛成」が該当する。憲法改正に関する国会の発議は，法律の制定や予算の承認などの場合とは異なり，過半数の賛成では成立しない。憲法改正には，それだけ慎重さが求められているということができる。
B.「過半数の賛成」が該当する。憲法改正を行う際には，主権者である国民の承認が必要とされる。そのため国民投票が実施されることになっており，改正案を成立させるためには，有効投票の過半数の賛成が必要となる。

以上より，**3**が妥当である。

**正答　3**

高卒警察官
No. 7 9月実施
# 政治 社会権 平成19年度

社会権に関する次の記述の正誤の組合せとして，正しいものはどれか。

ア　社会権は政府が積極的に経済的・社会的弱者を守るために保障されるに至った権利である。

イ　アメリカ独立宣言やフランス人権宣言で社会権は確立した。

ウ　社会権の中には，生存権，教育権，財産権，環境権が含まれる。

| | ア | イ | ウ |
|---|---|---|---|
| **1** | 誤 | 誤 | 正 |
| **2** | 誤 | 正 | 誤 |
| **3** | 正 | 正 | 誤 |
| **4** | 正 | 正 | 正 |
| **5** | 正 | 誤 | 誤 |

## 解説

ア：正。社会権は，「国家による自由」とも呼ばれる，20世紀になって保障されるようになった人権である。

イ：誤。1776年のアメリカ独立宣言は，人民主権，人権尊重・代議制そして革命権をうたい，それを自明の真理として主張している。また，1789年のフランス人権宣言は，第１条で「人は生まれながらにして自由かつ平等の権利を有する」とうたい，その他，主権在民，法の前の平等，所有権の不可侵などを規定している。いずれも，20世紀的権利である社会権を規定するものではない。

ウ：誤。日本国憲法の中での社会権は，生存権，教育権，勤労権，労働基本権である（同25条～28条参照）。財産権（同29条）は自由権に，環境権は幸福追求権（同13条）や生存権から導かれる「新しい人権」に分類される。

よって，正答は**5**である。

**正答　5**

No. 8 警視庁

# 政治　人権の国際化　令和元年度



人権の国際化に関する記述として，最も妥当なのはどれか。

**1**　アメリカのフランクリン＝ローズベルト大統領が提唱した４つの自由の中に欠乏からの自由や恐怖からの自由があるが，日本国憲法に恐怖と欠乏から免れる権利に関しての明文はない。

**2**　1948年に国連総会において採択された世界人権宣言は，国際平和の維持のためには自由権の保障が重要であるとの理念に基づくものであり，社会権に関する規定は存在しない。

**3**　国連総会は，1966年に世界人権宣言を具体化して法的拘束力をもたせた国際人権規約を採択し，その実施を各国に義務づけた。

**4**　1979年に国連総会において採択された女子差別撤廃条約は我が国も批准しているが，同条約は女子に対するすべての差別を禁止する適当な立法その他の措置をとることまで求めていない。

**5**　地域的な人権保障制度の一例として欧州人権条約があるが，国民は加盟国政府による人権侵害があったとしても欧州人権裁判所に直接訴えることは不可能であり，実効性に乏しい。

## 解説

**1**．日本国憲法前文には，「われらは，全世界の国民が，ひとしく恐怖と欠乏から免かれ，平和のうちに生存する権利を有することを確認する」という明文の規定が置かれている。

**2**．世界人権宣言には，自由権に関する規定のみならず，社会権に関する規定も設けられている。社会保障を受ける権利（22条）などがその例である。

**3**．妥当である。国際人権規約は，世界人権宣言の内容を条約化したものである。社会権規約（国際人権Ａ規約）と自由権規約（国際人権Ｂ規約）からなり，後者には２つの選択議定書が附属している。世界人権宣言とは異なり，法的拘束力を持つため，締約国はその内容を実施する義務を負う。

**4**．女子差別撤廃条約は，女子に対するすべての差別を禁止する適当な立法その他の措置をとることを求めている。そのため，わが国も男女雇用機会均等法を制定したうえで，これを批准した。

**5**．欧州人権条約に基づいて欧州人権裁判所が設置されており，加盟国政府による人権侵害があった場合，国民は同裁判所に直接訴えることができる。また，加盟国政府は判決を履行する義務を負うことから，同裁判所の実効性は高いということができる。

**正答　3**

高卒警察官

No. 9 警視庁

# 政治 憲法で規定される直接民主制 平成27年度

次のA～Eの場合において，憲法上，直接民主制が規定されているものの組合せとして，最も妥当なのはどれか。

A　内閣総理大臣の選出

B　憲法改正

C　一つの地方公共団体のみに適用される特別法の制定

D　衆議院の解散請求

E　最高裁判所裁判官の審査

**1**　A，B，E

**2**　A，C

**3**　B，C，E

**4**　B，D

**5**　C，D，E

## 解説

直接民主制においては，国民が自ら重要な意思決定を行うものとされる。

A：内閣総理大臣を選出するのは，国民を代表する国会である（憲法67条１項）。したがって，内閣総理大臣の選出は，直接民主制を規定したものではない。

B：妥当である。憲法を改正するためには，国民投票においてその過半数の賛成を得なければならない（同96条１項）。したがって，憲法改正は直接民主制を規定したものである。

C：妥当である。一つの地方公共団体のみに適用される特別法を制定するためには，その地方公共団体の住民の投票においてその過半数の同意を得なければならない（同95条）。したがって，こうした特別法の制定は，直接民主制を規定したものである。

D：衆議院の解散を求めるのは内閣である（同７条・69条）。したがって，衆議院の解散請求は，直接民主制を規定したものではない。

E：妥当である。最高裁判所裁判官の審査は，任命後最初の衆議院議員選挙のとき，および10年を経過した後の同選挙ごとに国民によって行われる（同79条２項）。したがって，最高裁判所裁判官の審査は，直接民主制を規定したものである。

以上より，B，C，Eが妥当であり，**3**が正答となる。

正答　**3**

高卒警察官

警視庁

## No. 10 政治 新しい人権と法律 令和4年度

日本の新しい人権と法律に関する記述として，最も妥当なのはどれか。

**1** プライバシーの権利を守るため，行政機関に関する個人情報保護法が制定されたが，民間事業者の個人情報の取扱いに関する責務については言及されていない。

**2** 知る権利を明記した法律として国の情報公開法が制定され，それ以降，地方自治体で情報公開条例が制定されるようになった。

**3** 特定秘密保護法は，安全保障に関する重要情報の秘密性を特に保護するため，特定秘密に指定し，それを漏洩した公務員などを処罰する内容を含む法律である。

**4** 通信傍受法は，電話などの電気通信の傍受を捜査機関が行うことを可能とする法律であり，対象となる犯罪に限定はない。

**5** 環境権とは，良好な環境のなかで生活を営む権利をいい，環境基本法ではじめてこの環境権が明示された。

### 解説

**1**. 行政機関に関する個人情報保護法（2003年制定）は，独立行政法人等個人情報法とともに2022年４月に廃止され，個人情報保護法に一元化された。現行の個人情報保護法では，民間事業者および行政機関等の個人情報の取扱いに関する責務がともに規定されている。

**2**. 情報公開法（1999年制定）には，「知る権利」は明記されていない。また，国の情報公開法が制定される以前から，多くの地方自治体では情報公開条例が制定されていた。

**3**. 妥当である。特定秘密保護法（2013年制定）は，わが国の安全保障に著しい支障を与えるおそれがあるため，特に秘匿することが必要である情報を「特定秘密」に指定し，その保護を図ろうとするものである。特定秘密を故意または過失により漏えいした場合，懲役を含む厳しい罰則が科せられる。

**4**. 通信傍受法（1999年制定）では，傍受の対象となる犯罪が列挙されており，具体的には組織犯罪のうち，殺人，集団密航，薬物関連犯罪，銃器関連犯罪，傷害，放火，誘拐，逮捕監禁，詐欺，窃盗，児童ポルノが挙げられている。

**5**. 現在のところ，環境権（＝良好な環境の中で生活を営む権利）を明示した法律は制定されていない。環境基本法（1993年制定）でも，環境権は明示されていない。

**正答 3**

高卒警察官

No. 11 警視庁

# 政治　国会　令和2年度

国会に関する記述中の空所A～Dに当てはまる語句の組合せとして，最も妥当なのはどれか。

国会には，毎年1月に召集され，予算審議を議題の中心とする（　A　），衆議院議員の総選挙後に召集され内閣総理大臣を指名する（　B　），内閣が必要と認めたとき，または，いずれかの議院の総議員の4分の1以上の要求があったときに召集される（　C　）の三種類がある。

衆議院が解散されているときに緊急の必要がある場合は，（　D　）の求めに応じて参議院の緊急集会が開かれる。

| | A | B | C | D |
|---|---|---|---|---|
| **1** | 通常国会 | 特別国会 | 臨時国会 | 内閣 |
| **2** | 通常国会 | 臨時国会 | 特別国会 | 内閣 |
| **3** | 通常国会 | 特別国会 | 臨時国会 | 参議院 |
| **4** | 特別国会 | 通常国会 | 臨時国会 | 参議院 |
| **5** | 特別国会 | 臨時国会 | 通常国会 | 内閣 |

## 解説

A：「通常国会」が該当する。国会は毎年1回召集されなければならない。これを通常国会（常会）という（憲法52条）。通常国会では，予算の審議などが行われる。

B：「特別国会」が該当する。衆議院が解散されると，40日以内に総選挙が行われ，その後30日以内に国会が召集される。これを特別国会（特別会）という（憲法54条1項）。特別国会では，内閣総理大臣の指名などが行われる。なお，問題文では「衆議院議員の総選挙後」と記されているが，厳密にいえば，衆議院議員の任期満了総選挙後に召集される国会は臨時国会（臨時会）なので，ここは「衆議院議員の解散総選挙後」とすべきところである。

C：「臨時国会」が該当する。内閣が必要と認めたとき，または，いずれかの議院の総議員の4分の1以上の要求があったときに召集されるのは，臨時国会（臨時会）である（憲法53条）。なお，衆議院議員の任期満了総選挙後および参議院議員の通常選挙後には，原則として臨時国会を召集しなければならない（国会法2条の3）。

D：「内閣」が該当する。衆議院が解散されたときは，参議院は，同時に閉会となる。ただし，内閣は，国に緊急の必要があるときは，参議院の緊急集会を求めることができる（憲法54条2項）。

よって，正答は**1**である。

**正答　1**

高卒警察官

No. 12　警視庁　〈改題〉

## 政治　わが国の裁判員制度　平成24年度

わが国の裁判員制度に関する記述として，妥当なのはどれか。

**1**　裁判員制度の対象となるのは，民事裁判のみに限られる。

**2**　裁判員は20歳以上の者の中から抽選で選ばれ，理由が無ければ辞退できない。

**3**　裁判員は第一審のみに関与し，控訴審は裁判官のみで行われる。

**4**　裁判員には守秘義務が課されるが，違反しても罰則はない。

**5**　裁判員と裁判官は協同して有罪，無罪の決定のみ行う。

### 解説

**1**．裁判員制度の対象になるのは，地方裁判所で行われる刑事裁判の一部である。

**2**．裁判員は民法の18歳への成人年齢引き下げを受け，18歳以上の者の中から選ばれる。

**3**．妥当である。

**4**．裁判員が守秘義務に違反した場合，６か月以下の懲役刑または50万円以下の罰金刑が科せられる。

**5**．裁判員と裁判官は協同して有罪，無罪の決定や有罪の場合の量刑を行う。

正答　3

高卒警察官

警視庁

## No. 13 政治 内閣の職務と内閣総理大臣の職務の組合せ 平成25年度

日本国憲法が明文で定める内閣の職務と内閣総理大臣の職務の組合せとして，最も妥当なのはどれか。

| | 内閣の職務 | 内閣総理大臣の職務 |
|---|---|---|
| **1** | 国の予算の国会への提出 | 法律の執行と国務の総理 |
| **2** | 国の決算の国会への提出 | 法律の執行と国務の総理 |
| **3** | 国の決算の国会への提出 | 法律・政令への連署 |
| **4** | 外交関係の国会への報告 | 法律・政令への連署 |
| **5** | 外交関係の国会への報告 | 外交関係の処理 |

### 解説

憲法73条で規定されている内閣の職務としては，法律の執行と国務の総理，条約の締結（事前または事後に国会の承認が必要），外交関係の処理，予算案の作成と提出，官吏に関する事務の掌握，政令の制定，天皇の国事行為に対する助言と承認，恩赦の決定が挙げられる。また，国の決算の国会への提出（90条１項），最高裁判所の長官以外の裁判官の任命（79条１項），下級裁判所の裁判官の任命（80条１項）も内閣の職務である。

内閣総理大臣の職務は，憲法72条では，「内閣を代表して議案を国会に提出し，一般国務及び外交関係について国会に報告し，並びに行政各部を指揮監督」することと規定されている。さらに，法律・政令への連署（74条）も内閣総理大臣の職務である。

以上より，正答は**3**である。

正答 **3**

9月実施

## No. 14 政治 国会・内閣・裁判所の権能 平成28年度



わが国の国会・内閣・裁判所の権能に関する次のア〜オの記述のうち，妥当なものの組み合わせはどれか。

ア．衆議院を解散するのは裁判所である。

イ．違憲立法審査権を行使するのは国会である。

ウ．弾劾裁判を行うのは内閣である。

エ．内閣総理大臣を指名するのは国会である。

オ．最高裁判所長官を指名するのは内閣である。

**1** ア，イ
**2** ア，エ
**3** イ，ウ
**4** ウ，オ
**5** エ，オ

### 解説

ア．衆議院は，内閣の助言と承認により，天皇がこれを解散する（日本国憲法7条3号）。

イ．違憲立法審査権を行使するのは裁判所である（同81条）。

ウ．弾劾裁判を行うのは，国会の両議院の議員で組織する弾劾裁判所である（同64条）。

エ．妥当である。「内閣総理大臣は，国会議員の中から国会の議決で，これを指名する」（同67条）。

オ．妥当である。「天皇は，内閣の指名に基いて，最高裁判所の長たる裁判官を任命する」（同6条）。

以上より，エとオが妥当であり，**5**が正答となる。

**正答 5**

## 高卒警察官 No.15 警視庁 政治 わが国の政党 平成29年度

我が国の政党に関する記述として，最も妥当なのはどれか。

**1**　選挙で最も多くの議席を占めた政党を与党といい，次に多く議席を獲得した政党を野党という。

**2**　与党は，政府の政策を批判し，行政を監視するなどの役割を担い，次の選挙で政権交代をすることを目指す。

**3**　政党は，選挙の際にマニフェストと呼ばれる選挙公約を掲げ，公約を実現しなければならない義務を負い，公約を実現できなかったときは法的責任を負う。

**4**　政党は公平に国民の意見を聞き入れることが求められるため，特定の団体から政治献金を受けることは法律で禁止されている。

**5**　国会では与党と野党それぞれの党首が討論を交わす，党首討論の制度が導入されている。

### 解説

**1**．与党とは政権を担当している政党（政権政党）のことをいう。また，野党とは政権を担当しない政党のことである。第一党が衆議院で過半数の議席を獲得できずに野党になることや，第二党が他の政党と連立して与党となることもありえる。実例として，1993年の細川非自民８党派連立政権などがある。

**2**．野党に関する記述である。

**3**．マニフェストとは政権を獲得した場合に国民に実現を約束する具体的な政策を列記した公約集のこと。与党だけでなく野党もマニフェストを作成するし，公約を実現できなかったからといって，政治的責任は生じても法的責任は生じない。選挙で敗北して野党になれば，マニフェストを実現できないのは致し方ない。

**4**．政治資金規正法は企業・団体による政党への政治献金を禁止していない。それに，政党は国民の意見を公平に聞き入れる必要もない。何事にも賛成派と反対派がいるのだから当然である。ちなみに，政治家個人の政治資金管理団体への企業・団体献金は禁止されている。

**5**．妥当である。国会審議活性化法により，国会で党首討論が行われることがある。通常の国会審議とは異なり，党首討論では内閣総理大臣が与党の党首として野党党首に逆質問をすることも可能である。ちなみに，党首討論は衆参各院に設置されている国家基本政策委員会の合同審査会で実施される。

**正答　5**

## No. 16 警視庁 政治 比例代表制 平成28年度

比例代表制に関する記述として，最も妥当なのはどれか。

**1** 衆議院は拘束名簿式を，参議院は非拘束名簿式を採用している。
**2** 投票の際に記入するのは，衆参両議院ともに，政党名または候補者名どちらでもよい。
**3** 小選挙区制に比べると死票が多くなるという特徴がある。
**4** 二大政党制になりやすく，イギリスの下院で採用されている。
**5** 議席の配分方法は，衆議院はドント式，参議院はサン=ラグ式を採用している。

### 解説

**1**．妥当である。衆議院で採用されている拘束名簿式の場合，各候補者に順位を付した名簿を用いて比例代表選挙が行われる。これに対して，参議院で採用されている非拘束名簿式の場合，各候補者に順位は付されず，名前のみが並べられた名簿を用いて比例代表選挙が行われる。

**2**．政党名ないし候補者名を記入して投票することができるのは，参議院の非拘束名簿式比例代表制の場合である。衆議院の拘束名簿式比例代表制では，投票に際して政党名しか記入することはできない。なお，非拘束名簿式の場合，候補者名での得票の多い順に，各党の当選者が決定されるが，拘束名簿式の場合，名簿に記された順位に従って，各党の当選者が決定される。

**3**．死票が多くなるのは，小選挙区制の特徴である。小選挙区制では，各選挙区で最多の票を獲得した候補者のみが当選とされるため，その他の候補者に投じられた票はすべて死票になってしまう。これに対して，比例代表制では，得票数に比例して各党へ議席が配分されるため，死票は少なくなる。

**4**．二大政党制になりやすいのは，小選挙区制の特徴である。小選挙区制では，各選挙区の最多得票者しか議席を獲得できないため，支持者の多い大政党が圧倒的に有利となり，政党制は二大政党制へと向かう。これに対して，比例代表制では，得票数に比例して各党に議席が配分されるため，政党制は多党制へと向かう。

**5**．衆参両院の議席配分方式は，いずれもドント式である。ドント式では，各党の得票数を整数で順に除し，その商の多い順に各党へ議席を配分する。

**正答 1**

高卒警察官

9月実施

# No.17 政治 選挙制度 令和3年度

次の文章のア～エに該当する語句の組合せとして妥当なのは，次のうちどれか。

わが国の国政選挙について見ると，①衆議院議員選挙は（ア）〔a．小選挙区制／b．中選挙区制〕および全国11の区域ごとに実施される比例代表制の組合せ，②参議院議員選挙は原則都道府県の区域を通じて選出される選挙区制および（イ）〔a．全国8つの区域を単位として選出される／b．全都道府県を通じて選出される〕比例代表制の組合せとなっている。このうち重複立候補が認められているのは，（ウ）〔a．衆議院議員選挙／b．参議院議員選挙〕の場合である。被選挙権は，（エ）〔a．衆議院は満25歳以上，参議院は満30歳以上／b．衆議院は満45歳以上，参議院は満50歳以上〕である。

| | ア | イ | ウ | エ |
|---|---|---|---|---|
| **1** | a | a | b | b |
| **2** | a | b | a | a |
| **3** | a | b | a | b |
| **4** | b | a | b | b |
| **5** | b | b | b | a |

## 解説

ア：「a（小選挙区制）」が該当する。衆議院議員選挙では小選挙区比例代表並立制が採用されており，289議席が小選挙区制，176議席が比例代表制で選出されている。なお，小選挙区制とは各選挙区から最多得票者1名のみを当選とする仕組みのことであり，中選挙区制とは各選挙区から3～5名の当選者を単記式で選出する仕組みのことである。

イ：「b（全都道府県を通じて選出される）」が該当する。参議院議員選挙では選挙区制と比例代表制の混合制が採用されているが，このうち比例代表制は全都道府県を一つの選挙区として実施されている。これは，かつての参議院議員選挙において，全国を一つの選挙区として大選挙区制が実施されていたことの名残である。

ウ：「a（衆議院議員選挙）」が該当する。衆議院議員選挙では，小選挙区制と比例代表制の選挙に同時に立候補することが認められている（公職選挙法86条の2第4項）。これを重複立候補という。小選挙区制で落選した重複立候補者は，比例代表制で復活当選することもある。

エ：「a（衆議院は満25歳以上，参議院は満30歳以上）」が該当する。なお，選挙権はいずれも18歳以上とされている。

よって，正答は**2**である。

**正答 2**

## No.18 9月実施 政治 内閣の権限 平成29年度



わが国の内閣についての記述として，妥当でないものはどれか。

**1** 条約の締結は内閣の権限である。

**2** 不信任決議がなされると，内閣は総辞職するか衆議院を解散する。

**3** 国務大臣の過半数は国会議員である。

**4** 最高裁判所の裁判官は内閣が指名し，天皇が任命する。

**5** 内閣総理大臣は国務大臣を罷免できる。

### 解説

**1**．妥当である。憲法73条に内閣が行う事務の一つとして明記されている。ただし，条約締結には国会の承認を要する。

**2**．妥当である。衆議院で内閣不信任案が可決されると，10日以内に衆議院が解散されない限り，内閣は総辞職しなければならない（同69条）。

**3**．妥当である。内閣総理大臣には国務大臣の任命権があるが，その過半数は国会議員の中から任命しなければならないことになっている（同68条）。

**4**．妥当でない。内閣によって指名され，天皇によって任命されるのは，最高裁判所の長官のみである（同６条）。ちなみに，長官以外の最高裁判所裁判官は内閣が任命（同79条）し，天皇が認証する（同７条）。

**5**．妥当である。内閣総理大臣には国務大臣の罷免権がある（同68条）。閣議での決定には全員一致を要するが，内閣総理大臣は自己の意向に反対する国務大臣を罷免することによって，自己の意思を内閣の意思とすることができる。

**正答 4**

高卒警察官

## No. 19　9月実施　政治　圧力団体　平成15年度

次の圧力団体の説明のうち，妥当なものはどれか。

**1**　政権を獲得する目的である。
**2**　圧力団体は，国民の利益を増加させようとするものである。
**3**　企業に働きかけるものが多い。
**4**　議会などに要求を働きかける。
**5**　日本では，政党との連携関係が弱い。

### 解説

**1**．政党との違いは，政党活動の支援をさまざまな形で行ってはいるが，政権担当を志向しない点にある。
**2**．国民の利益ではなく，集団や団体の利益あるいは主張の実現・推進をめざす。
**3**．圧力団体は，議会や政府などの政策決定過程に影響力を行使する。
**4**．正しい。
**5**．日本の場合は政党との連携関係が特に深く，候補者の提供や選挙時の資金・活動援助を活発に行っている。

**正答　4**

# No. 20 政治 地方自治 平成13年度

地方自治に関する次の文中の空欄に当てはまる語句の組合せとして，正しいものはどれか。

国政におけるのとは異なって，地方自治においては次のように住民に直接請求権が認められている。（　A　）とは，住民が直接投票をして議案を決定することであり，憲法上は特別法の制定のときの要件とされている。また，（　B　）とは，公職にある者を任期終了前に住民の意思で罷免することをいい，地方議会議員の解職請求などがある。（　C　）とは，住民が立法などの提案をすることであり，条例の制定・改廃請求などがある。

| | A | B | C |
|---|---|---|---|
| **1** | レファレンダム | リコール | イニシアティブ |
| **2** | レファレンダム | イニシアティブ | リコール |
| **3** | リコール | イニシアティブ | レファレンダム |
| **4** | イニシアティブ | リコール | レファレンダム |
| **5** | イニシアティブ | レファレンダム | リコール |

## 解説

地方自治においては，国政よりもその規模が小さいことを理由に，直接民主制がより多く採用されている。地方公共団体の住民が持つ直接請求権はその一つである。直接請求権には，A：レファレンダム，B：リコール，C：イニシアティブ，監査請求がある。

Aについては，近年，各公共団体で住民投票条例が盛んに制定され，公共事業の是非について用いられるようになってきたこと，Bについては，地方議会の解散も可能とされていること，Cについては，条例の制定・改廃請求が可能であることを確認するとともに，この直接請求権は頻出事項であるので，それぞれどのような要件・手続き（署名数や提出先，その後の扱い）となっているかも確認しておく必要がある。

よって，**1**が正しい。

**正答　1**

高卒警察官

9月実施

# No.21 政治 地方自治制度 平成23年度

地方自治制度に関する記述として，妥当なのはどれか。

**1** 地方議会の議員は住民の直接選挙によって選ばれるが，首長は地方議員による選挙で選ばれるため，間接選挙により選出されているといえる。

**2** 条例の規定が憲法の規定と異なる場合，条例の規定が憲法よりも優先される。

**3** 首長は地方議会の解散権を持たず，地方議会は首長に対する不信任決議権を持たない。

**4** 住民は，条例の制定・改廃や事務の監査を請求できるが，議会の解散や議員・首長の解職請求はできない。

**5** 一つの地方公共団体のみに適用される特別法を制定する場合，住民投票を行わなければならない。

## 解説

**1**．首長も地方議会の議員同様，住民の直接選挙で選ばれる。

**2**．憲法は国の最高法規であるため，憲法に違反する条例は無効となる（憲法98条）。

**3**．首長は地方議会の解散権を持ち，地方議会は首長の不信任決議権を持つ。

**4**．住民は条例の制定・改廃，事務監査の請求以外に，議会の解散，議員や首長の解職，主要公務員の解職も請求できる。

**5**．妥当である。住民投票で過半数の同意を得なければ，特別法を制定できない（憲法95条）。

**正答 5**

高卒警察官

No. 22 警視庁

## 政治　国際機関　平成23年度

国際機関に関する記述として，妥当なのはどれか。

**1**　1920年に発足した国際連盟では，主唱国のアメリカが，加盟国の中で中心的な役割を担っていた。

**2**　国際連合は，ダンバートン=オークス会議で国連憲章が採択されたことにより成立した。

**3**　国際連合の機関の一つである安全保障理事会は，アメリカ・イギリス・ロシア・イタリア・中国の常任理事国と，非常任理事国10か国で構成されている。

**4**　国際連合の機関の一つである国際司法裁判所は，ジュネーブに設置されている。

**5**　国連憲章には，国連軍の存在が定められているものの，今日まで憲章に規定された形での国連軍が結成されたことはない。

### 解説

**1**．アメリカは国際連盟設立の主唱国であったが，議会の拒否により，国際連盟への参加はできなかった。

**2**．ダンバートン=オークス会議では国際連合憲章の原案が作られたが，採択は行われていない。採択はその後のサンフランシスコ会議でなされた。

**3**．安全保障理事会の常任理事国は，アメリカ，イギリス，フランス，ロシア，中国の５か国であり，イタリアは含まれない。

**4**．国際司法裁判所が設置されているのは，ジュネーブではなく，オランダのハーグである。

**5**．妥当である。

**正答　5**

高卒警察官

## No. 23 警視庁 政治 ヨーロッパの政治制度 令和4年度

ヨーロッパの政治制度に関する次のA～Eの記述のうち，正しいものをすべて選んだ組合せとして，最も妥当なのはどれか。

A　イギリスでは議院内閣制が採用されており，議会の議員による選挙によって内閣総理大臣が選出され，内閣を組織する。

B　イギリスでは，与党が内閣不信任に備えて予備の内閣を組織することが慣例となっており，これを「影の内閣」（シャドー・キャビネット）と呼ぶ。

C　ドイツやイタリアのように大統領制がとられていても，大統領が議会などにより選出され，内閣が行政の実権をにぎっている場合は議院内閣制に含めることができる。

D　フランスでは，小党分立により不安定な政権がつづいたことから，大統領制と議院内閣制を組み合わせた政治体制がとられており，半大統領制と呼ばれている。

E　欧州連合（EU）では，2009年，EU憲法が採択，発効された結果，現在ではEU大統領が選出されている。

**1**　A，B
**2**　A，E
**3**　B，C
**4**　C，D
**5**　D，E

### 解説

A：イギリスでは，下院議員選挙において第1党となった政党の党首が，国王によって内閣総理大臣（首相）に任命されている。議会内の選挙で内閣総理大臣が選出されるわけではない。

B：イギリスでは，野党が政権交代に備えて，内閣への対抗組織を形成することが慣例となっている。これを「影の内閣」（シャドー・キャビネット）と呼ぶ。

C：妥当である。ドイツやイタリアの大統領は主に形式的権限しか持たず，内閣が行政の実権を握っている。このような場合，議会の信任に基づいて内閣が行政を動かすことになるため，政治制度としては議院内閣制に分類するのが一般的である。

D：妥当である。フランスでは，第二次世界大戦後に第4共和政が成立したが，議院内閣制の下で小党分立状況が生じ，政治が不安定化した。そこで，1958年の憲法改正によって第5共和政が成立し，強力な権限を持った大統領が内閣を任命して内政を任せるという形に改められた。このように「強力な大統領」と「議会に責任を負う内閣」が共存する政治制度は，一般に半大統領制と呼ばれている。

E：欧州連合（EU）では，2004年にEU憲法（欧州憲法）条約が採択されたが，フランスやオランダの国民投票で批准が拒否され，発効には至らなかった。そこで，EU憲法条約に代わるものとして2007年にリスボン条約（改革条約）が採択され，2009年に発効した。これによって，現在ではEU大統領が選出されている。

以上より，妥当なものはCとDであるので，正答は**4**である。

**正答　4**

## No.24 9月実施 政治 国際連合 平成16年度

国際連合（UN）に関する記述のうち，正しいものはどれか。

**1** 総会における議決方法は，全会一致制である。

**2** 世界貿易機関（WTO）などの専門機関は，総会に付属している。

**3** 国際連合の本部は，スイスのジュネーブにある。

**4** 国際連合が設立された当時は，ソヴィエト連邦は国際連合に加盟していなかった。

**5** 安全保障理事会の５か国の常任理事国は拒否権を有するが，10か国の非常任理事国は拒否権を有しない。

### 解説

**1**．国際連盟においては全会一致制が採用されていたが，国際連合になって議決方法は多数決制になった。

**2**．WTO はGATT（関税と貿易に関する一般協定）のウルグアイ・ラウンド交渉の決着に伴って設立された国際機関であり，国連の専門機関ではない。また，国連教育科学文化機関（UNESCO）などの専門機関が付属しているのは経済社会理事会である。

**3**．国際連合の本部はアメリカのニューヨークにある。スイスのジュネーブには国際連盟の本部があった。

**4**．当時のソヴィエト連邦は国際連合の設立時（1945年）からの加盟国であり，安全保障理事会の常任理事国の一つであった。なお，1991年のソ連解体に伴い，旧ソ連の国連代表権はロシアが継承した。

**5**．正しい。

**正答 5**

高卒警察官 9月実施

## No. 25 経済 日銀の役割 平成25年度

日本銀行の役割に関する次のA～Eの記述のうち，正しいものが３つある。その組合せとして正しいのはどれか。

A　一定規模以上の企業に対する貸付
B　市中銀行への貸出および市中銀行からの預金
C　景気動向に応じた消費税の設定
D　唯一の発券銀行として紙幣を発行
E　政府の銀行として国の預金を管理

**1**　A，B，D
**2**　A，B，E
**3**　B，C，D
**4**　B，C，E
**5**　B，D，E

### 解説

日本銀行は３つの役割を有している。１つ目は市中銀行への貨幣の貸出や市中銀行からの預金であり，「銀行の銀行」と呼ばれるものである（Bは正しい）。２つ目は日本で唯一紙幣の発行ができる「発券銀行」という役割である（Dは正しい）。３つ目は政府の預金を管理する「政府の銀行」であり，税金や社会保険料が預けられ，公共事業や公務員への給与の支払いなどを行っている（Eは正しい）。

以上より，正答は**5**である。

正答　**5**

## No. 26 警視庁 経済 日銀の金融政策 平成26年度

経済不況時における日本銀行の金融政策に関する記述中の空所ア～エに当てはまる語句の組合せとして，最も妥当なのはどれか。

資金（　ア　）オペレーションによって金融市場の資金量を（　イ　），政策金利を（　ウ　）に誘導する。これにより企業への貸出金利も（　エ　）し，経済活動は活発化する。

| | ア | イ | ウ | エ |
|---|---|---|---|---|
| **1** | 吸収 | 減らし | 高め | 上昇 |
| **2** | 吸収 | 増やし | 低め | 上昇 |
| **3** | 供給 | 減らし | 低め | 低下 |
| **4** | 供給 | 増やし | 低め | 低下 |
| **5** | 供給 | 増やし | 低め | 上昇 |

### 解説

不況時の金融政策では，基本的に市場に貨幣を流通させる政策をとることになる。市場に資金供給（ア）オペレーション（買いオペレーション）をして，金融市場の資金量を増やす（イ）。さらに政策金利を低め（ウ）に誘導することで，金融機関の金利を引き下げ，企業への貸出金利も低下（エ）し，企業の投資意欲を刺激し，経済活動が活発化する。

よって，**4**が妥当である。

**正答　4**

高卒警察官 9月実施

## No. 27 経済 自由競争市場における価格の決定 平成14年度

自由競争市場における価格の決定について，次のグラフに関するA，B，Cの記述の正誤の正しい組合せはどれか。

A　$p_2$ のときの価格を均衡価格という。

B　価格が $p_1$ のとき，$x_1$ から $x_2$ は，超過需要を表している。

C　需要は価格が下がると，減少する。

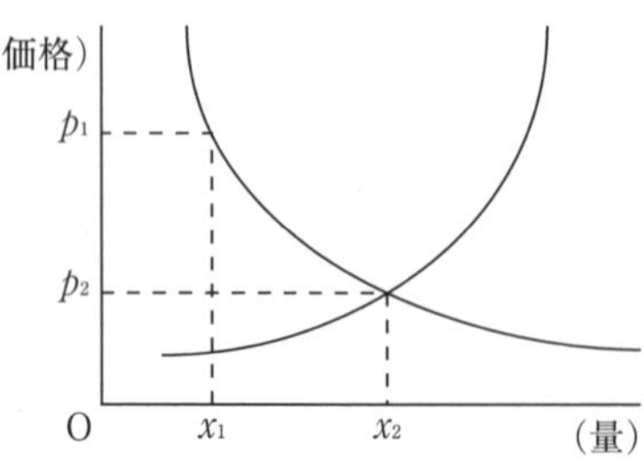


| | A | B | C |
|---|---|---|---|
| **1** | 誤 | 正 | 正 |
| **2** | 正 | 正 | 誤 |
| **3** | 正 | 誤 | 正 |
| **4** | 誤 | 正 | 誤 |
| **5** | 正 | 誤 | 誤 |

### 解説

自由競争市場下での価格の決定を問う問題である。右上がりの曲線が供給曲線，もう一方が需要曲線である。

A：正。需要と供給はそれぞれの利益を追求し，駆け引きをする結果，$p_2$ の価格に収束する。これを均衡価格（市場価格）という。

B：誤。価格が $p_1$ であれば，その価格での需要量が $x_1$ しかないにもかかわらず，それ以上の量が供給されている場合を超過供給といい，グラフでは $p_2$ よりも上側（供給曲線が需要曲線の右側）にある場合になる。

C：誤。需要は買い手の心理を表すと考えてよいから，価格が下がれば需要は一般に増加する。よって，**5**が正しい。

**正答　5**

高卒警察官

No. 28 警視庁

## 経済　コングロマリット　平成27年度

コングロマリットの説明に関する記述として，最も妥当なのはどれか。

**1**　相互に関連のない様々な企業を吸収・合併し，複数の産業・業種にまたがって多角的に企業活動を行う巨大企業のことである。

**2**　企業が行う様々な社会的貢献活動や慈善的寄付行為などのことである。

**3**　企業が利害関係者の利益に反する行動をとらないように，株主などが経営を監視することである。

**4**　複数の国に，その国の法人格をもつ子会社や系列会社をおき，利潤を最大にするように世界的規模で活動する企業のことである。

**5**　政府や地方公共団体の公の資金と，個人や会社などの民間資金を一緒にして設立された企業のことである。

### 解説

**1**. 妥当である。

**2**. フィランソロピーの説明である。

**3**. コーポレート・ガバナンスの説明である。

**4**. 多国籍企業の説明である。

**5**. 第三セクターの説明である。

正答　1

政治
経済
社会
日本史
世界史
地理
倫理
文学・芸術
国語

高卒警察官

## No. 29 9月実施 経済 デフレ下の金融政策 平成15年度

日本経済がデフレ状態にあるときに，中央銀行が行う金融政策の組合せとして，正しいものは次のうちどれか。

| | | | |
|---|---|---|---|
| **1** | 公定歩合引下げ | 売りオペレーション | 預金準備率引下げ |
| **2** | 公定歩合引上げ | 買いオペレーション | 預金準備率引下げ |
| **3** | 公定歩合引下げ | 買いオペレーション | 預金準備率引下げ |
| **4** | 公定歩合引上げ | 売りオペレーション | 預金準備率引上げ |
| **5** | 公定歩合引下げ | 買いオペレーション | 預金準備率引上げ |

### 解説

デフレーションとは，物価が継続して下がり続ける現象のことをいう。物価が下がる原因は，通貨の価値が上昇するためである。たとえば，通貨の価値が上がることによって，従来200円で買えたものは，通貨の価値が上がることにより150円で買えるようになる。このことから，デフレ対策としては，通貨の価値を下げる性質の持つものを考えればよい。すなわち，社会に出回る通貨量を拡大する金融緩和政策が正解となる。具体的には，公定歩合（基準割引率および基準貸付利率）の引下げ，買いオペレーション，預金準備率の引下げである。

よって，**3**が正しい。

正答 **3**

高卒警察官

No. 30 警視庁

## 経済 物価とインフレーション 平成29年度

物価とインフレーションに関する記述として，最も妥当なのはどれか。

**1** 物価とは，財・サービスの平均価格の水準であり，企業と消費者の間で取り引きされる財の物価は企業物価指数で表される。

**2** インフレーションは，家財道具や住宅・土地などの実物資産の名目価値を下げ，債務者の負担を重くする。

**3** インフレーションは，金融資産や貯蓄の目減りをもたらし，年金や預貯金に頼る高齢者や生活保護受給者に打撃を与える。

**4** 需要の増加に対して供給が追いつかないために生じるインフレーションを，コスト・プッシュ・インフレーションという。

**5** 原材料費・燃料費の上昇率が，労働生産性の増加率を上まわることによって生じるインフレーションを，ディマンド・プル・インフレーションという。

### 解説

**1**．企業と消費者の間で取り引きされる財の物価は消費者物価指数であり，消費者が購入する財・サービスの価格変動を測る指数である。企業物価指数は企業間で取り引きされる財の物価に関する指数である。

**2**．インフレーションは物価上昇をさすが，物価上昇によって土地などの実物資産の名目価値も上昇するため，債務者の負担が重くなるわけではない。

**3**．妥当である。インフレーションによって物価が上昇していても，金融資産や貯蓄などの金額は変わらず，それらの増加は金利に依存しており，金利の上昇が物価上昇と同じように行われなければ目減りすることになる。年金や生活保護の支給額なども同様で，支給額の増加が物価上昇と同じように行われなければ，これまでと同じ消費水準を維持することができず，打撃を受けることになる。

**4**．ディマンド・プル・インフレーションの説明である。たとえば景気が過熱ぎみのときに発生することが考えられる。

**5**．コスト・プッシュ・インフレーションの説明である。

正答 3

高卒警察官

警視庁

## No. 31 経済 完全競争市場 平成28年度

完全競争市場に関する記述中の空所A～Cに当てはまる語句として，最も妥当なのはどれか。

完全競争市場においては，価格の上下が供給量と需要量を調整し，需給を一致させる（　A　）が働く。ここで重要なのは，価格がその財・サービスの過不足情報を消費者と生産者に提供する点である。価格の上昇はその財の（　B　）が高まっていることを意味する。経済主体は，価格を目安に行動するため，価格が消費者・生産者の調整行動をうながす。その結果として，（　C　）が達成される。

| | A | B | C |
|---|---|---|---|
| **1** | 価格の自動調節機能 | 希少性 | 資源の効率的配分 |
| **2** | 価格の自動調節機能 | 過剰性 | 所得の再分配 |
| **3** | 景気の自動安定機能 | 希少性 | 経済の安定 |
| **4** | 景気の自動安定機能 | 過剰性 | 資源の効率的配分 |
| **5** | 価格の自動調節機能 | 希少性 | 所得の再分配 |

### 解説

完全競争市場において，価格の上下によって供給量と需要量が調整され，最終的に供給量と需要量を一致させる機能のことを，(A) 価格の自動調節機能という。ある財の価格が上昇する理由として，その財の (B) 希少性（市場にあまり供給されていないこと）が高まることが挙げられる。生産者や消費者といった経済主体は，価格を目安に生産を行ったり購入を行ったりする。これらの経済行動の結果として，(C) 資源の効率的配分が達成される。

よって**1**が妥当である。

**正答　1**

警視庁 〈改題〉

## No. 32 経済 租税(直間比率，租税法律主義，累進課税等) 平成25年度

わが国の租税に関する記述として，最も妥当なのはどれか。

**1** 2022年度の租税収入に占める国税と地方税の割合は，地方税のほうが国税よりも高い。

**2** 国税の直間比率（直接税と間接税の割合）は，間接税のほうが高い。

**3** 法律によらなければ，租税の徴収も租税制度の変更もできない。

**4** 租税の水平的公平とは，租税負担能力が大きい者ほど大きい税負担を負うべきとする原則である。

**5** 累進課税とは，所得が低くなるほど所得に対する税の割合が高くなり，負担が重くなる課税方法である。

### 解説

**1**．2022年度の国税（補正後予算）は73.4兆円，地方税（地方財政計画額）が41.3兆円となっており，国税のほうが地方税よりも高いことから，租税収入に占める国税と地方税の割合も，国税のほうが高くなる。

**2**．国税の直間比率はおよそ6：4となっており，直接税のほうが高い。

**3**．妥当である。

**4**．租税の垂直的公平の説明であり，所得税が代表例に挙げられる。租税の水平的公平とは，同じ租税負担能力に対しては等しく課税を行うものであり，消費税が代表例に挙げられる。消費税は，所得水準に関係なく同じ消費に対しては等しく課税がなされる。

**5**．累進課税とは，所得が高くなるほど税の割合が高くなるものである。日本の所得税などはこの累進課税の方式が導入されている。

**正答 3**

高卒警察官

No. 33 警視庁 〈改題〉

## 経済 わが国の公債 令和元年度

我が国の公債に関する記述として，最も妥当なのはどれか。

**1** 財政法は公債の発行について，日本銀行が公債を直接引き受けることを原則として禁止する旨を定めており，これを市中消化の原則という。

**2** 一般会計のうち，建設公債を発行しても不足する財源を補うための公債は特例公債（赤字国債）と呼ばれ，法律の制定を必要とせず，国会の議決により必要額が決められる。

**3** 公債による経費の調達は，法律上，例外的に認められたものであるため，国による国債の発行は認められているが，地方公共団体による地方債の発行は認められていない。

**4** 復興債とは，東日本大震災からの復興に必要な財源を確保するために発行される公債のことであり，2011年度以降毎年発行されている。

**5** 2018年度末時点での我が国の国債残高は約100兆円程度であり，歳出における国債費の膨張が他の予算を圧迫して財政の硬直化が起こるという問題がある。

### 解説

**1**．妥当である（財政法５条本文）。

**2**．前半部分は妥当である。特例公債は法律（特例公債法）の制定を行い，国会の議決を経た範囲内で発行することができる。

**3**．地方公共団体も地方債を発行することができる。

**4**．財務省の「戦後の国債管理政策の推移」によると，復興債は平成23年（2011年）度から発行されたが，平成25年度および平成30年度は発行されていない。

**5**．平成30年（2018年）度末時点の公債（普通国債）残高は874兆円，令和５年（2023年）度末時点の公債残高は1,068兆円（予算）である。
データ出所：「日本の財政関係資料（令和５年10月）」財務省

正答 **1**

高卒警察官

No. 34 警視庁

## 経済　第二次大戦後のわが国の経済　平成24年度

第二次世界大戦後のわが国の経済に関する記述として，妥当なのはどれか。

**1**　荒廃した日本経済を立て直すため，政府は限られた資金や資材を，鉄鋼や石炭などの基幹産業に重点的にそそぎ込む傾斜生産方式を採用した。

**2**　戦後のデフレーションを収束させるため，1948年に占領軍は経済の安定を目指して経済安定９原則を示した。

**3**　占領軍はドッジ・ラインを実施し，補助金の増額や減税などによる赤字予算を組んで，経済の建て直しをはかった。

**4**　1949年，GATT12条国から11条国に移行し，変動為替相場制を採用することにより貿易の振興を目指した。

**5**　1950年に朝鮮戦争が勃発すると，国内において物資やサービスの流通がとどこおるようになり，深刻な不況に陥った。

### 解説

**1**．妥当である。

**2**．戦後，終戦処理で復興債の日銀引受けなどによってインフレが進行した。経済安定９原則は，インフレを抑制し，日本経済の安定化，自立化を図るために示されたものである。

**3**．1949年に経済安定９原則を具体化したドッジ・ラインを導入し，財政引締政策により，急速にインフレが収束した。なお，補助金の増額や減税は行われていない。

**4**．わが国では1949年に１ドル360円の固定為替相場制度が採用された。

**5**．朝鮮戦争によってアメリカ軍の特需が発生し，日本経済は好景気を迎えることになった。

**正答　1**

高卒警察官

## No. 35 警視庁 経済 企業 令和3年度

企業に関する記述として，最も妥当なのはどれか。

**1** 株式の保有によって他の企業を支配することが主たる業務である持株会社は，1997年以降独占禁止法により設立が禁止されている。

**2** 異なる業種の会社を合併・買収（M&A）し，経営の多角化をはかる企業は，コングロマリットとよばれる。

**3** 企業が不祥事を起こしたり，株主などの利益を損ねたりしないように企業経営を監視することを，コンプライアンスという。

**4** 寄付行為やボランティアなど企業の社会的貢献をメセナ，芸術文化への支援をフィランソロピーといい，企業の社会的責任とされている。

**5** 合同会社とは，広く定款による組織の運営を認め，かつ，出資者はすべて無限責任社員からなる会社である。

### 解説

**1**．持株会社は，1997年の独占禁止法の改正によって解禁された。

**2**．妥当である。

**3**．コーポレートガバナンス（企業統治）の説明である。コンプライアンスは法令遵守ともいい，法令を守ることだけではなく，法令に定められていない社会ルール，企業ルールを守るようなことも含まれている。

**4**．メセナとフィランソロピーの説明が逆である。ちなみに，企業の社会的責任はCSR（Corporate Social Responsibility）ともいう。

**5**．合同会社ではなく，合名会社の説明である。合同会社は会社の債務に対して出資額を限度に責任を負う有限責任社員からなる会社である。

正答 2

高卒警察官

9月実施

No. 36 経済 経済学者と著書の組合せ 平成13年度

次の経済学者の人名とその著書・説明の組合せとして，正しいものはどれか。

**1** レーニン：『経済表』―― 価値の源泉を農業生産に見いだした。

**2** マルクス：『雇用・利子および貨幣の一般理論』―― 完全雇用を実現させるためには有効需要をつくり出すことが重要であると説く。

**3** アダム=スミス：『国富論』―― 自由放任主義を唱え，分業が重要であることを主張。「神の見えざる手」を説く。

**4** ケインズ：『帝国主義論』―― 資本主義の矛盾を唱えて，社会主義を主張。

**5** リカード：『資本論』―― 生産手段を社会全体の所有にして，労働者中心の社会をつくり出すことを唱えた。

解説

**1**．レーニンは，ロシア・ソ連のマルクス主義革命家であり，『帝国主義論』を著した。枝の著書の内容はフランスの重農主義経済学者ケネーのもの。

**2**．マルクスは，ドイツの経済学者・哲学者であり，科学的社会主義の創始者・革命家でもある。著書は『資本論』。

**3**．正しい。労働価値説とともに，自由放任主義を唱えた。

**4**．ケインズは，イギリスの近代経済学者であり，著書は『雇用・利子および貨幣の一般理論』。

**5**．リカードは，イギリスの経済学者で，スミスと並ぶ古典派経済学の代表者であり，著書は『経済学及び課税の原理』。

正答 3

高卒警察官

No. 37 10月実施

## 経済　経済学説　平成16年度

経済学説に関する記述のうち，正しいものはどれか。

**1**　18世紀半ばに『経済表』を著したケネーは，重商主義を唱え，国の繁栄は商業にかかると主張した。

**2**　18世紀後半に『国富論』を著したアダム=スミスは，需要と供給によって価格は自然に決定されるとし，これを「神の見えざる手」によると形容した。

**3**　19世紀前半に『経済学および課税の原理』を著したリカードは，保護貿易の基盤となる比較生産費説を主張した。

**4**　19世紀半ばに『資本論』を著したマルクスは，国家の経済の発展には段階があり，競争力を十分に持たない産業については保護をするべきであると主張した。

**5**　20世紀前半に『経済学原理』を著したケインズは，社会問題である失業の対策には国家の「有効需要」の操作が重要であると主張し，世界恐慌時のニューディール政策の基盤となった。

### 解説

**1**．ケネーは重商主義を批判し，重農主義を主張した。

**2**．正しい。

**3**．リカードの主張した「比較生産費説」は，国際分業の利益を説き，自由貿易の基盤となった。

**4**．マルクスは『資本論』で，資本主義社会の経済的運動法則を分析して社会主義理論を科学的に基礎づけた。

**5**．ケインズは『雇用・利子および貨幣の一般理論』を著した。

**正答　2**

## No. 38 警視庁 経済 高度経済成長 令和4年度

1950年代半ばから1970年代初頭まで続いた，日本の高度経済成長を支えた背景に関する次のA～Dの記述のうち，正しいものをすべて選んだ組合せとして，最も妥当なのはどれか。

A　国民の高い貯蓄率が，企業の設備投資資金につながった。
B　原油をはじめとする，資源・エネルギーを安い価格で輸入できた。
C　海外の技術が積極的に導入され，設備投資が活発化した。
D　公害や都市部の過密，農村や山間部の過疎問題が解消された。

**1**　A，B
**2**　A，B，C
**3**　A，C
**4**　A，C，D
**5**　B，C，D

### 解説

A：妥当である。
B：妥当である。
C：妥当である。
D：高度経済成長期に四大公害に代表されるような公害問題が日本各地で社会問題化し，1970年の公害国会などで公害対策に関する法律が整備されるようになった。また，若年者が集団就職で都市部に転入するケースが多く見られ，地方から都市部への人口移動が急速に生じ，都市部の過密や地方の過疎化が問題となっていった。

以上より，妥当なものはAとBとCであるので，正答は**2**である。

**正答　2**

高卒警察官

No. 39 警視庁

# 経済　国内総生産　令和2年度

国内総生産（GDP）に関する記述として，最も妥当なのはどれか。

**1**　ストックとは，ある一定期間における流れの量のことであり，一定期間にどれだけの生産が行われたかを表すGDPがその一例である。

**2**　GDPには，家事労働やボランティア活動などのように市場で取り引きされない財・サービスも含まれる。

**3**　GDPは自国民の国外での生産を含むが，外国人の国内での生産は含まない点で，国民総所得（GNI）と共通する。

**4**　GDPは，一定期間内に国内で生産された総生産額から，原材料や燃料などの中間生産物の価額を差し引いたものである。

**5**　グリーンGDPとは，国民総所得から，環境破壊などマイナス面のコストを差し引き，家事労働や余暇などを金銭で評価して加えたものである。

## 解説

**1**．ストックではなく，フローの説明である。ストックは，それまでにフローによってため込まれた，ある一時点における貯蔵量のことで，国富のことをさす。

**2**．家事労働やボランティア活動は市場で取引きが行われているわけではなく，市場価格がないため，GDPに含まれない。

**3**．GDPではなく，GNP（国民総生産）の説明である。

**4**．妥当である。

**5**．家事労働や余暇はグリーンGDPとは関係がない。GDPは経済活動から算出されるが，グリーンGDPは経済活動によって生じた環境問題の影響（環境負荷）を金銭で評価し，それを経済活動から差し引いたものである。

**正答　4**

高卒警察官

9月実施

# No. 40 社会 世界のエネルギー 平成19年度

世界のエネルギーに関する次の記述のうち，正しいものはどれか。

**1**　石炭は，鉄鋼を作るのに必要であるので，ヨーロッパの工業地域では需要が大きいが，インドや中国では産出量は多いものの需要は少なくなっている。

**2**　第二次世界大戦によって石油資源が減少し，代替エネルギーとして石炭が使われた。

**3**　天然ガスの需要の高まりを受けて，大産出国であるロシアは天然ガスの供給で海外に対し圧力をかけている。

**4**　ドイツは原子力発電を積極的に取り入れ，フランスは脱原子力発電をめざしている。

**5**　日本の太陽光発電は，総発電量の10%以上を占める。

## 解説

**1**．2022年の石炭消費量上位国第１位～３位は，中国，アメリカ，南アフリカ共和国となっている。ただし，中国では急速に石油消費が伸びており，石炭から石油への転換が進んでいる。

**2**．第二次世界大戦では，輸送や貯蔵での便利さから「石炭」に代わって「石油」が使われるようになった（「流体革命」等と呼ばれる）。

**3**．正しい。

**4**．ドイツは原子力エネルギー利用を廃止することを決め，2002年４月に改正原子力法を施行し，原子力発電所の全廃をめざすことになっている。一方，フランスは2022年現在，発電電力量の63%を原子力が占める原子力大国となっている。

**5**．『エネルギー白書2023』によれば，風力・太陽光・地熱などの新エネルギーの発電量は，原子力発電の問題などもあって増加したものの，総発電量の12.8%（2021年度）にとどまっている。

**正答　3**

高卒警察官

No. 41 9月実施

# 社会 世界の人口 平成21年度

世界の人口に関する次の記述のうち，正しいものはどれか。

**1** 世界人口は20世紀半ば以後，急激に増加をし続けており，1987年に70億人，2007年に80億人を超えた。

**2** 世界人口を地域別に見ると，最も多いのはアジア，次いでラテンアメリカとなっており，両地域の人口は世界人口の約50％を占める。

**3** 中国，インドはそれぞれ10億人を超える人口を擁しており，国別人口は中国が世界第１位，インドが世界第２位となっている。

**4** 先進国では人口の高齢化が進んでいるが，発展途上国では進んでいないため，世界人口全体の高齢化が始まるのは2020年頃からとみられる。

**5** 先進国では少子化が進んでいるが，日本の合計特殊出生率はフランス，スウェーデンと並んで，先進国中では高い数値となっている。

## 解説

**1**．世界人口は，1987年に50億，1999年に60億を突破し，2011年に70億人を超えたとされている。2007年に80億人を突破したというのは誤りである。

**2**．地域別人口が最も多いのはアジアであり，世界人口の約６割を占める。２番目に多いのはアフリカである。

**3**．正しい。

**4**．総人口に占める65歳以上人口の割合を「高齢化率」といい，高齢化率が７％を超えた社会を「高齢化社会」という。世界人口全体の高齢化率はすでに７％を超えており，今後もその割合は急速に高まっていくとみられる。

**5**．１人の女性が一生のうちに産む子供の平均数を合計特殊出生率という。日本の合計特殊出生率はここ数年1.3～1.4前後で推移しているが，これは先進国中でもイタリアなどと並んで低い数値である。一方，フランス，スウェーデンは1.8～2.0前後となっており，先進国中では高い数値である。

**正答 3**

## No. 42 警視庁 社会 宇宙開発 令和4年度

次の記述中の空欄に当てはまる語句として，最も妥当なのはどれか。

本年6月，岡山大学などの研究チームは，日本の探査機「はやぶさ2」が小惑星（　　）から持ち帰った石や砂から，アミノ酸が23種類見つかったと発表した。生命活動に重要なたんぱく質を構成するアミノ酸も10種類近く含まれており，地球の生命の材料が隕石などで宇宙から到来したとの説を補強する成果としている。

**1**　リュウグウ
**2**　イトカワ
**3**　ケレス
**4**　パラス
**5**　ベスタ

### 解説

**1**．妥当である。「はやぶさ2」は，小惑星「リュウグウ」に着陸して石や砂を採取し，地球に持ち帰った。サンプルの分析が進むことで，太陽系の起源や進化および生命の原材料物質の解明が進むものと期待されている。

**2**．「イトカワ」は，「はやぶさ」が着陸してサンプルを持ち帰った小惑星である。なお，「はやぶさ2」は「はやぶさ」の後継機として打ち上げられた小惑星探査機である。

**3**．「ケレス」は，火星と木星の公転軌道の間の小惑星帯（メインベルト）に位置する準惑星である。2006年に小惑星から準惑星に分類が変更された。

**4**．「パラス」は，火星と木星の公転軌道の間に存在する小惑星帯にあって，最大規模を誇る小惑星である。2006年にケレスが準惑星に分類されたため，現在ではパラスが小惑星帯で最大の小惑星となっている。

**5**．「ベスタ」は小惑星帯の中に位置する小惑星の一つである。ベスタは，地球のように内部に核・マントル層の層状構造を持つとされている。

**正答　1**

高卒警察官

警視庁

# No. 43 社会 日本の宇宙開発技術 平成22年度

わが国の宇宙開発技術に関する次の記述中の空欄（ア）～（ウ）に入る語句の組み合わせとして，妥当なものはどれか。

平成22年６月，宇宙航空研究開発機構（JAXA）の小惑星探査機（　ア　）が約３億キロメートル離れた小惑星（　イ　）の探査を終えて地球に帰還した。月以外の天体に着陸した探査機が地球に戻ったのは世界初の快挙であった。（　ア　）は，（　ウ　）をエネルギー源とし，高効率なイオンエンジンを使用していた。

| | ア | イ | ウ |
|---|---|---|---|
| **1** | はやぶさ | イカロス | 原子力 |
| **2** | あかつき | イカロス | 太陽光 |
| **3** | はやぶさ | イトカワ | 原子力 |
| **4** | はやぶさ | イトカワ | 太陽光 |
| **5** | あかつき | イトカワ | 原子力 |

## 解説

本問は典型的な時事問題であり，話題の要点を理解していれば正解できるはずである。

2003年５月に打ち上げられた小惑星探査機「はやぶさ」（ア）は，約３億キロメートル離れた小惑星イトカワ（イ）をめざした。小惑星は，惑星が誕生した頃の状態を比較的よくとどめた天体である。これを研究することで，当時の太陽系の状態を知る手がかりが得られることが期待された。はやぶさの任務はイトカワに着陸し，地表からサンプルを採取して帰還することであった。

はやぶさは，太陽光（ウ）を飛行のエネルギー源とし，効率のよいイオンエンジンを使用した。しかしその行程は決して順調とはいえず，途中エンジントラブルなどで帰還が危ぶまれたこともあった。2010年６月に探査を終え，約７年ぶりに地球に帰還したが，本体は大気圏突入時に燃え尽き，地表に到達したのはサンプルの入ったカプセルのみであった。

宇宙航空研究開発機構（JAXA）はこのカプセルの解析を進め，2010年11月，カプセル内部からイトカワ由来のものと思われる約1,500個の微粒子を採集したと発表した。

以上より，正答は**4**である。

正答　**4**

高卒警察官

No. 44 警視庁

# 社会　スーパーコンピューター　令和2年度

次に記述中の空所A～Dに当てはまる語句の組合せとして，最も妥当なのはどれか。

本年6月，日本で開発されたスーパーコンピューター「(　A　)」が，単純計算性能ランキング「TOP500」で世界第一位となった。日本のスーパーコンピューターが「TOP500」で首位となるのは，2011年の「(　B　)」以来で，第二位の米国製のスーパーコンピューター「(　C　)」の計算速度を2倍以上引き離した。また，「(　A　)」は，「TOP500」の他，(　D　)など3部門でも世界第一位となった。

| | A | B | C | D |
|---|---|---|---|---|
| **1** | 富岳 | 京 | サミット | AI 性能 |
| **2** | 富岳 | 京 | シエラ | 消費電力性能 |
| **3** | 富岳 | 京 | サミット | 消費電力性能 |
| **4** | 京 | 富岳 | シエラ | 消費電力性能 |
| **5** | 京 | 富岳 | サミット | AI 性能 |

## 解説

A：「富岳」(ふがく) が該当する。富岳は，理化学研究所と富士通が共同で開発したスーパーコンピューターである。富岳は，2020年6月に単純計算性能ランキング「TOP500」で世界第1位を獲得し，同年11月にも2期連続で世界第1位となった。

B：「京」(けい) が該当する。京は，富岳に先立って，理化学研究所と富士通が共同で開発したスーパーコンピューターである。京は，2011年6月および11月に「TOP500」で世界第1位を獲得したが，2019年8月にシャットダウンされ，富岳に置き換えられた。

C：「サミット」が該当する。2020年6月の「TOP500」で世界第2位となったのは，アメリカのIBM等が共同開発したサミットであった。サミットは，2018年から2019年にかけて4期連続で世界第1位となっていたが，2020年6月には富岳にその座を明け渡した。なお，シエラとは，アメリカのIBM製スーパーコンピューターで，2020年6月の「TOP500」では世界第3位につけていた。

D：「AI 性能」が該当する。富岳は，2020年中に，①単純計算性能ランキング「TOP500」，②共役勾配法の処理速度ランキング「HPCG」，③AI 性能ランキング「HPL-AI」，④グラフ解析性能ランキング「Graph500」のすべてにおいて，2期連続で世界第1位を獲得した。なお，スーパーコンピューターの消費電力性能ランキングは「Green500リスト」と呼ばれており，2020年6月には日本のPreferred Networksが開発した深層学習用スーパーコンピューター「MN-3」が世界第1位となった。

よって，正答は**1**である。

**正答　1**

## No.45 9月実施 社会 日本の高齢化・社会保障 平成18年度



次の**1**～**5**の記述のうち正しいものはどれか。

**1**　日本の高齢化は急速に進行しており，現在の高齢化率は30％以上である。
**2**　日本の社会保障制度は，高齢者のみに認められている。
**3**　現在のところ，日本の高齢化の進行具合は世界一である。
**4**　高齢化が進んだために，東京や横浜などの都市部で働く若者の人口は減少している。
**5**　高齢社会というための基準は，一般に高齢化率が20％を超えることが要件とされている。

### 解説

**1**．欧米諸国に比べて日本の高齢化は急速に進行しているが，2023年９月現在，高齢化率（65歳以上の人口が総人口に占める割合）は29.1％となっている。

**2**．社会保障とは，国家による個人または世帯単位での国民生活の保障策の総称である。具体的には，失業保険，労働災害補償保険，医療保険，年金保険などの社会保険，公的扶助，社会福祉などで構成されており，高齢者だけを対象とするものではない。

**3**．正しい。ただし将来的には，日本が25年かかって達成した高齢化率７％から14％への変化を，中国がそれ以上の早さで達成することが予想されている。

**4**．労働者人口は都市部に集中する傾向にあり，近年，若年労働者に特にその傾向は顕著に見られる。

**5**．高齢社会の基準となるのは，高齢化率が14％を超えることとされている。ちなみに，日本は1995年にこの基準を超えた。

**正答　3**

## No. 46 9月実施 社会 人口ピラミッド 平成13年度

年齢階級別人口構成のグラフ，いわゆる人口ピラミッドについての説明の空欄に入る適語の組合せとして正しいものは，次のうちどれか。

一国の人口を５歳階級別の人口構成図に表した場合，その国の発展に従って，一般には，（　A　）→（　B　）→（　C　）へと移行する。若年齢層の割合は国が発展するほど低下し，逆に高年齢層は発展するほど比率を高めるのが特徴になっている。日本のそれを見ると，近年では，（　D　）へと変化している。

| | A | B | C | D |
|---|---|---|---|---|
| **1** | つりがね型 | ひょうたん型 | つぼ型 | 富士山型 |
| **2** | 富士山型 | ひょうたん型 | つぼ型 | つりがね型 |
| **3** | ひょうたん型 | つぼ型 | つりがね型 | つりがね型 |
| **4** | 富士山型 | つりがね型 | つぼ型 | ひょうたん型 |
| **5** | ひょうたん型 | つぼ型 | つりがね型 | 富士山型 |

### 解説

総人口を５歳階級別の人口構成図に表した場合，その国の発展の度合いにより，その形には特徴がみられる。一般的に，多産多死型から少産少死型への移行に伴って，形が変化するのである。具体的には，エチオピアなどの富士山型，ブラジルなどのつりがね型，イギリスなどのつぼ型へと変化する。日本では，1935年頃には，富士山型，1960年頃にはつりがね型となっていたが，近年では，ひょうたん型へと変化している。『日本国勢図会』などの資料で見ておくことが望ましい。

よって，**4**が正しい。

**正答　4**

高卒警察官

## No. 47 警視庁 社会 学校基本調査 平成24年度

次は平成24年２月に文部科学省が発表した学校基本調査の結果に関する記述であるが，文章中の下線部(ア)～(エ)の記述のうち，正しいものの組合せとして，妥当なのはどれか。

平成23年度学校基本調査によれば，高等学校の学校数は前年度に比べて減少しているが，これを設置者別に見ると，(ア)私立の高等学校数の減少が目立っている。また，(イ)中高一貫教育を行う高等学校数も減少の傾向を示している。

平成23年３月に高等学校を卒業した者の卒業後の状況について見ると，大学・短期大学等へ進学した者の割合が最も高いが，(ウ)その数は前年度に比べ減少しており，(エ)就職者総数が前年度に比べて増加している。

**1** (ア)，(イ)
**2** (ア)，(ウ)
**3** (イ)，(ウ)
**4** (イ)，(エ)
**5** (ウ)，(エ)

### 解説

(ア)高等学校の学校数は前年度に比べて減少しているが，これは私立の高等学校ではなく，公立の高等学校の減少によるものである。(イ)中高一貫教育を行う高等学校数は前年度に比べて１校増加している。(ウ)正しい。平成23年３月に高等学校を卒業した者の進路を見ると，大学・短期大学等へ進学した者の割合が53.9％で最も高いが，その数（約57万人）は前年度（約58万人）に比べて減少している。(エ)正しい。平成23年３月に高等学校を卒業した者の就職者総数（約17万４千人）は，前年度（約16万９千人）に比べて増加している。

以上から，正しい記述は(ウ)と(エ)であり，正答は**5**である。

正答 **5**

## No. 48 警視庁 社会 世界文化遺産 令和3年度

本年7月，ユネスコ（国際連合教育科学文化機関）の世界遺産委員会は，「北海道・北東北の縄文遺跡群」（北海道，青森県，岩手県，秋田県）を世界文化遺産に登録することを決定した。「北海道・北東北の縄文遺跡群」のうち，遺跡名と県の組合せとして，最も妥当なのはどれか。

**1** 三内丸山遺跡（さんないまるやま） ― 青森県
**2** 御所野遺跡（ごしょの） ― 北海道
**3** 大平山元遺跡（おおだいやまもと） ― 秋田県
**4** 北黄金貝塚（きたこがね） ― 岩手県
**5** 大湯環状列石（おおゆかんじょうれっせき） ― 北海道

### 解説

**1**．妥当である。三内丸山遺跡は，青森県青森市にある日本最大級の縄文集落跡で，竪穴建物，掘立柱建物，墓，貯蔵穴，祭祀場である盛り土や捨て場などによって構成されている。

**2**．御所野遺跡は，岩手県一戸町にある縄文集落跡で，台地中央に墓や祭祀場である盛り土があり，その周囲に居住域が広がっている。

**3**．大平山元遺跡は，青森県外ヶ浜町にある縄文時代開始直後の遺跡で，北東アジア最古の土器が出土するなどしている。

**4**．北黄金貝塚は，北海道伊達市にある縄文集落跡で，貝殻・魚骨・海獣骨，動物の骨や角で作られた道具などを多数出土している。

**5**．大湯環状列石は，秋田県鹿角市にある祭祀遺跡で，大湯川沿いの段丘上に立地する環状列石を主体としている。

正答　1

高卒警察官 10月実施

## No. 49 社会 国際連合 平成13年度

国際連合に関する記述として正しいものは，次のうちどれか。

**1** ロシアはアメリカとの不仲のために設立当初には加盟していなかった。

**2** 総会において先進国と開発途上国との議決権には差が設けられており，開発途上国は発言権が少なく，アメリカ至上主義に対して不満を持っている。

**3** 国際連合には国連軍が常備されており，必要のある緊急事態に際して，いつでも出撃できるようになっている。

**4** 国際連合の総会は，WHO などの多くの専門機関を有する。

**5** 安全保障理事会は常任理事国と非常任理事国から構成され，常任理事国であるアメリカや中国には拒否権が認められている。

### 解説

**1**．ロシア（旧ソ連を後継）は国際連合の原加盟国である。国際連盟（アメリカは非加盟，旧ソ連は遅れて加盟）の欠陥を補うために大国一致主義がとられた結果でもある。

**2**．総会では，１国１票であり，議決権や発言権に差は設けられていない（主権平等の原則）。

**3**．国連軍は国連憲章上に規定されてはいるが，現在まで編成されたことはない。朝鮮戦争(1950～53年)で組織された国連軍は，国連憲章で定める国連軍ではない。また，国連平和維持活動(PKO)も，国連憲章上に明文の規定はなく，必要に迫られ展開してきたものである。

**4**．多くの専門機関を有するのは，経済社会理事会である。

**5**．正しい。常任理事国（アメリカ，ロシア，イギリス，フランス，中国）には，大国一致主義の観点から拒否権が認められている。

**正答 5**

高卒警察官

No. 50　9月実施　〈改題〉

## 社会　国際組織の略称　平成10年度

次のア～ウの記述に該当する国際組織の略称の組合せとして，正しいものはどれか。

ア　1961年に設立された先進諸国の経済政策の協調・調整のための国際機関。日本は64年に加盟した。近年は雇用問題，多国籍間の投資協定策定，貿易問題，規制制度の緩和などの課題に取り組んでいる。

イ　東南アジアの地域協力機構。ベトナム，ミャンマー，ラオス，カンボジアが加盟することにより東南アジア10か国すべてを含む機構に発展した。

ウ　13の石油輸出国で構成される石油の生産・価格カルテル組織。石油生産量では世界の4割を占める。1970年代には2度にわたる石油危機を引き起こした。

| | ア | イ | ウ |
|---|---|---|---|
| **1** | OECD | ASEAN | OPEC |
| **2** | OECD | ASEAN | IAEA |
| **3** | OECD | APEC | IAEA |
| **4** | WTO | ASEAN | OPEC |
| **5** | WTO | APEC | IAEA |

### 解説

ア：これは，経済協力開発機構（OECD）の説明である。2023年10月現在，38か国が加盟しており，先進国のほとんどが網羅されている。本部はパリ。

イ：これは，東南アジア諸国連合（ASEAN）の説明である。もともとは1967年にタイ，フィリピン，インドネシア，マレーシア，シンガポールの5か国により経済発展などを主な目的として設立された。東南アジア10か国をすべて含む機構に発展はしたが，域内の経済格差など懸念される点が存在する。

ウ：これは，石油輸出国機構（OPEC）の説明である。1960年にクウェート，サウジアラビア，イラン，イラク，ベネズエラの5か国がメジャーズ（国際石油資本）に対抗するために結成した。その後，アルジェリア，ナイジェリア，アンゴラなどの加盟を受けて2023年11月現在，13か国で構成される。

よって，**1**が正しい。

正答　1

政治 経済 社会 日本史 世界史 地理 倫理 文学・芸術 国語

高卒警察官

No. 51　9月実施

## 社会　環境問題　平成16年度

最近の環境問題に関する記述のうち，正しいものはどれか。

**1**　最近フロンガスなどの排出により，地上10km〜50km 辺りにかけて上空の大気中にオゾン量の多い領域，いわゆるオゾン層ができていることが問題となっており，その規制がなされるようになった。

**2**　自動車などの排気ガスに含まれる炭化水素と窒素の酸化物が，太陽からの強い紫外線を受けて光化学反応を起こす結果として生成される光化学スモッグが問題となっており，これは人の目や呼吸器などに障害を起こす原因となっている。

**3**　自動車の排気ガスなどに含まれる二酸化炭素が混じって酸性を呈する酸性雨が問題となっており，二酸化炭素は地球温暖化ガスとも呼ばれ，地球全体の環境問題となっている。

**4**　日本は，多くの先進国同様，原子力発電所の使用済み燃料を再処理してウラン，プルトニウム，高レベル廃棄物に分離し，このうちウランを再び核燃料として利用する「核燃料リサイクル政策」をとっているが，再処理工場などの核燃料施設周辺で環境問題が起きている。

**5**　近年日本では，環境問題への対策の一つとして各種のリサイクル法が制定されており，そのうちのいわゆる家電リサイクル法では，家電製品のリサイクル（再商品化）をメーカーに義務づけ，廃家電製品のうち，法施行当初はテレビ，冷蔵庫，洗濯機，パソコンの再資源化を図っている。

### 解説

**1**．オゾン層は地球に降り注ぐ太陽の紫外線（紫外光ともいう）を上空で吸収し，地上生物が有害な紫外線を浴びないよう保護する役割を果たしており，地上生物の生存にとって欠かすことのできない存在である。フロンガスなどの排出により，南極などで，近年このオゾン層が希薄になっている部分（オゾンホール）が拡大していることが問題となっている。

**2**．正しい。

**3**．酸性雨の原因はイオウ酸化物や窒素酸化物などの大気汚染物質である。地球温暖化ガスの一つである二酸化炭素とは直接の関係はない。

**4**．日本は，原子力発電所の使用済み燃料を再処理してウラン，プルトニウム，高レベル廃棄物に分離し，このうちプルトニウムは再び核燃料として利用するという，いわゆる核燃料リサイクル政策をとっている。このような核燃料リサイクル政策を諸外国すべてがとっているわけではなく，イギリス，フランス，日本を除く多くの国々が使用済み燃料を再処理せずに，そのまま貯蔵しておく，いわゆるワンス・スルー（直接処分）方式を採用している。

**5**．家電リサイクル法は，家電製品のリサイクル（再商品化）をメーカーに義務づけ，廃家電製品の再資源化を通して環境を保全することを目的として1998年６月に公布された法律であり（2001年４月１日施行），正式名称は「特定家庭用機器再商品化法」である。現在のところ，その対象は，テレビ，冷蔵庫・冷凍庫，洗濯機・衣類乾燥機，エアコンの４品目となっている。

**正答　2**

No. 52　9月実施

# 社会　環境問題　平成23年度

環境問題に関する記述として，最も妥当なのはどれか。

**1**　生物多様性が損なわれると遺伝子治療をはじめとする医療分野の技術発展が望めなくなり，いわゆる生態系サービスの一側面である「医療的サービス」が得られなくなる。

**2**　酸性雨は工業の盛んな国，地域で発生する環境問題であり，地球温暖化のように多数の国にまたがる環境問題と比較すると，規模が小さい。

**3**　砂漠化は気候変動に伴う干ばつが原因で発生する環境問題であり，地球温暖化と密接な関係があるが，森林伐採に伴う森林消失の問題とは直接関係がない。

**4**　大気中に放出されたフロン等が原因で発生するオゾンホールが問題となっていたが，モントリオール議定書でオゾン層破壊物質の規制が行われた結果，オゾンホールは消失した。

**5**　黄砂は自然現象と考えられていたが，近年は人為的な要因の影響も指摘されるようになっており，その対策は中国，韓国，日本の共通の関心事となっている。

## 解説

**1**．生態系サービスは，人間が生態系から得る便益を意味する。生態系サービスには，食料や水などの「供給サービス」，気候の安定などの「調整サービス」，精神的な恩恵をはじめとする「文化的サービス」，土壌形成，光合成による酸素供給などの「基盤サービス」などが含まれるが，問題文にあるような「医療的サービス」は存在しない。

**2**．酸性雨は人間の活動に伴って放出された二酸化硫黄，窒素酸化物などの大気汚染物質が，大気中で硫酸，硝酸等に変化し，再び地上に戻ってくる現象をいう。工業の盛んな国，地域で発生しやすい傾向はあるが，その影響はその国，地域にとどまらず，広範囲に及ぶ。

**3**．干ばつが砂漠化の一因であるのは事実であるが，森林伐採もまた，砂漠化進行の重要な原因の一つである。

**4**．モントリオール議定書（1987年採択）によって，オゾン層破壊物質の生産削減などの規制が行われるようになったのは事実であるが，今でもオゾンホールが南極上空等に見られる。

**5**．妥当である。草原地帯における過放牧や耕地の拡大などの人為的な要因が，黄砂の大規模化に影響を与えていると見られる。

**正答　5**

高卒警察官

No. 53 警視庁

## 日本史　7世紀の出来事　令和4年度

7世紀の日本に関する記述として，最も妥当なのはどれか。

**1**　持統天皇の治世では，飛鳥浄御原令（あすかきよみはらりょう）の施行のほかに，税制や兵制の整備などが行われ，694年には平城京に遷都した。

**2**　北山文化は，新羅や唐初期の文化の影響を受け仏教文化を基調としており，この時期に漢詩文が作られる一方で，和歌の形式も整えられた。

**3**　天武天皇は，律令・国史の編纂や富本銭の鋳造などを行い，684年には冠位十二階を定めて天皇を中心とする新たな身分秩序として豪族層を編成した。

**4**　660年に百済が唐と新羅に滅ぼされると，朝廷は大軍を派遣して百済再興を支援しようとしたが，白村江の戦いで唐・新羅連合軍に大敗した。

**5**　672年におきた乙巳の変は，天智天皇の死後，大友皇子と大海人皇子との間の皇位継承をめぐっておきた戦いである。

### 解説

**1**. 皇后から即位した持統天皇が，天武天皇の諸政策を引き継いで中国風の本格都城として694年に完成させたのは藤原京である。平城京遷都は，710年に元明天皇が行ったものである。

**2**. 北山文化は，14世紀後半の室町幕府3代将軍足利義満の時代の文化である。7世紀の新羅や唐初期の文化の影響を受けた仏教文化は白鳳文化である。

**3**. 冠位十二階の制が定められたのは推古天皇の時代であり，厩戸王（聖徳太子）によるものである。天武天皇が684年に定めた新たな身分秩序とされるのは，八色（やくさ）の姓である。

**4**. 妥当である。

**5**. 天智天皇の死後，大海人皇子と大友皇子が争った内乱は，壬申（じんしん）の乱である。乙巳（いっし）の変は，645年に中大兄皇子と中臣鎌足らが蘇我入鹿を宮中で暗殺し，豪族蘇我氏を滅ぼした事件である。

**正答　4**

## 院政期



院政期に関する記述として，最も妥当なのはどれか。

**1** 後三条天皇は，摂関家に位を譲ると，院庁を設けて自らを上皇の地位に置き，政治の実権を握る院政を行った。

**2** 法や慣例にこだわらずに院が政治の実権を専制的に行使するようになり，白河上皇のときには院の権力の強化として，院の御所に六波羅探題がおかれた。

**3** 院政のもとでは，中小貴族，僧侶，武士，財力のある受領などの院の近臣は，政治の中心的な役割から除外された。

**4** 院政期には知行国の制度や院分国の制度が広まって，公領は上皇や知行国主の私領のようになり，院政を支える経済的基盤となった。

**5** 院政期に台頭してきた武士や庶民が新しい文学のかたちを生み出し，代表的な作品としてインド・中国・日本の説話を集めた『梁塵秘抄』がつくられた。

### 解説

**1**. 1068年に即位した後三条天皇は，生母が摂関家以外の出身であったため，村上源氏や中級貴族を登用して，積極的に天皇親政を図り，1069年には延久の荘園整理令を発令して藤原摂関家に打撃を与えるとともに，皇室の経済基盤を強化した。なお，1072年に天皇の位を第一皇子に譲り太上天皇となったが，病に倒れ1073年に崩御したため，上皇としての院政は行っていない。

**2**. 白河上皇は「治天の君」と呼ばれ事実上の君主として権力を振るったが，彼が院の権力強化のため新設したのは，北面の武士である。これにより，上皇は独自の軍事力を有することとなり摂関家などに対して優位に立つ基盤となった。なお六波羅探題は，鎌倉時代の承久の乱の後に幕府が朝廷監視のために設けたものである。

**3**. 院政期には，従来の摂関政治では政治の中心から除外されていた，中小貴族，僧侶，武士，有力受領などの中から，上皇の側近として取り立てられる者が現れ院の近臣と呼ばれた。彼らは有力貴族をしのいで，院政の中心的な役割を担った。

**4**. 妥当である。

**5**. インド・中国・日本の説話を集めた説話集は『今昔物語集』である。『梁塵秘抄』は12世紀末に成立したとされる歌謡集で，「今様」と呼ばれる当時の流行歌謡を後白河法皇が編者となり集めたものである。

正答 4

高卒警察官

警視庁

# No. 55 日本史 鎌倉幕府の成立過程 平成17年度

鎌倉幕府の成立過程に関する記述として，妥当なものはどれか。

**1** 源頼朝は1180年の一の谷の戦いの後，関東管領を設け，南関東・東海道東部の実質的支配に成功した。

**2** 1184年に源頼朝は問注所，公文所を設けた。問注所は鎌倉幕府の訴訟・裁判処理機関，公文所は文書作成，財政担当機関で，公文所は後に政所に改称され，その一部局となった。

**3** 1185年，後白河法皇が源義仲に頼朝追討を命じると，頼朝は義仲を破り，さらに軍勢を京都に送って抗議し，追討令を撤回させるとともに，守護・地頭の任命権を獲得した。

**4** 源頼朝は1186年に九州の太宰府に鎮西奉行，京都に京都奉行，奥州に奥州総奉行をそれぞれ置いて，地方の御家人の統率を命じた。

**5** 1192年，源頼朝は後白河法皇により征夷大将軍に任命されると源義経を征討し，鎌倉幕府は名実ともに成立した。

## 解説

**1**．一の谷の戦い（1184年）ではなく富士川の戦い，関東管領ではなく侍所である。1180年，以仁王（もちひとおう）の令旨に応じて伊豆に流されていた源頼朝が挙兵。頼朝を追討しようとして派遣された平維盛を富士川の戦いで破った後，侍所を設けて和田義盛を別当として御家人の統制を行った。

**2**．正しい。

**3**．源義仲ではなく源義経である。頼朝の強大化を恐れた後白河法皇は，頼朝と不和になった義経に頼朝追討を命じたが，逆に頼朝は，京都に軍勢を送って，後白河法皇に迫って義経追捕を名目に，諸国に守護を，荘園・公領に地頭を置く権限を認めさせた。なお，木曽に挙兵した源義仲は，1183年，平氏を京都から追放して入京したが，後白河法皇と反目し，軍勢の乱暴・狼藉などもあり，1184年，源範頼（のりより）・義経に滅ぼされた。

**4**．鎮西奉行が置かれたのは1185年，京都に置かれたのは京都奉行ではなく京都守護で，やはり1185年に設置された。奥州総奉行が置かれたのは1189年の奥州藤原氏滅亡後である。

**5**．頼朝が征夷大将軍に任命されたのは後白河法皇の死後である。なお義経は，すでに1189年に藤原泰衡（やすひら）に攻められて自殺している。

**正答 2**

## No.56 警視庁 日本史 織豊政権 平成30年度

織豊政権に関する記述として，最も妥当なのはどれか。

**1** 長篠の戦いで武田勝頼の軍に対し，鉄砲を使った戦術で勝利した織田信長は，その後，近江に安土城を築いた。

**2** 織田信長は楽市令を出すなどして都市の繁栄を図る一方，当時栄えていた堺については自治的都市としての機能を認めた。

**3** 織豊政権下で朝鮮出兵を進めた日本は，信長の時代の慶長の役では李舜臣の活躍により次第に戦況が悪化し，その後の文禄の役では秀吉の病死の後に撤退した。

**4** 小牧・長久手の戦いで徳川家康と和睦した豊臣秀吉は，その後，摂政や太政大臣に任じられ，全国の戦国大名に私戦を禁じる命令を出した。

**5** 豊臣秀吉が行った太閤検地では，土地の測量基準を新しいものに統一したほか，貫高制を確立した。

### 解説

**1**．妥当である。長篠の戦いは1575年，安土築城は翌76年である。

**2**．堺は納屋衆（なや），あるいは会合衆（かいごうしゅう／えごうしゅう）と呼ばれた36人の豪商の合議によって市政が運営されていた自治的都市であったが，信長による矢銭（軍費）2万貫の要求に屈して直轄領とされた。堺は15世紀以来，勘合貿易・南蛮貿易で栄え，イエズス会宣教師によって「ベニスのように執政官によって治められている」と称された。

**3**．朝鮮出兵を進めたのは豊臣秀吉であり，信長は行っていない。秀吉は二度の出兵を行ったが，李舜臣の活躍などで戦況が悪化したのは文禄の役（1592～93年）である。講和交渉の失敗から再び大軍を朝鮮に送ったが，秀吉の病死を機に撤退したのは慶長の役（1597～98年）である。

**4**．1584年の小牧・長久手の戦いで家康と和睦した秀吉は，85年に関白，86年に太政大臣に任官したが摂政になったことはない。秀吉は関白就任を機に，天皇の伝統的権威を背景に，全国の戦国大名に領土紛争を私戦として禁じ，領地の確定を秀吉の裁定に従うことを命じた点は正しい（惣無事令）。

**5**．太閤検地で，土地の測量基準を新しいものに統一したことは正しいが，貫高制ではなく，田畑・屋敷地などの生産高を米の収穫量で表す石高制を確立したのである。貫高制は，戦国大名が，家臣などの収入額を銭に換算して表し（貫高），これを家臣への軍役や年貢など領民への賦課基準として利用した制度である。太閤検地は，貫高制を石高制に改めたので，天正の石直しと呼ばれる。

**正答 1**

高卒警察官

## No. 57 警視庁 日本史 外交史 平成29年度

我が国の外交史に関する記述として，最も妥当なのはどれか。

**1** 厩戸王（聖徳太子）は，隋との対等外交を目指して遣隋使犬上御田鍬に国書を提出させたが，煬帝から無礼とされた。

**2** 足利尊氏が開始した日明貿易は，倭寇対策のため勘合を使用し，朝貢形式によって莫大な利益を上げたが，足利義教が明への臣礼を嫌ったため一時中断された。

**3** 豊臣秀吉が始めた奉書船貿易により，主に東南アジアとの貿易が行われ，各地に日本町が形成されたが，徳川家康はこれを廃止し，鎖国化をすすめた。

**4** フェートン号事件後もイギリス船やアメリカ船がしばしば日本近海に出没し，幕府は異国船に薪水や食糧を与えて帰国させていたが，その方針を変えて異国船打払令を出した。

**5** 小村寿太郎が日英通商航海条約の調印に成功したことで，日本は関税自主権の完全回復を達成し，条約上列国と対等の地位を得た。

### 解説

**1**．隋の第２代皇帝煬帝から無礼とされた「日出づるところの天子，書を日没する処の天子に致す。」の国書を持って隋へ派遣されたのは小野妹子である（607年）。589年に隋が中国を統一すると，厩戸王（聖徳太子）は，５世紀以来途絶えていた中国との外交を再開させたが，中国皇帝に臣従しない姿勢をとったため，皇帝の不興を買ったのである。なお，犬上御田鍬は614年の遣隋使であるが，630年の第１回遣唐使でもある。

**2**．日明貿易は，足利尊氏ではなく足利義満が開始したものである。また，明への臣礼を嫌って中断したのは４代将軍足利義持で（1411年），６代将軍足利義教の時に再開された（1432年）。日明貿易は，1401年に義満が明の皇帝に朝貢して，日本国王として冊封されたことで，1404年から開始された朝貢貿易である。明は，倭寇対策として国王以外の貿易を認めない海禁政策をとり，遣明船は明から与えられた「勘合」を所持することを義務づけられた。

**3**．奉書船貿易を始めたのは，江戸幕府３代将軍徳川家光（在職1623～51年）の時である（1631年）。豊臣秀吉は南方との貿易を積極的に進めており，これを引き継ぎ拡大したのが徳川家康である。当初，幕府が南方に渡航する商人の船に，渡航を許可する朱印状を与えたことから朱印船貿易というが，次第に統制が強化され，1631年に朱印状だけでなく老中の発行する許可状（老中奉書）を所持することが命じられ，1633年には奉書船以外での海外渡航が禁止された。そして1635年に，日本人の海外渡航と帰国が全面的に禁止されたことで，奉書船貿易（＝朱印船貿易）は終了し，鎖国化が進められた。

**4**．妥当である。

**5**．小村寿太郎外相が関税自主権の完全回復を達成したのは日米通商航海条約である（1911年）。日英通商航海条約は，1894年，陸奥宗光外相の時に締結されたもので，領事裁判権の撤廃（法権の回復）と関税率の引き上げ（関税自主権の一部回復）が認められ，1899年から実施されていた。その条約満期に伴う改正交渉で，最初に締結に成功したのがアメリカであり，これにより日本は条約上列国と対等の地位を得たのである。

**正答　4**

## No. 58 警視庁 日本史 『風姿花伝』を著した人物 平成19年度

次は，室町前期の人物に関する説明であるが，その人物は誰か。

父とともに３代将軍足利義満の保護を受け，猿楽を革新し，能楽を大成した。

観世座を主宰し，演出家，演者，脚本家として不朽の名声を得た。今日演じられる名作の多くがこの人物の作品である。すぐれた経験と識見をもとに，「風姿花伝」（通称『花伝書』）以下多くの能の理論書を著した。

**1** 夢窓疎石
**2** 狩野永徳
**3** 出雲阿国
**4** 世阿弥元清
**5** 快慶

### 解説

**1**．夢窓疎石（1275～1351）は，後醍醐天皇や足利尊氏・直義が帰依した臨済宗の禅僧である。後醍醐天皇の冥福を祈るため天竜寺の建立を尊氏・直義に勧め，尊氏は，その造営費用調達のために天竜寺船を元に派遣したことでも知られる。

**2**．狩野永徳（1543～90）は，安土桃山時代に活躍した狩野派の絵師。水墨画と大和絵とを融合させた装飾画を大成し，信長・秀吉の求めに応じて，安土城・聚楽第・大坂城の障壁画を制作した。作品の多くは失われたが，『唐獅子図屏風』，『洛中洛外図屏風』などが残されている。

**3**．出雲阿国（生没年不詳）は，阿国歌舞伎の創始者である。出雲大社の巫女と称し，京都でかぶき踊りを興行して人気を博したというが，経歴は不明な点が多い。

**4**．正しい。

**5**．快慶（生没年不詳）は，12世紀末頃の仏師。康慶の弟子らしい。『東大寺南大門金剛力士像』は運慶（康慶の子）・快慶らの合作とされるが，そのうち阿形像は快慶の作と伝えられる。

**正答　4**

## No.59 警視庁 日本史 江戸の3大改革 平成20年度



江戸の3大改革に関する記述として，妥当なものはどれか。

**1** 享保の改革は8代将軍徳川吉宗によってすすめられ，大名に参勤交代を半年にするかわりに，「上米（あげまい）」と称して米の上納を命じた。

**2** 享保の改革では，物価の引き下げを命じるとともに，株仲間を，価格を不当につりあげている元凶とみなして解散させた。

**3** 天保の改革では，江戸の治安を維持するために，無宿人や浮浪人を収容して仕事につかせるため，石川島に人足寄場（にんそくよせば）を設けた。

**4** 寛政の改革は12代将軍徳川家慶（いえよし）のもとで，老中水野忠邦（ただくに）を中心に幕府の再建をめざすために行なわれ，質素・倹約が促された。

**5** 寛政の改革では，江戸への流入者を強制的に帰村させ，江戸の社会不安を取り除くとともに，農村の復興を図るために「人返し令（ひとかえしれい）」が出された。

### 解説

**1**．正しい。

**2**．株仲間の解散は，天保の改革の施策である。享保の改革では，株仲間の結成を認め，仲間内の取決めによって物価を抑えようとした。株仲間が物価上昇の元凶であるとしてこれを解散させたのは天保の改革である。

**3**．人足寄場の設置は，寛政の改革の施策である。人足寄場は，1790（寛政2）年，火付盗賊改役の長谷川平蔵の建議によって設けられた。無宿人などを収容して，大工・建具・塗り物などの技術を習得させて社会復帰させることを目的とした。

**4**．12代将軍徳川家慶の下，老中水野忠邦が中心になって行ったのは天保の改革（1841～43年）である。寛政の改革は，11代将軍徳川家斉の下で，老中松平定信を中心として行われた改革（1787～93年）である。

**5**．「人返し令」は天保の改革の施策である。寛政の改革で行われたのは「旧里帰農令」で，江戸に流入した没落百姓で希望者に旅費・夫食（ふじき）（食糧）代・農具代を与えて帰村を奨励するというもの。人返し令の先駆となるものであるが，強制力はなかった。

**正答 1**

## No.60 警視庁 日本史 土地制度史 平成28年度

我が国の土地制度に関する記述として，最も妥当なのはどれか。

**1** 墾田永年私財法とは，墾田の永久使用を認めた法令であり，これにより資力に恵まれた貴族・豪族らの土地私有がすすみ，荘園が成立していった。

**2** 三世一身法とは，天武天皇の在位時に発布された法であり，朝廷が三代の間まで土地を貸し出すという制度であった。

**3** 公地公民とは，皇族や豪族のもつ私有地・私有民を廃して朝廷の直接支配とすることであり，憲法十七条において明記された。

**4** 不輸・不入の権とは，国衙に与えられた権利のことであり，検田使を荘園に派遣したり大規模荘園所有者に対して租税を課すなどして，荘園領主に干渉した。

**5** 一地一作人の原則とは，登録した百姓に田畑・屋敷の所有を認め，年貢納入の責任を負わせるものであり，江戸時代の幕藩体制確立後に成立した。

### 解説

**1**．妥当である。墾田永年私財法（743年）では，当初，墾田所有面積は身分によって制限が設けられていたが，772年に制限は撤廃された。また，墾田は租を納める輸租田である。

**2**．三世一身法（723年）は，天武天皇ではなく元正天皇（在位715～724年）の時に出された法（格）であり，朝廷が土地を貸し出すという制度ではなく，新たに灌漑施設を設けて開墾した場合は三世代（本人・子・孫など）まで，古い灌漑施設を利用した場合は本人一世代の間，土地の私有を認めるという制度である。

**3**．公地公民は憲法十七条（604年）ではなく改新の詔（646年）で表明された朝廷の基本方針である。天皇家の直轄領である屯倉や直轄民である子代，豪族の私有地である田荘や私有民である部曲を廃止して，朝廷が直接支配するという内容は妥当である。

**4**．不輸・不入の権とは，国衙ではなく荘園領主側に与えられた権利であり，不輸とは，国家への租税の一部またはすべてが免除される権利，不入とは，国司が派遣する検田使など国衙の役人の立ち入りを拒否する権利である。

**5**．一地一作人の原則は，豊臣秀吉が行った検地（太閤検地）によって打ち出されたもので，幕藩体制の確立後に成立したものではない。太閤検地では，土地を実際に耕作している農民の田畑・家屋敷が検地帳に登録された（一地一作人の原則）。その結果，今まで一つの土地に何人もの権利が重なっている状態が整理され，農民は自分で耕作している田畑の所有権が認められた一方，年貢負担者とされたのである。

**正答 1**

高卒警察官

9月実施

## No. 61　日本史　明治時代に起こった出来事　平成12年度

明治時代に起こった出来事に関する記述として正しいものは，次のうちどれか。

**1**　陸奥宗光外相の下で領事裁判権の撤廃が，さらに小村寿太郎外相の下で関税自主権の回復が達成された。

**2**　米騒動のために寺内正毅内閣が総辞職した後，本格的な政党内閣である原敬内閣が成立した。

**3**　第三次桂太郎内閣を打倒するため，犬養毅と尾崎行雄を中心に第一次護憲運動が全国的に広がった。

**4**　「国体」の変革や私有財産制度の否認を目的とする結社の組織者と参加者を処罰するため治安維持法が制定された。

**5**　普通選挙法が成立し，これにより満25歳以上の男子は衆議院議員の選挙権を持つことになった。

明治時代は1868年から1912年までである。

**1**．正しい。日英通商航海条約締結により領事裁判権が撤廃されたのが1894年，日米通商航海条約締結により関税自主権が回復したのが1911年である。

**2**．米騒動は1918（大正７）年。同年，寺内内閣から原内閣へ代わった。

**3**．第一次護憲運動は1912（大正元）年に起こり，翌年桂内閣は総辞職した（大正政変）。

**4**．共産主義思想を取り締まるため，加藤高明内閣は1925（大正14）年に治安維持法を制定した。

**5**．普通選挙法も加藤高明内閣が1925（大正14）年に成立させた。

**正答　1**

高卒警察官

No. 62 9月実施

# 日本史　明治初期の政策　平成24年度

明治初期の政策に関する記述として，妥当なのはどれか。

**1**　新政府は藩を廃止して府県とし，知藩事である元大名をそのまま府知事・県令として地方行政に当たらせた。

**2**　地租改正により租税は米納とされたが，米価の変動によって政府の収入は安定しなかった。

**3**　政府は，重工業に力を入れて殖産興業を推進したが，製糸業や紡績業などの軽工業は安価な外国製品の輸入により衰退した。

**4**　身分制が廃止され四民平等の世の中になったが，華族や士族には家禄が支給された。

**5**　政府は，フランスの学校制度にならって，小学校６年を男女共通の義務教育とする学制を公布した。

## 解説

**1**．1871（明治４）年の廃藩置県であるが，この時，元大名である知藩事は罷免されて東京居住を命じられ，代わって府知事・県令が中央から派遣された。知藩事は，1869（明治２）年の版籍奉還の時に旧大名が任命されたもので，石高の10分の１を家禄として支給され，従来どおり藩政に当たっていた。

**2**．地租改正によって地租はこれまでの米納から金納になった。したがって米価変動の影響を受けることはなくなった。新政府は安定した収入を求めて地租改正に着手し，課税の基準を地価とし，地価の３％を地租として，地券を交付された土地所有者から金納させたのである。

**3**．明治初期の殖産興業は軽工業が中心である。なかでも製糸業は主要輸出産業であり，政府は官営模範工場として富岡製糸場を設立して機械製糸の導入を積極的に進めた。紡績業は幕末期には安価なイギリス製綿製品の輸入によって一時期衰退したが，明治期には回復し，1883（明治16）年の大阪紡績会社の設立をきっかけとする企業勃興の基礎となった。

**4**．妥当である。

**5**．小学校６年が義務教育となったのは1907年のことである。1872（明治５）年の学制では，小学校は「男女の別なく小学に従事す」とあって国民すべてが修学すべきものとする方針が打ち出されたが，その後の試行錯誤を経て，1886（明治19）年の小学校令で，尋常・高等小学校各４年のうち，尋常小学校３～４年間が義務教育とされた。その後，1900（明治33）年の小学校令改正で４年間の義務教育制度が法的に確立され，1907（明治40）年の小学校令改正で６年間に延長された。

**正答　4**

高卒警察官

No. 63 9月実施

# 日本史　日露戦争前後の日本　平成22年度

日露戦争前後の日本の状況に関する記述として妥当なのはどれか。

**1**　日露戦争に勝利した日本は，ロシアから大量の賠償金を獲得した。
**2**　日露戦争に勝利した日本は，ロシアが南満州に持っていた権益を譲渡された。
**3**　日露戦争後，韓国は独立自主の国とされ，韓国人による国内政治が進められた。
**4**　日露戦争の直前，日本は領事裁判権の撤廃に成功して条約改正を実現した。
**5**　日露戦争後，政府は官営八幡製鉄所を設立して鉄鋼の国産化をめざした。

## 解説

**1**．日露戦争で賠償金はまったく得られなかった。大幅な増税に耐え，犠牲を強いられた国民の不満は，講和条約調印の日に開かれた「講和反対国民大会」後の暴動（日比谷焼打ち事件）となって爆発した。戦争は，日本の軍事的優勢で進展したが，ほとんど国力を使い果たし，継続は困難であった。そこで日本海海戦の勝利をきっかけにアメリカ大統領セオドア=ローズヴェルトに講和のあっせんを依頼してポーツマス講和会議が開かれた。しかし，ロシア側の姿勢は強硬で，賠償金は支払わない，ロシア領土は割譲しないという方針で会議に臨んだ。ようやく，ロシアが北緯50度以南の樺太を割譲することを認めたため，日本は賠償金を得られないまま講和条約に調印した。

**2**．妥当である。ポーツマス条約で，日本はロシアから旅順・大連の租借権と，長春以南の鉄道経営権とその付属地の利権を譲り受けた。

**3**．日露戦争中からの3次にわたる日韓協約により韓国への支配を強めた日本は，日露戦争後の1910年の韓国併合条約により，韓国を植民地として直接統治した。日露戦争の勝利によって，韓国に対する日本の保護・指導権は列強の承認するところとなり，日本は第2次日韓協約（1905年）によって韓国の外交権を奪って保護国とし，漢城に統監府を置いて韓国の内政改革を指導した。しかし，ハーグ密使事件（1907年）をきっかけに第3次日韓協約を結んで韓国の内政権を奪い，韓国軍隊を解散させた。さらに，前統監伊藤博文がハルビンで暗殺されると，翌1910年に韓国併合条約を強要して植民地とし，朝鮮総督府を置いて直接統治した。なお韓国（朝鮮国）を「独立自主の国」としたのは，下関条約である。

**4**．領事裁判権の撤廃に成功したのは日清戦争直前にイギリスと結んだ日英通商航海条約である。日英通商航海条約では，このほか，関税率の引上げ，最恵国待遇の相互承認が認められた。なお，残された関税自主権の完全回復は，日露戦争後の1911年に日米通商航海条約によって達成された。

**5**．官営八幡製鉄所は，日清戦争後の1897年に着工され，1901年から操業が開始された。その建設資金の一部は日清戦争の賠償金が充てられた。日露戦争後は，大冶鉄山の鉄鉱石を安価に入手して生産を拡張した。

正答　2

高卒警察官

9月実施

# No. 64 日本史 日本経済の出来事の年代順並べ替え 平成25年度

戦後の日本経済に関する出来事A～Eを年代順に並べた組合せとして正しいのはどれか。

A　1ドル＝360円の単一為替レートが設定された。
B　年平均10％以上の経済成長が続いた。
C　株価や地価が下落しバブル経済が崩壊した。
D　プラザ合意で円高が進行し，アメリカとの貿易摩擦がおこった。
E　朝鮮戦争の特別需要（特需）で好景気となった。

**1**　A－B－C－D－E
**2**　A－D－E－B－C
**3**　A－E－B－D－C
**4**　E－A－B－C－D
**5**　E－D－B－A－C

政治 経済 社会 日本史 世界史 地理 倫理 文学・芸術 国語

## 解説

A．1949年である。GHQは戦後の悪性インフレを終息させて日本の経済復興を図るため「経済安定九原則」を吉田内閣（第2次）に指示し，その実行のために，デトロイト銀行頭取のドッジが特別公使として日本に派遣されて一連の政策が実施された（ドッジ=ライン）。単一為替レートの設定もその一つであり，それにより日本経済の国際競争力を高めて輸出振興を図ろうとしたのである。B．いわゆる「高度経済成長」で，1955～73年の間である。この間，経済成長率は年平均10％を超え，1968年に日本の国民総生産（GNP）は資本主義国でアメリカに次いで2番目となった。C．1990～91年である。バブル経済は，1980年代に進行した円高に対処するためにとられた低金利政策によってだぶついた資金が国内外の不動産や株の購入に向かった結果，実態とはかけ離れた投機的高騰が続いた経済現象である。しかし，1990年の初めから株価は下落し始め，翌年には地価が下落して一気にバブルがはじけ，不況に見舞われた（平成不況）。D．プラザ合意は1985年。ニューヨークのプラザホテルで開かれた先進5カ国財務相・中央銀行総裁会議（G5）で，アメリカのドル高を是正するために各国が協調介入することに合意した。その結果，円高・ドル安が加速したが，日本の対米貿易黒字は激増して，アメリカとの間で貿易摩擦を引き起こした。E．朝鮮戦争は1950～53年。この間，日本はアメリカを中心とする国連軍の補給基地となり，武器・自動車の修理や弾薬の製造などを中心とした膨大な特別需要（特需）が生まれ好景気を迎えた。その結果，1951年には日本の鉱工業生産は1934～36年の平均水準にまで回復した。

したがってA→E→B→D→Cの順であり，正答は**3**である。

**正答　3**

高卒警察官

No. 65 警視庁

# 日本史 日清戦争 平成26年度

日清戦争に関する記述中の空所A～Cに当てはまる語句の組合せとして，最も妥当なのはどれか。

1894年8月，日本は清国に宣戦を布告し，日清戦争が始まった。日本軍は，清国軍を朝鮮から駆逐するとさらに遼東半島を占領し，清国の北洋艦隊を黄海海戦で撃破し，根拠地の威海衛を占領した。戦いは日本の勝利に終わり，1895年4月，日本全権（　A　）・陸奥宗光と清国全権（　B　）とのあいだで（　C　）が結ばれて講和が成立した。

| | A | B | C |
|---|---|---|---|
| **1** | 伊藤博文 | 李舜臣 | 天津条約 |
| **2** | 大隈重信 | 袁世凱 | 下田条約 |
| **3** | 伊藤博文 | 李鴻章 | 下関条約 |
| **4** | 大隈重信 | 李鴻章 | 下関条約 |
| **5** | 小村寿太郎 | 李舜臣 | 天津条約 |

## 解説

A：伊藤博文

伊藤博文（いとうひろぶみ）（1841～1909年）は日清戦争当時の総理大臣（第2次伊藤内閣，1892.8～96.9）であり，陸奥宗光（むつむねみつ）（1844～97年）は外務大臣である。大隈重信（おおくましげのぶ）（1838～1922年）は，戦争後の1896（明治29）年に進歩党を結成して党首となり，第2次松方正義（まつかたまさよし）内閣（1896.9～98.1）に外務大臣として入閣して与党となった（松隈（しょうわい）内閣）。小村寿太郎（こむらじゅたろう）（1855～1911年）は日露戦争当時の外務大臣で，ポーツマス講和会議の日本全権である。

B：李鴻章

李鴻章（りこうしょう）（1823～1901年）は清朝末期の漢人官僚で，洋務運動を推進し，直隷総督（ちょくれいそうとく）兼北洋大臣として軍事・外交の実権を握っていた。日清戦争では，自ら組織した北洋陸軍（淮軍（わいぐん））と北洋艦隊で日本と戦ったが敗北した。袁世凱（えんせいがい）（1859～1916年）は朝鮮駐在の清国代表として活躍して李鴻章の信任を得，李鴻章亡き後は北洋軍閥を組織し，辛亥（しんがい）革命では革命派と取引きして中華民国臨時大総統となった。李舜臣（りしゅんしん）（1545～98年）は豊臣秀吉の朝鮮出兵（文禄（ぶんろく）・慶長（けいちょう）の役）に対して朝鮮水軍の指揮官として活躍した。

C：下関条約

日清戦争の講和会議は下関で行われたので，その講和条約を下関条約という。天津（てんしん）条約は天津で結ばれた諸条約をいい，⑴アロー戦争中に清国が英・仏・米・露と結んだ条約（1858年），⑵清仏戦争の講和条約（1885年），⑶甲申（こうしん）政変の事後処理のために伊藤博文と李鴻章との間で結ばれた条約（1885年）がある。下田条約は幕末期に伊豆下田で結ばれた諸条約をいい，⑴日米和親条約付録（追加協定，1854年），⑵日露和親条約（1855年），⑶ハリスと下田奉行井上清直，中村時万（ときかず）との間で結ばれた条約（日米条約・日米約定，1857年）があるが，一般的には⑵をさす。

したがって正答は**3**である。

正答　3

警視庁

## No. 66 日本史 戦前の内閣 平成21年度



戦前の内閣に関する記述として，最も妥当なものはどれか。

**1** 二・二六事件後成立した外務官僚出身の広田弘毅内閣は，軍部独裁政権の樹立を阻止するため，軍部大臣現役武官制の復活と軍備増強や南方進出という陸軍からの要求を拒絶した。

**2** 1937年，北京郊外で盧溝橋事件が発生すると，現地では停戦協定が成立したが，近衛文麿内閣は不拡大の方針を声明しながら，その一方で，中国北部への派兵を認めたため，宣戦布告のないまま日中戦争は本格化した。

**3** 1938年，平沼騏一郎内閣は議会の反対をおさえて国家総動員法を制定し，政府は議会の承認なしに，勅令で，労働力・資金・報道などあらゆるものを戦争に動員できるようにした。

**4** ドイツがパリを占領して勢いづくと，海軍大将の米内光政を中心にして，ドイツにならった強力な政治指導体制をつくろうとする新体制運動がすすめられ，米内光政内閣が成立した。

**5** 1940年，東条英機内閣が成立すると，すべての議会政党は解散して，官製団体の大政翼賛会が結成され，町内会・部落会までおよぶ国民のいっそうの組織化と統制をはじめ，1942年の総選挙は，翼賛選挙として行われた。

### 解説

**1**. 広田内閣（1936年３月～37年１月）は，陸軍の要求によって1913年に廃止されていた軍部大臣現役武官制を復活させた。また，「広義国防国家」を標榜して莫大な軍事予算を計上した。ただ，南方進出は陸軍の要求ではない，海軍である。広田内閣では，帝国国防方針の改定を巡って，陸軍はソ連に対する北進論を，海軍は南洋諸島・東南アジア方面への進出をはかる南進論を主張したため，「国策の基準」では南北併進論をとって折衷した。そのため，ドイツとの提携を強めて日独防共協定を結ぶ一方，海軍は戦艦大和・武蔵などの巨大戦艦の建造計画を進めた。

**2**. 正しい。

**3**. 国家総動員法を制定したのは第１次近衛文麿内閣（1937年６月～39年１月）である。国家総動員法の説明は妥当である。平沼騏一郎内閣（1939年１月～８月）は第１次近衛内閣総辞職の後に成立した内閣である。平沼内閣は，日独軍事同盟締結の交渉中に独ソ不可侵条約の締結という事態に遭遇し，「欧州の天地は複雑怪奇」という声明を出して総辞職した。

**4**. 新体制運動の中心になったのは近衛文麿である。近衛は枢密院議長を退いて自ら運動の先頭に立ち，陸軍も近衛の首相就任を策して，ヨーロッパの大戦に不介入方針をとる米内光政内閣を倒し，第２次近衛内閣（1940年７月～41年７月）を成立させた。

**5**. 大政翼賛会が結成されたのは第２次近衛内閣のときである。これは新体制運動の結果として成立したものであるが，当初めざされた一党独裁の政党組織ではなく，総理大臣を総裁，道府県知事を支部長とし，町内会など各種国民組織を下部機関とする上意下達機関であった。また，翼賛選挙は東条英機内閣の下で戦争翼賛体制の確立をめざして行われた総選挙である。

**正答 2**

高卒警察官

No. 67 警視庁

# 日本史 戦後の内閣 令和3年度

戦後の内閣に関する記述として，最も妥当なのはどれか。

**1**　1956年，池田勇人首相はモスクワで日ソ共同宣言に調印して国交を正常化し，その結果，日本の国連加盟を拒否していたソ連が支持にまわり，同年に日本の国連加盟が実現した。

**2**　1960年，鳩山一郎内閣は「寛容と忍耐」をとなえて革新勢力との対立を避けながら，「所得倍増」をスローガンとして，すでに始まっていた高度成長をさらに促進する経済政策を展開した。

**3**　1965年，佐藤栄作内閣は外交的懸案の日韓交渉を進めて日韓基本条約を結び，韓国を国連決議に示された「朝鮮半島にある唯一の合法政府」と認め，韓国との国交を樹立した。

**4**　1972年，中曽根康弘内閣が発足し，日中共同声明を発表して日中国交正常化を実現する一方で，新幹線・高速道路の整備などの列島改造政策を打ち出し，公共投資を拡大した。

**5**　1982年，田中角栄内閣は「戦後政治の総決算」をとなえて行財政改革を推進し，電電公社（現，NTT），国鉄（現，JR）などの民営化を断行し，大型間接税の導入をはかった。

## 解説

**1**．1956年にモスクワで日ソ共同宣言に調印してソヴィエト連邦との国交正常化を実現したのは，鳩山一郎首相である。この共同宣言は，第二次世界大戦の日ソ間の戦争状態を公式に終結させるもので，日本の国際社会復帰に大きな力となったが，国境の画定を先送りしたため，現在のいわゆる北方領土問題を生むことにもなった。

**2**．「所得倍増」をスローガンとして経済成長路線を強力に推し進めたのは，池田勇人首相である。大蔵官僚出身の池田は，日米安保の改定を巡る混乱で辞職した岸信介首相の後継として首相となり，10年間で日本の国民総所得を2倍にするという「所得倍増計画」をメインスローガンとして掲げ，経済中心の政権運営を行った。

**3**．妥当である。

**4**．日中共同声明で中華人民共和国との国交正常化を実現したのは田中角栄首相である。1972年7月に首相に就任した田中は，9月に北京を訪問し毛沢東・周恩来と会談，国交正常化を実現した。国内政策としては，持論の「日本列島改造論」に基づく大規模な公共投資を行ったが，地価・物価の高騰を招き，1974年にその金権体質が批判され退陣に追い込まれた。

**5**．「戦後政治の総決算」として大規模な行財政改革を行ったのは中曽根康弘首相である。1982年に首相となった中曽根は，当時巨額な赤字を抱えていた国鉄を分割・民営化するなど，行財政の効率化に努めたが，1987年に大型間接税である「売上税」の導入に失敗し支持率が急落，その年の11月に首相を退任した。

正答　3

高卒警察官

No. 68 警視庁

## 世界史　モンゴル帝国史　令和元年度

モンゴル帝国の歴史に関する記述として，最も妥当なのはどれか。

**1**　ウイグルの滅亡後，統一勢力のなかったモンゴル高原で勢力をのばしたモンゴル部族のチャガタイ＝ハンは，諸部族を統一してモンゴル帝国を形成した。

**2**　オゴタイ＝ハンの死後に即位したチンギス＝ハンは，カラコルムに都を建設し，金を滅ぼして華北を支配下に置いた。

**3**　東方の支配に乗り出したフビライ＝ハンは都を大都に定めた後に，国名を中国風に元と称し，ついで南宋を滅ぼして中国全土を支配した。

**4**　モンゴル帝国の成立により東西の交通路が整備され，文化交流が盛んとなり，大都に来て元に仕えたコロンブスの「世界の記述」はヨーロッパで反響を呼んだ。

**5**　14世紀半ば頃からの内紛による政権の動揺やモスクワ大公国の勢力拡大を背景に，モンゴル帝国は急速におとろえ始め，清軍によって大都を奪われた元はモンゴル高原に退いた。

### 解説

**1**．ウイグルの滅亡後，モンゴル諸部族を統一したのはテムジンである。彼は1206年にモンゴルの全部族の指導者たちを集めてクリルタイを開き，チンギス＝ハンと名乗り大ハンへと即位し，モンゴル帝国を樹立させた。

**2**．初代チンギス＝ハンの死後，第２代オゴタイ＝ハンは，1232年に華北を支配していた女真族・金を征服し，その後1235年に首都カラコルムを建設した。その後バトゥにヨーロッパ遠征を命じ，モンゴル軍は東ヨーロッパまでの地域を席巻した。

**3**．妥当である。

**4**．大都に来てフビライ＝ハンに仕え，後に『世界の記述』を口述して東方事情をヨーロッパに伝えたのは，ヴェネツィアの商人マルコ＝ポーロである。彼は1271年父・叔父とともに東方へ旅立ち，以後24年間にわたりアジア各地を見聞した。

**5**．1368年にモンゴルから大都（北京）を奪い漢民族王朝を復興したのは，朱元璋の明である。清は明朝の後17世紀から中国を支配した満州族の征服王朝であり，またモスクワ大公国がキプチャク＝ハン国の支配から自由になり台頭するのは15世紀の後半である。

正答　3

高卒警察官

No. 69 警視庁

# 世界史 エジプト文明 平成24年度

エジプト文明に関する記述中の空所A～Dに当てはまる語句の組合せとして，妥当なのはどれか。

エジプトの古王国ではクフ王らが，人民を動員して，王の権威を象徴する（　A　）を作らせた。紀元前14世紀には，アメンホテプ4世がテル=エル=アマルナに都を定め，従来の神がみの崇拝を禁じて（　B　）だけを信仰する改革を行った。エジプト人は霊魂の不滅と死後の世界を信じてミイラをつくり（　C　）を残した。また，碑文や墓室・石棺などには（　D　）という文字がきざまれた。

| | A | B | C | D |
|---|---|---|---|---|
| **1** | ピラミッド | アトン | ハンムラビ法典 | 楔形文字 |
| **2** | ジッグラト | アトン | 死者の書 | 楔形文字 |
| **3** | ピラミッド | アトン | 死者の書 | ヒエログリフ |
| **4** | ジッグラト | ラー | ハンムラビ法典 | ヒエログリフ |
| **5** | ピラミッド | ラー | 死者の書 | ヒエログリフ |

## 解説

A：ピラミッドである。ピラミッドは王の墓と考えられている。古王国（前27～前22世紀）の第4王朝で最も盛んに作られ，クフ王のものが現存する最大規模のピラミッドである。しかし第5王朝以後は規模も小さくなり，次第に消滅した。ジッグラト（聖塔）は，シュメール以来メソポタミア諸都市で建造された煉瓦造りの塔で，都市の神を祭ったとされる。

B：アトンである。問題文に「従来の神がみの崇拝」とあるように，エジプトは太陽神ラーを主神とする多神教の世界であり，新王国（前1567～前1085年）ではテーベの守護神であるアモンと結合してアモン=ラーとなって広く普及した。新王国第18王朝のアメンホテプ4世（位前1379頃～前1362頃）は，唯一神アトンの崇拝を強制し，自らをアトンを喜ばせる者という意味のイクナートンと改称した。しかし改革は王の死によって終わった。

C：死者の書である。死後の世界を司るオシリスの審判に備えてミイラとともに埋葬されたパピルス文書で，生前の善行などが書かれている。ハンムラビ法典はバビロン第1王朝のハムラビ王（前18世紀頃）が制定した法典で，全282条からなり，「目には目を，歯には歯を」は刑法における同害復讐法の原則を表す言葉として有名である。

D：ヒエログリフである。エジプトでは，碑文や墓石・石棺などに刻まれたヒエログリフ（神聖文字）とパピルスに書かれたヒエラティック（神官文字），デモティック（民用文字）が使われた。楔形文字はシュメール人によって作られたもので，粘土板に書かれた楔の形をした字形の文字で，アケメネス朝まで古代オリエント世界で広く使われた。

以上より，正答は**3**である。

正答　3

高卒警察官

No. 70 警視庁

## 世界史　古代ローマ　令和2年度

紀元前6世紀から2世紀のローマに関する記述として，最も妥当なのはどれか。

**1**　紀元前6世紀末に共和政となったローマでは，貴族から選ばれた最高官職の護民官と，貴族の会議である元老院が政権の中枢を担っていた。

**2**　地中海に進出したローマは，西地中海に勢力をもつタレントゥムと衝突し，ポエニ戦争が起きたが，タレントゥムのハンニバル将軍の活躍などによって，ローマは勝利をおさめることができなかった。

**3**　ローマはイタリア半島以外の征服地を属州として支配し，元老院議員や騎士階層は属州の拡大によって莫大な富を手に入れた。

**4**　プトレマイオス朝を滅ぼし，地中海を統一したカエサルは，元老院からアウグストゥスの称号を与えられ，ここから帝政時代が始まった。

**5**　1～2世紀の五賢帝の時代はローマの最盛期で，特に五賢帝最後のマルクス＝アウレリウス＝アントニヌス帝のときに，その領土は最大となった。

### 解説

**1**．異民族の王（エトルリア人）を貴族が中心となり排斥して成立した共和政ローマでは，最高官職の執政官（コンスル）や中心機関の元老院の議員はすべて貴族により担われた。護民官（トゥリブヌス・プレビス）は，次第に発言力を増した平民を保護する役職として紀元前5世紀に設けられたものである。

**2**．ローマとポエニ戦争で地中海世界の覇権を争ったのは，北アフリカのカルタゴである。ハンニバルは第2次ポエニ戦争で活躍したカルタゴの将軍で，イタリア本土に遠征しカンナエの戦いでローマ軍に大勝利するが，補給が続かず本国に撤退した後，カルタゴに遠征したローマのスキピオにザマの戦いで敗北した。タレントゥムは南イタリアのギリシャ人植民都市である。

**3**．妥当である。

**4**．プトレマイオス朝エジプトを滅ぼし地中海世界の統一を果たして，元老院からアウグストゥス（尊厳者）の称号を送られ，事実上の初代ローマ皇帝となったのは，カエサルの後継者であるオクタウィアヌスである。カエサルは紀元前44年に終身独裁官となったが，同年マルクス=ブルトゥスやカッシウスら元老院派により暗殺された。

**5**．ネルウァ，トラヤヌス，ハドリアヌス，アントニヌス=ピウス，マルクス=アウレリウス=アントニヌスのいわゆる五賢帝の時代に帝政ローマは最盛期を迎えたが，その領土が最大となったのは，トラヤヌス帝（在位98～117年）の時代である。

**正答　3**

高卒警察官

警視庁

## No. 71 世界史 中世ヨーロッパの民族 平成28年度

次の記述に当てはまる民族名として，最も妥当なのはどれか。

スカンディナヴィア半島およびバルト海沿岸を原住地とした民族であり，8世紀ごろから西ヨーロッパに進出し，やがてシチリア王国などを建国した。1066年には，ウィリアムがイングランドを征服して王朝を樹立した。

**1** アングロ=サクソン人
**2** ケルト人
**3** ノルマン人
**4** フランク人
**5** フン人

### 解説

**1**. アングロ=サクソン人は西ゲルマン人の一派である。アングロ人はユトランド半島を原住地とし，サクソン人は北西ドイツを原住地とした。ゲルマン人の大移動の一環として，5世紀半ば頃から大ブリテン島に移住し，先住ケルト人を圧迫して，アングロ=サクソン七王国（ヘプターキー，449～829年）を建てた。

**2**. ケルト人は，ゲルマン人の大移動前からアルプス以北のヨーロッパに住み着いていた民族で，前1世紀頃からはローマ帝国の拡大により，5世紀以降はゲルマン人の移動によって西方の辺境地帯に追われ，現在ではアイルランド，スコットランド，ウェールズ，フランスのブルターニュに言語・風習を残している。

**3**. 妥当である。8世紀頃から西ヨーロッパに進出したノルマン人はヴァイキングと呼ばれて恐れられ，10世紀にはロロが北フランスにノルマンディー公国を建て，さらにその一派は，12世紀前半には南イタリアとシチリア島に侵入して両シチリア王国を建てた。また，1066年にノルマンディー公ウィリアムがイングランドを征服（ノルマン=コンクェスト）してノルマン朝（1066～1154年）を建てた。

**4**. フランク人は西ゲルマン人の一派で，大移動の前はライン川右岸の中・下流域に定住していたが，4世紀頃からガリア北部に移動した。当時は多くの支族に分かれていたが，481年にメロヴィング家のクローヴィスが全フランク人を統一してフランク王国を形成し，496年には正統派のアタナシウス派キリスト教に改宗して西ヨーロッパの中心勢力となった。

**5**. フン人は4～5世紀に中央アジアからヨーロッパに侵入して，ゲルマン人の大移動を引き起こしたアジア系の遊牧民である。匈奴との同族説もあるが確認されていない。アッティラ（在位434～453年）の下で大帝国を築いたが，451年，西ローマ帝国とゲルマンの連合軍に敗れ（カタラウヌムの戦い），その死後，急速に解体した。

**正答 3**

高卒警察官

No. 72 警視庁

## 世界史　17~18世紀のヨーロッパ文化　平成23年度

17世紀から18世紀にかけてのヨーロッパ文化に関する項目の組合せとして，妥当なのはどれか。

| | 人名 | 分野 | 作品・業績 |
|---|---|---|---|
| **1** | フリードリヒ２世 | 建築 | ヴェルサイユ宮殿 |
| **2** | レンブラント | 医学 | 種痘法の開発 |
| **3** | デフォー | 文学 | ガリヴァー旅行記 |
| **4** | バッハ | 音楽 | マタイ受難曲 |
| **5** | ガリレイ | 科学 | 万有引力の法則 |

**解説**

**1**. フリードリヒ２世（1712～86年）が建てたのはサンスーシ宮殿である。ヴェルサイユ宮殿はフランスのルイ14世が建てたもの。フリードリヒ２世は，プロイセン王で大王と呼ばれた。オーストリア継承戦争（1740～48年），七年戦争（1756～63年）を通じてプロイセンをヨーロッパの強国とし，第１回ポーランド分割（1772年）に加わった。ヴォルテールとも親交を持ち，「君主は国家第一の僕」は啓蒙専制君主のあり方を述べた言葉として有名である。

**2**. レンブラント（1606～69年）はオランダの画家である。『夜警』は集団肖像画の代表作である。なお，種痘法を開発したのはイギリスの医師ジェンナー（1749～1823年）である。

**3**. デフォー（1660～1731年）はイギリスの小説家で，『ロビンソン=クルーソー』（1719年）が代表作である。『ガリヴァー旅行記』はスウィフト（1667～1745年）の作品。

**4**. 妥当である。バッハ（ヨハン=セバスチャン，1685～1750年）はドイツの音楽家。教会音楽家・宮廷音楽家として，「ブランデンブルク協奏曲」などの器楽曲やカンタータ・受難曲・ミサ曲など多くの宗教曲を作曲した。

**5**. ガリレイ（1564～1642年）は，ピサ生まれの天文・物理学者で，自ら改良した望遠鏡による観測から地動説を確信したが，宗教裁判により異端とされ自説の放棄を迫られた。万有引力の法則を発見したのはイギリスのニュートン（1642～1727年）である。

**正答　4**

高卒警察官

No. 73 警視庁

# 世界史　10~13世紀のローマ教会　平成22年度

10～13世紀におけるローマ=カトリック教会に関する記述として，妥当なものはどれか。

**1**　聖職者の中には，聖職を売買したり，妻帯するなど教えに反する堕落行為を行う者が現れ，その象徴とされたのがクリュニー修道院であった。

**2**　教皇グレゴリウス７世は聖職売買を認める代わりに，司教・修道院の院長などの聖職者を任命する権利（聖職叙任権）を世俗支配者から取り戻した。

**3**　カノッサの屈辱とは，神聖ローマ皇帝のハインリヒ４世と教皇との間に起こった抗争の結果，諸侯が皇帝側につき，ローマ教会を謝罪させた事件である。

**4**　教皇と皇帝との対立は，カノッサの屈辱後も続いたが，教皇インノケンティウス３世の時にヴォルムス協約が交わされ，妥協が成立した。

**5**　教皇の権威は，インノケンティウス３世の時に絶頂に達し，イギリスのジョン王を破門するなど，宗教的にもいっそうの権威を確立した。

## 解説

**1**．クリュニー修道院は910年にフランス東南部のブルゴーニュ地方に設立されたヴェネディクト派の修道院であり，聖職売買（シモニア）や聖職者妻帯（ニコライズム）を批判して教会の腐敗に対する改革運動を推進した。

**2**．教皇グレゴリウス７世は聖職売買を認めていない。グレゴリウス７世（在位1073～85年）はクリュニー修道院の出身で，聖職売買や聖職者妻帯を禁止し，聖職叙任権を世俗権力から取り戻し，教皇権を強化しようとするグレゴリウス改革を進めた。

**3**．カノッサの屈辱は，教皇グレゴリウス７世と対立して破門された神聖ローマ皇帝ハインリヒ４世（在位1056～1106年）が，1077年に，イタリアのカノッサで教皇に謝罪し許された事件である。ハインリヒ４世と対立していたドイツ諸侯が，破門が解除されなければドイツ王として認めないことを決定したため，孤立したハインリヒ４世は，カノッサ城に滞在する教皇に許しを請い，雪の中を３日間，裸足のまま祈りと断食を続けてようやく破門を解かれ，王位を守ることに成功した。

**4**．ヴォルムス協約は，1122年，教皇と皇帝との聖職叙任権を巡る対立（叙任権闘争）を終結させた協約で，教皇インノケンティウス３世（在位1198～1216年）の時ではなく，教皇カリクストゥス２世（在位1119～24年）の時，皇帝ハインリヒ５世（在位1106～25年）との間で結ばれた。教皇は司教を叙任する権利（叙任権）を持ち，皇帝は司教を授封する権利（授封権）を持つが，イタリアとブルグンドでは教皇の叙任権が先行し，ドイツでは皇帝の授封権が先行するという妥協的な取決めである。したがって，ドイツ王＝神聖ローマ皇帝のドイツの教会に対する影響力は失われなかった。

**5**．妥当である。イギリスのジョン王（在位1199～1216年）は，カンタベリ大司教の任免権を巡って教皇インノケンティウス３世（在位1198～1216年）と対立し，1209年，破門された。

**正答　5**

高卒警察官

No. 74

警視庁

# 世界史　アメリカの独立　平成30年度

アメリカの独立に関する記述として，最も妥当なのはどれか。

**1**　北アメリカ大陸の太平洋岸にイギリス人が建設した17世紀初頭の13植民地では，一切自治も認められず，議会も開催されなかった。

**2**　イギリス本国の重商主義政策への不満が高まり，イギリスが制定した茶法に対して植民地側は「代表なくして課税なし」と主張し，撤回を要求した。

**3**　植民地側は大陸会議を開いて本国に自治の尊重を要求したが，ヨークタウンで武力衝突が起こり，独立戦争が始まった。

**4**　13植民地の代表はフィラデルフィアにおいて，ロックらの思想を参考にしてトマス＝ジェファソンらが起草した独立宣言を発表した。

**5**　独立戦争では，フランスやスペインがイギリスを支援したため当初は植民地側が苦戦したが，ロシアの支援により優勢となり，パリ条約で独立が承認された。

## 解説

**1**．イギリスの13植民地は，北アメリカ大陸の太平洋岸（西海岸）ではなく大西洋岸（東海岸）に，ヴァージニア植民地（1607年）からジョージア植民地（1732年）まで，17世紀初頭から18世紀前半にかけて建設された。その成立事情はさまざまであったが，それぞれ住民代表で構成される植民地議会を持ち，大幅な自治が認められていた。ちなみに最初の植民地議会は1619年にヴァージニアで開かれた。

**2**．植民地側が「代表なくして課税なし」をスローガンにして抵抗したのは，茶法ではなく印紙法である（1765年）。印紙法は植民地で発行されるあらゆる印刷物に印紙を貼ることを義務づけたもので，植民地に対する直接課税であった。植民地側はこれに対して，「植民地代表のいないイギリス議会が植民地へ課税する権限はない」と主張したのである。茶法の制定は1773年で，この時は，反英派の市民が東インド会社の船を襲って茶箱をボストン港に投げ込むという事件を引き起こした（ボストン茶会事件）。

**3**．独立戦争は，レキシントンとコンコードの戦い（1775年）で始まった。ヨークタウンの戦い（1781年）は植民地側の勝利を決定づけた戦いである。第１回大陸会議は1774年にフィラデルフィアで，ボストン茶会事件に対するイギリスの報復措置に対抗するために開かれ，イギリスとの通商断絶が決議されたが，まだ独立までは考えてはいなかった。しかし翌年，イギリスとの武力衝突が起こったことで，その直後に開かれた第２回大陸会議が，植民地軍を組織し，ワシントンを最高司令官に任命して独立戦争を戦うことになった。

**4**．妥当である。

**5**．七年戦争（フレンチ＝インディアン戦争，1756～63年）に敗れ，報復の機会をうかがっていたフランスは，サラトガの戦い（1777年）で植民地軍が勝利したのをきっかけに，植民地側に立って参戦し（1778年），スペインもこれに続いた（1779年）。ロシアはエカチェリーナ２世が武装中立同盟を結成して（1780～83年），中立国の船の自由航行を主張して植民地側を外交的に支援した。パリ条約（1783年）によりイギリスはアメリカの独立を承認し，ミシシッピ川以東のルイジアナをアメリカに譲った。

**正答　4**

高卒警察官

徳島県警

# No.75 世界史 ベルサイユ体制 平成14年度

第一次世界大戦後，ドイツとの講和条約の結果生まれた国際体制は，ベルサイユ体制と呼ばれる。これに関する記述として正しいものは，次のうちどれか。

**1** 民族自決の原則を適用して，東欧には多くの新興国家が生まれたが，この原則はヨーロッパ以外の地域には適用されなかった。

**2** 戦後処理に当たっては，イギリス，フランスなど戦勝国の利益よりもドイツなど敗戦国の戦災復興を優先し，戦禍が再び世界に及ぶことのないようにした。

**3** 大戦前の状態を正統とみなす正統主義が唱えられ，自由・統一・独立の要求を無視し，大国の利益に基づく国際秩序の再建を図ろうとした。

**4** 戦勝国が中心となって国際連盟が設立され，特にイギリスをしのぐ工業大国となったアメリカがその中心となって戦後の世界平和維持の役割を担った。

**5** アメリカのモンロー大統領はいわゆるモンロー宣言を発し，ヨーロッパ諸国がアメリカに干渉することを拒否した。

## 解説

**1**．正しい。1918年にアメリカ大統領ウィルソンによって発表された十四カ条の平和原則で民族自決が主張された。これに従って，東欧諸国が独立した。

**2**．敗戦国ドイツは多額の賠償金を課され，1923年にはフランス・ベルギーにルール地方を占領されるなど打撃を受け，敗戦国の戦災復興が優先されることはなかった。

**3**．正統主義が唱えられ，大国の利益に基づく国際秩序の再建を図ろうとしたのは，ナポレオン戦争の戦後処理を話し合ったウィーン会議（1814～15年）での内容である。

**4**．国際連盟は1920年に設立されたが，アメリカは上院の反対のため不参加であった。

**5**．モンロー宣言（教書）は1823年に発表された。アメリカ大陸とヨーロッパ諸国との相互不干渉を唱えたもので，特にラテンアメリカ独立への干渉を排除するための宣言である。

**正答 1**

9月実施

## No. 76 世界史 欧米各国の産業革命 平成20年度

A～Dの産業革命について述べた次の記述に当てはまる国の組合せとして，正しいものはどれか。

A　7月革命後本格化したが，農業優位の社会のため発展はゆるやかであった。

B　農奴解放後，外国からの資本と技術導入によって国家の強力な指導の下に工業化が進展した。

C　関税同盟の結成後，経済的な統一が進められて工業化が進展した。

D　1830年代に北部で産業革命が始まり，南北戦争後，国内市場が統一されて達成された。

| | A | B | C | D |
|---|---|---|---|---|
| **1** | ドイツ | ロシア | フランス | アメリカ |
| **2** | フランス | ロシア | ドイツ | アメリカ |
| **3** | フランス | ロシア | アメリカ | ドイツ |
| **4** | ロシア | フランス | ドイツ | アメリカ |
| **5** | ロシア | ドイツ | フランス | アメリカ |

**解説**

A：フランスの産業革命についての説明である。1830年の七月革命で成立したルイ=フィリップの七月王政期に絹工業・木綿工業で産業革命が始まった。しかし，株式会社制度が普及せず小規模家族経営が支配的であったため資本の蓄積が十分でなく，またフランス革命で生み出された小農民層が圧倒的多数を占めていたため，工業化の進展は非常にゆるやかであった。

B：ロシアの説明である。ロシアではクリミア戦争の敗北をきっかけにアレクサンドル2世の下で「大改革」と呼ばれる近代化政策がとられ，1890年代には主にフランスからの資本導入によってシベリア鉄道が建設されるなど，政府の強力な指導・保護下で工業化が推進された。

C：ドイツの説明である。政治的分裂が続くドイツでは，1834年に，プロイセンを中心にオーストリアを除く大多数の領邦がドイツ関税同盟を結成した。これにより政治的統一に先立って，経済的統一が実現された。1871年の政治的統一後，アルザス=ロレーヌを獲得して，国家の保護政策の下で重工業を中心に発展した。

D：アメリカの説明である。1830年頃から北部で産業革命が始まった。アメリカの場合，国内市場の拡大とイギリスに対する保護関税政策を推進する中央集権的な国家統一を求める北部と，イギリスの市場向け綿花栽培と自由貿易を基礎に州権分立を望む南部との地域的対立が，南北戦争の北軍の勝利によって克服されて，西部を含む国内市場が統一され，農業国から工業国へと転換した。

よって，正答は**2**である。

**正答　2**

高卒警察官

No. 77 警視庁

## 世界史　中国の宋　令和3年度

中国の宋（北宋・南宋）に関する記述として，最も妥当なのはどれか。

**1**　中国主要部を統一した宋は，文治主義を重視して軍人による統治を行った。

**2**　官吏登用法の中心として科挙を整備したほか，皇帝みずから試験を行う殿試を始めた。

**3**　形勢戸と呼ばれる経済力のある貴族が，新興地主層の人びとにかわり新しく勢力を伸ばした。

**4**　貨幣経済が発展し，銅銭のほか金・銀も地金のまま用いられたが，紙幣はまだ用いられなかった。

**5**　都市商業の繁栄を背景に庶民文化が発展し，宗教では道教が官僚層によって支持され，禅宗の革新をとなえて全真教がおこった。

### 解説

**1**．10世紀の軍人支配の混乱期である五代十国時代を経て中華を統一した宋王朝は，徹底した文治主義政策を実施，地方軍閥のもととなる節度使を廃止し，科挙により採用された文官による統治を推進した。

**2**．妥当である。

**3**．形勢戸とは，それまでの貴族に代わり新しく勃興してきた新興地主階級をいう。彼らはその経済力で農村を支配し，また科挙を通じて多くの官僚を輩出するなど，宋代以降の中国の中心的階級を形成した。

**4**．著しい貨幣経済の発展が見られた宋代には，基本の銅銭のほか，交子（北宋）・会子（南宋）と呼ばれる紙幣も流通していた。この紙幣は初め遠隔地の取引きのための一種の手形として登場し，後に政府が公認発行する兌換紙幣として機能した。

**5**．道教は主に庶民階級に支持され，官僚層は禅宗を支持していた。全真教とは，金の王重陽が道教の革新を唱えて開いた道教の一派である。

**正答　2**

## No.78 警視庁 世界史 第一次世界大戦 令和4年度

第一次世界大戦をめぐる情勢に関する記述として，最も妥当なのはどれか。

**1** 1908年，青年トルコ革命によるオスマン帝国の混乱に乗じて，オーストリアはブリガリアを併合した。

**2** バルカン半島は，列強の争いが激化するにつれて複雑な民族問題をかかえて，常に不安定な状況にあり，「ヨーロッパの火薬庫」と呼ばれた。

**3** 1914年，オスマン帝国の帝位継承者夫妻が，ボスニアの州都ベオグラードで，セルビア人の民族主義者に暗殺されたことを契機に，第一次世界大戦が勃発した。

**4** 1914年，タンネンベルクの戦いでドイツ軍はフランス軍に進撃を阻止され，西部戦線は膠着し，長期にわたる持久戦となった。

**5** 1918年，ドイツがロシアに降伏すると，それを不服とした水兵がキール軍港で反乱をおこしたことを契機に，革命運動が全国に広がり，ドイツ革命が起こった。

### 解説

**1**. 1908年，オスマン帝国の混乱に乗じて，オーストリアはボスニア・ヘルツェゴヴィナ2州を併合し，ブルガリアはオーストリアの支持を得てオスマン帝国からの完全独立を果たした。

**2**. 妥当である。

**3**. 第一次世界大戦の契機となった事件は，1914年にサライェヴォを訪問したオーストリア・ハンガリー帝国の皇位継承者夫妻が，セルビア人民族主義者に暗殺されたサライェヴォ事件である。

**4**. 1914年のタンネンベルクの戦いは，東部戦線でドイツ軍が侵入したロシア軍を打ち破った戦いである。1914年のドイツ軍の進撃を阻止し西部戦線の膠着状態のきっかけとなったのは，第1次マルヌ会戦である。

**5**. 1918年3月，ロシア革命後のソヴィエト政権はブレスト・リトフスク条約を結んでドイツと単独講和した。これにより東部戦線の兵力を西部に振り向けたドイツは大攻勢に出たが失敗，キール軍港での司令部からの出撃命令を拒否した水兵の反乱をきっかけとして革命が勃発し，ドイツ皇帝はオランダに亡命した。

**正答 2**

高卒警察官

No. 79　9月実施

## 世界史　ソ連の歴史　平成19年度

ソ連の歴史に関する記述として正しいものは，次のうちどれか。

**1**　スターリンが共産党書記長になると，農民からの穀物徴発をやめ，余剰農産物の自由販売を認めた。

**2**　フルシチョフ第一書記は，1956年スターリン批判を行い，さらにコミンフォルムを結成して自由化の方向を打ち出した。

**3**　1962年，ソ連がキューバにミサイル基地を建設すると，アメリカは海上封鎖を行い，米ソ間の緊張が高まった。

**4**　ゴルバチョフは大統領制を導入して大統領となると，中央指令型の計画経済を強化して独裁体制をしいた。

**5**　1991年，プーチンを大統領とするロシア連邦を中心に11の共和国が独立国家共同体を結成し，ソ連は解体された。

### 解説

**1**．レーニンの新経済政策（ネップ）に関する記述である。レーニンは，革命後の戦時共産主義を実施したが，共産党の一党支配への反抗が現れたため，一定の範囲での資本主義的な営業や市場経済を認めて，生産活動を促した。スターリンは第1次五か年計画を実行し，農業でも集団化・機械化を命じ，集団農場（コルホーズ）・国営農場（ソフホーズ）の建設を強行した。

**2**．フルシチョフ第一書記は，1956年2月のソ連共産党第20回大会でスターリン批判を行い，さらに資本主義国との平和共存と緊張緩和を表明してコミンフォルム（共産党情報局）を解散した。コミンフォルムは，1947年，マーシャル=プランを拒否したソ連・東欧諸国が，各国共産党の情報交換機関として設置したものである。

**3**．正しい。

**4**．1985年にゴルバチョフが書記長になると情報公開（グラスノスチ）による言論の自由を打ち出し，ペレストロイカ（改革）を掲げて，政治・社会体制の全面的見直しに着手し，90年に大統領制を導入して初代大統領に就任した。経済では，これまでの中央指令型計画経済から市場経済への移行が始まり，ソ連の民主化・自由化を推進した。

**5**．プーチンではなくエリツィンである。1991年，保守派によるクーデタが失敗すると，ほとんどの共和国がソ連邦からの離脱を宣言し，ソ連共産党も解散した。エリツィンを大統領とするロシア連邦を中心に独立国家共同体が結成されたのは，同年の12月である。なお，エリツィンは1999年末に辞任し，2000年の選挙でプーチンが大統領となった。

**正答　3**

# No. 80 世界史 国際連盟 平成18年度

国際連盟に関する記述として，最も妥当なものはどれか。

**1** 国際連盟は，アメリカ大統領のウィルソンの提案により設置され，ニューヨークに本部が置かれた。

**2** アメリカは上院がヴェルサイユ条約批准を拒否したため，国際連盟には参加しなかった。

**3** 国際連盟には，発足当初からドイツなどの敗戦国やソヴィエト＝ロシアの参加が認められた。

**4** 国際連盟では，侵略国家への制裁手段として軍事制裁が認められていた。

**5** 日本の国際連盟脱退に引き続いて，イギリス，フランスも相次いで脱退した。

## 解説

**1**．国際連盟の本部はスイスのジュネーブに置かれた。国際連盟には，主要機関として総会・理事会・常設事務局が置かれ，自主的機関として常設国際司法裁判所と国際労働機関が置かれた。ニューヨークには国際連合の本部がある。

**2**．正しい。

**3**．ドイツの加盟が認められたのは1926年，ソ連の加盟は1934年である。

**4**．軍事制裁は認められていなかった。連盟規約を無視して武力を行使した国に対して，他の全加盟国によって制裁措置が加えられることになっていたが，制裁措置は経済制裁にとどまり，軍事制裁は義務化されていなかった。

**5**．日本の脱退に引き続いて脱退したのはドイツ，イタリア。日本は満州事変をきっかけに，1933年３月に脱退したが，同年10月，ドイツもまた，軍備平等権が認められなかったことを理由に連盟から脱退した。イタリアは，エチオピア侵略（1935～36年）に対して国際連盟が経済制裁を行ったのに対して，侵略を完成した翌1937年，日本，ドイツの例にならって連盟を脱退した。

**正答 2**

高卒警察官

9月実施

# No. 81 世界史 第二次大戦後のアジア 平成13年度

第二次世界大戦後のアジア諸国の情勢に関する記述として正しいものは，次のうちどれか。

**1**　フィリピンは，日本政府の後ろ盾により，1950年に独立し，マニラに首都をおいた。

**2**　1947年，イギリスからヒンドゥー教勢力のパキスタンとイスラム教勢力のインドが分離独立した。

**3**　指導者ネルーを中心にインドネシアの独立運動が展開され，宗主国オランダとの戦争に勝利し，1949年に独立を果たした。

**4**　ベトナム民主共和国の独立が宣言されたが，宗主国フランスと戦争となり，1954年に南北に分断された。

**5**　タイは1945年にフランスからの独立を果たし，100年以上にわたる植民地支配から脱した。

## 解説

**1**．アメリカの植民地であったフィリピンは，1942年以降日本に占領されていたが，日本が敗北した後の1946年に独立を宣言してフィリピン共和国となった。

**2**．両国ともに1947年にイギリスから独立したが，パキスタンはイスラム教徒主体，インドはヒンドゥー教徒を主体とする。

**3**．インドネシア独立時の指導者はスカルノ。ネルーはインドの初代首相である。

**4**．正しい。ベトナムは1954年に分断され，北部がベトナム民主共和国，南部がフランス（フランス撤兵後はアメリカ）勢力下のベトナム国となった。

**5**．タイは東南アジアで唯一独立を保ち，植民地になっていない。

**正答　4**

No. 82 警視庁

# 世界史　19世紀のドイツ　平成25年度

19世紀のドイツに関する記述中の空所Ａ～Ｃに当てはまる語句の組合せとして，最も妥当なのはどれか。

ドイツの国家統一は，（　Ａ　）の主導で展開した。ビスマルクは（　Ａ　）の首相になると，（　Ｂ　）と呼ばれる富国強兵政策を推進した。デンマーク，オーストリア，そしてフランスとの戦争を経て，1871年，（　Ｃ　）を皇帝とするドイツ帝国を形成した。

| | Ａ | Ｂ | Ｃ |
|---|---|---|---|
| **1** | プロイセン | ３Ｂ政策 | ヴィルヘルム１世 |
| **2** | サルデーニャ | ３Ｂ政策 | ヴィルヘルム１世 |
| **3** | プロイセン | 鉄血政策 | ガリバルディ |
| **4** | サルデーニャ | 鉄血政策 | ガリバルディ |
| **5** | プロイセン | 鉄血政策 | ヴィルヘルム１世 |

## 解説

Ａ．プロイセンである。19世紀におけるドイツの統一は，当初，自由主義者を中心に行われたが，1848年のフランクフルト国民会議が，プロイセンを中心とする小ドイツ主義とオーストリアを中心とする大ドイツ主義との対立から失敗したため，その後の統一はプロイセンの政治・軍部を支配するユンカー層を中心に進められた。なお，サルデーニャはイタリア統一の中心となった王国である。

Ｂ．鉄血政策である。ユンカー出身のビスマルクが1862年に首相に任命されると，議会で「現在の大問題は言論や多数決でなく，鉄と血によってのみ解決される」と表明し，鉄血政策といわれる富国強兵政策を推進した。鉄は武器，血は兵士を表す。３Ｂ政策は，ベルリン－ビザンティウム（イスタンブル）－バグダードの頭文字をとり，これらの都市を結ぶ鉄道を通じて西アジア方面へ進出しようとしたドイツの帝国主義政策を表す言葉で，イギリスの３Ｃ（カイロ・ケープタウン・カルカッタ）政策に対比して使われた。

Ｃ．ヴィルヘルム１世（1797～1888年）である。ヴィルヘルム１世はプロイセン王（位1861～88年）。ビスマルクを首相に起用してドイツ統一に成功した。1871年，普仏戦争でフランスを破ったプロイセンは，ベルサイユ宮殿でヴィルヘルム１世のドイツ皇帝（位1871～88年）としての即位式を行い，ドイツ帝国が成立した。ガリバルディ（1807～82年）はイタリア統一の中心人物。青年イタリア出身で，千人隊と呼ばれる義勇軍を組織して統一運動を推進し，両シチリア王国を占領してこれをサルデーニャ王に譲った結果，1861年にイタリア王国が成立した。

以上より，正答は**5**である。

**正答　5**

9月実施

## No. 83 地理 地 形 平成14年度



次のA～Cは主な地形に関する説明であるが，その名称の組合せとして正しいものはどれか。

A　河川の河口付近が沈水してできた地形。海側にラッパ状に広がっている。

B　海岸に沿う山脈が沈水してできた地形。岬と入江が鋸歯状になっている。

C　氷河によって侵食された氷食谷（U字谷）が沈水し，海水が流入してできた峡湾。

| | A | B | C |
|---|---|---|---|
| **1** | 三角江 | フィヨルド | リアス式海岸 |
| **2** | 三角江 | リアス式海岸 | フィヨルド |
| **3** | リアス式海岸 | 三角江 | フィヨルド |
| **4** | リアス式海岸 | フィヨルド | 三角江 |
| **5** | フィヨルド | リアス式海岸 | 三角江 |

### 解 説

A．三角江（エスチュアリ）である。テムズ川，セーヌ川，ラプラタ川などの河口が代表例である。

B．リアス式海岸である。三陸海岸，若狭湾，スペインのリアスバハス海岸（リアス式海岸の由来）などが代表例である。

C．フィヨルドである。ノルウェーの西岸，チリ南部海岸などが代表例である。

よって，**2**が正しい。

**正答　2**

高卒警察官

9月実施

# No. 84 地理 地中海性気候の特徴 平成20年度

地中海性気候（Cs）は，地中海沿岸，アメリカ合衆国西岸，チリ中部などで見られるが，この気候の特徴として妥当なものはどれか。

**1** 夏または冬から春先までに降水量がやや多くなる雨季があり，草丈の低い草原が広がっている。

**2** 夏に乾燥し，オリーブやコルクがしなどが栽培されるが，降水量は年間を通じて安定している。

**3** 偏西風や暖流の影響で冬は同緯度の東海岸に比べ暖かい。降水量はさほど多くないが，年間を通じて安定している。

**4** 一年を通じて降水量が多く，熱帯雨林が広がる。

**5** 夏は亜熱帯（中緯度）高圧帯に入るため，日射量が多く乾燥するが，冬は低気圧などの影響で降水量が多くなる。

## 解説

**1**．ステップ気候（BS）の説明である。ステップ気候は砂漠の周辺に分布しており，ステップと呼ばれる丈の低い草原が広がる。

**2**．地中海性気候（Cs）を説明しているが，この気候の最大の特徴は，夏に乾燥することで，降水量は年間を通じて安定していない。

**3**．西岸海洋性気候（Cfb）の説明である。この気候はどの季節も適度の降水量がある。また，気温の年較差は小さい。ブナ気候とも呼ばれている。

**4**．熱帯雨林気候（Af）の説明である。年中赤道低圧帯に入っているため高温多雨で，植生は多種類の常緑広葉樹からなる密林（熱帯雨林）である。

**5**．正しい。夏は耐乾性のオリーブやコルクがし，柑橘類などが栽培され，冬は降水に恵まれ，小麦などが栽培される。

**正答　5**

高卒警察官

No. 85 警視庁

# 地理 気候 平成29年度

気候に関する記述として，最も妥当なのはどれか。

**1** ステップ気候は，砂漠気候区に隣接し，一年中，亜熱帯高圧帯の影響を受けるため，年降水量が250mm 未満と非常に少なくなる。

**2** サバナ気候は，熱帯雨林気候区より高緯度側に分布し，一年中降水量が多くて気温が高く，午後にはスコールに見舞われることもある。

**3** 熱帯モンスーン気候は，赤道付近の低緯度で熱帯雨林気候区に隣接し，短く弱い乾季が見られ，アジアでは季節風（モンスーン）の影響が強い地域に分布する。

**4** 砂漠気候は，中緯度の大陸内部などに分布し，亜熱帯高圧帯の影響による乾季と降水量がやや多くなる雨季があり，年降水量が250～750mm となる。

**5** 熱帯雨林気候は，ほとんどが赤道周辺に分布し，熱帯収束帯の影響で雨の多い雨季と亜熱帯高圧帯の影響で乾燥した乾季がある。

## 解説

**1**. ステップ気候は，砂漠気候区に隣接し，亜熱帯高圧帯の影響による乾季と降水量がやや多くなる雨季がある。ほとんどの地域で年降水量は250～750mm である。

**2**. サバナ気候は，熱帯雨林気候区より高緯度側に分布し，熱帯収束帯の影響で雨の多い雨季と亜熱帯高圧帯の影響で乾燥する乾季がある。午後にスコールに見舞われることが多いのは熱帯雨林気候である。

**3**. 妥当である。

**4**. 砂漠気候は，北・南回帰線の周辺や中緯度の大陸内陸部などに分布し，一年中，亜熱帯高圧帯の影響を受けるため，年降水量が250mm 未満の地域がほとんどである。

**5**. 熱帯雨林気候は，ほとんどが赤道付近に分布し，一年中降水量が多く，気温が高い。午後にはスコールという強風を伴う激しい雨に見舞われることもある。

**正答 3**

政治 経済 社会 日本史 世界史 地理 倫理 文学・芸術 国語

## No.86 警視庁 地理 気候・気象 平成24年度

気候・気象に関する記述中の空所ア～エに当てはまる語句の組合せとして，妥当なのはどれか。

風は気圧の高いところから低いところへ向かって吹き，低圧帯と高圧帯の分布によって大規模な風の流れ（大気大循環）がつくられる。

赤道付近では上昇気流が起こり赤道低圧帯に，緯度20～30度付近では下降気流が卓越して中緯度高圧帯になる。この高圧帯から赤道低圧帯に向かって（　ア　），亜寒帯低圧帯に向かって（　イ　）が吹く。また，海と陸の間での温まりやすさ，冷えやすさ（比熱と熱容量）の違いから，（　ウ　）は陸から海へ，（　エ　）は海から陸へと風向きを変える季節風が現れる。

| | ア | イ | ウ | エ |
|---|---|---|---|---|
| **1** | 貿易風 | 偏西風 | 冬 | 夏 |
| **2** | 貿易風 | 偏西風 | 夏 | 冬 |
| **3** | 極東風 | 貿易風 | 冬 | 夏 |
| **4** | 極東風 | 貿易風 | 夏 | 冬 |
| **5** | 偏西風 | 極東風 | 冬 | 夏 |

### 解説

ア．中緯度（亜熱帯）高圧帯から赤道低圧（収束）帯に向かって吹く風を貿易風という。イ．中緯度（亜熱帯）高圧帯から亜寒帯低圧帯に向かって吹く風を偏西風という。ウ，エ．季節風は，冬には陸から海に向かって吹き，反対に夏には海から陸に向かって吹く。

以上より，正答は**1**である。

**正答　1**

高卒警察官

9月実施

No. 87　地理　わが国の河川　令和元年度

わが国の河川に関するア～エの記述のうち，正しいものを２つ選んだ組合せとして妥当なのはどれか。

ア　日本の河川は，他国の河川と比べ，勾配は緩やかである。

イ　日本で最も長い河川は信濃川であり，長野県，新潟県を流れ，日本海に注いでいる。

ウ　日本で最も流域面積が大きい河川は，筑後川である。

エ　洪水ハザードマップは，河川の氾濫などによる浸水予想地域と浸水深を示している。

**1**　ア，イ
**2**　ア，ウ
**3**　ア，エ
**4**　イ，ウ
**5**　イ，エ

**解説**

ア：日本は，国土の約７割が山地である。河川は，大陸に比べて長さが短く，勾配は急である。

イ：正しい。信濃川の長さは367kmで，日本最長である。次いで利根川（322km）である。

ウ：日本で最も流域面積が大きい河川は利根川で，流域面積は16,840km$^2$である。次いで石狩川（14,330km$^2$），信濃川（11,900km$^2$）である。筑後川の流域面積は，2,860km$^2$で10位にも入っていないが，九州地方では最大の流域面積である。

エ：正しい。洪水ハザードマップとは，自然災害による被害を予測し，その被害範囲を地図化したものである。洪水，土砂，地震，火山，津波・高潮などの対策として，各自治体が作成している。

よって，イ，エの組合せが妥当で，正答は**5**である。

データ出所：『理科年表2022年版』

正答　**5**

高卒警察官

No. 88　9月実施

# 地理　中国の農牧業　平成12年度

中国の農牧業に関する記述として正しいものは，次のうちどれか。

**1**　東北地方は寒帯に属し，寒さが厳しく農業には適さない。

**2**　黄河流域には肥よくな黄土が広がって畑作が発達し，古代文明の発祥地にもなった。

**3**　長江流域は洪水が多いため，稲作はほとんど行われていない。

**4**　華南地方では温暖で稲の三期作が行われるほか，茶やサトウキビも栽培される。

**5**　西部地方は雨が少なく畑作が中心で，牛や羊などの牧畜も行われている。

## 解説

**1**．中国東北地方は冷帯（亜寒帯）に属し，畑作が行われ，春小麦・大豆・コウリャンなどを栽培している。

**2**．正しい。中国では，チンリン山脈とホワイ川を結ぶ年降水量750 mm の線より以北の華北・東北地方では畑作中心，以南の華中・華南地方では稲作中心となっている。

**3**．長江流域の華中地方は中国最大の稲作地域。

**4**．華南地方で行われているのは稲の二期作。三期作は東南アジアの一部で行われている。

**5**．西部地方は少雨地域で，オアシス農業のほかは畑作はほとんど行われていない。牧畜や遊牧が中心である。

**正答　2**

政治　経済　社会　日本史　世界史　地理　倫理　文学・芸術　国語

高卒警察官

No. 89 警視庁 〈改題〉

# 地理 世界の農業 平成21年度

世界の農業に関する記述として，最も妥当なものはどれか。

**1** アメリカのオハイオ州からアイオワ州にかけての比較的湿潤な地域は，シリコンヴァレーと呼ばれ，とうもろこしや大豆を中心とした飼料作物の輪作と家畜飼育が伝統的に行われてきた。

**2** オーストラリアで生産される畜産物のなかで，日本への輸出が急速にのびている豚肉は，オージーポークとよばれ，日本の輸入量のうち80パーセント以上を占めている。

**3** インドの東部や沿海部は小麦，北部の内陸部は米の栽培が多く，小麦と米の生産量はともに世界第１位である。

**4** 西アジアから中央アジアにかけては，湧水や河川の近くにオアシスがあり，地下水路を利用して，なつめやしや野菜，すいかやメロンのような果物を栽培するオアシス農業が成立した。

**5** 西岸海洋性気候の影響を受けるヨーロッパの大西洋沿岸地域では，大規模経営の混合農業が発達し，内陸部では農業協同組合による酪農が発達した。

## 解説

**1**. アメリカ合衆国のオハイオ州からアイオワ州にかけての地域名はない（プレーリーと中央平原が該当する）。とうもろこしや大豆を中心とした飼料作物の輪作と家畜飼育が結びついた混合農業が行われている地域はコーンベルトと呼ばれている。シリコンヴァレーはカリフォルニア州のサンノゼ付近の先端産業地域である。

**2**. オーストラリアから日本への輸出が伸びている畜産物はオージービーフと呼ばれる牛肉である。2021年現在，牛肉輸入量の37.6％がオーストラリアからである。

**3**. インドの東部や沿岸部では米の栽培，中央部のデカン高原は綿花，北部では小麦の栽培が盛んである。なお，米，小麦ともに中国に次いで世界第２位の生産量（2021年）である。

**4**. 正しい。地下水路は，イランではカナート，アフガニスタンではカレーズ，北アフリカではフォガラと呼ばれる。

**5**. 農業協同組合による酪農が発達したのは，デンマークである。酪農は大西洋やバルト海の沿岸部に発達している。混合農業はヨーロッパのほぼ中央部全域（大西洋沿岸部から内陸部）に発達している。なお，南部には地中海式農業が発達している。

**正答 4**

高卒警察官

No. 90　5月実施

# 地理　世界各都市の雨温図　平成27年度

次のA～Cの雨温図に該当する都市の組合せとして妥当なものはどれか。

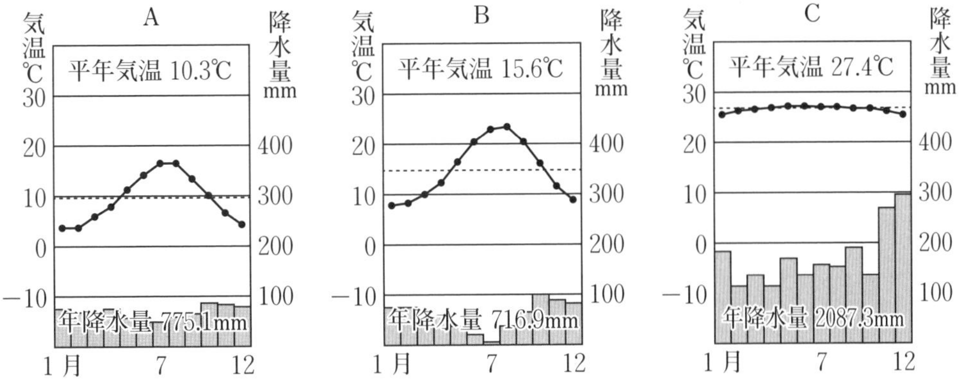


①…マイアミ　②…ロンドン　③…シンガポール
④…ローマ　⑤…シャンハイ

| | A | B | C |
|---|---|---|---|
| **1** | ① | ② | ⑤ |
| **2** | ② | ① | ⑤ |
| **3** | ② | ④ | ③ |
| **4** | ⑤ | ④ | ③ |
| **5** | ④ | ③ | ① |

## 解説

A：夏も平均気温が20度未満と涼しく，冬も氷点下にならずに比較的温暖で気温の年較差が小さい。また降水量も年中平均していることから西岸海洋性気候である。西ヨーロッパやカナダ西岸，チリ南部，ニュージーランドなどに分布するので，②のロンドンが該当する。

B：夏は乾燥帯並みに降水量が少ないが，冬は湿潤になるので地中海性気候。地中海沿岸やアメリカのカリフォルニア州，オーストラリア南西部などに分布するので，④のローマが該当する。

C：年中高温年中多雨なので熱帯雨林気候。赤道付近に多く分布するので，③のシンガポールが該当する。

よって，正答は**3**である。

**正答　3**

高卒警察官

No. 91　9月実施

## 地理　地図の図法　平成23年度

地図の図法に関するA～Cの文中で，ア～ウの〔　〕内から妥当なものを選んだ組合せはどれか。

A　メルカトル図法は，ア〔a．高緯度　b．赤道付近〕ほど実際の面積よりも大きく表される。

B　正距方位図法では，イ〔a．中心からの距離と方位　b．任意の点から任意の点までの距離と方位〕が正しく示されている。

C　モルワイデ図法は，ウ〔a．航海図　b．分布図〕として多く利用されている。

| | ア | イ | ウ |
|---|---|---|---|
| **1** | a | a | a |
| **2** | a | a | b |
| **3** | a | b | b |
| **4** | b | b | a |
| **5** | b | b | b |

### 解説

A：メルカトル図法は，円筒図法で作成しているため，高緯度になるにつれ面積が拡大される。また，経緯線が互いに直交する平行線で表されているので，任意の2点間を結ぶ直線は等角航路（最短航路ではない）を示すので，航海図に利用されている。aが妥当である。

B：正距方位図法は，図の中心から任意の点までの距離と方位が正しく示されるので，航空図として利用されている。aが妥当である。

C：モルワイデ図法は，高緯度をよく表すため，経線を楕円で描いた正積図法である。分布図として利用されている。bが妥当である。

以上より，正答は**2**である。

正答　**2**

# 地理　日本の都市と雨温図　平成13年度

次の図A～Dは，北海道の函館，群馬県の前橋，和歌山県の潮岬，新潟県の新潟の雨温図であるが，図と地名の組合せとして正しいものはどれか。

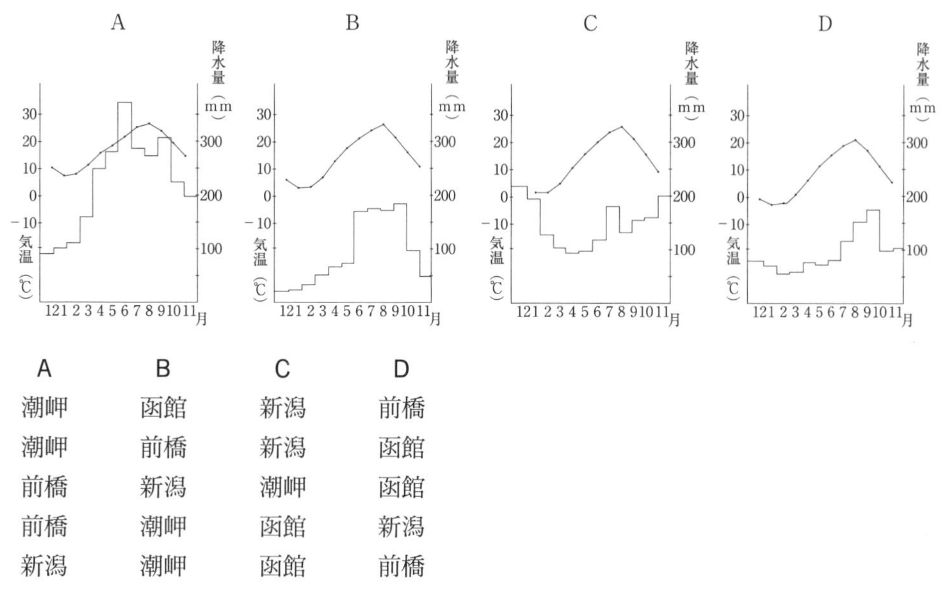


| | A | B | C | D |
|---|---|---|---|---|
| **1** | 潮岬 | 函館 | 新潟 | 前橋 |
| **2** | 潮岬 | 前橋 | 新潟 | 函館 |
| **3** | 前橋 | 新潟 | 潮岬 | 函館 |
| **4** | 前橋 | 潮岬 | 函館 | 新潟 |
| **5** | 新潟 | 潮岬 | 函館 | 前橋 |

## 解説

A．降水量は冬季が少なく，5～9月が多くて月別でも300 mm 前後で，平均気温も高めなので，太平洋型の潮岬の図である。

B．降水量は冬季が非常に少なく，6～9月が多くてこれも太平洋型の特徴を示すが，冬季の平均気温がAよりも低いので前橋の図である。

C．降水量が冬季に他の時季に比べて多くなるのは日本海型の特徴であり，新潟の図である。

D．降水量は7～9月が多いが，冬季もある程度あり，平均気温が低いので北海道型の函館の図である。

よって，**2**が正しい。

**正答　2**

高卒警察官 9月実施

## No. 93 地理 日本の各地域の植生 平成30年度

次のア～ウで説明される樹林帯が主に分布する地域は，北海道東部地域，本州東北部地域，本州西南部地域のどれか。妥当な組合せを選べ。

ア．ブナ林など，落葉広葉樹を中心とする夏緑樹林帯。

イ．シイ・カシ類など常緑広葉樹を主要樹種とする照葉樹林帯。

ウ．エゾマツやトドマツ，トウヒなど常緑針葉樹林帯。

| | 北海道東部 | 本州東北部 | 本州西南部 |
|---|---|---|---|
| **1** | ア | イ | ウ |
| **2** | ア | ウ | イ |
| **3** | イ | ア | ウ |
| **4** | イ | ウ | ア |
| **5** | ウ | ア | イ |

### 解説

ア：夏緑樹林帯は，北海道南部から九州の山地にかけて分布している。本州東北部地域である。ミズナラ，ケヤキなども見られ，紅葉が美しい。

イ：照葉樹林帯は，本州から九州にかけての低地に分布している。本州西南部地域である。シイ・カシ類など常緑広葉樹は本州中部より南に多い。紀伊半島，四国，九州の海岸部には椿も見られる。

ウ：常緑針葉樹林帯は，冬でも落葉しない森林帯で，北海道東部や本州の高山に分布している。北海道東部地域である。

日本には，ア～ウ以外にも，低木林帯（本州中部の3,000m級高山や北海道の山岳地帯。ハイマツなどが中心）や亜熱帯多雨林帯（琉球諸島などに分布。木生シダの森林や八重山諸島のマングローブなど）がある。

よって，正答は**5**である。

**正答 5**

高卒警察官

警視庁

# No. 94 地理 日本の地形 平成22年度

日本の地形に関する記述として，妥当なものはどれか。

**1** 世界の高くて険しい山地は環太平洋造山帯とアルプス=ヒマラヤ造山帯の二つに分けられ，日本列島は後者の造山帯に属する。

**2** 東北の三陸海岸に見られるリアス式海岸は土地が海に沈んでできた海岸で，多数の入り江と半島からなるため，津波の害を受けにくい。

**3** 日本の平野には，山地から運ばれてきた土砂がたまってできた三角州や，川の河口付近に土砂がたまってできた扇状地などがある。

**4** 本州の中央部には，3000メートル級の飛騨山脈，鈴鹿山脈，赤石山脈がほぼ南北に連なり，これらは日本アルプスとよばれている。

**5** 日本の主な河川の流域面積は利根川が最も広く，続いて石狩川，信濃川となっており，いずれも1万平方キロメートル以上である。

## 解説

**1**. 日本列島は，環太平洋造山帯に属している。

**2**. リアス式海岸は，山地が沈水してできた海岸地形である。集落の多くは湾奥の平地に立地しているため，特に津波の被害が多い。

**3**. 山地から運ばれてきた土砂でできたのは扇状地である。河口付近で土砂が堆積してできた地形は，三角州である。

**4**. 日本アルプスは，飛騨山脈，木曽山脈，赤石山脈を総括した名称である。鈴鹿山脈は含まれない。鈴鹿山脈の最高峰は1,247mの御池岳である。

**5**. 妥当である。

**正答 5**

高卒警察官

No. 95 9月実施

# 地理　土壌の特徴　平成15年度

土壌に関する記述として正しいのは，次のうちどれか。

**1**　プレーリー土———半乾燥地域に見られる黒色土壌。主として，アメリカ合衆国中部のプレーリー地域に分布。小麦・とうもろこし・大豆などの栽培が盛んである。

**2**　チェルノーゼム———デカン高原に分布する黒色土。玄武岩が風化して形成された肥沃な土壌である。綿花栽培に適するので，綿花土とも呼ばれている。

**3**　レグール土———温帯の半乾燥地域に分布する黒色土壌。腐植層は50cmくらいの厚さがあり，世界で最も肥沃な土壌である。ウクライナから西シベリアにかけて広がる。

**4**　テラロッサ———玄武岩・輝緑岩など火成岩の風化土。赤紫色で，ブラジル高原南部に分布。コーヒー栽培に適すので，コーヒー土ともいわれている。

**5**　テラローシャ———石灰岩の風化土で赤色をしている。石灰岩の地域のくぼ地に多く見られる。排水はよく，地中海沿岸に多く分布する。

## 解説

土壌は気候および植生の影響を強く受けて生成した成帯土壌と，主に母岩や地形の影響を強く受けて生成した間帯土壌に分類される。

**1**．正しい。プレーリー土は成帯土壌である。

**2**．レグール土の説明。チェルノーゼムは**3**で説明しているが，成帯土壌で，世界的な小麦地帯を形成している。

**3**．チェルノーゼムの説明。レグール土は**2**で説明しているが，間帯土壌である。

**4**．テラローシャの説明。ブラジルのサンパウロ州やパラナ州に分布。テラロッサと発音がよく似ているので注意すること。テラロッサは石灰岩の溶食後に残ったものであるため，鉄・アルミを多く含有する。

**5**．テラロッサの説明。なお，テラロッサ，テラローシャとも間帯土壌である。

**正答　1**

徳島県警

# No.96 地理 世界の海流 平成14年度

世界の海流に関する次の文中の空欄Ａ～Ｆに当てはまる語の組合せとして，正しいものはどれか。

世界の海流を大きく見ると，太平洋でも大西洋でも（　Ａ　）半球では時計回りの，（　Ｂ　）半球ではその反対の大規模な流れが見られる。大陸の（　Ｃ　）側では，それが黒潮やメキシコ湾流などの（　Ｄ　）流となっているが，大陸の（　Ｅ　）側では，カリフォルニア海流やカナリア海流など（　Ｆ　）流となっている。

| | A | B | C | D | E | F |
|---|---|---|---|---|---|---|
| **1** | 北 | 南 | 西 | 寒 | 東 | 暖 |
| **2** | 南 | 北 | 西 | 暖 | 東 | 寒 |
| **3** | 北 | 南 | 東 | 暖 | 西 | 寒 |
| **4** | 南 | 北 | 東 | 暖 | 西 | 寒 |
| **5** | 北 | 南 | 東 | 寒 | 西 | 暖 |

## 解説

世界の海流は，赤道付近では貿易風によって東流し（一部は大陸にぶつかって反対に西流する），北半球では大陸の東岸に沿って北流する。黒潮・メキシコ湾流・北大西洋海流などの暖流が該当する。また，高緯度から大陸西岸に沿って南下するカリフォルニア海流・カナリア海流などは寒流である。つまり北半球では時計回りに流れるのである。南半球は，この逆に流れている。

よって，**3**が正しい。

**正答　3**

政治
経済
社会
日本史
世界史
地理
倫理
文学・芸術
国語

高卒警察官

No. 97 警視庁

## 地理　世界の航空・水上交通　令和3年度

世界の航空交通や水上交通に関する記述として，最も妥当なのはどれか。

**1**　ハブ空港とは，地域内の航空交通の拠点となる空港のことであり，その例としてアメリカのシカゴや，ドイツのフランクフルトの空港などが挙げられる。

**2**　LCCとは，国内線における格安航空会社のことであり，2010年代に，世界にさきがけて我が国において誕生した。

**3**　パナマ運河は太平洋とカリブ海を結ぶ運河であり，スエズ運河は地中海と大西洋を結ぶ運河であるが，このうちスエズ運河は水門なしでの航行が可能な水平式運河である。

**4**　国際河川とは，国々を貫流したり国境となったりしている河川をいい，国際条約によって沿岸国以外の航行が禁止されている。

**5**　船舶を実質的に所有する船主の所在国と船舶の登録国は必ずしも一致するわけではないが，2019年の統計では船舶登録国の上位（総トン数）は，ギリシャ，日本，中国の順となっている。

### 解説

**1**．妥当である。ハブ空港とは，自転車の車輪のように，中心の主軸（ハブ）からスポーク状に航空路が延びている空港なので，このように呼ばれている。

**2**．LCC（Low Cost Carrier，格安航空会社）は，1980年代にアメリカ合衆国に登場した。わが国は，後発組である。

**3**．パナマ運河の記述は妥当である。スエズ運河は，地中海と紅海を結ぶ運河で，水門なしの水平式運河である。なお，パナマ運河は水門による水位調整が必要な閘門式運河である。

**4**．前半の記述は妥当である。しかし，国際河川は，国際条約によって沿岸国以外の国でも航行の自由が認められている。

**5**．船舶を実質的に所有する船主の所在国と船舶の登録国は必ずしも一致していない。2023年の統計でも，船舶登録国の上位は，パナマ，リベリア，マーシャル諸島の順である。ちなみに，ギリシャは9位，日本は10位，中国は7位である。

データ出所：『世界国勢図会2023/24年版』

**正答　1**

## No. 98 警視庁 地理 作物に関する記述と作物名の組合せ 平成23年度

作物に関するA～Dの記述と作物名の組合せとして，妥当なのはどれか。

A　原産地はアマゾン川流域であるが，現在の主産地は東南アジアである。樹液を採取，加工する。

B　熱帯から亜熱帯で広く栽培され，根からデンプン（タピオカ）を採取する。マニオクともいう。

C　主産地は中南米と西アフリカであったが，近年ベトナム社会主義共和国での生産が急増した。

D　地中海地域で多く栽培され，乾燥に強く，実から油を採取する。香川県でも栽培されている。

| | A | B | C | D |
|---|---|---|---|---|
| **1** | ケナフ | てんさい | オリーブ | 油ヤシ |
| **2** | ケナフ | オリーブ | 天然ゴム | キャッサバ |
| **3** | 天然ゴム | キャッサバ | コーヒー | オリーブ |
| **4** | 天然ゴム | オリーブ | コーヒー | 油ヤシ |
| **5** | 天然ゴム | てんさい | キャッサバ | オリーブ |

### 解説

A：天然ゴムである。ケナフはアフリカ原産のアオイ科フヨウ属の植物，また，これから得られる繊維をいう。洋麻，アンバリ麻，ボンベイ麻ともいう。環境によい植物として最近注目されている。

B：キャッサバである。てんさいは，冷涼地域の作物で，大根に似た根に糖分があり，砂糖の原料となる。オリーブは，主に地中海性気候（Cs）地域に生育する硬葉樹。果肉からオリーブ油をとる。

C：コーヒーである。2021年では，ベトナムはブラジルに次いで世界第２位の生産量をあげている。

D：オリーブである。油やしは果実からとれるパーム油を洗剤，マーガリン，バイオ燃料などに利用する。インドネシア，マレーシアが主産国である。

以上より，正答は**3**である。

**正答　3**

高卒警察官

No. 99 警視庁

# 地理 ヨーロッパ地誌 令和4年度

次の記述はヨーロッパのある国に関するものであるが，その国名として，最も妥当なのはどれか。

この国は，アルプス山脈から地中海に伸びる半島や多くの島からなる。気候は主に地中海性気候である。北部と南部の経済格差があり，北部は工業地帯を有するのに対して，南部は地中海式農業がさかんである。オリーブやぶどうの生産量は世界有数であり，2018年のワインの生産量は世界一であった。

**1** イタリア
**2** ギリシャ
**3** スペイン
**4** フランス
**5** ポルトガル

## 解説

**1**．妥当である。イタリアは，地中海中央部に突出した半島国で，半島中央部をアペニン山脈が走る。北部は青いバナナと呼ばれヨーロッパ経済の中枢をなしている。なお，オリーブの生産量はスペインに次いで世界第2位，ぶどうの生産量は中国に次いで第2位である。

**2**．ギリシャは，バルカン半島南端にある国。古代文明の発祥地で，山がちであるが地中海性気候が卓越する。工業は他のEU諸国に比べ低調である。オリーブやぶどうの生産量は世界有数ではない。

**3**．スペインは，イベリア半島の大半を占める国。北部は西岸海洋性気候，中央部はステップ気候，南部は地中海性気候である。オリーブの生産量は世界第1位，ぶどうの生産量は第3位である。

**4**．フランスは，西部は大西洋，南部は地中海に面する。気候は南部（地中海性気候）と山岳部を除き，ほとんどが西岸海洋性気候である。工業はパリ，ルアーヴル，マルセイユなど各地に発展している。西ヨーロッパ最大の農業国である。なお，ぶどうの生産量は世界第5位，オリーブの生産量は少ない。

**5**．ポルトガルは，イベリア半島の西部に位置する。全土が地中海性気候。コルクがしの生産量は世界第1位である。なお，オリーブの生産量は世界第5位，ぶどうの生産量は少ない。
データ出所：『世界国勢図会2023/24年版』

**正答 1**

# 地理　国　名　平成26年度



次の地図におけるA～Eの国名の組合せとして，最も妥当なのはどれか。

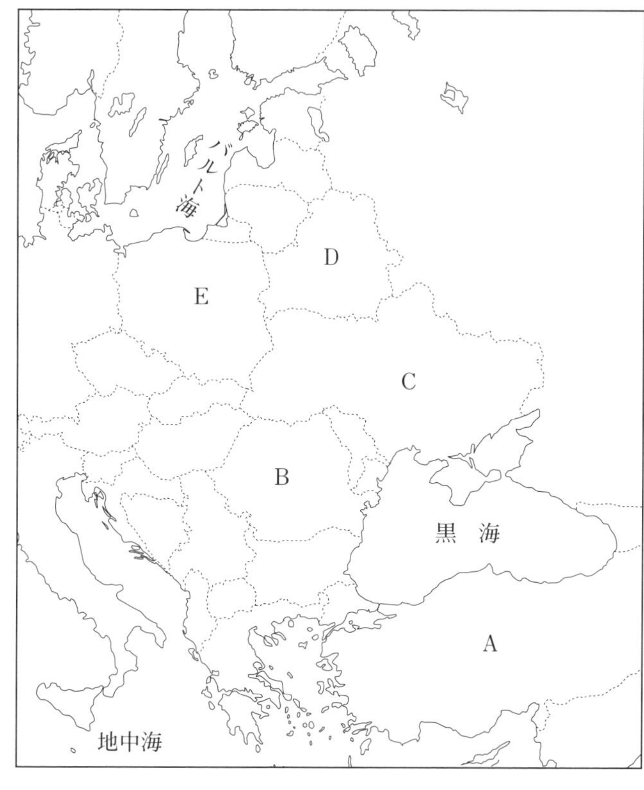


| | A | B | C | D | E |
|---|---|---|---|---|---|
| **1** | トルコ | ウクライナ | ポーランド | ベラルーシ | ルーマニア |
| **2** | ベラルーシ | ウクライナ | トルコ | ポーランド | ルーマニア |
| **3** | トルコ | ベラルーシ | ウクライナ | ルーマニア | ポーランド |
| **4** | ベラルーシ | ルーマニア | トルコ | ポーランド | ウクライナ |
| **5** | トルコ | ルーマニア | ウクライナ | ベラルーシ | ポーランド |

## 解説

東欧を中心とする地図上の国名を答える問題である。Aはトルコである。面積は784千 km$^2$，人口は8,534万人である。Bはルーマニアである。面積は238千 km$^2$，人口は1,966万人である。Cはウクライナである。面積は604千 km$^2$，人口3,970万人（2014年3月以降，ロシアは，クリミア共和国およびセヴァストポリ市はロシアに編入され，ロシア連邦の構成主体になったとの見解を示しており，一方でクリミアの独立とロシアへの編入を認めないウクライナとの間で2022年2月から戦争が続いている状態である）。Dはベラルーシである。面積は208千 km$^2$，人口は954万人である。Eはポーランドである。面積は313千 km$^2$，人口は3,986万人である。

したがって正答は**5**である（統計は『世界国勢図会2023／24年版』）

**正答　5**

高卒警察官

No. 101 9月実施

## 地理　インド　平成18年度

インドに関する記述として，正しいものは次のどれか。

**1**　人口は10億人を超え，人口問題が懸念されていたが，政府の政策により人口減少が確実視されている。

**2**　大部分が仏教徒であるが，カシミール地方では少数のヒンドゥー教徒との争いが問題となっている。

**3**　近年は，安価で豊富，しかも優秀な労働力を背景にIT（情報技術）産業が発展している。

**4**　米の生産は世界有数だが，消費量が多く，輸入量も世界最大である。

**5**　デカン高原では，ラトソルと呼ばれる肥沃な黒色土が分布するため，綿花の栽培が盛んである。

### 解説

**1**．インドの人口は，2022年時点で14億人を超えており，政府は家族計画などを実施したが反発を招き，人口増加は止まっていない。

**2**．インド人の大多数はヒンドゥー教を信仰している。カシミール地方では，イスラム教徒との争いが問題になっている。

**3**．正しい。欧米との時差や英語が準公用語であることも一因である。

**4**．米の生産は，中国に次いで世界第２位（2021年）だが輸入量は多くない。また，輸出量は世界第１位（2021年）である。

**5**．デカン高原に分布する肥沃な国土はレグール土で綿花栽培に適している。ラトソルは熱帯地方に分布する赤色土である。

**正答　3**

政治 経済 社会 日本史 世界史 地理 倫理 文学・芸術 国語

## No.102 地理 中国（産業，人口，地形） 平成25年度

中国に関する記述として，妥当なのはどれか。

**1** 東部は山岳地帯，西部は平野が多い。
**2** 北部は湿潤な気候で稲作が，南部は乾燥しているので畑作が盛んである。
**3** 世界最大の人口を抱え，一人っ子政策を実施後の1990年頃から人口は減少しつつある。
**4** 世界各国に輸出しているが，近年の貿易収支は赤字である。
**5** 経済格差が大きく，内陸部の多くの農民が沿岸部に出稼ぎに来ている。

### 解説

**1**．東部（沿岸部）は平野，西部（内陸部）は山岳（高原）地帯である。
**2**．チンリン山脈とホワイ川を結ぶ線（年降水量1,000mm）より北部は降水量が少ないので畑作，南部は降水量が多いなどの理由で稲作が盛んである。
**3**．一人っ子政策（1979年～2015年）を実施後も，現在に至るまで人口は増加している。ただし，少子高齢化対策のため，2021年５月には夫婦１組につき３人まで子どもをもうけることを認める方針が発表された。
**4**．近年の貿易収支は黒字が続いている。
**5**．妥当である。

**正答　5**

高卒警察官

No. 103 警視庁

## 倫理　ギリシャ哲学　平成21年度

ギリシャ哲学に関する記述として，最も妥当なものはどれか。

**1**　この世界を動かしているのは何か，善悪の判断基準はどこにあるのかといった問いについて，古代ギリシャ人は他の諸民族と同様に，神話によって説明しようとした。

**2**　紀元前1000年頃になると，自然哲学者とよばれる人々が世界を成立させている根源的なものを合理的・論理的に考察するようになり，真理をつかもうとする知的探求が哲学とよばれるようになった。

**3**　「なんじ自身を知れ」を座右の銘としていたアリストテレスは，無知の自覚こそ真理探究への出発点であり，そこから限りない道が開けることに気づいた。

**4**　イオニア地方ミレトス生まれのソクラテスは，自然哲学の祖といわれ，「万物の根源は水である」と主張した。

**5**　プラトンは，問答を通じて，アテネ市民に知を愛し求めることの大切さを説いたが，それは相手の無知を暴露することにもなるため，一部市民の反感を招いて告発され，無実の罪で死刑を宣告された。

### 解説

**1**. 正しい。古代ギリシャに成立した『ギリシャ神話』ではオリンポスの神々が世界を支配したとされている。

**2**. 紀元前1,000年頃はギリシャ人がポリスを形成する前であり，ポリスが形成された後の紀元前８世紀にホメロスが神話的な叙事詩を著したが，自然哲学の誕生は紀元前６世紀初めにミレトスにタレスが現れてからである。

**3**. 「なんじ自身を知れ」を座右の銘とし，無知の自覚こそが真理探究の出発点と考えたのはアテネの哲学者ソクラテスである。

**4**. イオニア（小アジア西岸）地方ミレトスに生まれ，自然哲学の祖であり，「万物の根源は水である」と主張したのはタレスである。また，ソクラテスはアテネ生まれである。

**5**. 問答（法）はソクラテスの用いた方法である。「無知の知」から真の知恵を導き出そうとしたが，当時のアテネの権力者には受け入れられず，死刑に処せられた。

**正答　1**

警視庁

## No.104 倫理 近世の思想家 平成22年度

近世の思想家に関するア～ウの記述と，それぞれに該当する思想家の組み合わせとして，妥当なものはどれか。

ア　彼は，その著『君主論』において，宗教や道徳の権威によらず，強力な権力と知謀を行使して統一国家を樹立する君主のあり方を提示した。

イ　彼は，不幸な争いは「自分だけが正しい」と断定する独断や傲慢から生じると考え，それらを取り除くためには，自分自身の考え方や態度を謙虚に問いなおすことが必要であるとみなした。「私は何を知っているのか（ク・セ・ジュ）？」という問いは，彼のことばとして知られている。

ウ　彼は，その遺稿集である『パンセ』のなかで，人間は偉大さと悲惨さのあいだをゆれ動く不安定な中間者であると語っている。彼によれば，人間は「ひとくきの葦」のように自然のなかでもっとも弱い存在であるが，同時に「考える葦」でもあり，人間の尊厳は「考えること」のうちにあると述べている。

| | ア | イ | ウ |
|---|---|---|---|
| **1** | パスカル | マキァヴェリ | モンテーニュ |
| **2** | マキァヴェリ | パスカル | モンテーニュ |
| **3** | マキァヴェリ | モンテーニュ | パスカル |
| **4** | モンテーニュ | パスカル | マキァヴェリ |
| **5** | モンテーニュ | マキァヴェリ | パスカル |

### 解説

ア：マキァヴェリが当てはまる。ルネサンス期フィレンツェの政治思想家としてマキァヴェリ（1469～1527年）は『君主論』を著し，目的のため手段を選ばない君主のあり方を論じた。

イ：モンテーニュが当てはまる。モンテーニュ（1533～92年）はルネサンス期フランスのモラリストで，その著書『エセー』で，「私は何を知っているのか（ク・セ・ジュ）？」という問いにより，懐疑的な立場を示した。

ウ：パスカルが当てはまる。17世紀のフランスの哲学者パスカル（1623～62年）はその著書『パンセ』で，人間を「考える葦」にたとえた。

以上より，正答は**3**である。

**正答　3**

高卒警察官

警視庁

# No. 105 倫理 本居宣長 令和3年度

本居宣長に関する記述中の空所A～Dに当てはまる人物や語句の組合せとして，最も妥当なのはどれか。

本居宣長は，（　A　）と出会い，『古事記』の研究を志した。宣長によれば，儒教的なものの考え方に染まる以前の日本には，神代から伝わった神の御心のままなる固有の道があり，これを（　B　）の道と呼んだ。宣長は，『古今和歌集』や『新古今和歌集』にみられる女性的でやさしい歌風である（　C　）を古代の精神と捉えた。彼によれば，歌や物語の本質は（　D　）にあり，（　D　）を知る人は，悲しむべきことを悲しみ，喜ぶべきことを喜ぶ人であり，そうした人は他者の悲しみや苦しみに共感し同情することができる。宣長は，そこに人の本来の姿を見いだした。

| | A | B | C | D |
|---|---|---|---|---|
| **1** | 賀茂真淵 | 漢意（からごころ） | ますらをぶり | もののあはれ |
| **2** | 賀茂真淵 | 惟神（かんながら） | たをやめぶり | もののあはれ |
| **3** | 賀茂真淵 | 惟神（かんながら） | たをやめぶり | 高く直き心 |
| **4** | 平田篤胤 | 漢意（からごころ） | ますらをぶり | 高く直き心 |
| **5** | 平田篤胤 | 惟神（かんながら） | たをやめぶり | もののあはれ |

## 解説

A：「賀茂真淵」が妥当である。本居宣長は20代後半に賀茂真淵の書籍に触れ，『古事記』研究を決意し，江戸時代の宝暦13（1763）年に賀茂真淵から直接教えを受けた。「平田篤胤」は江戸時代後期の国学者で，復古神道の大成者。尊王攘夷運動に影響を与えた。

B：「惟神」が妥当である。神代から伝わった神の御心のままなる固有の道と本居宣長が説いた。「漢意」は中国的なものの考え方，中国の文化に感化された思想のことで，本居宣長は「漢意」を批判した。

C：「たをやめぶり」が妥当である。優美で繊細な歌風のことで，本居宣長が重視した。「ますらをぶり」は賀茂真淵が理想とした『万葉集』の素朴で力強い歌風のことである。

D：「もののあはれ」が妥当である。本居宣長が唱えた文学の本質であり，人間の生き方の本質とも考えた理念・価値観・美意識である。「高く直（なお）き心」は賀茂真淵が『万葉集』研究から唱えるようになった日本人の素朴で大らかな精神のことである。

よって，正答は**2**である。

**正答　2**

高卒警察官

No. 106 警視庁

## 倫理　江戸時代の思想　令和2年度

江戸時代の思想に関する記述として，最も妥当なのはどれか。

**1**　賀茂真淵は，武士中心の封建的な制度社会を法世とよんで批判し，すべての人がみな直接田を耕して生活するという平等社会である自然世を理想とした。

**2**　石田梅岩は，商人としての生活の経験をもとに，神道・儒教・仏教をあわせて，心を磨くための学問という意味の心学を説いた。

**3**　安藤昌益は，「万葉集」に表現された古代の日本人の精神を，おおらかでいさましい気風の「ますらおぶり」と呼び，また，素朴で力強い「高く直き心」と呼んだ。

**4**　山鹿素行は，朱子学が身分秩序の形式を重んじる点を批判して，各人の心の中に道徳の原理「孝」を見出した。

**5**　中江藤樹は，儒教の立場から，従来の武士道のあり方を批判し，道徳的指導者としての武士のあり方を士道として体系化した。

### 解説

**1**．安藤昌益の思想に関する記述である。安藤昌益（1703～1762年）は江戸時代中期の思想家で，身分や階級を否定し，田畑を耕して生活する（直耕）平等社会を『自然真営道』で説いた。

**2**．妥当である。江戸時代中期の思想家の石田梅岩（1685～1744年）に関する記述である。町人道徳を説いた。

**3**．賀茂真淵に関する記述である。賀茂真淵（1697～1769年）は江戸時代中期の国学者で，『万葉集』などの日本の古典の研究を行った。

**4**．中江藤樹に関する記述である。中江藤樹（1608～1648年）は江戸時代初期の陽明学者で，朱子学の形式主義を批判し，道徳の根源である「孝」（敬愛の心）を重視した。

**5**．山鹿素行に関する記述である。山鹿素行（1622～1685年）は江戸時代初期の儒学者，軍学者で，士道の大成者。

**正答　2**

高卒警察官

No. 107 9月実施

# 倫理 西洋の思想家 平成23年度

西洋の思想家に関する次の記述として，妥当なのはどれか。

**1** ロックはその著書『社会契約論』の中で，一般意思について説いた。
**2** ルソーは三権分立によって，権力の集中と濫用を防ぐことを説いた。
**3** モンテスキューは『市民政府二論』の中で，抵抗権を唱えた。
**4** アダム=スミスは『人口論』の中で，経済の自由を説いた。
**5** ホッブズは『リヴァイアサン』で，自分の意思を権力の高いものに任せることを説いた。

## 解説

**1**．『社会契約論』を著し，一般意思について説いたのはフランスの思想家ルソーである。ロックは社会契約論を唱えたイギリスの哲学者であるが，『市民政府二論（統治論）』『人間知性（悟性）論』を著している。

**2**．三権分立を説いたのは，フランスの啓蒙思想家のモンテスキューである。ルソーについては**1**を参照。

**3**．『市民政府二論』の中で，抵抗権を唱えたのはイギリスの哲学者ロックである。モンテスキューについては**2**を参照。

**4**．『人口論』を著したのはイギリスの古典派経済学者マルサスである。マルサスは食料と人口について考察し，貧困解決策として人口抑制を説いた。アダム=スミスはイギリスの経済学者で『諸国民の富（国富論）』で資本主義を分析し，自由主義経済学を創始した。

**5**．妥当である。

正答 **5**

高卒警察官

No. 108　警視庁

## 倫理　諸子百家　令和4年度

次のうち，老子の残した言葉として，最も妥当なのはどれか。

**1**　過ちを改めざる，これを過ちと謂う。

**2**　己に克ちて礼に復るを仁となす。

**3**　己の欲せざる所は，人に施すことなかれ。

**4**　君子は和して同ぜず。小人は同じて和せず。

**5**　大道廃れて，仁義あり，智慧出でて，大偽あり。

### 解説

**1**．儒家の孔子の言葉をまとめた『論語（衛霊公）』に記された言葉である。意味は，過ちは誰でも犯すが，過ちを直そうとしないことこそが本当の過ちであるということ。

**2**．儒家の孔子の言葉をまとめた『論語（顔淵）』に記された言葉である。意味は，自分自身の欲を抑えて，人間として礼に従って行動することで，それが仁である。

**3**．儒家の孔子の言葉をまとめた『論語（衛霊公）』に記された言葉である。意味は，自分がしてほしくないと感じることは，相手にしてはならないということ。

**4**．儒家の孔子の言葉をまとめた『論語（子路第十三）』に記された言葉である。意味は，徳の高い人は人と調和してよい状態を保てるが，なんでも賛成することはない。徳のない人は安易になんでも賛成するが，人と調和してやっていけないということ。

**5**．妥当である。老子（春秋時代末期の道家の開祖）の言葉である。道の本来の姿は無為自然であり，（無為自然の）道が廃れてしまったので，儒者が現れ，仁義を強調するようになり，人々が知恵を持つようになると，人為的な秩序や制度が作られるようになったということ。

正答　**5**

No. 109　警視庁

## 倫理　実存主義の思想家に関する記述と思想家名の組合せ　平成25年度

次は実存主義に関する人物の記述であるが，ア～ウに該当する人物の組合せとして，最も妥当なのはどれか。

ア　デンマークの思想家。本来的な実存に至る通路を第一段階の美的実存，第二段階の倫理的実存，第三段階の宗教的実存の三段階で説明した。主著に『あれかこれか』,『死に至る病』などがある。

イ　ドイツの哲学者。人間の生の根源を，より強く生きようとする「力への意志」としてとらえた。ニヒリズムという現代の否定的な現実と，その現実のなかで生きざるをえない自分をすべてありのままに受け入れ，かぎりある人生のなかで，絶望と享楽への誘惑を乗り越えて，今を強く生きようとする勇気を「超人」の理想に託した。主著に『悲劇の誕生』,『ツァラトゥストラはこう言った』などがある。

ウ　フランスの哲学者・文学者。人間は無規定なままでこの世にまず存在し，そののちに自己の本質（個性的なあり方）を自らの選択に従って自由に創造していく存在であるとし，このような人間のあり方を「実存は本質に先立つ」と表現した。主著に『嘔吐』,『自由への道』などの小説，『存在と無』,『実存主義とは何か』などの哲学書がある。

| | ア | イ | ウ |
|---|---|---|---|
| **1** | キルケゴール | ニーチェ | サルトル |
| **2** | ニーチェ | キルケゴール | サルトル |
| **3** | キルケゴール | サルトル | ニーチェ |
| **4** | サルトル | ニーチェ | キルケゴール |
| **5** | ニーチェ | サルトル | キルケゴール |

### 解説

キルケゴール。自己のあり方を自ら選ぶ真の主体としての実存を求め，ただ１人で神に向き合って生きる単独者に真の実存のあり方を見いだした。イ．ニーチェ。無神論的実存主義者で,「神は死んだ」と述べて，ニヒリズムの到来を示した。ウ．サルトル。「人間は自由の刑に処せられている」と述べて，人間は徹底的に自由であるべく運命づけられているが，自らが自由に選んだ行為に全面的に責任を負わなければならないことを表した。

以上より，正答は**1**である。

正答　**1**

政治　経済　社会　日本史　世界史　地理　倫理　文学・芸術　国語

## No. 110 警視庁 文学・芸術 万葉集 令和元年度

万葉集に関する記述として，最も妥当なのはどれか。

**1**　万葉集は，編者が大伴旅人とも言われているが，5世紀前半から万葉集の最後を飾る759年の大伴旅人の歌まで，前後3世紀にわたる歌が集められている。

**2**　さまざまな分野の人々の和歌を収録しているが，一般に素朴・雄大な歌風で，賀茂真淵はこれを「たをやめぶり」と評した。

**3**　万葉集には，生活経験を素材とした素朴な民謡風の歌である雑歌，北九州や壱岐・対馬の海岸警備の兵士たちの歌である東歌など，さまざまな歌が収められている。

**4**　万葉集の代表的歌人の1人である紀貫之の作品は，病気や貧困などの人生の苦しさや，子を思う深い愛の歌で広く知られている。

**5**　万葉集はいわゆる「万葉仮名」で記されており，中国から伝わってきた漢字を用いて日本語を表現している。

### 解説

**1**. 『万葉集』の編者といわれているのは大伴旅人ではなく，大伴家持（おおとものやかもち）である。大伴旅人は大伴家持の父で，歌人であり，大納言の任に就いた人物。また，最も古い歌は7世紀前半のものである。

**2**. 江戸時代の国学者の賀茂真淵が「たをやめぶり」と評したのは『古今和歌集』以降の和歌で，『万葉集』の素朴で雄大な歌は「ますらをぶり」と評した。

**3**. 雑歌は相聞歌（恋の歌）・挽歌（死を悼む歌）に分類できない歌すべてが当てはまる。北九州や壱岐・対馬の海岸警備の兵士たちの歌は東歌ではなく，防人の歌である。東歌は東国地方で作られた民謡風の歌のこと。

**4**. 紀貫之ではなく，『貧窮問答歌』で知られる山上憶良に関する記述である。紀貫之は『古今和歌集』の編者である。

**5**. 妥当である。

**正答　5**

政治
経済
社会
日本史
世界史
地理
倫理
文学・芸術
国語

高卒警察官

警視庁

## No. 111 文学・芸術 ノーベル文学賞受賞者 平成26年度

小説「百年の孤独」の作者で，2014年４月に亡くなったノーベル文学賞受賞者として，最も妥当なのはどれか。

**1** ルイス・ボルヘス
**2** バルガス・リョサ
**3** ガルシア・マルケス
**4** オクタビオ・パス
**5** ガブリエラ・ミストラル

### 解説

**1**. ルイス・ボルヘス（1899～1986年）はアルゼンチンの詩人・作家。代表作は短編集『伝奇集』。ノーベル文学賞は未受賞である。

**2**. バルガス・リョサ（1936～）はペルーの作家・ジャーナリスト。国際ペンクラブ会長を務めた人物でもあり，2010年にノーベル文学賞を受賞している。代表作は『緑の家』。

**3**. 妥当である。ガルシア・マルケス（1928～2014年）はコロンビアの作家。『百年の孤独』は100年間にわたる民族の興亡がつづられている。1982年にノーベル文学賞を受賞した。

**4**. オクタビオ・パス（1914～1998年）はメキシコの詩人・評論家・外交官で，1990年にノーベル文学賞を受賞した。代表作は『孤独の迷宮』。

**5**. ガブリエラ・ミストラル（1889～1957年）はチリの女性詩人・教育者・外交官で，1945年にラテンアメリカで初のノーベル文学賞を受賞した。代表作は『悲嘆』。

**正答 3**

## No. 112 警視庁 文学・芸術 日本の古典作品 令和4年度

日本の古典作品に関する記述として，最も妥当なのはどれか。

**1** 伊勢物語は，紀貫之とおぼしき主人公の元服から臨終までを描く一代記風の構成をとっているが，主人公の実名は物語中では明かされていない。

**2** 源氏物語は，紫式部によって描かれた長編物語であり，光源氏が主人公の本編54帖，および光源氏の息子である夕霧が主人公の「宇治十帖」から成る。

**3** 堤中納言物語は，「花桜折る少将」「このついで」「虫めづる姫君」など，10編から成る短編物語集である。

**4** 竹取物語は，現存する最古の物語であり，『枕草子』のなかで「物語の出で来始めの祖」と評されるなど，当時から物語の元祖として認められていた。

**5** 狭衣物語は，兄妹が男女逆の姿で育てられるがやがて元の姿に戻って幸福に結婚する，という特異な構想に基づいた作品である。

### 解説

**1**．『伊勢物語』は，紀貫之ではなく，在原業平が主人公であり，主人公を明示しない方法で記されている。紀貫之は『土佐日記』の作者である。

**2**．「宇治十帖」（第45帖～第54帖）の主人公は薫である。夕霧（『源氏物語』の主人公の光源氏の長男）は，『源氏物語』に登場し，第39帖のタイトルとなっている。

**3**．妥当である。『堤中納言物語』は短編物語集で，作者未詳。

**4**．『竹取物語』は，『枕草子』ではなく，『源氏物語』の中で物語の元祖と評されている。

**5**．『狭衣物語』は狭衣大将と従妹の源氏の宮との悲恋を描いた物語である。兄妹が男女逆の姿で育てられるがやがて元の姿に戻って幸福に結婚するという作品は『とりかえばや物語』である。

正答　3

高卒警察官

No. 113 警視庁

## 文学・芸術　文章に記述されている作家　平成22年度

次の文章に記述されている作家として，妥当なものはどれか。

彼は19世紀ロシア・リアリズム文学を代表する世界的な作家であり，人間の内面的，心理的な矛盾と相克を追究して，近代小説に新しい可能性を開いた。代表作として，思想的確信に基づいて殺人を犯した主人公の理性と心情の分裂を描くとともに，その新生への道を示そうとした長編『罪と罰』，実在の事件に取材して無神論的革命思想に憑かれた人びとの破滅を描いた長編『悪霊』等がある。

**1**　トルストイ

**2**　ドストエフスキー

**3**　パステルナーク

**4**　チェーホフ

**5**　ソルジェニーツィン

### 解説

**1**．トルストイ（1828～1910年）はロシア文学を代表する作家であるが，代表作は『戦争と平和』『アンナ・カレーニナ』等である。

**2**．妥当である。ドストエフスキー（1821～81年）が当てはまる。シベリアへの流刑の経験から，さらに人間への洞察を深めたといわれる。

**3**．パステルナーク（1890～1960年）はソ連の詩人であり作家で，代表作は『ドクトル・ジバコ』である。

**4**．チェーホフ（1860～1904年）はロシアの作家であり劇作家としても知られる。代表作は『桜の園』『かもめ』等である。

**5**．ソルジェニーツィン（1918～2008年）は20世紀を代表するソ連の作家である。1945年から53年まではスターリン批判で政治犯として投獄されていた。1962年に『イワン・デニーソヴィッチの一日』でソ連を批判した。1970年にはノーベル文学賞を受賞している。

正答　**2**

## No. 114 警視庁 文学・芸術 中原中也の詩の最初の部分 平成20年度

次はそれぞれ近代詩作品の最初の部分であるが，中原中也の作品はどれか。

**1** 小諸なる古城のほとり　雲白く遊子悲しむ
**2** 汚れつちまつた悲しみに　今日も小雪の降りかかる
**3** 僕の前に道はない　僕の後ろに道は出来る
**4** ふるさとは遠きにありて思ふもの　そして悲しくうたふもの
**5** 太郎を眠らせ，太郎の屋根に雪ふりつむ

### 解説

**1**．島崎藤村の『落梅集』（「千曲川旅情の歌」）である。島崎藤村は北村透谷らとともに「文学界」を創刊し，『若菜集』などを発表して浪漫派の詩人として詩壇に登場したが，『破戒』，『夜明け前』を著し，自然主義文学を代表する作家となった。

**2**．正しい。中原中也の作品『山羊の歌』（「汚れつちまつた悲しみに」）の最初の部分である。フランスの詩人ランボーの影響を受けた。

**3**．高村光太郎の『道程』（「道程」）である。高村光太郎は欧米留学から帰国後，北原白秋の「パンの会」や，「白樺」に参加し，詩集『道程』や『智恵子抄』を著した。

**4**．室生犀星の『抒情小曲集』（「小景異情」）である。室生犀星は故郷金沢の情景を詠った「小景異情」が注目されて詩壇に登場した。後に小説も手掛け，『あにいもうと』，『杏っ子』などを著した。

**5**．三好達治の『測量船』（「雪」）である。三好達治は『測量船』で詩人として知られるようになり，詩誌「四季」を堀辰雄らと創刊した。ほかに『駱駝の瘤にまたがって』などの作品を残している。

**正答　2**

## No. 115 警視庁 文学・芸術 和歌の作者 平成29年度

次の和歌の詠み手として，最も妥当なのはどれか。

田子の浦ゆうち出でてみれば真白にそ富士の高嶺に雪は降りける

**1** 菅原道真
**2** 在原業平
**3** 柿本人麻呂
**4** 山部赤人
**5** 和泉式部



### 解説

**1**．菅原道真（平安時代の学者・政治家）は，梅の花に春の東風が吹いたら，主がいなくても咲くのを忘れないようにと詠んだ「東風（こち）吹かばにほひおこせよ梅の花主なしとて春を忘るな」（『拾遺和歌集』）が代表作である。

**2**．在原業平（平安時代初期の貴族・歌人，六歌仙および三十六歌仙の一人）は，世の中に桜がなければ春はのどかに過ごせるだろうと詠んだ「世の中に絶えて桜のなかりせば春の心はのどけからまし」（『古今和歌集』，『伊勢物語』）が代表作である。

**3**．柿本人麻呂（飛鳥時代の宮廷歌人，三十六歌仙の一人）は，東の空に曙が見え，西の空に月が傾いている情景を詠んだ「東の野に炎（かぎろひ）の立つ見えてかへり見すれば月傾（かたぶ）きぬ」が代表作である（『万葉集』）。

**4**．妥当である。山部赤人は奈良時代初期の歌人で，三十六歌仙の一人。田子の浦（静岡県）を通った時に見た富士山に降る真っ白い雪の情景を詠った和歌である。

**5**．和泉式部（平安時代中期の歌人）は，最後にもう一度だけ会いたい気持ちを詠んだ「あらざらむこの世の外の思ひ出に今ひとたびの逢うこともがな」（『後拾遺和歌集』）が代表作である。

正答 **4**

## No. 116 9月実施 文学・芸術 ヨーロッパの建築様式と建築物 平成24年度

ア～ウの建築様式に関する説明と代表的な建築物の組合せとして，正しいのはどれか。

ア　ロマネスク様式は半円形のアーチで石造りの天井を支える，重厚なものである。

イ　ゴシック様式の特徴は尖頭アーチとリブ（肋骨）構造の天井で，より高い建築が可能となった。

ウ　バロック様式は規模の大きさと建築と彫刻などを融合させた豪華さを特徴としている。

| | ア | イ | ウ |
|---|---|---|---|
| **1** | ピサ大聖堂 | ケルン大聖堂 | ノートルダム大聖堂 |
| **2** | ケルン大聖堂 | ノートルダム大聖堂 | ヴェルサイユ宮殿 |
| **3** | ピサ大聖堂 | ノートルダム大聖堂 | ヴェルサイユ宮殿 |
| **4** | ノートルダム大聖堂 | ケルン大聖堂 | イギリス国会議事堂 |
| **5** | ケルン大聖堂 | シャルトル大聖堂 | イギリス国会議事堂 |

### 解説

**1**．ピサ大聖堂はロマネスク様式で正しい。ケルン大聖堂とノートルダム大聖堂はどちらもゴシック様式である。ケルン大聖堂は着工から完成まで，工事の中断を何度も繰り返したので630年もかかった。

**2**．ヴェルサイユ宮殿はバロック様式で正しい。ケルン大聖堂をロマネスク様式としている点が誤り。

**3**．正しい。

**4**．ノートルダム大聖堂は初期ゴシック様式を代表するものであるし，イギリス国会議事堂は19世紀半ばの新古典主義の時代に建てられたネオ・ゴシック様式の例である。

**5**．ケルン大聖堂とシャルトル大聖堂はどちらも初期ゴシック様式。

正答　3

高卒警察官

# No.117 警視庁 文学・芸術 小説の冒頭部分 平成30年度

次の文はある小説の冒頭部分であるが，その作者として，最も妥当なのはどれか。

「山路(やまみち)を登りながら，こう考えた。

智(ち)に働けば角(かど)が立つ。情(じょう)に棹(さお)させば流される。意地を通せば窮屈だ。兎角(とかく)に人の世は住みにくい。」

**1** 島崎藤村
**2** 夏目漱石
**3** 樋口一葉
**4** 森鷗外
**5** 与謝野晶子

## 解説

**1**. 妥当ではない。島崎藤村は「木曽路はすべて山の中である」で始まる『夜明け前』等で有名な小説家である。
**2**. 妥当である。小説家の夏目漱石の『草枕』の冒頭文である。
**3**. 妥当ではない。樋口一葉は「廻れば大門の見返り柳いと長けれど」で始まる『たけくらべ』等で有名な小説家である。
**4**. 妥当ではない。森鷗外は「高瀬舟は京都の高瀬川を上下する小舟である」で始まる『高瀬舟』等で有名な小説家である。
**5**. 妥当ではない。与謝野晶子は歌集『みだれ髪』等の作者で歌人である。

正答 **2**

## No.118 文学・芸術 西洋絵画 平成18年度

西洋絵画に関する次の記述を年代順に並べたものとして妥当なものはどれか。

A　ドーム型の教会が造られ，その内部にはモザイク壁画のイコンなどが多く描かれた。
B　フランスの画家たちによって明るい色彩で自然や風景をとらえる方法が生み出された。
C　遠近法が発見され，絵画が写実的になり，「最後の晩餐」「最後の審判」が描かれた。
D　スペインでは宮廷画家が国王の家族を描き，フランドル地方では農民の日常生活が描かれた。

**1**　A　B　D　C
**2**　A　C　D　B
**3**　C　A　B　D
**4**　C　D　A　B
**5**　D　C　B　A

### 解説

A：中世のビザンツ様式に関する記述である。ビザンツ（東ローマ）帝国では6世紀にドーム型の聖ソフィア聖堂が建立され，色のついたガラスや大理石などを壁にはめ込んで描いたモザイク壁画のイコン（キリストや聖母マリアを描いた聖画）が造られた。
B：19世紀後半にフランスに興った絵画運動の印象派に関する記述である。マネ，モネ，ルノワールが代表的な画家である。
C：遠近法が発見されたのはルネサンス期（14～16世紀）である。これが絵画にとり入れられ，レオナルド=ダ=ヴィンチの「最後の晩餐」，ミケランジェロの「最後の審判」などの作品が生まれた。
D：バロック美術に関する記述である。ルネサンス後の16～18世紀にヨーロッパで流行した美術様式で，スペインではベラスケスが宮廷画家として国王の家族を描き，フランドル地方では，ブラウエルが農民の日常生活を描いた。
よって，ACDBの順番の**2**が正しい。

**正答　2**

高卒警察官

No. 119 9月実施

## 国語　同じ読みの漢字　平成21年度

次のうち，下線部の読みが同じものを選んだ組合せとして，妥当なのはどれか。

**1**　小田原評定——勤務評定
**2**　知己を得る——自己紹介する
**3**　光明を見いだす——克明に描く
**4**　一目散に逃げる——一目置かれる
**5**　相対性理論——相対する

政治 経済 社会 日本史 世界史 地理 倫理 文学・芸術 国語

### 解説

**1**.「小田原評定」は「おだわらひょうじょう」と読み，長引いてなかなかまとまらない相談のことをいう。「勤務評定」は「きんむひょうてい」と読み，部下の仕事の成果などを評価すること。

**2**.「知己」は「ちき」と読み，自分をよく理解してくれる人，または親友のこと。「自己紹介」の「自己」は「じこ」と読み，自分自身のこと。

**3**.「光明」は「こうみょう」と読み，暗やみに差し込む明るい光，または希望のこと。「克明」は「こくめい」と読み，詳しく丁寧な様子のこと。

**4**. 正しい。双方とも「一目」は「いちもく」と読む。「一目散に」は脇目もふらずに走ったり逃げたりする様子。「一目置かれる」は敬意を払われること。

**5**.「相対性理論」は「そうたいせいりろん」と読み，アインシュタインによって確立された物理学の理論。「相対する」の「相対」は「あいたい」と読み，お互いに向かい合うこと，またはお互いに反対の立場に立つこと。

正答　4

## No. 120 9月実施 国語 助動詞「～そうだ」の用法 平成24年度

例文の「そうだ」と同じ用法のものを挙げたものとして，正しいのはどれか。

例　きみはとても元気そうだ。

ア　今日の予定は運動だそうだ。

イ　きみが見たそうだから，窓は開いていたのだろう。

ウ　B組が優勝したそうだから，嬉しいだろう。

エ　空が青いから，天気がよくなりそうだ。

オ　きちんと仕事をしないと，叱られそうだ。

**1**　ア，イ
**2**　イ，エ
**3**　イ，オ
**4**　ウ，エ
**5**　エ，オ

### 解説

助動詞の「そうだ」には，ほかから聞いたことを伝える伝聞と，「そういう様子だ」とか「今にもそういう様子になる」という様態の２つの用法がある。例文の「そうだ」は元気な様子を表す様態の用法である。ア，イ，ウの３つはいずれも伝聞の「そうだ」で，ほかから「今日の予定」（ア）や「きみが見た」（イ）・「B組が優勝した」（ウ）という事実を聞いたことを伝えている。エとオはこれから「天気がよくな」る（エ）とか，「叱られ」る（オ）という様子を表し様態の用法で例文と同じである。

以上からエとオを挙げている**5**が正しい。

正答　**5**

高卒警察官

No. 121 千葉県警

# 国語　四字熟語　平成15年度

四字熟語が正しく書かれてあるのは，次のうちどれか。

**1**　羊頭狗肉
**2**　付和雷動
**3**　奉然自若
**4**　朝礼暮改
**5**　撒頭撒尾

## 解説

**1**．正しい。羊頭狗肉（ヨウトウクニク）は，見かけは立派だが内容が伴わない（羊の頭を看板に出しながら，実際は犬（＝狗）の肉を売ったという故事に基づく）という意味。
**2**．自分の考えというものがなく，軽々しく他人の説に同調するという意味で，「付和雷同（フワライドウ）」が正しい。
**3**．落ち着いて物事に動じないという意味で，「泰然自若（タイゼンジジャク）」が正しい。
**4**．定めた後から次々と法令が改められてあてにならないという意味で，「朝令暮改（チョウレイボカイ）」が正しい。
**5**．初めから終わりまでという意味で，「徹頭徹尾（テットウテツビ）」が正しい。

**正答　1**

# No.122 警視庁 国語 四字熟語 平成27年度

次のア～オは四字熟語であるが，空所のどこにも当てはまらない文字として，最も妥当なのはどれか。

ア　（　）前絶後
イ　粉（　）砕身
ウ　閑話（　）題
エ　（　）住坐臥
オ　喜怒（　）楽

**1**　急
**2**　哀
**3**　空
**4**　骨
**5**　常

## 解説

ア：**3**の「空」が当てはまる。空前絶後は，過去にもなく，将来にも起こりそうにないほど，まれなこと。
イ：**4**の「骨」が当てはまる。粉骨砕身は。骨を粉にし，身を砕くほど，最大限の努力をすること。
ウ：正しくは「休」が当てはまり，閑話休題となる。話を本題に戻すときに用いる，「それはさておき」の意味である。
エ：**5**の「常」が当てはまる。常住坐臥は，「座るときも寝るときもいつも」の意味である。
オ：**2**の「哀」が当てはまる。喜怒哀楽は，喜び，怒り，哀しみ，楽しみなどの人間の感情のこと。
以上より，**1**の「急」はどれにも当てはまらないので，正答は**1**である。

正答　**1**

高卒警察官

No. 123 9月実施

# 国語　四字熟語の読み　平成28年度

次の四字熟語のうち，読み方が正しいのはどれか。

**1**　有象無象（ゆうしょうむしょう）
**2**　合従連衡（ごうじゅうれんこう）
**3**　言語道断（ごんごどうだん）
**4**　一期一会（いっきいちえ）
**5**　会者定離（えしゃていり）

## 解説

**1**．誤り。正しくは「うぞうむぞう」と読む。意味は，この世に存在するすべてのもの，あるいは，数多くあるつまらないもののこと。

**2**．誤り。正しくは「がっしょうれんこう」と読む。意味は，駆け引きで，連合したり，同盟したりすること。

**3**．正しい。意味は，とんでもないこと。

**4**．誤り。正しくは「いちごいちえ」と読む。意味は，一生に一度限りのこと。

**5**．誤り。正しくは「えしゃじょうり」と読む。意味は，会えば必ず離れる運命にあること。

正答　**3**

高卒警察官

No. 124 警視庁

## 国語　四字熟語の意味　平成20年度

次の四字熟語に関する意味として妥当なものはどれか。

**1** 「不即不離」とは，強く結びつき，一つになって離れることがないこと。

**2** 「一言居士」とは，何事にも同じようなことを述べる人のこと。

**3** 「夏炉冬扇」とは，思わぬ所，時に役に立つもののこと。

**4** 「試行錯誤」とは，物事に取り組んでいる当事者は誤りに気づかないこと。

**5** 「乾坤一擲」とは，天下・運命をかけて，のるかそるかの大勝負をすること。

### 解説

**1**．「不即不離」はつかず離れず，ちょうどよい関係にあること。「強く結びつき，一つになって離れることがないこと」は「一致団結」。

**2**．「一言居士（いちげんこじ）」は何かにつけて，自分の意見をひとこと言わないと気のすまない人のこと。「何事にも同じようなことを述べる人」は「二股膏薬（ふたまたごうやく）」。

**3**．「夏炉冬扇（かろとうせん）」は時節はずれで役に立たないもののこと。「思わぬ所，時に役に立つもののこと」は「無用之用」。

**4**．「試行錯誤」は失敗を重ねながら学習していき，目的に近づくこと。「物事に取り組んでいる当事者は誤りに気づかないこと」は「自家撞着（じかどうちゃく）」。

**5**．正しい。「乾坤一擲（けんこんいってき）」の「乾坤」は天と地を表し，「一擲」は一度に投げることから，天下をかけて，さいころを投げることに由来する四字熟語。

正答　**5**

高卒警察官

No. 125 警視庁

# 国語　四字熟語　平成24年度

四字熟語の意味についての説明として，妥当なのはどれか。

**1**　「一騎当千」とは，ちょっとしたことで一度に大金を手に入れることである。

**2**　「雲散霧消」とは，世の中は常に移り変わり，とどまることがないことである。

**3**　「急転直下」とは，自分の都合のよいようにはからうことである。

**4**　「切歯扼腕」とは，互いに励まし合って向上することである。

**5**　「南船北馬」とは，絶えずあちこち旅行することである。

## 解説

**1**．「一騎当千」は1人で千人の敵を相手にできるほど強いという意味。一度に大金を手に入れるというのは「一攫(かく)千金」である。

**2**．「雲散霧消」は秩序なく乱れ，ばらばらになること。世の中が移り変わることをたとえるなら「有為転変(ういてんぺん)」などの言い回しがある。

**3**．「急転直下」は物事が急に変わり，事が決まるという意味。自分の都合のよいように取り計らうなら「我田引水」などがある。

**4**．「切歯扼腕(せっしやくわん)」は歯ぎしりをし，腕まくりして悔しがること。互いに励まし合って向上するという意味なのは「切磋琢磨(せっさたくま)」である。

**5**．妥当である。「南船北馬」の出典は『淮南子(えなんじ)』斉俗訓(せいぞくくん)で，同じ意味の四字熟語として「東奔西走」がある。

**正答　5**

## No. 126 警視庁 国語 反対の意味になっている熟語の組合せ 平成23年度

次の熟語の組合せのうち，反対の意味になっているものとして，妥当なのはどれか。

**1** 介入 — 関与
**2** 創造 — 模倣
**3** 会得 — 理解
**4** 音信 — 消息
**5** 和解 — 妥協

### 解説

**1**.「介入」も「関与」も第三者が入り込んで関係を持つことである。
**2**. 妥当である。「創造」（独自のものを作り出すこと）と「模倣」（他をまねること）は反対の意味である。
**3**.「会得」も「理解」も物事の筋道を悟り，心得ることである。
**4**.「音信」と「消息」は状況を知らせる手紙や連絡のことである。
**5**.「和解」も「妥協」も対立した意見をまとめるため，両方が譲り合うことである。

**正答 2**

高卒警察官 No. 127 9月実施

# 国語 漢字の意味 平成19年度

次の語句とその意味の正しい組合せはどれか。

**1** 抽象的――形が定まり，はっきりしている様子。
**2** 恣意的――物事を客観的に見ること。
**3** 懐疑的――まったく疑いがないこと。
**4** 暫定的――決定したことが将来にわたって続くこと。
**5** 漸進的――段階を経て，徐々に進んでいる様子。

## 解説

**1**.「抽象的（ちゅうしょうてき）」は物事を一般化して考えたり，頭の中だけで考えて現実性を持たないことである。
**2**.「恣意的（しいてき）」は主観的に勝手気ままに考えること。
**3**.「懐疑的（かいぎてき）」は物事の真理に疑いを抱くこと。
**4**.「暫定的（ざんていてき）」は仮の措置として決めること。
**5**. 正しい。「漸進的」の読みは「ぜんしんてき」。

正答 **5**

高卒警察官

No. 128 9月実施

# 国語　慣用句　平成18年度

次の下線部のうち，用法が正しいものはどれか。

**1**　散歩の途中，自分の飼い犬が向こうからやって来た犬と渡りに船で吠え合った。

**2**　学校で喧嘩した子供たちはみんな立て板に水のように押し黙っていた。

**3**　弟は違う道を通ったが，そこでは交通事故があったので，あぶ蜂取らずだった。

**4**　僕は運動会のリレーで期待どおりの走りをしたので，馬脚をあらわす結果となった。

**5**　私はバーゲンに行ったが，どれにするか迷ってしまい，二の足を踏み，なかなか決心がつかなかった。

## 解説

**1**．誤った用法である。「渡りに船」の意味は，ちょうどその場にふさわしく好都合なことで，犬どうしが吠え合う状況では用いない。

**2**．誤った用法である。「立て板に水」の意味は，よどみなく話すたとえであり，子供たちが押し黙っている状況には用いない。

**3**．誤った用法である。「あぶ蜂取らず」の意味は，あれもこれもと欲張って全部失敗するたとえであり，違う道を通った弟がさらに交通事故現場に直面する状況では用いない。

**4**．誤った用法である。「馬脚をあらわす」は本性がばれることであり，期待どおりの行為に対しては用いない。

**5**．正しい。「二の足を踏む」の意味は，ためらうことである。

正答　5

高卒警察官

No. 129　警視庁

# 国語　故事成語　令和元年度

次の故事成語のうち，北原白秋が作詞した童謡「まちぼうけ」の素材とされ，「いつまでも旧習にとらわれて時代の流れに対応しないこと」を意味するものとして，最も妥当なのはどれか。

**1**　烏有（うゆう）に帰す
**2**　株（くいぜ）を守る
**3**　狡兎（こうと）死して走狗（そうく）烹（に）らる
**4**　他山の石
**5**　髀肉（ひにく）の嘆（たん）

## 解説

**1**．すっかりなくなること。特に，火災などですべてなくなること。中国の『史記』に記されている。

**2**．妥当である。融通の利かないことを表す。切り株にぶつかって死んだうさぎを入手した農夫が，その後働くことをやめて，うさぎを得るため切り株を見張ったという中国の故事から来ている。

**3**．敵国が滅びると，それまで功績のあった功臣も不要とされ，殺されること。うさぎが死ぬと猟犬も不要になり，煮て食べられてしまうという中国の故事から来ている。

**4**．他人の誤った言行でも，自分の修養の助けとなること。他の山から出た質の悪い石でも，自分の宝石を磨く助けとなるという中国の故事から来ている。

**5**．実力を発揮する機会がないことを嘆き，むなしく時を過ごすこと。中国の蜀の劉備が戦いで実力を発揮する機会に恵まれず，馬に乗れずに太ももの内側にぜい肉がついてしまったことを嘆いたという中国の故事から来ている。

**正答　2**



政治 経済 社会 日本史 世界史 地理 倫理 文学・芸術 国語

高卒警察官

No. 130

警視庁

## 国語　2つとも妥当な同訓異字の組合せ　平成22年度

次の同訓異字の組み合わせのうち，二つとも妥当なものはどれか。

**1**　今年の冬は温かい　　暖かい料理を食べる
**2**　席を空ける　　窓を開ける
**3**　故人を傷む　　果物が痛む
**4**　怒りを押さえる　　端を抑える
**5**　費用を整える　　身なりを調える

### 解説

**1**．冬に「温かい」を用いるのは誤り。季節の寒暖を表す場合，「暖かい」が妥当である。料理に「暖かい」を用いるのは誤り。料理の温度の場合は，「温かい」が妥当である。
**2**．妥当である。
**3**．亡くなった人を嘆き悲しむ場合は，「悼む」が妥当である。果物が腐る場合は，「傷む」が妥当である。
**4**．怒りなどの感情を押しとどめる場合は，「抑える」が妥当である。端を動かないようにする場合には，「押さえる」が妥当である。
**5**．費用などを用意する場合には，「調える」が妥当である。身なりをきちんとする場合には，「整える」が妥当である。

正答　**2**

高卒警察官

No. 131 警視庁

# 国語 ことわざ・慣用句 令和2年度

次のことわざ・慣用句とその意味の組合せとして，最も妥当なのはどれか。

**1** 青菜に塩：相性が良いこと
**2** 雨後の筍（たけのこ）：季節外れのようす
**3** 梨（なし）の礫（つぶて）：便りや連絡がないこと
**4** 猫に鰹節（かつおぶし）：好物で機嫌をとること
**5** 柳の下に何時（いつ）も泥鰌（どじょう）は居らぬ：のどかなさま

## 解説

**1**．誤り。「青菜に塩」は「元気のない様子」。青菜に塩をかけると水分がなくなりしおれることから，人が打ちひしがれて元気がない状態をいう。

**2**．誤り。「雨後の筍」は「同じようなものが次々と出てくる様子」。雨が降った後に，筍が次々と出てくることから，ものごとが相次いで現れることのたとえ。

**3**．妥当である。

**4**．誤り。「猫に鰹節」は「油断できないこと。危険な状況にあること」。猫のそばに鰹節を置くと，すぐに食べられてしまい，油断できない状況を招くことに由来することわざ。

**5**．誤り。「柳の下に何時も泥鰌は居らぬ」は「一度うまくいったからといって，いつも同じようにうまくいくわけではないこと」。柳の下で一度泥鰌が捕れたことがあったからといって，必ず柳の下に泥鰌がいるわけではないことに由来することわざ。

正答 **3**

## No.132 9月実施 国語 接続詞の用法 平成18年度

次の接続詞のうち，意味がすべて同じものの組合せはどれか。

| | | | |
|---|---|---|---|
| **1** | ところが | けれども | また |
| **2** | しかし | だから | そして |
| **3** | すると | だから | それで |
| **4** | それから | もしくは | もっとも |
| **5** | けれども | ところで | しかし |

### 解説

**1**.「ところが」「けれども」は逆接の接続詞で，「また」は累加（添加）・並立の接続詞であるから，すべて同じではない。

**2**.「しかし」は逆接の接続詞で，「だから」は順接の接続詞，「そして」は累加（添加）・並立の接続詞であるから，すべて同じではない。

**3**. 正しい。「すると」「だから」「それで」はすべて順接の接続詞である。

**4**.「それから」は累加（添加）・並立の接続詞で，「もしくは」は対比・選択の接続詞で，「もっとも」は説明・補足の接続詞であるから，すべて同じではない。

**5**.「けれども」「しかし」は逆接の接続詞で，「ところで」は転換の接続詞であるから，すべて同じではない。

**正答 3**

高卒警察官

10月実施

# No. 133 国語 同音異義語の漢字の用法 平成11年度

下線部分の漢字の使い方が2つとも正しいのは，次のうちどれか。

**1**　絵の具を溶く――結び目を解く
**2**　書面をもって挨拶に代える――髪型を換える
**3**　利益が着く――席に着く
**4**　窓を締める――首を絞める
**5**　蔵書を手離す――友人を見放す

## 解説

**1**．正しい。
**2**．「髪型を変える」が正しい。「換える」は物と物をとりかえる意。同訓の「替える」は二つのものが交替する意。
**3**．「利益が付く」が正しい。「着く」は「ある場所に到達する」「ある場所に位置を占める」という意。ただし，「密着する」の意には「付」「着」どちらでもよい。
**4**．「窓を閉める」が正しい。「締める」は「ゆるまないように固く結ぶ」という意で，「気を引き締める」「帯を締める」。また，区切りをつける意で「伝票を締める」「受付を締める」などと用いる。
**5**．「蔵書を手放す」が正しい。なお，「友人を見放す」は「見離す」とも書く。

**正答　1**

No. 134　9月実施

# 国語　敬語の用法　平成29年度

次の下線部のうち，上司に対しての敬語の使い方として，妥当なのはどれか。

**1**　社長がそう申していました。
**2**　どうぞ拝見してください。
**3**　連絡のあったお客様が参られました。
**4**　いつ頃から御存知でしたか。
**5**　昨日いただいたお菓子は，私と母とで召し上がりました。

## 解説

**1**. 誤り。「申して」の「申す」は「言う」,「話す」の謙譲語で，自らへりくだることによって，相手への尊敬の気持ちを表す表現で，自分のことを話す場合に用いるので，「社長」が主語の場合は用いない。

**2**. 誤り。「拝見してください」の「拝見する」は「見る」の謙譲語で，自らの「見る」という行為に用いる表現で，相手が「見る」行為には用いない。相手に見てほしい場合は，「どうぞご覧ください」と尊敬語を用いる必要がある。

**3**. 誤り。「参られました」の「参る」は,「行く」の謙譲語で，自分をへりくだらせることで，相手を敬う表現なので，この場合は,「連絡のあったお客様がいらっしゃいました」とする必要がある。

**4**. 妥当である。「存じる」は「知る」,「思う」の謙譲語であるが,「御（ご）～」となると，敬語表現になり,「知る」の尊敬語になる。「御存知でしたか」は,「御存知」が相手の動作・状態を尊敬する尊敬語で，上司に対しての敬語として正しい。

**5**. 誤り。「召し上がる」は「食べる」の尊敬語で，自分自身や自分の身内には用いない。この場合は,「食べる」の謙譲語「いただく」を用いて,「私と母とでいただきました」となる。

**正答　4**

高卒警察官
10月実施

## No.135 国語 敬語の種類 平成11年度

次のア〜ウは敬語の用例を挙げたものであるが，それぞれを尊敬語，謙譲語，丁寧語に分類したものとして，正しいのはどれか。

ア　一言申し上げます。

イ　ペンはここにございます。

ウ　お菓子を召し上がってください。

| | ア | イ | ウ |
|---|---|---|---|
| **1** | 尊敬語 | 丁寧語 | 謙譲語 |
| **2** | 尊敬語 | 謙譲語 | 丁寧語 |
| **3** | 謙譲語 | 尊敬語 | 丁寧語 |
| **4** | 丁寧語 | 謙譲語 | 尊敬語 |
| **5** | 謙譲語 | 丁寧語 | 尊敬語 |

### 解説

敬語には，尊敬，謙譲，丁寧の3種類がある。尊敬は，動作（行為）主に対して尊敬の気持ちを表す表現。謙譲は動作の受け手に対する敬意を表す表現。丁寧語は話し手（書き手）が話を聞く人（文を読む人）に対して敬意を表す表現である。ア「申し上げる」は，言う側ではなく言われる側へ敬意を表しているので謙譲語。イ「ございます」は「ある」の丁寧な表現で，話の聞き手へ丁寧語によって敬意を表している。ウ「召し上がる」は「食べる」動作主を尊敬しているので尊敬語。

よって，**5**が正しい。

**正答　5**

高卒警察官

No. 136　9月実施

# 国語　「ほど」の用法　平成26年度

「聞けば聞くほど」の「ほど」と同じ用法のものとして，妥当なのはどれか。

**1**　あれほどの体験はしたことがない。
**2**　泣くほどのことでもない。
**3**　あの人ほどふさわしい人はいない。
**4**　ほどなく，友人がやってきた。
**5**　真偽のほどはわからない。

## 解説

**1**.「あれほど」の「ほど」は指示語の「あれ」に接続して，度合いや程度を表す意味となっている。
**2**. 妥当である。「聞くほど」と同じように，動詞「泣く」に接続し，程度を表す副助詞になっている。
**3**.「あの人ほど」の「ほど」は名詞「人」に接続して，程度を表している。
**4**.「ほどなく」は副詞である。
**5**.「真偽のほど」の「ほど」は，他の言葉と結びついて，「様子」を意味する形式名詞である。

正答　**2**

# No. 137 警視庁 国語 敬意表現 平成17年度

次の敬意表現のうち，妥当なものはどれか。

**1**　藤本様でございますか？

**2**　明日はお休みしたいのですが。

**3**　ここのところ，おわかりになりますでしょうか？

**4**　どうぞ冷めないうちにいただいて下さい。

**5**　どうかなさいましたか？

## 解説

**1**．「藤本様」の「様」を付けることで，相手に対し敬語を用いており，さらに丁寧語の「ございますか」を重ねて用いる必要はない。「藤本様ですか？」が正しい。

**2**．自分自身が休みを取りたいことを申し出ている場面なので，自分に敬語表現の「お休み」を用いる必要はない。「休みたいのですが」が正しい。

**3**．「おわかりに」で「お」を付けることで相手に敬語表現を用いており，さらに丁寧語の「なりますでしょうか」を用いる必要はない。「おわかりですか？」が正しい。

**4**．「いただいて下さい」の「いただく」は自分自身をへりくだって相手を高める「食べる」の謙譲語で，この場面で用いるのは誤り。「どうぞ冷めないうちに召し上がって下さい」が正しい。

**5**．正しい。相手に対し，「する」の尊敬語の表現「なさる」を用いている。

**正答　5**

No. 138 警視庁

# 数学　平方根の分母の有理化　平成23年度

次の式の分母を有理化した結果の式として，正しいのはどれか。

$$\frac{\sqrt{5}}{\sqrt{5}-\sqrt{2}}$$

**1** $\frac{5+\sqrt{10}}{3}$

**2** $\sqrt{5}+\sqrt{3}$

**3** $\frac{\sqrt{2}+\sqrt{3}}{2}$

**4** $\frac{\sqrt{5}-\sqrt{2}}{5}$

**5** $\frac{\sqrt{5}+\sqrt{2}}{5}$

## 解説

$$与式=\frac{\sqrt{5}(\sqrt{5}+\sqrt{2})}{(\sqrt{5}-\sqrt{2})(\sqrt{5}+\sqrt{2})}$$

$$=\frac{(\sqrt{5})^2+\sqrt{5}\times\sqrt{2}}{(\sqrt{5})^2-(\sqrt{2})^2}$$

$$=\frac{5+\sqrt{10}}{5-2}$$

$$=\frac{5+\sqrt{10}}{3}$$

よって，正答は**1**である。

正答　**1**

# No. 139 警視庁 数学 放物線の平行移動 平成22年度

$x$，$y$ 座標平面上の，放物線 $y=2x^2+8x+7$ を平行移動して放物線 $y=2x^2-12x+17$ に重ねようとするとき，$x$ 軸方向に移動する値として正しいものはどれか。

**1** 2
**2** 3
**3** 4
**4** 5
**5** 6

## 解説

$$y=2x^2+8x+7=2(x+2)^2-1$$
$$y=2x^2-12x+17=2(x-3)^2-1$$

したがって，頂点の座標を$(-2,\ -1)$から$(3,\ -1)$に平行移動することになるから，$x$ 軸方向に，$3-(-2)=5$ だけ移動することになり，**4**が正答となる。

正答 **4**

高卒警察官

No. 140 警視庁

## 数学　無理数を含んだ分数の計算　平成25年度

$A=\dfrac{2\sqrt{3}-3}{2\sqrt{3}+3}$, $B=\dfrac{2\sqrt{3}+3}{2\sqrt{3}-3}$ であるとき，A+Bの値として，正しいのはどれか。

**1**　1
**2**　$\sqrt{3}$
**3**　$7\sqrt{3}$
**4**　14
**5**　$14\sqrt{3}$

### 解説

$$A+B=\frac{2\sqrt{3}-3}{2\sqrt{3}+3}+\frac{2\sqrt{3}+3}{2\sqrt{3}-3}$$

$$=\frac{(2\sqrt{3}-3)^2+(2\sqrt{3}+3)^2}{(2\sqrt{3}+3)(2\sqrt{3}-3)}$$

$$=\frac{(2\sqrt{3})^2-2\times2\sqrt{3}\times3+3^2+(2\sqrt{3})^2+2\times2\sqrt{3}\times3+3^2}{(2\sqrt{3})^2-3^2}$$

$$=\frac{12+9+12+9}{12-9}=\frac{42}{3}=14$$

よって，正答は**4**である。

正答　**4**

高卒警察官

No. 141 9月実施

# 数学 1次関数のグラフと $x$ 軸に関して対称なグラフ 平成20年度

1次関数 $y=-2x+3$ のグラフと $x$ 軸に関して対称なグラフの式を求めよ。

**1** $y=2x-3$

**2** $y=-2x-3$

**3** $y=\frac{1}{2}x+3$

**4** $y=\frac{1}{2}x-3$

**5** $y=-\frac{1}{2}x+3$

## 解説

求めるグラフの式は，傾きが2で $y$ 切片が $-3$ の直線を表すグラフの式だから，$y=2x-3$ となる。

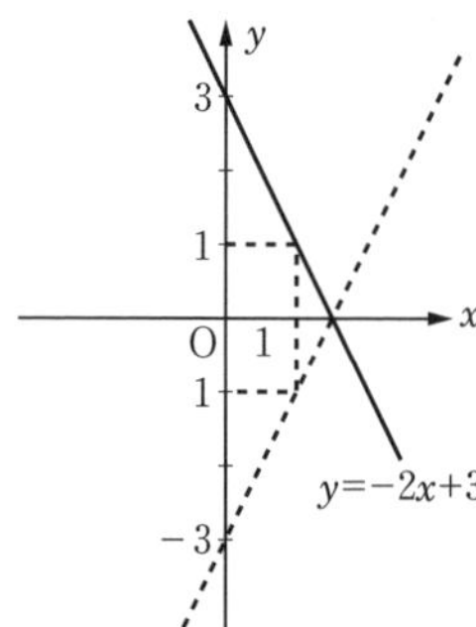


よって，正答は**1**である

正答 **1**

## No. 142 数学 1次関数のグラフ 平成28年度

1次関数$y=-2x+6$のグラフの$x$切片が$a$，$y$切片が$b$とするとき，$a-b$の値は次のうちどれか。

**1** $-6$
**2** $-3$
**3** $0$
**4** $3$
**5** $6$



### 解説

$y=-2x+6$の$y$切片は，明らかに6であるから，$b=6$

また，$x$切片は，$y=0$とおいて

$0=-2x+6$

$2x=6$

$x=3$

よって，$x$切片は3であるから，$a=3$

したがって，$a-b=3-6=-3$となり**2**が正しい。

正答 **2**

高卒警察官

No. 143　9月実施

# 数学　２次関数　平成29年度

$y=2x^2+mx+n$ のグラフが，２点（1，1），（−1，9）を通るとき，$m$ の値を求めよ。

**1**　−1
**2**　−2
**3**　−3
**4**　−4
**5**　−5

## 解説

点（1，1）を通ることから，$2+m+n=1$　……①
点（−1，9）を通ることから，$2-m+n=9$　……②
①−②より，$2m=-8$　よって，$m=-4$
　したがって，正答は**4**である。

正答　**4**

## 数学　２次関数　平成30年度



2次関数$y = x^2 - 4x + 8$について，次の空所ア～ウに入る数式，語句の組合せとして適切なものは，次のうちどれか。

$y = x^2 - 4x + 8$を平方完成すると（　ア　）となる。したがって，（　イ　）のとき（　ウ　）4をとる。

| | ア | イ | ウ |
|---|---|---|---|
| **1** | $y = (x-2)^2 + 4$ | $x = 2$ | 最小値 |
| **2** | $y = (x-2)^2 + 4$ | $x = -2$ | 最小値 |
| **3** | $y = (x-2)^2 + 4$ | $x = 2$ | 最大値 |
| **4** | $y = (x+2)^2 + 4$ | $x = -2$ | 最小値 |
| **5** | $y = (x+2)^2 + 4$ | $x = -2$ | 最大値 |

### 解説

$y = x^2 - 4x + 8$を平方完成すると，

$$y = (x-2)^2 - 2^2 + 8$$
$$= (x-2)^2 + 4 \quad \cdots\cdots（ア）$$

となり，グラフを描くと次のようになる。

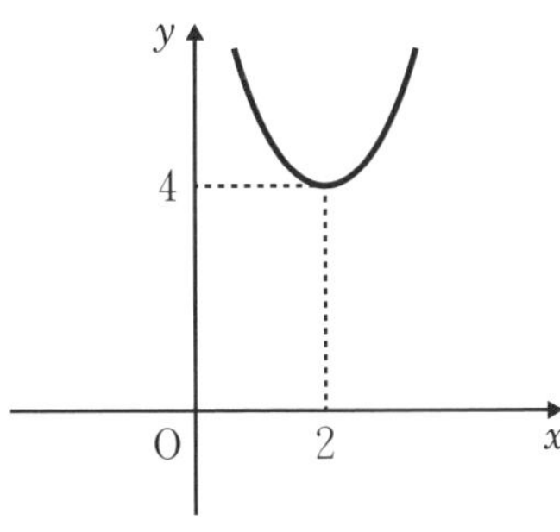


したがって，$x = 2$　……（イ）のとき，最小値　……（ウ）は4をとる。

よって，正答は**1**である。

正答　**1**

高卒警察官

No. 145 警視庁

# 数学　三角形ABCの辺ACの長さ（余弦定理）　平成24年度

次の図において∠B＝60°，AB＝3，BC＝2のときACの長さとして，正しいのはどれか。

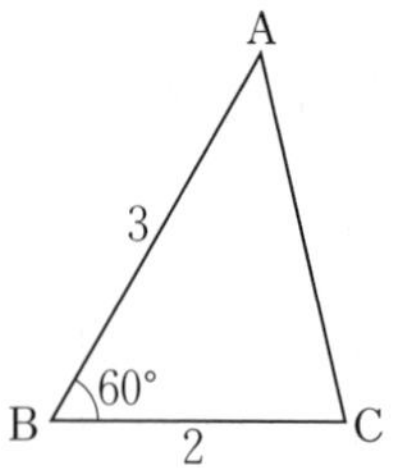


**1** $\sqrt{5}$

**2** $\frac{5\sqrt{2}}{3}$

**3** $\frac{5}{2}$

**4** $\sqrt{7}$

**5** $2\sqrt{2}$

## 解説

余弦定理より，

$$AC^2=3^2+2^2-2\times3\times2\times\cos60°$$

$$=9+4-12\times\frac{1}{2}=7$$

AC＞0 より，$AC=\sqrt{7}$ となり，正答は**4**である。

**正答　4**

高卒警察官

No. 146　9月実施

# 数学　2直線が$x$軸上で垂直に交わる条件　平成19年度

1次関数 $y=ax+1$ と $y=2x+b$ において，この2つの関数のグラフは $x$ 軸上で垂直に交わっている。このとき，$a+b$ の値はいくらか。

**1**　$-\frac{9}{2}$

**2**　$-3$

**3**　$-\frac{5}{2}$

**4**　$-2$

**5**　$-\frac{3}{2}$

## 解説

2つの関数のグラフが垂直に交わることから，傾きの積が$-1$となるので，

$$2a=-1$$

$$a=-\frac{1}{2}$$

よって，$y=-\frac{1}{2}x+1$ のグラフは，$y=0$ と置くと，$x=2$ より，$x$ 軸上の点$(2,0)$で交わる。

同じ点で，$y=2x+b$ のグラフも交わることから，$0=2\times2+b$ より，$b=-4$ となる。

したがって，$a+b=-\frac{1}{2}+(-4)=-\frac{9}{2}$となり，正答は**1**である。

**正答　1**

高卒警察官 9月実施

# No. 147 物理 等速直線運動と等加速度運動 平成28年度

次の空欄ア，イに当てはまる数値の組合せとして最も妥当なのはどれか。グラフを参考にして求めよ。

毎秒20mで走っている自動車がある。その自動車は計測を開始してから10秒後に（　ア　）m/s$^2$で減速を初めて10秒後に停止した。自動車は減速している間でも距離が増えているものとすると，計測を開始してから停止するまでに全体で（　イ　）m進んだことになる。

| | ア | イ |
|---|---|---|
| **1** | −0.5 | 300 |
| **2** | −0.5 | 400 |
| **3** | −1.0 | 400 |
| **4** | −2.0 | 300 |
| **5** | −2.0 | 400 |

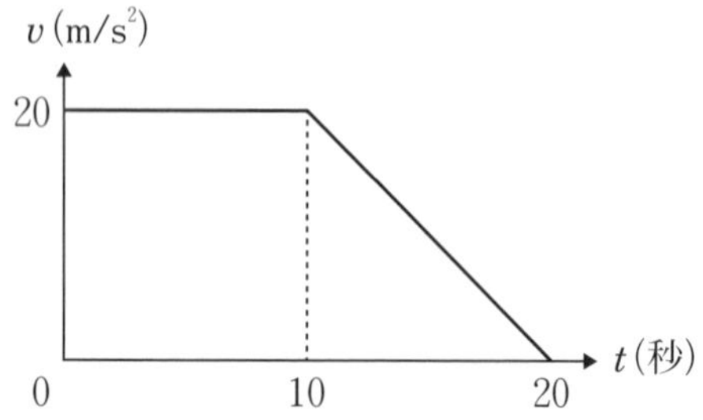


## 解説

$v-t$ 図が与えられているのでグラフを読み取るのが簡単である。$v-t$ 図ではグラフの傾きが加速度，グラフの面積が移動距離になる。

まず，減速しているときのグラフの傾きを読み取ると加速度は，$\frac{-20}{10}=-2.0$m/s$^2$。面積は台形と考えると移動距離は，$(10+20)\times20\times\frac{1}{2}=300$〔m〕

**正答　4**

〔別解〕20m/sから10秒後に停止しているから，減速しているときの加速度は，$v=v_0+at$ より，$v=0$，$v_0=20$，$t=10$ を代入して，

$0=20+a\times10$

$10a=-20$

$a=-2.0$ [m/s$^2$]

最初の10秒間は等速運動だから移動距離は，$x=vt$ より

$x=20\times10=200$ [m] …①

次の10秒間の移動距離は加速度が−2.0m/s$^2$の等加速度運動だから，$x=v_0t+\frac{1}{2}at^2$より，

$x=20\times10+\frac{1}{2}\times(-2.0)\times10^2$

$x=200-100=100$ [m] …②

よって，計測してから停止するまでの距離は，①+②より，

$200+100=300$ [m]

# 物理　水平投射　令和2年度

下図のように地面より19.6mの高さにある地点Aから，小球を10.0m/sの速さで水平に投げ出した。地点Aの真下の地面上の地点をP，小球の落下地点をQとしたとき，PQ間の水平距離として，最も妥当なのはどれか。ただし，重力加速度は9.8m/s²とする。

**1**　18m
**2**　20m
**3**　22m
**4**　24m
**5**　26m

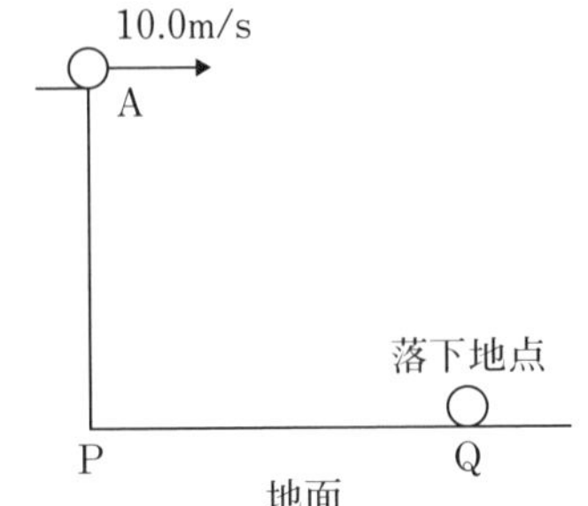


## 解説

水平投射では，鉛直方向に自由落下運動，水平方向に等速運動をする。小球が地面に落下するまでの時間は，自由落下運動の落下距離の公式「$y=\frac{1}{2}gt^2$」より，

$$19.6=\frac{1}{2}\times 9.8\times t^2$$

$$19.6=4.9t^2$$

$$t^2=4$$

$$t=2〔s〕$$

水平方向は等速運動だから，２秒間に水平方向に進む距離は，$s=vt$ より，

$$s=10\times 2=20〔m〕$$

となる。

よって，正答は**2**である。

**正答　2**

高卒警察官

No. 149 警視庁

# 物理 自由落下 令和3年度

ある質量の小球を，高さ $h$[m]の位置から自由落下させ，床に衝突した後に小球が到達する最高点の高さを $h'$ [m]とする。小球と床との間の反発係数を $e$ とするとき，$e$ の値として，最も妥当なのはどれか。

**1** $\frac{h-h'}{h+h'}$

**2** $\sqrt{\frac{h-h'}{h+h'}}$

**3** $\frac{h'}{h}$

**4** $\sqrt{\frac{h'}{h}}$

**5** $1-\frac{h'}{h}$

## 解説

反発係数 $e$ は，衝突前の相対速度を $v$，衝突後の相対速度を $v'$ とすると「$e=\frac{|v'|}{|v|}$」である。

高さ $h$〔m〕から自由落下させた場合，床に衝突する直前の速さ $v$ は，$v^2=2gh$ より，$v=\sqrt{2gh}$ 。衝突後の速さ $v'$ は初速度 $v'$ の投げ上げで最高点が $h'$ になるから，$0^2-v'^2=2(-g)h'$ より，$v'=\sqrt{2gh'}$。

以上より，$e=\frac{\sqrt{2gh'}}{\sqrt{2gh}}=\sqrt{\frac{h'}{h}}$となる。

よって，正答は**4**である。

正答 **4**

高卒警察官

No. 150 警視庁

# 物理 電気回路 令和4年度

次の電気回路の電源部分を流れる電流（矢印の電流）の大きさに近い値として，最も妥当なのはどれか。

**1** 0.15A
**2** 0.21A
**3** 0.27A
**4** 0.33A
**5** 0.39A

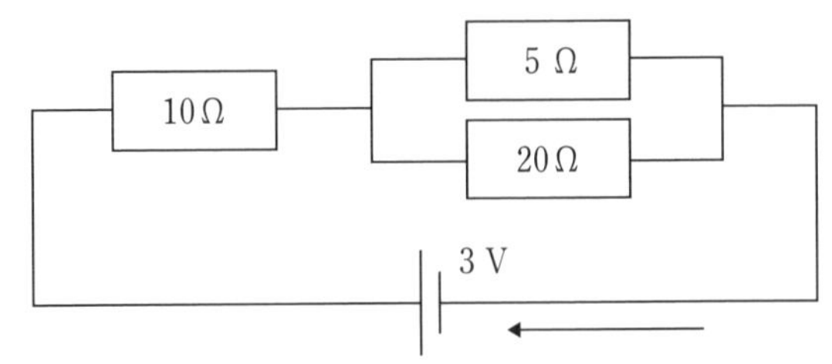


## 解説

合成抵抗から電流 $I$ を求める。全体の合成抵抗は，5Ωと20Ωの並列接続部分と10Ωとの直列接続と考える。5Ωと20Ωの並列接続の合成抵抗 $R$ は，

$$\frac{1}{R}=\frac{1}{5}+\frac{1}{20}=\frac{5}{20}$$

よって，$R=4$〔Ω〕

全体の合成抵抗 $R'$ は，

$R'=10+4=14$〔Ω〕

オームの法則 $I=\frac{V}{R}$ より，

$$I=\frac{3}{14}\fallingdotseq 0.214\text{〔A〕}$$

となる。

よって，正答は**2**である。

正答 **2**

高卒警察官
No. 151
警視庁

# 物理 電磁波の波長

平成29年度

電磁波は波長範囲に応じて固有の名称がつけられている。電磁波をおおむね波長の長い順に並べたものとして，最も妥当なのはどれか。

**1** 電波＞赤外線＞可視光線＞紫外線＞X 線＞$\gamma$ 線
**2** 電波＞紫外線＞可視光線＞赤外線＞$\gamma$ 線＞X 線
**3** 赤外線＞紫外線＞可視光線＞電波＞X 線＞$\gamma$ 線
**4** 赤外線＞$\gamma$ 線＞可視光線＞紫外線＞X 線＞電波
**5** $\gamma$ 線＞紫外線＞可視光線＞赤外線＞X 線＞電波

## 解説

電磁波とは，電場と磁場が互いに振動を引き起こしながら空間内を伝わる波である。電磁波は，波の進行方向に対し電場および磁場の振動方向が垂直であるから，横波の一種であり，電場が振動する面と，磁場が振動する面とは，右図のように互いに直交していることが知られている。また，真空中を進む電磁波の速さは波長や振動数には無関係であり，真空中の光速度 $c$ に等しい。ちなみに，$c$ の値はおよそ，$3\times10^8$〔m/s〕である（大ざっぱに，「秒速30万キロメートル」と覚えておくとよい）。

電場
波長
進行方向
磁場
電磁波

本問にもあるように，電磁波は主としてその波長領域ごとに大きく 6 種類に分類されている。ヒトの肉眼で見ることのできる可視光線も電磁波の一種であるが，その波長領域はごく限られていて，多少の個人差はあるが，およそ，$3.8\times10^{-7}$〔m〕〜$7.7\times10^{-7}$〔m〕で，波長の長いほうから順に，「赤・橙・黄・緑・青・藍・紫」の光の帯（スペクトル）に分けられる。赤色光よりも波長が長い領域が赤外線，さらに波長が長くなると電波と呼ばれる。また，紫色光よりも波長が短くなるにつれて，順に紫外線・X 線・$\gamma$（ガンマ）線と名づけられている（この 3 種類の境界は判然としておらず，重なり合う領域もあるが，発生のしかたによって区別している）。

電磁波は，高等学校では選択の「物理」の範囲であるが，本問の内容は常識として心得ておくべきである。

電磁波の種類

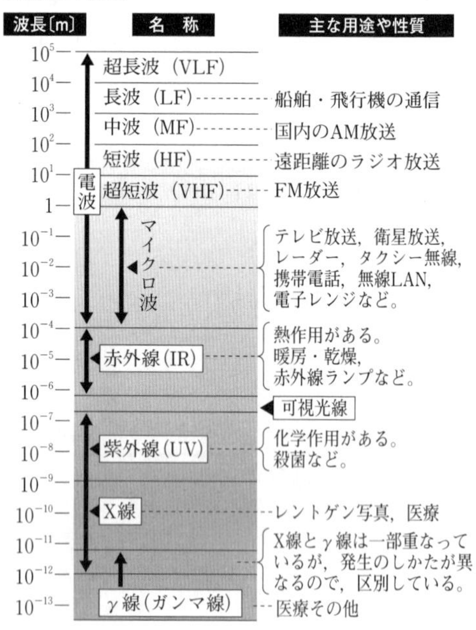


**正答 1**

高卒警察官

No. 152　10月実施

## 物理　鉄とアルミニウムの浮力　平成16年度

図のように同じ質量の鉄の塊とアルミニウムの塊をつるしてつり合った天びんがある。水の入った水槽にアルミニウムだけ入れたら天びんは（　A　）になり，両方入れたら（　B　）になる。

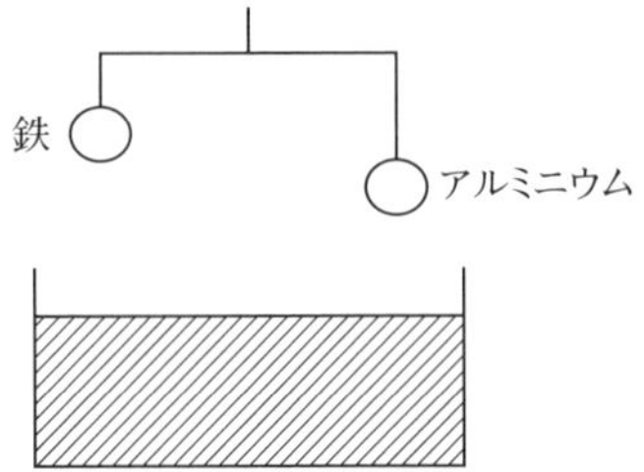


| | A | B |
|---|---|---|
| **1** | 右下がり | 右下がり |
| **2** | 右下がり | 左下がり |
| **3** | 左下がり | 左下がり |
| **4** | 左下がり | 平行 |
| **5** | 平行 | 右下がり |

### 解説

水中に入れた物体は浮力を受ける。浮力の大きさは物体の体積分の水の重さと同じで，浮力の分だけ見かけの重さが軽くなる。アルミニウムだけ水中に入れたとき，アルミニウムは浮力を受けるので軽くなって天びんは左下がりになる。次に，両方を水中に入れると，アルミニウムのほうが密度が小さく体積が大きいので受ける浮力が大きく，アルミニウムのほうが見かけの重さが小さくなり，天びんは左下がりになる。

よって，正答は**3**である。

**正答　3**

高卒警察官

No. 153　9月実施

# 物理　力学　平成23年度

水平と30°の角をなす斜面上に置かれた物体について，物体の斜面から受ける垂直抗力を$N$とすると，$F_1$と$F_2$の大きさを$N$を使って表したものとして，正しいのはどれか。ただし，物体の重力を$W$とする。

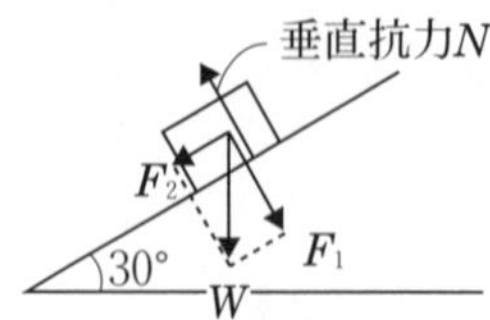


| | $F_1$ | $F_2$ |
|---|---|---|
| **1** | $\frac{1}{2}N$ | $\frac{1}{2}N$ |
| **2** | $\frac{1}{\sqrt{3}}N$ | $N$ |
| **3** | $\frac{1}{\sqrt{3}}N$ | $\frac{1}{2}N$ |
| **4** | $N$ | $\frac{1}{2}N$ |
| **5** | $N$ | $\frac{1}{\sqrt{3}}N$ |

## 解説

物体が斜面を押す力$F_1$と垂直抗力はつりあっているから，$F_1=N$

図より，$F_2=N\tan30°$だから，$F_2=\frac{1}{\sqrt{3}}N$となる。

したがって，正答は**5**である。

正答　**5**

# No. 154 物理 てんびんのつりあい 平成22年度

9月実施

ある天秤ばかりがある。この天秤ばかりの左側に $m$g，右側に40gのおもりをつけるとつり合い，また，左側に160g，右側に $m$g のおもりをつけるとつり合った。このときの $m$ の値は何gか。

**1** 60g
**2** 80g
**3** 100g
**4** 120g
**5** 140g

## 解説

モーメントのつり合いの問題である。支点から左側と右側の長さは割合であるから，支点から左側の長さを1とし，支点から右側の長さを $x$ とするのが簡単である。モーメントのつり合いより，

$m\times1=40\times x$ ……①

$160\times1=m\times x$ ……②

①より，$x=\frac{m}{40}$ ……③

③を②に代入して，

$160=\frac{m}{40}\times m$，$160\times40=m^2$，$6400=m^2$

したがって，$m=80$となる。

よって，正答は**2**である。

［別解］左側と右側の重さの比が等しいことから，

$m:40=160:m$

$m^2=40\times160$

$m^2=6400$

$m=80$

正答 **2**

図のような水平な床面の右端に，点Oを中心とする半径$R$の半円筒状の壁面がなめらかにつながっている。このとき，大きさの無視できる質量$m$の小球Pが右向きに初速度$V_0$で点Aに進入してきた。壁面から一度も離れず，最高点Bで離れて空中に飛び出すために必要な小球Pの$V_0$の最小値として，最も妥当なのはどれか。ただし，運動はすべて同一鉛直面内で起こるものとし，床面および壁面はなめらかで小球Pとの摩擦，空気抵抗は無視できるものとする。また，重力加速度の大きさは$g$とする。

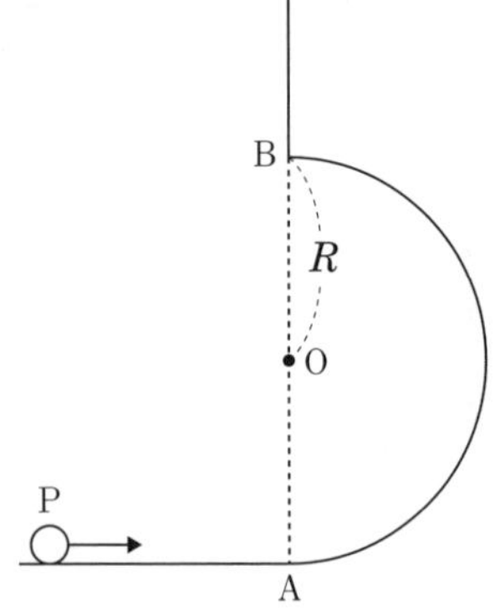


**1**　$\sqrt{gR}$
**2**　$\sqrt{2gR}$
**3**　$\sqrt{3gR}$
**4**　$2\sqrt{gR}$
**5**　$\sqrt{5gR}$

## 解説

力学的エネルギー保存則よりB点での速度を$V$，小球の質量を$m$とすると，

$$\frac{1}{2}mV_0^2=\frac{1}{2}mV^2+2mgR$$

$$V^2=V_0^2-4gR$$
$$V=\sqrt{V_0^2-4gR}$$

円筒内では遠心力が働くので，小球の点Bでの抗力を$N$とすると，力のつりあいより「遠心力＝抗力＋重力」となるから，点Bでは，

$$m\frac{V^2}{R}=N+mg$$

$V=\sqrt{V_0^2-4gR}$を代入すると，

$$m\frac{V_0^2-4gR}{R}=N+mg$$

$$\frac{mV_0^2}{R}-4mg=N+mg$$

$$N=\frac{mV_0^2}{R}-5mg$$

小球が円筒内を壁面から離れずに点Bに達する条件は$N\geqq 0$で，

$$\frac{mV_0^2}{R}-5mg\geqq 0$$

$$\frac{mV_0^2}{R}\geqq 5mg$$

$$V_0^2\geqq 5gR$$
$$V_0\geqq\sqrt{5gR}$$

したがって，正答は**5**である。

正答　**5**

高卒警察官

## No. 156 警視庁 物理 光 平成30年度

次の光に関する記述のうち，最も妥当なのはどれか。

**1** いろいろな波長の光を含む光（白色光）をプリズムに当てると，波長によって異なる角度に屈折し，いろいろな色に分かれる。この現象を散乱という。

**2** 水面に広がった油の膜やシャボン玉の膜が色付いて見えるのは，薄膜による光の干渉のためである。

**3** 光がその波長と同じくらいの大きさ，あるいはそれよりも小さな粒子に当たって，様々な向きに進んでいく現象を分散という。

**4** 光の３原色とは，赤，青，黄色である。

**5** 可視光の中で最も波長が長いのは青色の光である。

### 解説

**1**. いろいろな波長の光を含む光（白色光）をプリズムに当てると，波長によって屈折率が異なるためにいろいろな色に分かれるが，この現象は分散という。

**2**. 妥当である。水面に広がった油の膜やシャボン玉の膜が色づいて見えるのは，薄膜の表面と裏面で反射した光の干渉によるものである。

**3**. 光がその波長と同じくらいの大きさ，あるいはそれよりも小さな粒子に当たると，さまざまな向きに進んでいくが，この現象は散乱という。

**4**. 光の三原色は，赤，青，緑色である。なお，赤，青，黄色は色の三原色である。

**5**. 可視光の中で最も波長が長いのは赤色の光である。

正答 **2**

高卒警察官

No. 157 千葉県警

# 化学　化学の法則　平成15年度

A～Dの法則名とその内容記述の組合せのうち，正しいものをすべて挙げているものはどれか。

A　アボガドロの法則――気体が関係する反応では，同温・同圧において，各気体の体積の間には簡単な整数比が成り立つ

B　倍数比例の法則――2つの元素が化合してできる物質が2種類以上あるとき，一方の元素の一定量と化合する他方の元素の質量の間には，簡単な整数比が成り立つ

C　ボイル・シャルルの法則――一定量の気体の体積は，圧力に比例し，その絶対温度に反比例する

D　質量保存の法則――化学反応の前後で，物質の質量の総和は変わらない

**1**　A，B
**2**　A，C
**3**　B，C
**4**　B，D
**5**　C，D

## 解説

A．記述内容は気体反応の法則のことである。アボガドロの法則とは「同温，同圧のもとで，同じ体積中に含まれる気体分子の数は，気体の種類によらず，すべて等しい」という内容である。この法則は，1811年，イタリアの化学者アボガドロが提唱し，後年実験により確認された。これにより分子の存在が明らかとなった。

B．正しい。倍数比例の法則は，1803年，イギリスのドルトンが，自ら唱えた「原子説」に基づいて立てた仮説を実験により証明したものである。

C．ボイル・シャルルの法則とは，「一定量の気体の体積は，絶対温度に比例し，その圧力に反比例する」である。

D．正しい。質量保存の法則は，1774年，フランスのラボアジエが初めて実験の手法により明らかにした法則である。

よって，**4**が正しい。

**正答　4**

## No. 158 9月実施 化学 気体の性質 平成16年度

次の貴ガスに関する記述のうち，正しいものはどれか。

**1** 貴ガスは周期表の一番右端にある18族に属する元素で，He，Na，K などがある。
**2** 貴ガスは化学的に不安定なものが多く，自然界において単体では産出しない。
**3** 貴ガスには 1 価の陰イオンになりやすいものが多い。
**4** 貴ガス原子の電子配置では，どの原子も最外殻に 8 個の電子が存在する。
**5** 貴ガスの単体はすべて単原子分子で，Heは水素 $H_2$ に次いで軽い気体である。

### 解説

**1**．貴ガスは周期表の右端に位置する18族に属する元素のことである。ヘリウム He は貴ガスであるが，Na と K は 1 族のアルカリ金属に属する元素である。He のほか，ネオン Ne，アルゴン Ar，クリプトン Kr，キセノン Xe，ラドン Rn が貴ガスに属している。
**2**．貴ガスは化学的に極めて安定な元素で，ほとんど化合物を作らない。自然界では単体で存在する。
**3**．化学的に極めて安定なためイオンにはならない。
**4**．He 以外は最外殻の電子数は 8 個であるが，He は 2 個である。
**5**．正しい。貴ガスは化学的に極めて安定なため，自然界において原子単独で存在できる。He は水素よりも重いが，その安全性の高さから気球や飛行船用の気体として広く利用されている。

**正答 5**

高卒警察官

No. 159 警視庁

## 化学 気 体 平成22年度

次の気体のうち，無色無臭で水に溶けると酸性をしめす特徴をもつ物質として，妥当なものはどれか。

**1** 酸素
**2** 水素
**3** アンモニア
**4** 窒素
**5** 二酸化炭素

### 解説

酸素 $O_2$，水素 $H_2$，アンモニア $NH_3$，窒素 $N_2$，二酸化炭素 $CO_2$ は，すべて無色の気体である。刺激臭のあるアンモニア以外は無臭である。無色無臭の気体のうち水に溶けるのは酸素と二酸化炭素で，その水溶液が酸性を示すのは二酸化炭素だけである。

よって，正答は**5**である。

正答 **5**

## No. 160 警視庁 化学 分子構造 平成29年度

分子に関する記述として，最も妥当なのはどれか。

**1** 水分子は，無極性分子であり，直線形をしている。
**2** 窒素分子は，窒素原子同士が二重結合してできている。
**3** 二酸化炭素分子は，炭素原子と酸素原子が単結合してできている。
**4** アンモニア分子は，極性分子であり，正四面体形をしている。
**5** エチレン分子は平面形であり，その分子中の炭素原子同士は二重結合している。

### 解説

**1**．水分子は，O原子に2個のH原子が結合しているが，H－O－Hの角度は180°ではなく約105°であり，O－Hには極性があるので，分子全体でも極性を持ち，極性分子の代表でもある。

**2**．窒素原子は5個の価電子を持つが，そのうち2個は対をつくっており，3個が不対電子となって，他の窒素原子と結合するので，窒素分子は窒素原子どうしが三重結合していることになる。

**3**．二酸化炭素分子は，4個の価電子を持つ炭素原子と，酸素原子の6個の価電子のうち2個の不対電子が結合するので，O＝C＝Oのような二重結合でできている。

**4**．窒素原子の5個の価電子のうち3個が不対電子となって3個の水素原子と結合する。これらの原子は窒素原子を頂点とした三角錐形に結合しているので，極性分子となる。なお，結合角は107°であり120°ではないので正三角形ではない。

**5**．妥当である。エチレンの分子式は$C_2H_4$であり，4個の価電子を持つ2個の炭素原子と，水素原子4個が結合すると，それぞれの炭素原子には2個ずつの不対電子が残るので，炭素原子どうしは二重結合になる。

```
H       H
 \     /
  C = C
 /     \
H       H
```

エチレン

**正答 5**

高卒警察官

# No. 161 警視庁 化学 無機物質 令和2年度

無機物質に関する記述として，最も妥当なのはどれか。

**1** ハロゲンの単体はいずれも電子を奪う力が大きく，酸化力があり，その酸化力の強さは$F_2>Cl_2>Br_2>I_2$の順である。

**2** $Al_2O_3$や$P_4O_{10}$や$ZnO$のように，水には溶けないが，酸とも強塩基とも反応して溶ける酸化物は両性酸化物と呼ばれる。

**3** 銅に希硝酸を反応させると，水素が生じる。

**4** クロム酸イオンを含む水溶液を酸性にすると，黄色の二クロム酸イオンを生じる。

**5** 硝酸は，工業的にはハーバー・ボッシュ法によってつくられ，その触媒には白金が用いられる。

## 解説

**1**．妥当である。ハロゲンは陰性が強い元素で，その単体は電子を奪う力が強く，酸化力が大きい。その強さは，原子量が小さいほど大きく，$F_2>Cl_2>Br_2>I_2$の順になる。

**2**．両性元素は，Al，Zn，Sn，Pbの4元素が代表である（「ああすんなり」と覚える）。その酸化物を両性酸化物と呼び，水に不溶であるが，酸とも強塩基とも反応して溶解する。$P_4O_{10}$（十酸化四リン）は非金属元素からなる酸性酸化物であり，吸水性が強く水によく溶ける。

**3**．銅は希硝酸と反応して溶解し，無色の一酸化窒素を発生する。

$$3Cu+8HNO_3 \longrightarrow 3Cu(NO_3)_2+4H_2O+2NO$$

ちなみに，濃硝酸と反応した場合は，赤褐色の二酸化窒素を発生する。

$$Cu+4HNO_3 \longrightarrow Cu(NO_3)_2+2H_2O+2NO_2$$

**4**．クロム酸イオン$CrO_4^{2-}$を含む水溶液（黄色）を強い酸性にすると，次式の右向きの反応が起こり，二クロム酸イオン$Cr_2O_7^{2-}$を生じて赤橙色に変化する。

$$2CrO_4^{2-}(\text{黄})+2H^+ \longrightarrow Cr_2O_7^{2-}(\text{赤橙})+H_2O$$

これを塩基性にした場合は，反応が左向きに進み黄色に戻る。

**5**．硝酸の製造は次のようになる。白金触媒のもと，アンモニアを800～900℃程度で空気により酸化し，生成した一酸化窒素をさらに空気酸化して二酸化窒素とする。これを水と反応させると硝酸と一酸化窒素が得られる。この方法はオストワルト法と呼ばれる。

**正答 1**

9月実施

## No. 162 化学 モル濃度 平成21年度

0.80mol/L の NaOH 水溶液2.0L を作るのに必要な NaOH は何g か。ただし，NaOH1.0mol の質量は40g とする。

**1** 16 g
**2** 32 g
**3** 48 g
**4** 64 g
**5** 80 g

### 解説

本問はモル濃度に関する計算問題である。モル濃度とは，溶液1.0L 中に含まれる溶質の物質量（mol）で示した濃度である。

0.80mol/L のNaOH水溶液1.0L 中には，水酸化ナトリウム NaOH が0.80mol 溶けている。したがって，2.0L 中には NaOH が1.6mol 溶けている。NaOH1.0mol の質量は40 g だから，40×1.6＝64〔g〕 2.0L 中には NaOH が64g 溶けている。

よって，**4**が正しい。

正答 4

高卒警察官

警視庁

# No. 163 化学 二酸化窒素 平成26年度

実験室で二酸化窒素を発生させる方法に当たるものとして，最も妥当なのはどれか。

**1** 銅と濃硝酸を反応させる。

**2** 二酸化マンガンと濃塩酸を反応させる。

**3** 塩化ナトリウムと濃硫酸を反応させる。

**4** 亜鉛と希硫酸を反応させる。

**5** 炭酸カルシウムと希塩酸を反応させる。

## 解説

**1**. 妥当である。銅と濃硝酸が反応すると，次式に従って二酸化窒素が発生する。

$Cu + 4HNO_3 \longrightarrow Cu(NO_3)_2 + 2H_2O + 2NO_2$

**2**. 二酸化マンガン（酸化マンガンⅣ）と濃塩酸を加熱すると塩素が発生する。

$MnO_2 + 4HCl \longrightarrow MnCl_2 + 2H_2O + Cl_2$

**3**. 塩化ナトリウムと濃硫酸を加熱すると塩化水素が発生する。

$NaCl + H_2SO_4 \longrightarrow NaHSO_4 + HCl$

**4**. 亜鉛と希硫酸を反応させると水素が発生する。

$Zn + H_2SO_4 \longrightarrow ZnSO_4 + H_2$

**5**. 炭酸カルシウムと希塩酸を反応させると二酸化炭素が発生する。

$CaCO_3 + 2HCl \longrightarrow CaCl_2 + H_2O + CO_2$

**正答 1**

# No. 164 警視庁 化学 熱化学方程式 令和4年度

次の熱化学方程式を用いて推定される一酸化炭素の生成熱（kJ/mol）として，最も妥当なのはどれか。

$C(黒鉛) + O_2(気) = CO_2(気) + 394kJ$

$CO(気) + \frac{1}{2}O_2(気) = CO_2(気) + 283kJ$

**1**　−681 kJ/mol
**2**　−340 kJ/mol
**3**　−111 kJ/mol
**4**　681 kJ/mol
**5**　111 kJ/mol

## 解説

まず，生成熱の定義をしっかりと確認しておく。生成熱とは，その物質1 molが成分元素の単体からできるとき出入りする熱量のことであり，正負どちらの値も取りうる。

一酸化炭素の生成熱を求めるのであるから，まずそれを$Q$ kJ/molとおいて，それを表す熱化学方程式を書いておく。一酸化炭素の化学式はCOであり，成分元素の単体はC（黒鉛）と$O_2$（気）になる。「O」ではないので注意すること。COが1 mol生成すればよいことから，$O_2$は$\frac{1}{2}$molあれば足りるので，次式の$Q$を求めればよい。これを③式とする。なお，熱化学方程式の中の熱量の単位は「kJ」で表される。これは熱化学方程式に登場する物質がすべて1 molとは限らないからである。

$C(黒鉛) + \frac{1}{2}O_2(気) = CO(気) + Q\ kJ$　……③

この熱化学方程式を与式から導けばよい。与式を順に①，②とすると，

$C(黒鉛) + O_2(気) = CO_2(気) + 394kJ$　……①

$CO(気) + \frac{1}{2}O_2(気) = CO_2(気) + 283kJ$　……②

これより，数学的に考えて「$CO_2$(気)」を①式，②式から消去すれば③式が得られることがわかる。つまり，「①式−②式」を行うと，

$C(黒鉛) + \frac{1}{2}O_2(気) = CO(気) + 394kJ - 283kJ$　……③′

よって，$Q = 111$〔kJ〕となる。

生成熱の単位はkJ/molで表されるので，正答は**5**である。

**正答　5**

高卒警察官

## No. 165 警視庁 化学 化学反応後に還元された物質 平成27年度

次のア～オの化学反応式の下線部の物質が化学反応後に還元されたものの組合せとして，最も妥当なのはどれか。

ア　$H_2S+\underline{I_2} \rightarrow S+2HI$

イ　$\underline{Mg}+Cl_2 \rightarrow MgCl_2$

ウ　$\underline{Cu}O+H_2 \rightarrow Cu+H_2O$

エ　$2H_2\underline{S}+O_2 \rightarrow H_2O+2S$

オ　$Fe+\underline{S} \rightarrow FeS$

**1**　ア，イ，エ
**2**　ア，ウ，オ
**3**　イ，ウ，エ
**4**　イ，オ
**5**　ウ，エ

### 解説

ア～オの下線で示された原子の酸化数を調べ，それと同じ原子を右辺から探して，その酸化数を調べ，減少しているものを選べばよい。

酸化数の求め方の概略は次のとおりである。

①単体を構成する原子の酸化数は0とする。
②化合物中の酸化数の総和は0である。
③化合物中のH原子の酸化数は+1，O原子の酸化数は−2とする。ただし，$H_2O_2$のような過酸化物中のO原子の酸化数は−1とする。
④単原子イオンは，「イオンの価数＝酸化数」である。
⑤多原子イオンは，「酸化数の総和＝イオンの価数」である。
⑥化合物中の1族元素の酸化数は+1，2族元素は+2，Alは+3，Znは+2，Agは+1としてよい。

ア　$H_2S+\underset{0}{\underline{I}_2} \rightarrow S+2H\underset{-1}{\underline{I}}$

イ　$\underset{0}{\underline{Mg}}+Cl_2 \rightarrow \underset{+2}{\underline{Mg}}Cl_2$

ウ　$\underset{+2}{\underline{Cu}}O+H_2 \rightarrow \underset{0}{\underline{Cu}}+H_2O$

エ　$2H_2\underset{-2}{\underline{S}}+O_2 \rightarrow H_2O+2\underset{0}{\underline{S}}$

オ　$Fe+\underset{0}{\underline{S}} \rightarrow Fe\underset{-2}{\underline{S}}$

よって，減少しているのはア，ウ，オであるから**2**が正答である。

正答　**2**

塩酸と水酸化ナトリウム水溶液の中和反応は次式で表される。

$HCl + NaOH \longrightarrow NaCl + H_2O$

0.1mol/L 塩酸25mL に0.1mol/L 水酸化ナトリウム水溶液を少しずつ合計で50mL になるまで加えた場合，溶液中の$H^+$と$Na^+$の物質量の変化を表したグラフとして正しいものはどれか。

| | $H^+$ | $Na^+$ |
|---|---|---|
| **1** | イ | ア |
| **2** | ウ | ア |
| **3** | ウ | イ |
| **4** | エ | ア |
| **5** | エ | イ |

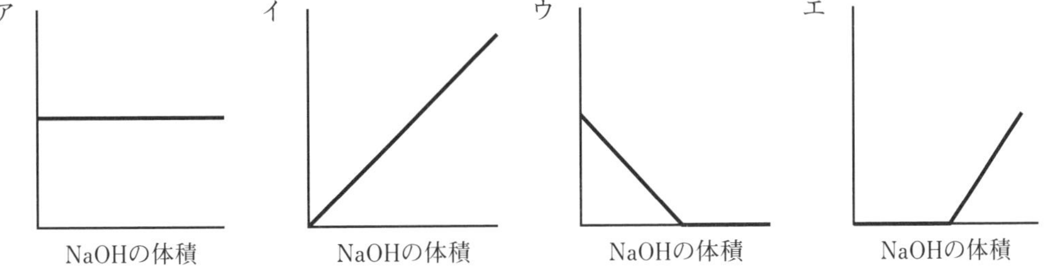


※縦軸は，$H^+$または$Na^+$の物質量を表している。

## 解説

このときの中和反応では，次のような変化が起こる。加えた水酸化ナトリウム水溶液の体積を$v$〔mL〕とすると，

・$0 \leqq v < 25$mL：溶液中の$H^+$は加えた$OH^-$と結合して$H_2O$となるので，$H^+$は次第に減少し，$OH^-$はすべて消費されるので０（微小）である。$Cl^-$は変化しないが，$Na^+$は加えられた分だけ増加する。

・$v = 25$mL：ちょうど中和された点で，$H^+$と$OH^-$は微小であり，$Cl^-$は初めと同じ，$Na^+$は全量の２分の１になる。

・$25\text{mL} < v \leqq 50$mL：加えた$OH^-$は未反応で残るため次第に増加する。$Cl^-$は初めと同じ，$Na^+$は加えられた分だけ増加し全量にまで達する。$H^+$は０（微小）のままである。

よって，ア：$Cl^-$，イ：$Na^+$，ウ：$H^+$，エ：$OH^-$の変化を表しているので，正答は**3**である。

**正答 3**

高卒警察官

No. 167 警視庁

# 化学　炎色反応　令和元年度

炎色反応における元素の種類と炎の色の組合せとして，最も妥当なのはどれか。

**1**　ナトリウム　—　黄色
**2**　リチウム　—　青緑色
**3**　バリウム　—　赤色
**4**　カルシウム　—　黄緑色
**5**　カリウム　—　青色

## 解説

炎色反応とは，化合物を無色の高温の炎に入れたとき，元素特有の色を示すことをいう。検出可能な元素と，その炎色反応の色は次のとおりである。

アルカリ金属元素 … Li：赤，Na：黄，K：赤紫
アルカリ土類金属元素 … Ca：橙赤，Sr：紅，Ba：黄緑
その他 … Cu：青緑

炎色反応は次のようにして覚える。

リアカーなき K村，　どうせ　借るとーするもくれない馬力
Li 赤 Na 黄 K 赤紫　Cu 青緑　Ca　橙　Sr　紅　Ba 黄緑

**1**．妥当である。塩焼き等の調理で見られる黄色の炎はナトリウムの炎色反応である。
**2**．リチウムは赤色。
**3**．バリウムは黄緑色。
**4**．カルシウムは橙赤色。
**5**．カリウムは赤紫色。

正答　**1**

高卒警察官

No. 168 警視庁

## 化学 物質の変化に関する用語や定義 平成23年度

物質の変化に関する用語や定義についての記述として，妥当なのはどれか。

**1** 反応の経路が定まれば，最初と最後の状態にかかわらず，出入りする熱量の総和は一定である。

**2** 1 mol の化合物がその成分元素の単体から生じるときの反応熱を結合熱という。

**3** 水素イオンの授受で酸・塩基を定義したのはアボガドロである。

**4** 水素イオンと水酸化物イオンによって酸・塩基を定義したのはダニエルである。

**5** 水に溶けた電解質全体に対する電離した電解質の物質量の比を電離度という。

### 解説

**1**. 化学反応に伴って出入りする熱を反応熱という。反応熱は，反応の経路によらず，反応の最初の状態と最後の状態で決まる。これを「ヘスの法則」という。

**2**. 1 mol の化合物が，その成分元素の単体からつくられるときの反応熱は，生成熱である。

**3**. 「酸とは，水素イオン $H^+$ を与える分子・イオンであり，塩基とは，水素イオン $H^+$ を受け取る分子・イオンである」と酸・塩基を定義したのは，デンマークのブレンステッドである。

**4**. 「酸とは，水に溶けて水素イオン $H^+$ を生じる物質であり，塩基とは，水に溶けて水酸化物イオン $OH^-$ を生じる物質である」と酸・塩基を定義したのは，スウェーデンのアレニウスである。

**5**. 妥当である。

正答 5

高卒警察官

No. 169　9月実施

## 化学　元素の特徴　平成24年度

次に示した元素記号と，その元素に関する記述のうち，妥当なのはどれか。

**1**　C：工業的に空気から多量に製造されている。
**2**　N：これを含む化合物は肥料として用いられる。単体は毒性が強い。
**3**　P：この単体は非常に硬いが，化合物には空気中に存在するものもある。
**4**　Si：半導体に用いられる元素で，単体は金属光沢を持つ。
**5**　O：燃焼に必須の元素であり，その化合物はすべてイオン結合からなる。

### 解説

**1**．工業的に，空気から多量に製造されている物質は，窒素を原料とするアンモニアが推定される。工業的に空気から炭素の化合物を多量に製造することはありえない。
**2**．窒素を含む化合物は，硫酸アンモニウムなど肥料として用いられる。単体（$N_2$）は空気の体積の約78％を占める気体であり，当然毒性はない。
**3**．リンの単体はナイフで切れる程度であり，化合物が空気中に存在することはない。炭素をさしていると思われる記述である。
**4**．妥当である。ケイ素は高純度にして半導体に用いられる元素で，単体は金属光沢を持つ。
**5**．酸素は燃焼に必須の元素である。その化合物は $Na_2O$，CaO などのイオン結合からなる物質もあるが，$CO_2$ や CO など分子からなる物質も多い。

正答　4

高卒警察官

No. 170 9月実施

## 生物　体内の調節　平成17年度

次の体内の調節の仕組みに関する記述のうち，正しいものはどれか。

**1**　中脳は，体温を調節する働きを行う。

**2**　肝臓は，病気で熱を出したときによく働く。

**3**　体の調子が悪いときには，運動神経が働いて調子をよくする。

**4**　脳下垂体は，間脳に垂れ下がったような器官で，内分泌系の中枢といわれる。

**5**　間脳は，姿勢保持に働く。

### 解説

**1**．中脳は，姿勢を保つ中枢で，眼球の運動や瞳孔を調節する反射中枢がある。体温を調節するのは間脳である。

**2**．肝臓の働きには，小腸で吸収されたグルコースをグリコーゲンという形にして蓄えるなどの養分の貯蔵，代謝と体温の発生，胆汁をつくり，解毒作用を行い，血液を貯蔵することなどがある。

**3**．体調が悪いときに働くのは，運動神経ではなく，自律神経である。自律神経には，活動的な方向に働く交感神経と休息的な方向に働く副交感神経があり，拮抗的に働き，体の調子をよい方向に保っている。

**4**．正しい。脳下垂体は，前葉から成長ホルモン，乳腺刺激ホルモン，甲状腺刺激ホルモン，卵胞刺激ホルモン，黄体化ホルモン，副腎皮質刺激ホルモンが，後葉からは，利尿ホルモンなどが分泌される。このようにほかの内分泌腺を刺激して，ホルモンを分泌させることから，内分泌系の中枢といわれる。

**5**．間脳は，自律神経系の中枢。物質代謝や体温調節の中枢があり，感覚神経の中継場所でもある。

**正答　4**

高卒警察官

No. 171 警視庁

## 生物 ヒトの肝臓の働き 平成27年度

ヒトの肝臓の働きに当たるものとして，最も妥当なのはどれか。

**1** タンパク質の合成及び分解を行う。
**2** 成長ホルモンを分泌する。
**3** 体液のイオン濃度を一定に保つ。
**4** 消化酵素のペプシンを分泌する。
**5** アドレナリンを分泌する。

### 解説

**1**．妥当である。アルブミン，フィブリノーゲン（血液凝固の際に繊維状フィブリンのもとになる），プロトロンビン（血液凝固で働く酵素の前駆体）など多くの血しょうタンパク質が合成される。また，古くなった赤血球の破壊で生じるヘモグロビンタンパク質を分解し，ビリルビンを生成する。

**2**．成長ホルモンを合成分泌するのは脳下垂体前葉である。成長ホルモンは骨の成長や筋肉などでのタンパク質合成を促進する。

**3**．体液のイオン濃度を一定に保つために働くのは，主に腎臓である。腎臓での尿生成の過程で原尿が腎細管を流れるときに，毛細血管への無機イオンの再吸収量を調節することでイオン濃度を一定に保っている。

**4**．タンパク質分解酵素であるペプシンを分泌するのは胃の胃腺である。正確にはペプシノーゲンの形で分泌され，胃酸やすでに存在するペプシンの働きでペプシンに変化する。

**5**．アドレナリンを分泌するのは副腎の髄質である。アドレナリンは肝臓等に作用し，グリコーゲンをグルコースに分解させ血糖値を上げるのに働くホルモンである。

正答 1

高卒警察官

警視庁

No. 172 生物 酵素 平成29年度

酵素に関する記述として，最も妥当なのはどれか。

**1** ほとんどの酵素は細胞内で作られるが，アミラーゼのように細胞外に分泌されて働く消化酵素は細胞外で作られる。

**2** 酵素は働く環境により反応速度がかわるが，温度の上昇する場合にはそれにともなって反応速度は増し続ける。

**3** 反応する場所に応じて酵素にはそれぞれに最適な pH があるが，胃液中で働くペプシンの最適 pH は 7 付近である。

**4** 生体内にはさまざまな酵素が存在するが，それぞれの酵素は特定の物質にしか作用しない基質特異性を有する。

**5** 化学反応を促進する物質を触媒と呼ぶが，触媒として働く酵素は化学反応の前後でそれ自身変化をする。

## 解説

**1**. 酵素はタンパク質でできている。タンパク質の合成は，その設計図である遺伝子の情報に基づいて，すべて細胞内のリボソームで行われる。細胞内で合成された酵素の多くは細胞内で働くが，消化酵素のように細胞外に分泌されて働く酵素もある。

**2**. 酵素は触媒であり，触媒が存在すると化学反応は促進される。化学反応の速度は一般的に温度が高いほど上昇する。しかし，酵素はタンパク質でできており，特定の温度以上になるとタンパク質の構造が変化し触媒としての機能が失われるため，酵素が触媒する化学反応の速度は低下する。反応速度が最大になる温度はその酵素の最適温度と呼ばれ，一般的には35℃くらいのものが多い。

**3**. 酵素を構成するタンパク質は pH の変化に伴っても構造が変化し，触媒としての機能が失われるため，触媒する化学反応の速度が変化する。酵素の反応速度が最大になる pH は，その酵素の最適 pH と呼ばれる。最適 pH は酵素ごとに異なるが，特に消化酵素はともに分泌される消化液の pH が消化器官ごとに異なるため，最適 pH も大きく異なる。胃液には胃酸が含まれていて酸性が強いため，胃液中のペプシンの最適 pH は 2 付近である。また，だ液に含まれるだ液アミラーゼの最適 pH は 7 付近，すい液に含まれるトリプシンの最適 pH は 8 付近である。

**4**. 妥当である。酵素の触媒作用を受ける物質を基質という。ある酵素は特定の基質にのみ作用し，この性質は基質特異性と呼ばれる。これは，酵素タンパク質の立体構造が酵素ごとに異なり，その立体構造の一部に見られる活性部位と呼ばれる特有の構造部位に，基質が鍵と鍵穴の関係のように特異的に結合するためである。

**5**. 触媒は化学反応を促進するが，それ自体は反応前後で変化しないため，繰り返し利用される。そのため，基質に対して少量存在すれば，化学反応を速やかに進めることができる。

正答 4

高卒警察官

No. 173 9月実施

# 生物　肝臓，腎臓，すい臓の働き　平成23年度

次のａ～ｃの働きは，肝臓・腎臓・すい臓のいずれかのものである。その組合せとして，妥当なのはどれか。

ａ　タンパク質の分解で生じたアンモニアを，尿素に変える。

ｂ　体液の無機塩類濃度を調節する。

ｃ　インスリンを分泌する。

| | ａ | ｂ | ｃ |
|---|---|---|---|
| **1** | 肝臓 | 腎臓 | すい臓 |
| **2** | 腎臓 | 肝臓 | すい臓 |
| **3** | すい臓 | 腎臓 | 肝臓 |
| **4** | すい臓 | 肝臓 | 腎臓 |
| **5** | 腎臓 | すい臓 | 肝臓 |

## 解説

ａ：肝臓の働きである。肝臓は生体の大化学工場としてさまざまな代謝を行い，体液（血液）の恒常性の維持に働いている。その一つが，タンパク質の分解で生じた有害なアンモニアを，比較的毒性が低い尿素に変えることである。この反応過程はオルニチン回路と呼ばれる。このほか，グリコーゲン・脂肪の合成・貯蔵・分解や，さまざまな化学反応に伴う熱の発生も行っている。また，アンモニア以外の有害物質の無毒化（解毒作用）も行う。

ｂ：腎臓の働きである。腎臓は尿を生成することで体液中の老廃物を排出するとともに，無機塩類濃度を調節し体液の浸透圧を一定に保つように働いている。腎小体の糸球体からボーマン嚢（のう）へろ過された原尿中の水分や無機塩類，グルコースなどの成分は腎細管を流れる間にそれを取り巻く毛細血管へ再吸収される。健康であれば，グルコースは100％再吸収されるが，無機塩類は状況によって再吸収の度合いが変化する。多量の飲水で体液（血液）の無機塩類濃度が低下すると，ナトリウムの再吸収は促進される。

ｃ：すい臓の働きである。すい臓は，トリプシン・アミラーゼ・リパーゼなどの消化酵素を含む消化液を十二指腸へ外分泌する。また，血液の血糖量調節のために，ランゲルハンス島と呼ばれる組織のＡ細胞からグルカゴンを，Ｂ細胞からはインスリンを血液中へ内分泌する。インスリンは血糖値を下げる働きを持つホルモンであり，グルカゴンは逆に血糖値を上げるホルモンである。

以上より，正答は**1**である。

**正答　1**

## No. 174 9月実施 生物 光合成 令和3年度

光合成に関する記述として，最も妥当なのはどれか。

**1**　光合成では二酸化炭素と水から有機物をつくる。
**2**　光合成は茎と根で行われる。
**3**　光合成をする植物は水中には存在しない。
**4**　光以外の条件が同じとき，光が強いほど光合成速度は大きくなる。
**5**　弱い光の下では，陽生植物は陰生植物より光合成量が多い。

### 解説

**1**．妥当である。光合成では，光エネルギーを用いて，二酸化炭素と水からデンプンなどの有機物がつくられる。このとき，酸素も発生する。

**2**．光合成を行う植物の主な光合成器官は葉である。草本類は茎にも葉緑体があり光合成を行う。サボテンなどのように葉が退化して主に茎で光合成を行う植物もあるが，根で光合成を行う植物はない。

**3**．オオカナダモやクロモのように水中で光合成をして生育する植物も存在する。これらは沈水植物と呼ばれ，光が届かない深い場所では光合成ができないため生息できない。

**4**．光以外に光合成速度に影響を及ぼす主な条件は，温度と二酸化炭素濃度である。これらの条件が同じ場合に，光を強くしていけば光合成速度はだんだん大きくなるが，さらに光を強くしていくと，それ以上光を強くしても光合成速度は変化しなくなる。このときの光の強さは光飽和点と呼ばれる。

**5**．陽生植物は，光合成速度と呼吸速度が等しくなる光の強さの光補償点，および光飽和点とも大きく，陰生植物は光補償点，光飽和点とも陽生植物に比べて小さい。比較的弱い光の下では陰生植物のほうが陽生植物に比べて光合成速度が大きいため，光合成量も多くなる。逆に強い光の下では陽生植物のほうが光合成量は多くなる。

**正答　1**

数学
物理
化学
生物
地学
文章理解
判断推理
数的推理
資料解釈

高卒警察官

No. 175 警視庁

# 生物　屈性と傾性　平成26年度

環境の変化や周囲からの刺激に対する植物の反応を屈性と傾性とに分類したとき，傾性に属するものとして，最も妥当なのはどれか。

**1**　寝かせて土をかけておいたネギが重力と反対方向に伸びる。
**2**　ホウセンカの茎の先端が光の差し込んでくる方へ曲がる。
**3**　雌しべに付着した花粉から花粉管が子房の方へ伸びる。
**4**　オジギソウの葉に触れると小葉が閉じて葉柄が垂れ下がる。
**5**　アサガオのつるが支柱に触れるとそれに巻きついて伸びる。

## 解説

屈性とは，植物が刺激に対して一定の方向へ屈曲する反応であり，傾性とは，刺激の方向とは無関係に，植物のある器官が一定の方向へ屈曲する反応である。

**1**．重力屈性である。植物は茎や根で重力方向を感知し，根は重力方向へ，茎は重力と反対方向へ屈曲する。刺激に対してその方向へ屈曲する場合を正（＋）の屈性，刺激と反対の方向へ屈曲する場合を負（－）の屈性という。根は正の重力屈性を，茎は負の重力屈性を示している。

**2**．正の光屈性である。茎の先端で光の方向を感知し，茎の光が当たらない側の細胞の成長を促進することで光の来る方向へ屈曲する。

**3**．正の化学屈性である。子房内の胚珠の助細胞からルアーと呼ばれる花粉管誘引タンパク質が放出される。花粉管はそれを感知して，そのタンパク質が放出されている方向に向かって成長する。

**4**．妥当である。接触傾性という。葉に触れると，葉柄のつけ根の葉枕の細胞や小葉の付け根の細胞から急激に水が流出し，膨圧が減少するため小葉が閉じて葉柄が垂れ下がる。どの方向から葉に触っても，葉の動きは一定である。

**5**．正の接触屈性である。つるが支柱に接触すると，接触部と反対側の細胞の成長が促進され，接触した側に屈曲する。その結果，つるが支柱に巻きつきながら成長する。

正答　4

高卒警察官

警視庁

# No. 176 生物 細胞膜における物質の輸送 平成30年度

細胞膜における物質の輸送に関する記述として，最も妥当なのはどれか。

**1** ヒトの赤血球における能動輸送では，細胞膜を介して，$K^+$の濃度が低い側から高い側に水を輸送する。

**2** ヒトの赤血球における能動輸送では，細胞膜を介して，$Na^+$の濃度が低い側から高い側に$Na^+$を輸送する。

**3** ナトリウムポンプのはたらきにより，$K^+$は細胞膜の外側に，$Na^+$は内側に多く存在し，濃度差が維持されている。

**4** 能動輸送に関するタンパク質は細胞膜を貫通していて，細胞外側にはATPをADPに分解するはたらきがあり，この分解で，能動輸送に必要なエネルギーを得ている。

**5** 特定のイオンの受動輸送を行うイオンチャネルは全て，その透過性は変化しない。

## 解説

**1**．細胞膜における能動輸送とは，濃度勾配に逆らい，濃度の低いほうから高いほうへエネルギーを消費して物質を移動させる現象である。細胞膜を介して，$K^+$の濃度の低い側から高い側に水が移動するのは水の浸透であり，そのときの水を移動させる圧力が浸透圧である。

**2**．妥当である。ヒトの赤血球の細胞膜には，$Na^+$-$K^+$-ATPアーゼと呼ばれる輸送タンパク質が存在する。このタンパク質はATPを分解し，そのエネルギーを利用して，濃度勾配に逆らって$Na^+$を細胞外へ排出し，$K^+$を細胞内に取り込んでいる。その結果，細胞外は$Na^+$が高濃度に，細胞内は$K^+$が高濃度に保たれる。このような能動輸送の仕組みはナトリウムポンプとも呼ばれる。

**3**．**2**で解説したように，ナトリウムポンプは濃度勾配に逆らって$Na^+$を細胞外へ，$K^+$を細胞内に移動させるため，細胞外は$Na^+$が高濃度に，細胞内は$K^+$が高濃度に保たれる。

**4**．$Na^+$と$K^+$の能動輸送にかかわる輸送タンパク質は細胞膜を貫通しており，そのタンパク質のATP分解酵素活性を持つ部位は，細胞内側に位置している。その部位でATPがADPとリン酸に分解され，エネルギーが取り出される。

**5**．細胞膜に存在するイオンチャネルは，それぞれ特定のイオンのみを透過させる。このときのイオンの移動は，高濃度側から低濃度側への濃度勾配に沿った拡散による。イオン透過性はイオンチャネルによっては変化する。たとえば，神経細胞の細胞膜に存在する，電位依存性ナトリウムチャネルや電位依存性カリウムチャネルは，普段は閉じているが，一定以上の電気刺激が与えられると開き，急速に各イオンを透過させる。

**正答 2**

高卒警察官

# No. 177 警視庁 生物 刺激の受容と活動電位 令和4年度

刺激の受容と活動電位に関する記述中の空所A～Eに当てはまる語句の組合せとして，最も妥当なのはどれか。なお，同一の記号の箇所には同一の語句が入る。

多くの受容細胞では，刺激を受けると膜電位が（　A　）し，電位に依存して開閉する（　B　）チャネルが開く。（　B　）チャネルを通って（　C　）すると，膜電位はさらに（　A　）する。やがて（　B　）チャネルは閉じ，（　D　）チャネルが開いて（　E　）し，電位は静止時に戻る。

| | A | B | C | D | E |
|---|---|---|---|---|---|
| **1** | 上昇 | ナトリウム | $Na^+$が細胞内に流入 | カリウム | $K^+$が細胞外に流出 |
| **2** | 上昇 | カリウム | $K^+$が細胞内に流入 | ナトリウム | $Na^+$が細胞外に流出 |
| **3** | 上昇 | ナトリウム | $Na^+$が細胞外に流出 | カリウム | $K^+$が細胞内に流入 |
| **4** | 下降 | ナトリウム | $Na^+$が細胞外に流出 | カリウム | $K^+$が細胞外に流出 |
| **5** | 下降 | カリウム | $K^+$が細胞内に流入 | ナトリウム | $Na^+$が細胞外に流出 |

## 解説

**活動電位**とは，ニューロン（神経細胞）や視細胞，聴細胞などの受容細胞が一定の強さ（閾値）以上の刺激を受けた結果起こる膜電位の一連の変化のことであり，活動電位が生じることを**興奮**という。膜電位とは，細胞膜を隔てた細胞膜内外の電位差のことである。細胞が興奮していない状態（静止状態）では，ナトリウムポンプと常に開いている（電位非依存性）カリウムチャネルの働きによって細胞膜内は細胞膜外に対して約－70mVの電位に保たれており，このときの膜電位を**静止電位**という。神経細胞や受容細胞に刺激を与えると，細胞内の電位は静止電位（－70mV）から正（＋）の方向に変化する。つまり膜電位が上昇することになる。この電位の上昇が一定値（閾値）以上になると電位依存性ナトリウムチャネルが一斉に開き，ナトリウムイオン（$Na^+$）が急激に細胞内に流入する。その結果，刺激を受けた部位の膜電位はさらに正（＋）の方向に変化し上昇する。しかし，電位依存性ナトリウムチャネルはすぐに閉じ始め，これに遅れて電位依存性カリウムチャネルが開くため，細胞外へのカリウムイオン（$K^+$）流出の影響が強くなって，今度は膜電位が急激に下降する。やがて電位依存性カリウムチャネルも閉じるため，膜電位は静止状態に戻る。

よって，正答は**1**である。

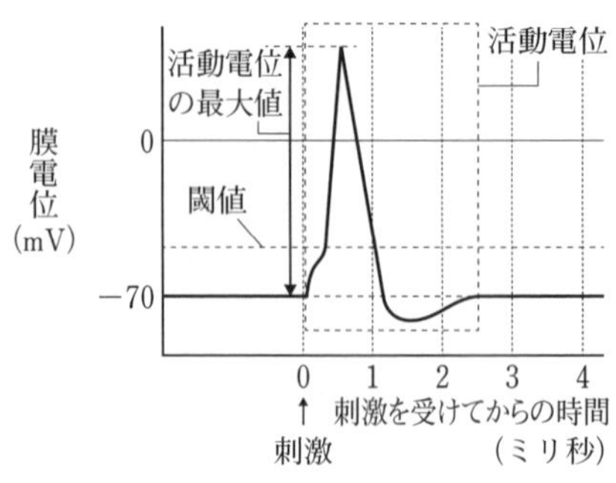


**正答　1**

図は，生存曲線と呼ばれるもので，同時期に生まれた総個体数を1,000とし，その後の個体数の減少を時間を追って相対年齢ごとに示している。図中のⅡ型の生存曲線を示す生物やその特徴として適するものを次の①～③からそれぞれ選ぶと，その組合せとして妥当なのはどれか。

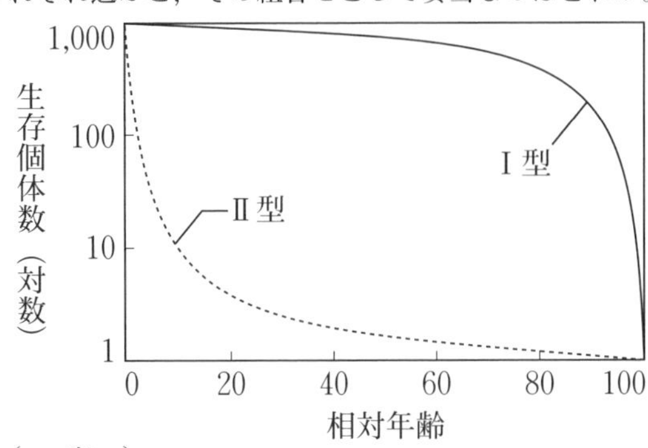


①生後すぐの死亡率が{a．高い / b．低い}。

②一度の産卵・産子数が{a．多い / b．少ない}。

③代表的な動物は{a．トラ / b．イワシ}である。

| | ① | ② | ③ |
|---|---|---|---|
| **1** | a | a | a |
| **2** | a | a | b |
| **3** | b | a | a |
| **4** | b | b | a |
| **5** | b | b | b |

## 解説

生存曲線のⅠ型は晩死型で，生後初期の死亡率が低く，産卵・産子数は少ない。大型のホ乳類などがこれに当たり，生後初期に親の保護を受けるなどの特徴が見られる。それに対しⅡ型は早死型で，生後初期の死亡率が高く，ほとんどの無脊椎動物や魚類のような産卵・産子数が多い動物に見られる。生物の特徴①については，Ⅱ型では生後初期に個体数が急激に減少していることから，生後初期の死亡率が高いと判断できる。生物の特徴②については，生後初期の死亡率が高い種でより多くの子を残すためには，最初に生まれる子の数を多くする必要があることがわかる。生物の特徴③については，トラの仲間は1回の出産で1～数頭の子を産むが，イワシは1回の産卵で1万～数万個の卵を産卵するといわれている。

したがって，正答は**2**である。

**正答 2**

## No. 179 警視庁 生物 ヒトの血液 令和2年度

ヒトの血液に関する記述として，最も妥当なのはどれか。

**1** 血しょうや組織液のような細胞外液の成分は，海水の成分とよく似ていて，無機塩類としてカリウムイオンや塩化物イオンが大部分を占めている。

**2** リンパ液は，筋肉の運動やリンパ管の収縮運動によってリンパ管を一方向に血液と同じ速さで流れ，心臓の近くで動脈へと合流する。

**3** ヒトなどの脊椎動物では，動脈と静脈が毛細血管により連絡した，閉鎖血管系と呼ばれる血管系をもち，血液を効率よく一定の方向に循環できるようになっている。

**4** 白血球は免疫作用に関わる細胞として特殊化した細胞で，核やミトコンドリアをもたない扁平な形をしている。

**5** 外傷で血管が損傷されたとき，血小板から放出される血液凝固因子の働きにより，アルブミンが形成され，これが血球と絡み合うことで血ぺいを形成し，傷口が塞がれる。

### 解説

**1**．血しょうは血液の液体成分であり，血しょうが毛細血管から外部へしみ出したものが組織液である。血しょう・組織液ともに細胞外液であり，含んでいる無機塩類は，ナトリウムイオン（$Na^+$）と塩化物イオン（$Cl^-$）が大部分である。カリウムイオン（$K^+$）は逆に細胞内に多く存在する。

**2**．各体細胞を浸していた組織液は血管に戻るが，一部はリンパ管に入ってリンパ液となる。リンパ管自体は収縮運動をしないので，管の周りの骨格筋の運動などでリンパ管が圧されて内部のリンパ液が移動する。リンパ液は，リンパ管内に逆流を防ぐための弁が静脈と同じように存在するため，一方向へ流れるが，流れる速さは血液よりは遅い。末端の毛細リンパ管は合流しつつだんだん太くなり，最終的には鎖骨下静脈とつながり，リンパ液は血液と合流する。リンパ管にはところどころにリンパ節があり，そこに集まっているリンパ球によってリンパ液中の病原体を取り除いている。

**3**．妥当である。毛細血管の部分で血しょう成分がしみ出して組織液となり，その部位の組織に酸素や栄養分を供給する。逆に，二酸化炭素や老廃物を受け取った組織液は毛細血管に戻り，静脈血となって心臓へ戻る。脊椎動物以外では，環形動物のミミズなどが閉鎖血管系である。それに対し，昆虫やエビなどの節足動物や，貝の仲間は開放血管系である。開放血管系では，動脈と静脈をつなぐ毛細血管が存在しないため，動脈の末端から流れ出た血液は，組織の透き間を流れた後，再び静脈に入り心臓に戻る。閉鎖血管系を持つ生物は，開放血管系を持つ生物に比べて，体の末端まで効率よく血液を循環させることができる。

**4**．白血球は血液の成分で，赤血球・血小板とともに血球成分となっている。免疫作用にかかわる細胞であり，自然免疫にかかわるマクロファージ・好中球・樹状細胞・NK細胞，獲得免疫にかかわるB細胞・ヘルパーT細胞・キラーT細胞などに特殊化している。いずれの細胞も核を持ち，形は球形などさまざまである。核やミトコンドリアを持たないへん平な細胞は赤血球である。

**5**．血管が損傷されたとき，血ぺい形成のために合成される物質は繊維状タンパク質のフィブリンである。血管が傷つき血液がもれ出すと，傷口に血小板が集まり塊ができる。血小板から放出された血液凝固因子と血しょう中のカルシウムイオンおよび血しょう中の別の血液凝固因子などの働きで，やはり血しょう中に存在するプロトロンビンと呼ばれる物質がトロンビンと呼ばれる活性を持った酵素に変化する。トロンビンは血しょう中のフィブリノーゲンと呼ばれるタンパク質をつなげて繊維状のフィブリンに変える。フィブリンが血球と絡み合って血ぺいを形成し，血管の傷口はふさがれる。

**正答 3**

9月実施

# No. 180 生物 ヒトの染色体 平成20年度

染色体に関する記述として，妥当なものはどれか。

**1** 性の決定に関係しているX染色体は男性だけに，Y染色体は女性にだけある。

**2** 1本の染色体には，1個の遺伝子しか存在しない。

**3** 一般的に，染色体は細胞分裂のときにしか顕微鏡で見ることはできない。

**4** 1つの体細胞に，同じ大きさ，形の染色体が4本ずつあり，2本は雄から，残り2本は雌からのものである。

**5** 染色体のうち，性に関係する性染色体は性細胞中にのみあり，常染色体は体細胞中にのみある。

## 解説

**1**. 性の決定に関係している染色体を性染色体という。ヒトの場合は，X染色体とY染色体がある。男性では，性染色体はX染色体1本とY染色体1本を持つ。女性では，性染色体はX染色体を2本持つ。

**2**. ヒトの場合は，46本の染色体を持ち，44本が常染色体，2本が性染色体である。遺伝子が1本に1つとすると，ヒトの場合は46個ということになるが，それは誤りで，ヒトゲノム計画により，ヒトの遺伝子数が調べられ，約30,000個あることがわかった。

**3**. 正しい。染色体が現れるのは，細胞分裂が行われるときである。分裂期以外を間期と呼ぶが，核は活発に活動をしている時期である。観察などで使われる唾腺染色体は，通常の染色体の100から150倍の大きさを持つだけでなく，常に染色体の状態であることが観察するのに便利だからであるが，これは特別な場合である。

**4**. ヒトの染色体は，同じ大きさ・形の染色体が2本ずつあり，これを相同染色体という。1本は父親から，もう1本は母親から受け継いだものである。

**5**. ヒトの体細胞中の核は，すべて同じ染色体構成を持つ。体細胞の減数分裂によって形成される精細胞や卵細胞では，染色体数が半減する。

**正答 3**

## No. 181 警視庁 生物 冷温帯におけるバイオーム 平成28年度

次の記述に該当するバイオームとして，最も妥当なのはどれか。

温帯のうち，年平均気温が比較的低い冷温帯に分布し，ブナ，ミズナラ，カエデ類などの落葉広葉樹が優占する。

**1** 雨緑樹林
**2** 硬葉樹林
**3** 照葉樹林
**4** 夏緑樹林
**5** 針葉樹林

### 解説

**1**．雨緑樹林は，熱帯・亜熱帯地域のうち，季節によって降水量が大きく変動し雨季と乾季が明確に分かれる地域のバイオームで，タイ北部やインド中部に分布する。雨緑樹林の樹木は乾季には落葉する落葉広葉樹であり，高級家具材として知られるチークは代表的な樹種である。

**2**．硬葉樹林は，温帯地域のうち，冬が比較的温暖で降水量が多く，夏が高温で乾燥が激しい地域に分布するバイオームである。硬葉樹林の樹木の葉は，水の蒸散を防ぐクチクラ層が発達して硬くなっている。優占種は，地中海沿岸ではオリーブやコルクガシ，オーストラリア南部ではユーカリなどの常緑広葉樹である。

**3**．照葉樹林は，温帯地域のうち，年平均気温が比較的高い暖温帯に分布し，シイ，カシ，タブノキなどの常緑広葉樹が優占する。これらの樹木の葉は，表面にクチクラ層が発達しており，やや硬くて光沢がある。日本西南部や中国南東部で見られるバイオームである。

**4**．妥当である。日本の東北部を含む東アジア，ヨーロッパ，北アメリカ東岸などに分布する。

**5**．亜寒帯に分布し，耐寒性が強いトウヒやモミなどの常緑針葉樹が優占する。北アメリカ北部やシベリヤに分布する。シベリヤ東部では，落葉針葉樹であるカラマツ類が優占種となっている。

**正答 4**

No. 182 警視庁

## 地学 地球内部の構造 平成30年度

地球内部の構造に関する記述として，最も妥当なのはどれか。

**1** マントル上部で1000℃を超えると，マントル物質は柔らかくなり，流れやすくなるが，この流れやすい領域をアセノスフェアという。

**2** リソスフェアとは，アセノスフェアより下にあるマントルの部分のことで，温度が低く硬い性質を持つ。

**3** 地下約1000kmの深さにある，物質が不連続に変化する面のことをモホロビチッチ不連続面という。

**4** 地球の中心部には外核，内核という核があり，いずれも固体の鉄を主成分としている。

**5** 大陸の地殻は，玄武岩質岩石の上部地殻と花崗岩（かこうがん）質岩石の下部地殻からなっている。

### 解説

**1**．妥当である。アセノスフェアはリソスフェアの下の岩盤をさし，1,000℃を超えると，岩盤が融解に近い（近くなる）か，部分的に融解が起き，流動性が見られる。

**2**．リソスフェアはアセノスフェアの上の岩盤をさし，地殻とマントル最上部からなる。厚さは大洋部で70km～，大陸部で～140kmほどである。

**3**．モホロビチッチ不連続面の地表からの深さとは，地殻の厚さをさし，大陸地域では，およそ数十km，大洋地域では5～10km程度の深さとなる。

**4**．地球の層構造は，地震波の伝わり方などにより推定されているが，横波であるS波がグーテンベルグ面以深に伝わらないことから，外核は固体ではなく流体の性質を持つと考えられる。

**5**．大陸地域は，地殻が二層構造であり，上部は花崗岩質岩石であり，下部は玄武岩質岩石からなる。

**正答 1**

## No. 183 警視庁 地学 恒星(年周視差,パーセク,絶対等級等) 平成25年度

恒星の性質に関する記述として，最も妥当なのはどれか。

**1** 地球から見た天体の明るさを見かけの等級といい，明るい星ほど等級は大きくなる。

**2** 地球と太陽間の平均距離に対して恒星のなす角を年周視差といい，遠方の恒星ほど大きくなる。

**3** 恒星までの距離を表す単位にパーセクがあり，1パーセクは光が1年間に進む距離である。

**4** すべての恒星を10パーセクの距離において見たと仮定したときの恒星の明るさの等級を絶対等級という。

**5** 恒星は表面温度の違いによって色が異なり，赤い恒星は青い恒星より表面温度が高い。

### 解説

**1**. 恒星の等級は明るいものほど数値が小さくなる。

**2**. 年周視差は遠い天体ほど小さくなる。

**3**. 光が1年間に進む距離は1光年である。1パーセクは年周視差が1秒の角度であるときの距離で，光年との関係は，1パーセクが約3.26光年である。

**4**. 妥当である。

**5**. 恒星の色と表面温度の関係は，高温の順におよそ青白（数万度），白（約1万度），淡黄～黄（7,000～5,000度），橙（～4,000度），赤（3,000度）である。

正答 4

高卒警察官

No. 184　9月実施

## 地学　天体観測　平成24年度

天体の見え方に関する記述として妥当なのはどれか。

**1**　赤道上では，太陽はいつも天頂で南中する。

**2**　北極では，6月には太陽が一日中沈まない日がある。

**3**　オーストラリアでは，太陽は西から昇る。

**4**　赤道上では，年間を通じて太陽の日周運動のコースは同じである。

**5**　オーストラリアでは，北極星は南の空に見える。

### 解説

**1**．太陽の周りを地球は23.4°傾いて公転しているので，赤道上で太陽が天頂で南中するのは春分と秋分の2回である。春分から秋分の間は，天頂より北で南中し，秋分から春分の間は，天頂より南で南中する。

**2**．正しい。北緯66.6°より北（または南緯66.6°より南）の範囲では，一日中太陽が沈まない日がある。北極圏の場合，夏至の前後しばらくの間，太陽が北回帰線付近にいる頃，このように見える。

**3**．地球の自転は西から東への回転であるから，南半球でも太陽は東から昇る。

**4**．**1**より誤りである。

**5**．北極星は，ほぼ天の北極にあるので，オーストラリアから見ることはできない。

正答　**2**

No. 185 警視庁

## 地学 日本付近を通過する温帯低気圧 平成20年度

日本付近を通過する温帯低気圧は，普通，低気圧の中心から延びる温暖前線と寒冷前線を伴っているが，これに関する記述として適切なものはどれか。

**1** 低気圧の進行方向の前方に延びるのは温暖前線である。

**2** 高層雲や乱層雲ができるのは寒冷前線である。

**3** 雨が降るときに狭い範囲で強い雨が降るのは温暖前線である。

**4** 通過後に気温が上がるのは寒冷前線である。

**5** 温暖前線と寒冷前線が重なったものが停滞前線である。

### 解説

温帯低気圧についての基本問題である。

**1**．正しい。低気圧の中心から延びる前線は，進行方向前方に温暖前線，後方に寒冷前線がある。寒冷前線が次第に温暖前線に追いつく形で発達していき，追いつくと中心から順次閉塞前線となり，温度差が解消し，消滅する。

**2**．高層雲や乱層雲は温暖前線に伴う雲である。寒冷前線では積乱雲や層積雲，高積雲などが伴う。

**3**．温暖前線では寒気に接した暖気が後ろから低い角度で乗り上げていくので，厚い雲はできにくく，広い範囲に降雨が見られる。寒冷前線では，暖気に接した寒気が後ろから潜り込む形で暖気を押し上げるため，接する範囲は温暖前線に比べ狭い範囲となり，雲は厚く発達する。したがって降雨の範囲は狭いが，激しい雨（にわか雨）が降り，突風を伴うこともある。

**4**．**1**，**3**の解説から前線通過後温度が上昇するのは温暖前線である。

**5**．**1**の解説より閉塞前線が正しい。停滞前線は高気圧と低気圧からの大気がぶつかり合う所にでき，梅雨（梅雨前線）や秋の長雨のときに見られる。

**正答 1**

No.186 警視庁

## 地学　地震波　平成23年度

地震波に関する次の記述中の空欄A～Dに当てはまる語句の組合せとして，妥当なのはどれか。

地震波は（A）から地球全体に伝わる。地震波にはP波とS波があり，P波は，波の進む方向と振動方向が平行な（B）であり，S波は，波の進む方向と直角な方向に振動する（C）である。P波は（D）中を伝わるが，S波は（D）中を伝わらない。

| | A | B | C | D |
|---|---|---|---|---|
| **1** | 震源 | 縦波 | 横波 | 液体 |
| **2** | 震源 | 横波 | 縦波 | 液体 |
| **3** | 震源 | 縦波 | 横波 | 固体 |
| **4** | 震央 | 横波 | 縦波 | 固体 |
| **5** | 震央 | 縦波 | 横波 | 気体 |

### 解説

A：「震源」が当てはまる。地震波は，震源から伝わる。震央は震源の真上の地表である。

B：「縦波」が当てはまる。P波は縦波である。

C：「横波」が当てはまる。S波は横波である。

D：「液体」もしくは「気体」が当てはまる。縦波であるP波は，すべての媒質中を伝わるが，横波であるS波は，固体中のみを伝わる。

以上より，正答は**1**である。

**正答　1**

高卒警察官

No. 187 警視庁

## 地学 大気と雲 令和4年度

大気と雲に関する記述として，最も妥当なのはどれか。

**1** 大気の層構造において最下層にある成層圏は，太陽によって暖められる地表面に接しているため，上空ほど気温が低い。

**2** 大気の層構造において最上層にある熱圏では，高さとともに気温が上昇し，太陽からのX線や紫外線によって酸素分子や窒素分子の一部は原子となっている。

**3** 対流圏では空気の上下運動が起きやすく，ある空気塊が上昇を続け，対流が発生するには，周囲の空気より温度が低くなる必要がある。

**4** 湿った空気がゆっくりと上昇すると，背の高い積乱雲が形成されるが，地表付近にある大量の水蒸気を含む空気が急激に上昇すると，水平に大きく広がる層状の雲ができる。

**5** 熱帯で形成される背の低い雲では氷晶が形成され，氷晶は落下しつつ成長して雪の結晶となり，これが落下途中でとけると雨になる。

### 解説

**1**. 大気の最下層は対流圏である。

**2**. 妥当である。

**3**. 選択肢中の「温度が低く」を「温度が高く」とすれば正しい内容になる。

**4**. 湿った空気がゆっくりと上昇するときは，層状の雲ができやすく，急激に上昇すると積乱雲が発達しやすい。

**5**. 熱帯地域で形成される雲は氷晶を含まない。これは暖かい雨と呼ばれる。

正答 **2**

## No.188 警視庁 地学 古生物の変遷 令和3年度

古生物の変遷に関する記述として，最も妥当なのはどれか。

**1**　冥王代の岩石から生物指標有機物の化石が見つかっていることから，冥王代には原核生物が誕生していたことがわかっている。

**2**　古生代のカンブリア紀にはサンゴ類や筆石類が出現し，オルドビス紀には三葉虫が出現した。

**3**　古生代の石炭紀は，魚類が繁栄したので魚類時代とも呼ばれ，また陸域ではアカントステガやイクチオステガなどの最初の両生類が誕生した。

**4**　中生代の三畳紀には，陸上では古生代末の大量絶滅を生き延びた恐竜類が繁栄し，海洋ではアンモナイト類が誕生した。

**5**　新生代の新第三紀の地層からは，サヘラントロプスの化石が発見されている。



### 解説

**1**. 記述中の冥王代を太古代（始生代）とすれば正しい記述となる。

**2**. サンゴ類，筆石類はオルドビス紀に出現し，三葉虫はカンブリア紀に出現した。

**3**. 古生代の魚類時代はデボン紀である。

**4**. 恐竜類の繁栄は中生代のジュラ紀，白亜紀である。また，アンモナイト類の誕生はデボン紀である。

**5**. 妥当である。サヘラントロプスは，最古の人類の化石である。

以上の化石，時代区分などは図録等で確認しておくことを勧める。

**正答　5**

高卒警察官

No. 189 警視庁

# 地学　河川や氷河の働き　令和元年度

河川や氷河のはたらきに関する記述中の空所A～Dに当てはまる語句の組合せとして，最も妥当なのはどれか。

河川による侵食が強くはたらく山地では谷底が深く削られた（　A　）ができ，河川が山地から平地に流れ出るところには粗い砂礫が堆積して（　B　）ができる。

高緯度地方や高山で，万年雪が圧縮されて氷となり，流れ出すようになったものが氷河である。氷河の流れる速さは年に数十～数百m程度であるが，固体である氷の動きによる侵食・運搬作用は大きく，馬蹄形に削られた（　C　）や，U字谷が形成される。氷河によって削り取られ，運ばれた大きさの不揃いな砕屑物は氷河の両側や末端に堆積し，（　D　）となる。

| | A | B | C | D |
|---|---|---|---|---|
| **1** | V字谷 | 扇状地 | カール | モレーン |
| **2** | V字谷 | 扇状地 | モレーン | カール |
| **3** | 扇状地 | 谷底平野 | カール | モレーン |
| **4** | 扇状地 | 谷底平野 | モレーン | カール |
| **5** | 谷底平野 | V字谷 | カール | モレーン |

## 解説

A：山岳地域で侵食が強く働くと，幅が狭く深い谷であるV字谷ができる。
B：河川が山地から平地に流れ出るところでは，運搬作用が弱まるため扇状地が形成される。
C：氷河地形は山地の谷を広く侵食するU字谷や，馬蹄形に侵食したカールが見られる。
D：氷河先端部では，運ばれた不ぞろいの砕屑物が堆積し，モレーンと呼ばれる。

したがって，正答は**1**である。

**正答　1**

高卒警察官

No. 190 警視庁

# 地学　地質時代の区分　令和2年度

地質時代の区分に関する記述中の空所A～Cに当てはまる語句の組合せとして，最も妥当なのはどれか。

約46億年におよぶ地球の歴史は岩石の年代，地層の層序，生物の変遷などに基づいて区分される。約46億年前～約40億年前は，岩石や地層の情報が得られていない空白の約6億年間であり，（　A　）とよばれる。約40億年前～約25億年前の約15億年間は（　B　）とよばれ，（　B　）の地球表層には地殻や海が存在し，原始的な生命が繁栄した。約25億年前～約5億4200万年前は（　C　）とよばれ，この約20億年間には，生物が複雑化・大形化を達成した。

| | A | B | C |
|---|---|---|---|
| **1** | 冥王代 | 原生代 | 太古代 |
| **2** | 冥王代 | 太古代 | 原生代 |
| **3** | 原生代 | 冥王代 | 太古代 |
| **4** | 原生代 | 太古代 | 冥王代 |
| **5** | 太古代 | 冥王代 | 原生代 |

## 解説

先カンブリア時代の相対年代区分の出題である。

A：約46億年前～約40億年前までを冥王代といい，その時代の岩石，地層の証拠が得られていない期間である。

B：約40億年前～約25億年前を始生代または太古代といい，海洋で最初の生命が誕生し，原核生物や光合成を行うシアノバクテリアの化石が得られている。

C：約25億年前～約5億4200万年前を原生代といい，真核生物が出現し，多細胞生物へ進化が進んだ。シアノバクテリアが繁栄し，生成した，ストロマトライトは原生代の化石である。原生代の終わりには，硬い殻を持たないエディアカラ動物群が化石として知られる。

よって，正答は**2**である。

正答　2

数学 物理 化学 生物 地学 文章理解 判断推理 数的推理 資料解釈

# No. 191 警視庁 文章理解 現代文（要旨把握） 令和3年度



次の文章の要旨として，最も妥当なのはどれか。

常陸国（現・茨城県）北部の寒村の農民だった藤右衛門は，あるとき畑仕事をしていて，鍬の当たったこんにゃくイモの断面が乾いて白く粉をふいたようになっているのを見つけた。これをきっかけに藤右衛門は研究にとりかかり，長年の苦心の末に，こんにゃくイモを乾燥させて粉末にした粉こんにゃくを開発する。

粉こんにゃくは，こんにゃくイモのいわばエッセンスを抽出したもので，これを水に溶いて糊状になったものに石灰をまぜると，固まって，こんにゃくができあがる。現在も市販のこんにゃくの多くは粉からつくられているが，藤右衛門によって粉こんにゃくが発明されるまでは，こんにゃくはイモをそのまま摺り潰してつくられていた。

粉こんにゃくの登場は，こんにゃく史のなかで革命的な出来事といってよく，この発明によって，こんにゃくの需要は桁違いに増えたはずである。

その理由はふたつある。ひとつは，粉にすることでこんにゃくが一年中食べられるようになったことだ。こんにゃくイモは傷みやすく日もちしないため，かつてはこんにゃくはイモの収穫期である秋から冬にかけてしか食べられないものだった。しかし乾燥させて粉にすれば，いつでもこんにゃくにすることができる。

それ以上に重要なのは，ふたつ目の理由であろう。それは粉にすることで大幅に軽量化され，これにより遠隔地への輸送が容易になり，販路が急激に広がったことだ。

生のこんにゃくイモは重いが，乾燥させて精粉にすると，重量は十分の一になる。もともと水はけのいい傾斜地でなければ栽培がむずかしいこんにゃくは，いわば山間辺地の産物というべきもので，平坦地での栽培には向いていない。つまり，むかしからこんにゃくは山村でつくられ，里で売られる換金作物だった。それが精粉という軽量化によって，山村から一気に都市部への流通を可能にし，換金作物としての価値を大幅に高めた。粉こんにゃくは常陸の山村で生まれた，きわめてすぐれた流通商品なのである。

**1**　粉こんにゃくは芋を摺り潰してつくられたもので，簡便な製法から，その開発以降主に都市部で盛んに作られるようになった。

**2**　粉こんにゃくの開発によってもたらされた最も重要な変化は，軽量化によって山村から都市部への流通が可能になり，換金作物としての価値が大幅に高まった点である。

**3**　粉こんにゃくの開発によって，こんにゃくイモは歴史上はじめて食用として栽培されるようになり，山間部の食生活に革命的な変化をもたらした。

**4**　粉こんにゃくは，イモの収穫期である秋から冬にかけてしか作ることができなかったが，研究により一年中いつでも粉こんにゃくを作ることができるようになった。

**5**　粉こんにゃくはこんにゃくイモのエッセンスを抽出したもので，これを用いて作られたこんにゃくは風味に優れていたため，都市部で革命的な人気を獲得した。

## 解説

出典は武内孝夫『こんにゃくの中の日本史』

こんにゃくの換金作物としての価値を大幅に高めた，粉こんにゃくの発明について述べた文章。

**1**．粉こんにゃくは「こんにゃくイモを乾燥させて粉末にした」ものであり，「芋を摺り潰して」つくられていたのは，粉こんにゃくが発明される前のこんにゃくの製法であるため，誤り。また，軽量化により「山村から一気に都市部への流通を可能にし」とはあるが，粉こんにゃく自体が「主に都市部で盛んに作られるようになった」かどうかは本文からは明らかでない。

**2**．妥当である。

**3**．こんにゃくは「イモの収穫期である秋から冬にかけてしか食べられないもの」だったが，食用にはされていたので，粉こんにゃくの開発によって「歴史上はじめて食用として栽培されるように」なったとするのは誤り。

**4**．「秋から冬にかけてしか作ることができなかった」が，「一年中いつでも」「作ることができるようになった」のは，粉こんにゃくではなく，こんにゃくである。

**5**．前半は正しいが，粉こんにゃくから作られたこんにゃくが「風味に優れていた」り，そのため「都市部で革命的な人気を獲得した」という記述は本文中にはない。粉こんにゃくは，年間を通じてこんにゃくにすることができるようになった点と，軽量化により遠隔地や都市部への流通を可能にしたという点で革命的だったと述べられている。

**正答　2**

高卒警察官

警視庁

## No.192 文章理解　現代文（要旨把握）　平成11年度

次の文章の要旨として，最も適切なものはどれか。

ルポルタージュは文学ではない，と言うかも知れないが，資質のある文学者なら新しい異常な題材を取扱ったために，いわゆる芸術性を失い，単なる報告に堕するはずはない。もしその際，単なるルポルタージュしか書けぬような文学者なら，古いありきたりの題材を扱っても，実はルポルタージュ以上には出られまい。つまり，新しい世界を描いて成功せぬ場合，非難さるべきは作家の才能の乏しさであって，題材の新しさではないのだ。

古めかしい題材でも新しい扱い方をすればよい，と言う人があるかもしれないが，それは単なる理屈であって，実際の制作上はなはだ困難なことなのである。なぜなら，人間は陳腐なものに対してはインタレストを感じることが少なく，これに全身を打込んで把握しようという熱意が起こりにくく，その上，古い題材には必ず先例となる作品がすでにあるから，しらずしらず模倣的となる危険が多いからである。だから陳腐なものを扱って新しいものを作り出しうるためには，作家がよほど新しい人間でなければならない。そうであれば，どんな題材を扱っても新しいものを生み出しうる訳だが，実際は，文学上の新しい流派ないし傾向をひらいた作家は，必ず新しい題材を求めて仕事をしている。バルザックが金銭を，スタンダールが階級を描いたのは，当時としては，書き古されぬ新しい題材だったのである。

**1**　文学においては，題材が陳腐であればあるほど，才能のある新しい作家が期待される。
**2**　文学においては，陳腐な題材を扱って新しい作品とするためには，新しい思想がいる。
**3**　文学においては，新しい作家だからといって，軽率に陳腐な題材を扱ってはならない。
**4**　文学においては，作家が新しい人間であれば，陳腐なものを扱ってもなんら差し支えない。
**5**　文学においては，陳腐な題材を扱って，新しい作品を作ることは，大変に難しい。

### 解説

**1**．本文では新しい作家だけでなく，バルザックやスタンダールのような才能のある文学上の新しい流派や傾向をひらいた作家が「必ず新しい題材を求めて仕事をしている」ことに言及されているので，新しい作家が期待されるだけでは要旨として不十分である。
**2**．本文では新しい人間なら陳腐な題材を新しい作品とすることができるという一例を挙げているだけであり，「新しい思想」までは述べていないので，誤り。
**3**．新しい作家に陳腐な題材を扱うことを禁じることが本文の要旨ではないので，誤り。
**4**．新しい流派や傾向をひらいた作家は新しい題材を求めて仕事をしている。
**5**．正しい。陳腐な題材を扱うのは「実際の制作上はなはだ困難なこと」である。

**正答　5**

## No. 193 文章理解 現代文（要旨把握） 平成10年度

次の文の主張の主旨として妥当なものはどれか。

カトリック教徒が習慣としている日曜ごとに教会に行って跪いている生活はうらやましい。我々が，一週間に一度沈黙する時間をもつことになったら，我々の人生がもっと内的に豊かになるだろう。現代における肖像画の衰退は，美術史発展のうえの美学的な必然の他に，現代人が内面的に貧しくなった結果ではないか。今の我々の顔は内面生活のいらだたしさの長年の反映から恐ろしく不統一な卑俗なものになり，内部から輝き出る静かな光を失っている。表情をつくり出す苦悩や希望はすべて一時的な無責任なもので，芸術家の手によって永遠の表現を与えるのにふさわしくないものになり終えている。

**1** 現代人は，自己の内的成熟に対して無関心である。
**2** 現代人の生活は，刺激が多く皆疲れているので，もう少し休息すべきである。
**3** 現代人は，時には自己の内面を見つめ，内的世界を豊かにすべきである。
**4** 現代人は，外的な豊かさに対し内面的豊かさは未熟である。
**5** 現代人は，何事にも感覚的に浅く反応してしまい深みがなくなった。

### 解説

筆者がカトリック教徒の教会へ行く習慣をうらやんでいるのは，沈黙する時間を持つことによって，「我々の人生がもっと内的に豊かになるだろう」と考えるからである。

**1**.「自己の内的成熟に無関心」であるという表現はないので，誤り。
**2**. 筆者は単に「休息せよ」と言っているわけではないので，誤り。
**3**. 正しい。カトリック教徒の生活をうらやんだ理由と符合している。
**4**.「外的な豊かさ」が，誤り。
**5**.「何事にも感覚的に浅く反応」は一見正しそうだが，本文に対応しないので，誤り。

**正答 3**

## No. 194 警視庁 文章理解 現代文（空欄補充） 令和4年度

次の文の空欄に当てはまる一節として，最も妥当なのはどれか。

「未来はまったく不確実である」という主張は当然のことのように理解されがちですが，実際には，未来に起こる事象はまったく想定できないわけではなく，ある程度の確実性で探ることができます。

未来の出来事は大きく分けて，自然界の出来事と，人間が引き起こす出来事の二つから構成されます。

前者には，台風，津波，地震，火山の噴火などが含まれます。台風や津波などについては，発生後の進行や影響はかなり正確に予測できるようになってきていますが，発生のタイミングについては未知数の部分が多く残されています。地震や火山の噴火に関しては，長年の科学的データの蓄積と分析により，発生の時期をある程度の幅を持ってですが予測することができるようになってきています。自然界の出来事の中で，ある程度の幅を持った周期で繰り返し起こるような事象については，私たちは次の発生を科学的に探る努力を続けてきています。

自然界の現象の予測が難しいのは，発生の原因がまだ十分に理解できていないからですが，(　　　)はずです。なぜなら，人間が起こす出来事には全て人為的な原因があり，人間の心理や行動については，私たちは経験からかなりのことを知識として持っているからです。

したがって，ある人為的な行動や状況が進行していることがわかれば，それを原因として，人や組織がどのような反応や対応を示すかを考察することによって，未来に現れてくる結果を想像することは可能になってくるのです。

**1**　人間が引き起こす出来事は，自然界の出来事よりもさらに予測がつきにくい
**2**　人間が研究することによって，これを克服し，予測の精度は上がっていく
**3**　人間が引き起こす出来事は，自然界の出来事よりも予測がつきやすい
**4**　人間が引き起こす出来事については，確実に予測ができる
**5**　人間が研究したところで，自然界は神秘に包まれており，予測などつかない

## 解説

出典は小野良太『未来を変えるちょっとしたヒント』

自然界の現象については発生の原因が十分に理解できていないため，未来の予測が難しいのに対し，人間が起こす出来事の原因は人為的な行動や状況であり，人間の心理や行動については知識があるため，原因から未来の結果の予測をつけやすい，と述べた文章。

自然界の出来事と人間が引き起こす出来事が対比されていることに注目しよう。空欄の後で「人間が起こす出来事には全て人為的な原因があ」ることを理由として挙げていることから，空欄には人間が起こす出来事に人為的な原因があることから生じる結果についての説明が入ることがわかる。ここで，**2**は「これ」が「自然界の現象の予測」をさしていることから，人間が起こす出来事についての説明ではないため，不適切。同様に，自然界について説明している**5**も誤り。また，空欄の後の第５段落の最後に「未来に現れてくる結果を想像することは可能になってくる」とあることから，空欄には，人間が起こす出来事は予測が可能である，といった趣旨の内容が入る。したがって，「自然界の出来事よりもさらに予測がつきにくい」とする**1**は誤り。**3**，**4**はいずれも人間が起こす出来事が予測可能であることと矛盾していないが，第１段落に「未来に起こる事象は」「ある程度の確実性で」予測できるとあること，第５段落で「想像することは可能」とあくまで可能性を示唆しているだけなので，**4**のように「確実に予測ができる」とまではいうことはできない。

以上により，正答は**3**である。**3**を空欄に入れてみると，空欄前の「自然界の現象の予測が難しい」と空欄の「自然界の出来事よりも予測がつきやすい」は，「が」という逆接の接続助詞が示すような反対の事柄を述べており，意味が通じることがわかる。

**正答　3**

高卒警察官 10月実施

## No.195 文章理解 現代文（内容把握） 平成11年度

次の文の内容と一致しているものはどれか。

主張があるのは，たいてい野暮です。これも面白いことです。近代以降は誰しも主張していかないと，アイデンティティーをちゃんと持っていないとダメみたいな強迫観念がありますが，江戸ではあえて主張しないものに価値を見出すところがあります。自分はこれが好きなんだと言い切ってしまうのは野暮であるという，不思議な感覚です。

また，一つのものに固執することも野暮だと言われています。

江戸の人たちが一概に粋を至上として，野暮を悪いと思っていたかというと，全くそうでもありません。たとえば，商家の番頭さんなどが，「番頭というのは野暮に決まっております」と言って若旦那をいさめるようなシーンが，落語などによくあります。

あの場合の野暮には，「野暮の誇り」があるのです。

何より野暮には「物を生産する」パワーがあって，それで世が動いていたのです。

**1**　江戸時代の粋人は主張がなく，アイデンティティーがなかった。
**2**　江戸時代の粋と近代以降の粋とは異質なものである。
**3**　江戸時代においては，野暮というのは誇り高い人をさしていた。
**4**　江戸時代の人たちは野暮を必要悪として認めていた。
**5**　江戸時代は野暮が果たす役割もよく理解されていた。

### 解説

江戸では，主張があるのは〈野暮(やぼ)〉，あえて主張しないものに価値を見いだすのが〈粋(いき)〉であったのだが，〈粋〉を至上としていたのではなく，〈野暮〉に「誇り」も「物を生産する」パワーも認めていた。

**1**．「アイデンティティーがなかった」が誤り。「アイデンティティー」を持っていなければならぬという強迫観念は近代人のものであり，主張しなくてもアイデンティティーは，それぞれに存在しうるもの。
**2**．「近代以降の粋」が誤り。どこにも書かれていない。
**3**．本文には「野暮には，『野暮の誇り』がある」と書いているのであり，野暮＝誇り高い人は誤り。
**4**．「野暮を必要悪」とあるのが誇張されすぎで，誤り。
**5**．正しい。

**正答　5**

高卒警察官

10月実施

## No. 196 文章理解　現代文（内容把握）　平成11年度

次の文の内容と一致しているものはどれか。

「今」とは現在のこの時点である。それは長さ（持続）をまったく持たず，来たかと思えばただちに消えてしまう。いわば「在るとともに在らぬ」ような瞬間である。なぜならば「今は在る」といっても，「今は在らぬ」といっても，いずれも「今」を的確に示してはいないが，この二つ以外には表現のしかたがないからである。私たちはこのような「今」に，日常経験のなかでも感覚的に出逢(あ)うことがしばしばある。たとえば電車に乗っていて，窓外の電柱が自分の眼前を過ぎる瞬間を「今」と認めることもあるし，大晦日の夜，時計を見つめながら，古い年と新しい年の変わり目を「今」として心に深く銘ずることもあろう。

しかしその体験はあくまでも直観的なものであり，瞬間的なものであって，「この今」はその瞬間を過ぎればもはや「今」ではなくなり，そこにはすでに「つぎの今」が来ている。だから，私達の眼前にある瞬間はつねに「今」であるが，その内容はたえず新しくなっているわけである。したがって，時の流れはこのように，たえず死んではたえず生まれかわっている「今」の連続であるといってよいかもしれない。

あるいは，ここで容器としての「今」と内容としての「今」とを区別すれば，容器としての「今」はつねに私とともにここに在る。しかし，内容としての今は，つねにあらわれてはただちに消えるものだといえよう。

**1**　今は直観的にはつねに私たちとともに在るが，その内容はたえず変化している。

**2**　今は人生の連続時間における節目であり，今を知覚しない者は人生そのものを見失うものである。

**3**　今の体験は論理的にも不可能である。なぜなら，今という時は在るとともに在らぬものだからだ。

**4**　今を体験しうるのは日常経験においてのみであり，今を観念的に知覚することはない。

**5**　今とは現在のこの時点であり，すぐ消え去るものであるため，人間は多くの苦悩から解放される。

### 解説

「今」に出会うのは，直観的，瞬間的なものであって，その内容は常に新しくなるという「今」の連続である。

**1**．正しい。

**2**．「今」が「節目」であることも，「今を知覚しない者は人生そのものを見失う」も誤り。

**3**．「今の体験は論理的にも不可能」が誤り。

**4**．「今を観念的に知覚することはない」が誤り。

**5**．「人間は多くの苦悩から解放される」が誤り。

以上**2**～**5**は，本文に書かれていないことが入っている。

**正答　1**

高卒警察官

9月実施

# No. 197 文章理解　現代文（内容把握）　平成10年度

次の文において，筆者は芭蕉研究をどのように行おうとしたか。

芭蕉の人間性，風雅意識，あるいは私生活が，さまざまに考証され，推論され，そこに求道者ともいうべき一人の人生詩人のモラルが，あざやかに浮び上がっているのが，これまでの芭蕉研究の成果である。だが，作品の解明を目標とした私は，意識的にそういうものに対して目をふさいだ。むしろ，その私生活や伝記のなかには現れないが，詩の中では生命を持ち，意味を持っているものの究明に，私は力を注ごうとした。作品の背後をさぐって一人の人間の生活に到達するような探求でなく，多様な感情やイメージや言葉の微妙な複合体としての詩人の精神を探ろうとした。

**1**　作品への深い愛着を研究の出発点とする。
**2**　作品を解明するなかから，芭蕉の精神を浮かび上がらせる。
**3**　まず作品の解明を目標とし，その後芭蕉の私生活を推論する。
**4**　これまでの芭蕉研究の成果をもとに，作品の解明に力を注ぐ。
**5**　一人の人生詩人の風雅意識を探求し，詩人の精神を探ろうとする。

## 解説

筆者はこれまでの芭蕉研究が「人間性」「風雅意識」「私生活」という面で成果を上げてきたと指摘する。つまり「作家論」的研究を評価はするが，筆者自身は「作家論」を拒んで，作品そのものの中にある生命・意味を求めて，詩人の精神にたどり着こうとする「作品論」的研究姿勢を鮮明にしている。

**1**.「作品への深い愛着」はどの研究にも当てはまるのだから，誤り。
**2**. 正しい。
**3**.「芭蕉の私生活」を推論することを最終目標だとは言っていない。
**4**.「これまでの芭蕉研究の成果」に意識的に目をふさいだと言っているので，誤り。
**5**.「一人の人生詩人の風雅意識を探求」するのは，「作家的」アプローチなので，誤り。

**正答　2**

数学 物理 化学 生物 地学 文章理解 判断推理 数的推理 資料解釈

10月実施

# No. 198 文章理解 現代文（内容把握） 平成10年度

次の文中の下線部が間違いであるとしている理由として妥当なものはどれか。

色彩語の使い方の一つは，色そのものが問題である場合にその色を指定する用法である。しかし，これがすべてではない。それどころか一般の日常生活ではむしろ，色彩語を何かあるものを他の同類のものから区別する目的で，いわば手がかりとして使うことが意外に多いのである。例えば，書店に入って，大体が黒や青，そして白っぽい背表紙の本が並んでいる棚の前で店員に，「ちょっとそこの赤い本を取って下さい。」と言えば，色として赤味がかっている茶だったり，むしろオレンジ色と言った方が正確かもしれない本を黙って渡してくれるものである。この同類の対象を色彩を手がかりに区別するための色彩語の用法を私は「弁別的用法」と名づけている。これに対し，色そのものを問題とする時の使い方を色彩語の「専門的用法」とする。私たちが砂糖について，赤砂糖・白砂糖・黒砂糖などという時の色彩語は，まさにこの弁別的用法で使っている。今度は，赤砂糖を示してこの色は何色ですかと聞けば，たいていの人は茶色ですと答えるのである。この時の「茶色」は一種の専門用語として使われているということになる。面白いことに，古くからの日本語で赤という形容詞をつけた名詞，例えば，「赤土」・「赤犬」のような例をたくさん集めると，そのほとんどが，いわゆる赤ではないということがわかる。だが，このような事実に基づいて，日本語では，茶色も赤の一種に含まれるといった理論を導き出すことは，間違いなのである。

**1**　人々は，弁別的と専門的という色彩語の２つの次元を使い分けているのだから。
**2**　赤と茶色では，色相や明度，彩度がまったく異なるから。
**3**　弁別的用法として，逆に赤を茶色とはいえないから。
**4**　色の認識のしかたは，個人によって違うから。
**5**　茶色は弁別的用法としては，たとえば，暗い色の類としても使われるから。

## 解説

筆者は「色彩語」を，他と区別するための相対的な用法＝「弁別的用法」と，色そのものを問題とする絶対的な用法＝「専門的用法」に分けて考えている。だから下線部「日本語では，茶色も赤の一種に含まれる」のが間違いであるということは，この用法の種類の区別がされていないということである。

**1**．正しい。
**2**．専門的用法にしか触れておらず，誤り。
**3**，**5**．弁別的用法にしか触れておらず，誤り。
**4**．「個人によって違うから」とは言っていないので，誤り。

**正答　1**

高卒警察官

9月実施

## No.199 文章理解 現代文（内容把握） 平成9年度

次の文中のＹの助言の内容として適切なものはどれか。

Ｙの意見によれば，私は英語もロクにできないくせに，一から十まで自分でやろうとしすぎるからいけないのだった。だれだって異国へ来れば満足に物事ができるはずがない。それを一から十までやろうとして失敗して，何かとうまくやろうとイキりたって緊張ではりつめて，そして結局うまくゆかない。子どもも不安になる。そうではなくて，できなくて当たり前というところでひらきなおればよいのだ。廻りの人たちは多少とも私たちに関心をもっている。それはこんな異国へ来た日本人が果たしてうまくやって行けるかという関心なのだ。その関心に訴えればよいのだ。どうすればよいか教えてくれといえばよい。皆どんなに親切によろこんで助けてくれるかとＹはいった。その意見はたしかに当たっていると私は思った。私はたぶんそのとき日本人が外国へ来た時おちいりやすい，ストレスの極点にあったのだろう。

**1**　土地の人たちが，自分たちにどのような関心をもっているかをまず知るべきだ。
**2**　土地の人たちの目を気にせず，自分の判断で事を進めるべきだ。
**3**　その土地の人たちは自分たちに関心をもっているのだから何でも相談して，助けてもらうべきだ。
**4**　緊張を和らげるためにうんと失敗をし，それを笑いとばすのがよい。
**5**　英語が下手なのは当たり前で，それを恥じる必要はまったくない。

### 解説

Ｙの助言の要旨は以下のようになる。下手な無理をせず，土地の人たちの助けを素直に求めるようにすべきである。

**1**．Ｙはひらきなおって土地の人たちの関心に訴え，助けを求めることを言っている。相手の関心を知るだけではないので，誤り。
**2**．自分の判断でやりすぎてはいけないとＹは言っているので，誤り。
**3**．正しい。
**4**．失敗を笑いとばすのがよいとは勧めていない。
**5**．土地の人の助けを求めるように言っているのであって，恥じることは言っていないので，誤り。

**正答　3**

## No. 200 文章理解 現代文（内容把握） 平成 9年度

次の文の筆者は『大日本史』についてどのような意見を述べているか。

『大日本史』といえば，誰もが直ぐ，皇国の大義名分を明らかにしようとした史書だと言う。それはそうに違いないが，この声は大きくなりすぎ，言わば，目立った意匠が，内容の質実な性質を隠して了った嫌いはなかっただろうか。修史の方法は『通鑑綱目』を典範とする朱子学の史観の強い影響下にあったのだが，この史観の根本的な特徴は，大義とは，歴史のうちにある以上誰も逃れられない歴史の理法であるという考え方にあったのであり，それ故に，史家達は，私心や偏見を去り，歴史事実に忠実でありさえすれば，歴史の意義は自ら現れて来るという確信のうちに，安心して仕事をしていたので，わが国近世の史家がとっていた基本的な態度と同じなのであった。

**1** 『大日本史』は皇国の大義名分を明らかにする面と史実に忠実であろうとする面と，相反する目標を2つとも達成した。

**2** 『大日本史』は『皇国史観』という名目を掲げることにより，客観的な史実を述べることに成功した。

**3** 『大日本史』は大義は歴史のうちにあるという理念の下に，歴史事実であることを旨として作られた歴史書である。

**4** 『大日本史』は，朱子学の史観の強い影響下に作られており，優れた史書ではあるが，独自性にかける。

**5** 『大日本史』は，皇国の大義名分を明らかにするため，その目的に従って歴史事実を選択しようとする嫌いがあった。

### 解 説

『大日本史』の史家の基本的な態度は，私心や偏見を去り，歴史事実に忠実であれば自ら歴史の意義は現れてくるというものである。

**1**．相反する目標を達成したことはないので，誤り。

**2**．皇国の大義名分を明らかにしようとすることが大きくなりすぎて内容の質実な性質は隠され，歴史事実に基づく歴史書である部分が隠れてしまったので，誤り。

**3**．正しい。

**4**．『大日本史』が独自性に欠けるとは述べられていないので，誤り。

**5**．歴史事実を選択したのではなく，「歴史事実に忠実でありさえすれば歴史の意義は自ら現れて来るという確信のうち」に編まれたとしているので，誤り。

**正答 3**

高卒警察官

No. 201 警視庁

# 文章理解 現代文（内容把握） 平成16年度

次の文章の下線部分 “「森の外」の思考を強制してはならない” とは，具体的にどのような思考を強制しているということなのか。最も妥当なものはどれか。

「森の外」に住む人々は，これまでの森の産物——とりわけ自然的環境とか，風景とか，水とかの「公共財」で，直接貨幣価値で評価されていないもの——をどのような形で享受してきたであろうか。人々は森に接し，利用するに当たって，「森は無料」と思っていたのではなかったか。森に源を発する水についてもまた，同様ではなかったか。自然に恵まれたこの国の人々にとって，自然は何の苦もなく得られたものであったのであろう。自然をつくり，育て，維持している人々の存在を，一体どれだけの人が理解していたのであろうか。

都市で便利な生活を楽しみながら，山村に対しては，都市にもないものを求めようとする。それが，山村の「自主性」を尊重した上でなされるなら，とりたてて問題とはならない。しかしそのことを「社会的要請」という一種の暴力によって山村に押しつけるなら，たとえ「山村への理解」という装いをとっていたとしても，それは，都市の山村に対する優越という「信条体系」（一種の社会的な信仰ともいえる観念）を支える以外の意味は持ち得ない。

森に住む人々に，「森の外」の思考を強制してはならない。「森の外」からできることは，森に住む人々のつくったものに対する「正当な」評価である。それは，森の内と外との間に，対等の関係が成り立っていることを基盤にして，はじめて可能である。

ニホンカモシカの保存，森の環境の保全，水の確保といったことが，私たちの社会を成り立たせていく上で不可欠の「財物」であると考えるなら，私たちの社会は，それらを持続して生産（保全）する主体，すなわち森に生きる人々の生活・生産の仕組みそのものをこそ，保ち続けなければならないのである。

**1** 森に住む人々は，自然保護に必要な経費を都会の人々にも負担させて自分たちの生活を守るべきである。

**2** 森や自然を豊かなままに維持していくために，森に住む人々は生活・生産の仕組みそのものを保ち続けなければならない。

**3** 森に住む人々は，自分たちの生活を森の外との関係で考えるべきであり，その独自性をことさらに主張してはならない。

**4** 森に住む人々は，森の産物をあらためて貨幣価値で評価することによって，森が生み出す豊かさを利用すべきである。

**5** 恵まれた自然の中で生活している森に住む人々が，森に住む動物や自然的環境などを保全するのは当然のことである。

## 解説

出典は林進『森の心，森の知恵』。下線は「『森の外』の思考を強制してはならない」となっているが，設問では「どのような思考を強制している」のかを問うている点に注意する。

**1**．経費負担については本文中では述べられていない。

**2**．本文の主旨ではあるが，この設問では，筆者が否定している「『森の外』の思考」について答えなければならないので誤り。

**3**．「独自性」については本文中で述べられていない。

**4**．森の産物を「直接貨幣価値で評価されていないもの」としているが，それを改めて貨幣価値で評価しようという内容は本文中にはない。

**5**．正しい。筆者はこの考え方を強制してはならないといっている。

正答 5

## No. 202 警視庁 文章理解 現代文（要旨把握） 平成11年度

次の文章の要旨として，最も適切なものはどれか。

数年前に英国のテレビニュースで報道されたことですが，日本のあるファスナー会社がイギリスに現地工場を作りました時に，テレビのアナウンサーの「市場占有率はどの程度を予想しているか」の問いに答えて，日本人支配人が，「オフ・コース・ワン・ハンドレッド・パーセント」と言って，にたっと笑いました。彼はジョークで言ったつもりだったかもしれませんが，こういうふうに自由競争を解釈して，日本の企業が進出していきますと，反動として締め出し運動が起こってくるのは，きわめて自然のことであります。日本の実力の大きくない間は「もちろん100%」も笑い話ですまされますが，今や日本の企業は世界の巨人なのですから，行動にも充分注意しないと，多くの人々を食いつぶしてしまうことになりかねません。目下のところ，日本の輸出は額としては英国を食いつぶすほど大きくありませんが，過去からの勢いは強烈で，このままの速度で突っ走れば，ヨーロッパ諸国としても，手をうたざるをえない事態がやってまいります。どんなことがあっても世界の石油の四分の一を日本が使ったり他国を市場から完全に締め出して，100%市場を占拠するようなことをしてはいけません。経済的に巨大な国になった現時点で，もう一度国のあり方を反省し，将来の目標を確認しておかないと再び失敗を繰り返すことになります。

**1** 日本の企業が戦後実力をつけ，世界の巨人になったのは，なによりも国民の勤勉さによるが，油断していると国際社会から脱落してしまう。

**2** 日本は輸出によって経済的に巨大な国になったが，黒字大国として体面の維持を図らなくてはならない。

**3** 日本は石油資源を１～２か国だけからの輸入に頼りきっていると，かつてのオイル危機のような失敗を再び繰り返すようになる。

**4** 日本は経済大国になったが，自国の利益のみを追求するようなあり方を反省し，将来の目標を確認しておかなければならない。

**5** 日本の輸出の伸びは著しく，ヨーロッパ諸国の脅威になっており，日本の国際的地位は確実に向上したといえる。

### 解説

**1**．日本企業が巨人になったのは国民の勤勉さによるとは述べられていない。また，著者はヨーロッパでの日本の締め出しが起こることを懸念しているので，誤り。

**2**．黒字国としての体面の維持を図るのではなく，経済的に巨大な国として国のあり方の反省を促しているので，誤り。

**3**．著者は「世界の石油の四分の一を日本が使ったり他国を市場から完全に締め出」すことをすれば，ヨーロッパから締め出されるようになることを懸念しているのであって，オイル危機のような失敗を述べているのではないので，誤り。

**4**．正しい。

**5**．日本の国際的地位が確実に向上したことは触れられていないので，誤り。

**正答 4**

高卒警察官

警視庁

# No. 203 文章理解 現代文（空欄補充） 平成11年度

次の文中の空欄に当てはまる語句として，最も適切なものはどれか。

仏僧として説法・修業のために日本全国各地を巡り歩いた智真房一遍は〈遊行上人〉の名でよく知られているけれども，また他方では〈捨聖〉とも呼ばれている。説法・修業の旅が，同時にまた，捨てる旅，つまりこの世の人情を捨て，縁を捨て，家を捨て，郷里を捨て，名誉財産を捨て，己れを捨てという具合に，(　　　)の旅だったからである。捨てることに徹底した旅だったからである。

**1**　地獄を恐れる心を捨てるため
**2**　念仏の悟りをも捨てるため
**3**　生きることをも捨てるため
**4**　善悪の観念を捨てるため
**5**　一切の執着を捨てるため

## 解説

〈遊行上人(ゆぎょうしょうにん)〉・〈捨聖(すてひじり)〉と呼ばれた鎌倉時代の僧一遍の〈捨聖〉の側面を述べた文章。

空欄の前に出てくる「この世の人情」「縁」「家」「郷里」「名誉財産」「己れ」を捨てるという文をまとめるのにふさわしいものを選ぶ。

**1**．上記の例にはつながらないので誤り。
**2**．「念仏の悟りをも捨てる」のであれば，一遍の信仰と旅は成立しないので誤り。
**3**．一遍は「死に場所」を求めて旅をしたのではないので誤り。
**4**．上記の例をまとめるのにふさわしくないので誤り。
**5**．正しい。上記の例はことごとくこの世における生への執着を生み出すもの。

**正答　5**

10月実施

# No. 204 文章理解　現代文（空欄補充）　平成10年度

次の文中の空欄に共通して当てはまる語として妥当なものはどれか。

科学者には（　　）が必要である。古来，第一流の科学者が大きな発見をし，すぐれた理論を立てているのは多くは最初（　　）的にその結果を見通した後に，それに達する論理的な経路を組み立てたものである。純粋に解析的と考えられる数学の部門においてすら，実際の発展は偉大な数学者の（　　）に基づくものが多いと言われている。この（　　）は，芸術家のいわゆるインスピレーションと類似のものであって，これに関する科学者の逸話などは少なくない。

**1**　経験
**2**　直感
**3**　理性
**4**　推論
**5**　独創

## 解説

空欄が4か所ある。最後の空欄は「芸術家のいわゆるインスピレーションと類似」とあるので，**2**「直感」，**5**「独創」などが入りそうである。最初の空欄に**3**「理性」などは当たり前すぎて，誤りと思われる。2番目の空欄は「最初（　　）的にその結果を見通した後に」とあるので，**1**「経験」は除かれて，**2**「直感」や**4**「推論」が残りそうである。空欄の3番目は「純粋に解析的と考えられる数学の分野においてすら」とあるので，「解析的」とは反対でなくてはならない。ここでも**2**「直感」が残る。

以上，総合的に見てみると全空欄に**2**の「直感」が適することになる。

**正答　2**

高卒警察官

No. 205 警視庁

# 文章理解　現代文（空欄補充）　平成19年度

次の文章の空所に入る語句として最も妥当なものはどれか。

フランスの文学者アンドレ・モーロワは，第二次大戦でヒトラーのドイツに敗れフランスが崩壊した理由を論じ，特に次の二つを強調した。第一に，当時のフランスに決定的に欠けていたもの，それは「道徳心」や「精神価値」の重視であったと言う。民主主義は国民の道徳が崩れると成り立たない制度であり，モーロワの言葉を借りれば「国民は祖国の自由のためには，いつでも死ねるだけの心構えがなければ，やがてその自由を失う」のである。自己犠牲の精神が顧みられなくなると，自由も民主主義も主権も平和も守れない，と言う。

二つめは（　　　）の大切さである。モーロワは言う。「自らの思想を擁護するのは，それ自体間違っていない」。自らの主義，主張，持論，信念であれば，それでいい。「しかし，その思想のゆえに外国から金をもらうのは犯罪である」と。当時のフランスには，ナチスから金をもらい，「ドイツは攻めて来ない」「ヒトラーの言い分を聞くことがヨーロッパの平和につながる」などと言いつづけた人々が山のようにいたのである。

**1**　「自立できるだけの経済力をもつこと」
**2**　「対抗できるような武力を備えること」
**3**　「国民同士の結束する連帯感」
**4**　「外国との条約を守ること」
**5**　「外国の影響から世論を守ること」

## 解説

出典は中西輝政『「美醜の感覚」を失うべからず』。

空所のある第2段落で，「当時のフランスには，ナチスから金をもらい，『ドイツは攻めて来ない』『ヒトラーの言い分を聞くことがヨーロッパの平和につながる』などと言いつづけた人々が山のようにいた」と述べられているように，外国から金をもらったうえに，自らの思想を変える人々がいたことが示されているので，空所には，**5**の「外国の影響から世論を守ること」が当てはまる。**1**の「経済力をもつこと」，**2**の「武力を備えること」，**3**の「連帯感」，**4**の「条約を守ること」は，モーロワの言う「その思想のゆえに外国から金をもらうのは犯罪」とする内容とはずれている。

正答　5

高卒警察官

No. 206 警視庁

# 文章理解　現代文（文章整序）　平成19年度

次の文章に続けて，短文Ａ～Ｅを並べかえて一つのまとまった文章にしたい。最も妥当な組み合わせはどれか。

「連歌」とはどのような形式の文芸なのだろうか。

Ａ　すなわち連歌は二人が唱和するところからはじまったのである。

Ｂ　このうち和歌を二つにわけて，「五・七・五」を上句（かみのく）とか長句（ちょうく），「七・七」を下句（しものく）とか短句（たんく）ということがある。

Ｃ　そしてその句切れから，短歌は「五・七・五・七・七」，俳句は「五・七・五」というように，その音数律で示されることがある。

Ｄ　短歌は，「五・七・五・七・七」すべてを一人で詠むのだが，この上句（かみのく）と下句（しものく）をあえて二人で詠む場合を連歌という。

Ｅ　周知のように，短歌は三十一音からなり，俳句は十七音からなる。

**1**　Ｅ―Ｃ―Ａ―Ｄ―Ｂ
**2**　Ｅ―Ｃ―Ｂ―Ｄ―Ａ
**3**　Ｅ―Ｄ―Ａ―Ｂ―Ｃ
**4**　Ｄ―Ｅ―Ａ―Ｃ―Ｂ
**5**　Ｄ―Ａ―Ｂ―Ｅ―Ｃ

## 解説

出典は綿抜豊昭『連歌とは何か』。

「『連歌』とは」に続く文章は，短歌から連歌を説明するＤか，短歌と俳句の連歌以前の状況を説明するＥのどちらかであるが，連歌を説明するには，短歌と俳句の両方について触れるほうがわかりやすい文章といえるだろう。また，Ａ～Ｅはその内容から，連歌に触れている文章＝Ａ・Ｄ，短歌・俳句に関する文章＝Ｃ・Ｅ，上句，下句について触れている文章＝Ｂ・Ｄに分けられる。このうち，Ａは「すなわち」で始まっており，連歌について結論づける内容と考えられるので，同じく連歌について触れるＤのほうがＡよりも先で，Ｄ－Ａの順となる。また，ＣとＥの短歌・俳句に関する文章の順番を考えると，Ｃに「そしてその句切れから」とある点で，Ｅの後に続く文章と判断できるので，Ｅ－Ｃとなる。上句，下句に関するＢとＤを検討すると，Ｂのほうが，上句，下句というこの言葉の説明をする文章であり，Ｄは「この上句と下句をあえて二人で詠む場合を連歌という」とあるように，連歌の具体的説明になっているので，Ｂ－Ｄの順となると判断できる。以上から，Ｅ－Ｃ，Ｂ－Ｄ，Ｄ－Ａ，の組合せを持つ**2**が正答となる。

正答　**2**

警視庁

# No. 207 文章理解　現代文（文章整序）　平成11年度

次の短文A～Eを並べ替えて意味の通る文章にするとき，最も適切な並べ方はどれか。

A　このために，自然科学の知が大きい役割を果たす。自然科学の知を得るために，人間は自分を対象から切り離して，客体を観察し，そこに多くの知識を得た。

B　人間がこの世に生きてゆくためには，いろいろなことをしなくてはならない。

C　このような知識により，われわれは太陽の運行を説明できる。

D　太陽を観察して，それが灼熱の球体であり，われわれの住んでいる地球は自転しつつ，その周りをまわっていることを知った。

E　自分をとりまく環境の中で，うまく生きてゆくためには環境について多くのことを知り，その仕組みを知らねばならない。

**1**　B－A－E－C－D
**2**　B－D－C－A－E
**3**　B－E－A－D－C
**4**　E－A－C－D－B
**5**　E－C－D－B－A

## 解説

最初に来る文章は選択枝から，BかEであるが，BとEの次に来る文章の流れがスムーズかどうかをそれぞれ検討していく必要がある。

**1**．E－Cの流れが不適切。
**2**．冒頭のB－Dの流れが不適切。
**3**．Cで「このような知識により」とあるが，「このような」を説明する部分が前のDにはないので，D－Cの流れが不適切。
**4**．正しい。Aの「このために」は前のEを受け，Cの「このような知識」が前の文章のAの「多くの知識」を受けている。Cからさらに具体的に説明するDへと続き，最後のまとめとしてBへつながる。
**5**．E－Cの文章の流れが不適切。

**正答　4**

高卒警察官

警視庁

# No.208 文章理解　現代文（文章整序）　平成10年度

次のA～Eを並べ替えて意味の通る文章にするとき，最も適切な並べ方はどれか。

A　現代において，生き方のいかがわしい芸術家も，十分時代の喝采を博することができる。

B　そういう貧しい時代は，貧しい精神の芸術家をして，時代の代弁者たらしめる。

C　なぜなら現代という時代は，精神的には，はなはだ貧しい時代である。

D　しかし，そういう芸術家にたとえ一時の栄光が輝くにせよ，それは，しばしの時が過ぎ去れば，たちどころに消えていく栄光に過ぎない。

E　不滅な光を発する芸術を残した人達は，やはり純潔きわまりない生き方をした人ではないか。

**1**　E－C－B－A－D

**2**　A－C－B－D－E

**3**　E－A－D－C－B

**4**　A－C－D－B－E

**5**　A－E－D－B－C

## 解説

**1**．E→Cと続く際の「なぜなら」がこの2つの接続を不自然にしている。

**2**．正しい。

**3**．D→Cの「なぜなら」の働きが不自然。

**4**．C→D，D→Bそれぞれについて「しかし」「そういう貧しい時代」の接続，指示関係がうまくいかない。

**5**．Dで「たちどころに消えていく栄光に過ぎない」とした後で「貧しい精神の芸術家を～代弁者たらしめる」というのは論理的に混乱しているので，誤り。

**正答　2**

高卒警察官

No. 209 警視庁

# 文章理解 現代文（文章整序） 平成18年度

次の短文A～Fを並べかえて一つのまとまった文章にした。最も妥当な組合せはどれか。

A　しかしこの通念は，ふたつの点でうたがってみる必要がある。

B　というのも，儒教を国是とした同時代の東アジア諸国と比較した場合，どうも日本の儒教は，かなり，いい加減なものであった――といわざるをえないからである。

C　そして，さらに今日の日本人の倫理観・価値観のなかには，江戸時代に定着した儒教思想にもとづく部分がすくなくないとさえ指摘され，われわれも，そう信じこんでいるところがある。

D　江戸時代に幕府が基準とした政治思想は，古代中国に端を発する儒教だったといわれる。

E　また幕府は儒教思想を強要したため，その影響は，支配層であった武士社会にとどまらず，日本社会の隅々まで浸透したともいわれている。

F　第一に，幕府がどれほど儒学にいれあげていたかという点であり，第二は日本人が儒教の名のもとに理解してきた思想の内容に関してである。

**1**　D－A－B－C－F－E
**2**　D－B－E－C－A－F
**3**　D－E－C－A－F－B
**4**　D－F－A－E－C－B
**5**　D－C－F－B－E－A

## 解説

出典は，梅棹忠夫『日本文明77の鍵』。江戸幕府の儒教思想について述べた文章。選択枝では最初に来る文章がすべてDとなっていることから，Dの文章中の「江戸時代に幕府が基準とした政治思想」と「儒教」を含む内容の文章が次に来ると考えられ，両方を含む短文はCかEで，選択枝は**3**か**5**に絞られる。Eは累加・並立の接続詞「また」を用いて幕府の状況を付け加えているので，D→Eにつながると考えられ，さらに，Aの「ふたつの点でうたがってみる必要がある」に続く文章が「第一に，～第二は」と挙げるFと予想され，A→Fの組合せを含む選択枝が正しいものと推測できる。この条件に合うものは**3**である。

よって，**3**が正しい。

正答　**3**

10月実施

## No. 210 文章理解　英文（要旨把握）　平成10年度

次の英文の主旨として正しいものはどれか。

Tropical fishes are becoming increasingly popular. Varied in color, they are decorative for homes, offices, and even in store windows. The raising of such fish is recommended as a relaxing hobby for people in jobs involving much tension. Many hobbyists have made them money by breeding tropical fish varieties for which there is a special demand.

**1**　熱帯魚の飼育は非常に難しく，特別な愛好家が家庭や事務所で装飾用に飼育している。

**2**　熱帯魚を飼育するのは趣味としては面白いが，手間がかかり，お金もかかるので一般的になりえない。

**3**　熱帯魚の飼育が人気を集めているのは，装飾用になり趣味としてもよく，お金もうけになるからである。

**4**　熱帯魚の飼育はその美しさのため人気を集めているが，その飼育には非常に緊張を要するので趣味としてはあまり適当でない。

**5**　熱帯魚の飼育が人気を集めているのは，趣味としてではなく，変種を繁殖させて金もうけをするためである。

### 解説

英文の全訳は次のとおり。

〈熱帯魚はますます人気が上がってきている。さまざまな色を持ち，熱帯魚は家庭でも，オフィスでも，さらには店のウィンドウにでも飾ることができる。そのような熱帯魚の飼育は非常に緊張する仕事に従事する人々にとっては，リラックスする一つの趣味として薦められている。多くの愛好者たちは，ある特別な要求のために変種の熱帯魚を飼育することでお金をもうけている。〉

**1**．熱帯魚の飼育が非常に難しい点は述べられていないので，誤り。

**2**．熱帯魚の飼育が一般的になりえないとは述べられていない。家庭でも飼育できると述べられているので，誤り。

**3**．正しい。

**4**．熱帯魚の飼育には緊張は要しない。緊張を要する仕事の人たちをリラックスさせると述べられているだけなので，誤り。

**5**．リラックスできる一つの趣味として飼育している人たちがいるので，誤り。

**正答　3**

高卒警察官

警視庁

## No. 211 文章理解　英文（要旨把握）　平成10年度

次の英文の要旨として正しいものはどれか。

There was no denying that China was the cradle of civilization in the far East, a far older and greater country than Japan and that Japan was no more than a small and, for long, a backward branch of Chinese civilization.

**1**　中国が今でも，日本の文明を上回る偉大な国であることは否定できない。
**2**　日本は中国とともに長い歴史を持つ，極東文明の発祥地域であった。
**3**　日本は中国文明を巧みに取り入れた偉大な国であった。
**4**　日本は長い間，中国文明の流れをくむ小さな後進国であった。
**5**　中国は歴史の古い文明国であったが，今では日本に追い抜かれてしまった。

### 解説

英文の全訳は次のとおり。

〈中国が極東の文明のゆりかごであり，日本よりかなり古く，偉大な国であり，そして，日本は小さく，長い間中国文明のより遅れた部分でしかなかったことは否定できなかった。〉

**1**．問題文が過去形で述べられているので，過去の事実であり，中国が「今でも」偉大な国であるとは述べられていないので，誤り。
**2**．中国のみが長い歴史を持っていたと述べられているので，誤り。
**3**．日本が中国文明を巧みに取り入れた「偉大な国」とは述べられていないので，誤り。
**4**．正しい。
**5**．中国が今では日本に追い抜かれてしまったとは述べられていないので，誤り。

**正答　4**

警視庁

# No. 212 文章理解　英文（要旨把握）　平成10年度

次の英文の要旨として妥当なものはどれか。

Some people read instruction for work, which is praiseworthy, and some people read for pleasure, which is innocent, but not a few read from habit, and I suppose that this is neither innocent nor praiseworthy. Of that lamentable company am I.

I would sooner read the catalog of some department or a tourists guide book than nothing at all, and indeed I have spent many delightful hours over both these works.

**1**　学生時代に読書の習慣をつけておくことは，その人にとって一生の財産である。
**2**　まったく何も読まないよりは，デパートのカタログでもよいから読んだほうがいい。
**3**　娯楽のために読む本は，ただ勉強のために読む本よりも価値がある。
**4**　デパートのカタログなどで，読書しているつもりになっている人は無邪気な人だ。
**5**　たくさんの本を読むより，選択した本を十分時間をかけて読むのが一番よい。

## 解説

英文の全訳は次のとおり。

〈説明書を仕事で読む人がいる。それは賞賛に値するものだ。それから，楽しみのために読書する人もいる。それは無邪気なことだ。しかし，いつもの習慣で読書する人も少なくない。そして，これは賞賛に値することでも無邪気であるわけでもないと私は思う。私はそういった嘆かわしい人々の一人であった。

私は，何も読まないよりもむしろ，デパートのカタログや旅行のガイドブックを読みたい。私は事実，これらの作業の両方に多くの喜ばしい時間を使った。〉

**1**．学生時代の読書については述べられていないので，誤り。
**2**．正しい。
**3**．娯楽のために読む本と勉強のために読む本の価値を比べてはいないので，誤り。
**4**．デパートのカタログで「読書をしているつもりになっている人」については述べられていない。著者はデパートのカタログを読みたいと述べているだけなので，誤り。
**5**．本の選択については述べられていないので，誤り。

**正答　2**

9月実施

# No. 213 文章理解 英文（要旨把握） 平成9年度

次の英文の要旨として最も適切なものはどれか。

My grandfather is over sixty years old, but he does not look as old as he is. He has large collection of potted plants ; he has more plants than he can count. He always says that nothing gives him greater pleasure than getting up early in the morning and looking after them. It seems to me that no other hobbies have given him so much enjoyment. The older he grows, the more interested he becomes in cultivating potted plants. The number of his favorite plants gets larger and larger every year.

**1** 私の祖父に最も大きな楽しみを与えているのは鉢植えの植物で，お気に入りの植物の数は年々多くなっている。

**2** 私の祖父は60歳を超えているが見かけより若く，鉢植えの植物に興味を持つようになった。

**3** 私の祖父のように人は年をとればとるほど，鉢植えの植物に興味を持つようになるものである。

**4** 植物というものは興味を持って世話をすればするほど立派に育ち，その量も次第に増えてくるものである。

**5** 私は祖父が鉢植えの植物の世話をしているのを見るたびに，ほかに興味はないのだろうかと考えてしまう。

## 解説

英文の大意は次のとおり。

〈私の祖父は60歳を超えているがそんな年齢には見えない。彼は鉢植えの植物をたくさん集めている。数えられないほどたくさんである。彼はいつも，早起きして植物の世話をする以上に楽しいことは何もない，と言っている。ほかのどんな趣味もこれほどの喜びを彼に与えたことはないように思われる。祖父は年を取るにつれて，ますます鉢植えの植物の栽培に興味を持つようになっている。彼のお気に入りの植物の数は年々増えている。〉

**1**．正しい。

**2**．60歳を超えて，鉢植えの植物に興味を持つようになったのではない。

**3**．人間一般のことについては何も言ってない。

**4**．植物への興味や世話のことが要旨ではない。

**5**．筆者は祖父の趣味を批判していない。

**正答 1**

# No. 214 文章理解 英文（要旨把握） 平成9年度

10月実施

次の英文の要旨として最も適切なものはどれか。

Most people, when they are left free to fill their own time according to their own choice, are at a loss to think of anything sufficiently pleasant to be worth doing. And whatever they decide on, they are troubled by the feeling that something else would have been pleasanter.

To be able to fill leisure intelligently is the last product of civilization, and at present very few people have reached this level. Moreover, the exercise of choice is in itself tiresome. Except for people with unusual initiative it is positively agreeable to be told what to do at each hour of the day, provided the orders are not too unpleasant.

**1** たいていの人々は，自分の決めたことには一生懸命努力するのが当然だと考えている。
**2** 余暇は文明の産物だが，まだ人々の間に十分行きわたってはいない。
**3** 自分で自分の時間を律することは，人間にとって極めて難しいことである。
**4** 多くの人々は，余暇をいかにうまく利用するかということにいろいろ工夫を凝らしている。
**5** 時間の使い方は自分で考えるよりも他人に決めてもらうほうがうまくいく。

## 解説

英文の大意は次のとおり。

〈たいていの人は，自分の時間を自分の好むように自由に使用してよいと許されると，何か十分楽しくて，やる価値のあることは何かと考えて途方に暮れてしまう。そしてどんなことでも決めてみると，別な何かのほうがもっと楽しかったのではないかという気持ちに悩まされる。

余暇を賢明に用いることができるのは文明の最後の産物であり，現在のところこの水準に達したという人はごくわずかである。さらに，選択するということはそれ自体退屈なものである。並みはずれた独創力を持つ人の場合を除くと，その1日の各時間に何かするようにいわれることは――その命令があまりに不愉快なものでなければ――断然受け入れやすいことである。〉

この文の要旨は，自分の自由になる時間を賢く用いることは極めて難しい，ということである。

よって，**3**が正しい。

**正答 3**

高卒警察官

No. 215 警視庁

# 文章理解　英文（要旨把握）　平成16年度

次の英文の要旨として最も妥当なものはどれか。

The name "public school" is very misleading. In America a public school is precisely what it says, a school that is free to the children of the general public. In Britain a public school is a very exclusive and expensive private school. They are called "public" because they were originally established to educate the poor, but in the nineteenth century they were hijacked by the upper middle-class and reformed in such a way as to exclude anyone but the wealthy.

**1**　イギリスでは，パブリックスクールは19世紀に入って中流階級に乗っ取られてしまった。
**2**　アメリカでは，パブリックスクールは貧しい家庭の子弟に教育を授けるため設立された。
**3**　イギリスでは，パブリックスクールは金持ちしか入学できない学校になってしまった。
**4**　アメリカでは，パブリックスクールはきわめて排他的で学費の高い私立学校である。
**5**　イギリスでは，パブリックスクールは誰でも自由に通うことのできる学校である。

## 解説

全訳〈「パブリックスクール」という名前はとても誤解しやすい。アメリカでは，パブリックスクールは，文字どおりその言葉が意味するもの，すなわち一般大衆の子弟が自由に通うことができる学校のことである。イギリスでは，パブリックスクールは極めて排他的で学費の高い私立学校である。元来貧しい人々に教育を授けるために設立されたので「パブリック」と呼ばれているが，19世紀に上位中流階級に乗っ取られ金持ちしか入学できないように改革された〉

**1**．第４文後半部分と不一致。the upper middle class「上位中流階級，中流上層階級」。
**2**．第２文と不一致。貧しい家庭ではなく，一般大衆の子弟とある。
**3**．正しい。最終文後半部分と一致。the wealthy「金持ちの人々」。
**4**．第３文と不一致。アメリカではなく，イギリスである。
**5**．第２文と不一致。イギリスではなく，アメリカのことである。

正答　**3**

高卒警察官

10月実施

# No.216 文章理解 英文（内容把握） 平成11年度

次の英文の内容と一致しているものはどれか。

Men have been interested in the stars ever since they first looked up into the sky. Some of these stars may have their own planets. If that is so, intelligent life may be on one of them. But the nearest star is four light years away. In other words, light from it has been traveling for four years when it reaches us. Nobody from the earth will ever visit that star because it will take a rocket 100,000 years to reach it.

**1** 知性のある生物が住むと推定される天体のうち，最も近いものでも地球とは４光年の距離がある。
**2** 夜空に輝く恒星は，それぞれにその周囲を巡る惑星を持っている。
**3** 知性のある生物が住む天体が存在するとしても，人間がその天体を訪れることは不可能である。
**4** 現在では，知性のある生物が住む天体が確実に存在することがほぼ証明されている。
**5** 現在のところ，ロケットの速度は光速の10万分の１にすぎない。

## 解説

英文の全訳は次のとおり。

〈人類は，初めて空を見上げたその瞬間から，星に興味を抱いた。これらの星のいくつかは自らの惑星を持っているかもしれない。もしそうであれば，それらのいずれかに知的生命は存在するのかもしれない。しかし，最も近くにある星でも４光年の距離がある。つまり，光がわれわれに届くときには，その光は４年間，旅をしていることになるのである。地球からその星に行こうとする人はだれもいないであろう。なぜなら，たどり着くまでにロケットで10万年もかかるであろうからだ。〉

**1**．４光年の距離にあるのは，単に地球から最も近い天体である。
**2**．惑星を持っているのは，「それぞれ」ではなく「いくつかは」であり，また，「持っているかもしれない」と述べるにとどまっている。
**3**．正しい。
**4**．生命存在の証明はなされていない。
**5**．光が４年かかるところを，ロケットは10万年かかるのである。

**正答 3**

数学 物理 化学 生物 地学 文章理解 判断推理 数的推理 資料解釈

高卒警察官

No. 217 警視庁

# 文章理解　英文（内容把握）　令和4年度

次の英文の内容と合致するものとして，最も妥当なのはどれか。

Japan is said to be a country of four distinct seasons. Of course, the change of seasons occurs in most countries of the world, but Japanese are especially sensitive to the changes, and they know how to enjoy the changes more than just about anyone. This is a country rich in nature, and so the people truly enjoy the changes that go on around them.

Spring in Japan is the season of cherry blossoms. Cherry trees are in bloom for only a very short time. To more fully enjoy the short cherry blossom season, "flower viewing parties" take place throughout the country. The time when the blossoms start to flutter to the ground, is also the season of graduation for students. So perhaps for this reason, this is not only a time to enjoy the blossoms, but also a time of sad goodbyes.

Summer in Japan can be rather uncomfortable due to the high humidity of the rainy season and perhaps also due to global warming. To survive the hot summers, Japanese have the custom of wearing the *yukata* light *kimono* in the summer to help them keep cool. The way to enjoy Japanese summers in traditional style is to wear your *yukata* to a fireworks show or a *bon odori* dance festival.

Autumn in Japan is the season when the mountains turn bright red and yellow with autumn leaves. Many people go on excursions in the mountains just to enjoy the leaves. Autumn is also known as the season for enjoying food, and it's the time to enjoy pike fish, *matsutake* mushrooms, chestnuts and many other foods in their peak harvest season.

In some parts of Japan, winter brings quite a lot of snow. The damage caused by heavy snow in the Tohoku and Hokkaido areas can be quite serious. But the snow also attracts many young people to enjoy skiing and snowboarding. At the end of the year, you might hear Christmas carols here and there and see towns lighted up by colorful Christmas lights. The New Year holiday is when families spend time together. January and February are especially cold months, and everyone eagerly awaits the arrival of spring.

**1**　世界中どこにでも四季の変化はあり，日本人よりも四季の変化に敏感な民族はたくさんいる。

**2**　日本の春は桜を楽しむためにお花見が行われる季節であり，寂しさが連想されることはない。

**3**　日本の夏に浴衣を着る風習は，暑苦しさ対策ではなく花火や盆踊りを楽しむために生まれた。

**4**　秋の日本は紅葉の季節であり，さまざまな食材が旬を迎えるため食欲の秋ともいわれる。

**5**　冬の日本は寒さが厳しく，雪害が深刻な東北や北海道では，遊びに出かける若者も少ない。

## 解説

出典はデイビッド・セイン『デイビッド・セインの日本紹介　生活・文化・伝統・観光編』

全訳〈日本は四季のはっきりした国と言われている。もちろん，季節の変化は世界の大半の国であるものだが，日本人は特にその変化に敏感であり，変化をどう楽しむかを他のどの国の人よりも知っていると言ってよい。日本は自然が豊かな国であり，日本人は身の回りで起こる変化を真の意味で楽しんでいるのだ。

日本の春は，桜の季節だ。桜の木が満開の花で彩られるのはほんの短期間にすぎない。短い桜の満開期を存分に楽しむために，「花を眺めるパーティ（花見）」が国中の至るところで行われる。花が地面に散り始める頃は，学生にとっては卒業の季節でもある。おそらくはこの理由のために，この時期は桜の花を楽しむというだけでなく，悲しい別れの時でもあるのだ。

日本の夏は，雨期（梅雨）の湿度の高さのために，またおそらくは地球温暖化のためもあって，かなり不快な季節になることもある。こうした暑い夏を乗り切るために，日本人は体を涼しく保つのに役立つよう，夏には薄手の着物である浴衣を着る習慣がある。日本の夏を楽しむ伝統的なやり方は，浴衣を着て花火や盆踊りに出かけることである。

日本の秋は，山々が紅葉によって鮮やかな赤や黄色に変化する季節である。多くの人が，紅葉を楽しむだけのために山々まで足を運ぶ。秋はまた食物を楽しむ季節としても知られており，サンマやマツタケやクリ，その他多くの食物が収穫（収獲）の最盛期を迎える季節である。

日本の一部の地域では，冬は雪がとても多く降る季節である。東北や北海道といった地域では，豪雪によって大被害がもたらされることもある。しかし，雪は同時にスキーやスノーボードを楽しむ多くの若者を引きつける。年末には，そこかしこでクリスマスキャロルの響きを耳にし，街がカラフルなクリスマスの明かりで照らされるのを目にするかもしれない。正月は，家族が一緒に時を過ごす時期である。1月と2月は特に寒い月で，誰もが春の到来を待ち焦がれる〉

**1**. 四季の変化は「大半の国」にあるが，「日本人は特にその変化に敏感であり，変化をどう楽しむかを他のどの国の人よりも知っていると言ってよい」と述べられている。

**2**. 日本の春は花見の季節であると同時に，学生の卒業の季節でもあるために悲しい別れの時期でもあると述べられている。

**3**. 浴衣を着て花火や盆踊りに出かけ，夏を楽しむことについては述べられているが，暑い夏を乗り切るため「体を涼しく保つのに役立つよう」浴衣を着るとも述べられている。

**4**. 妥当である。

**5**. 東北や北海道では豪雪によって大被害がもたらされることもあるが，雪は同時にスキーやスノーボードを楽しむ多くの若者を引きつけると述べられている。

**正答　4**

次の英文の内容と合致するものとして，最も妥当なのはどれか。

There is a colorful story about why doughnuts have holes. Nobody knows if the story is true, but it's still considered a pretty good explanation of why the doughnut is such an interesting shape.

The story goes back to the year 1847, when a 16-year-old American sailor from Maine named Hanson Gregory was making doughnuts. At the time, doughnuts were not called doughnuts — they were simply called "fried cakes," or sometimes "twisters." These fried cakes had two shapes at the time: they were either cut into a diamond, or they were made into a long strip of dough that was folded in half and then twisted.

The problem with these cakes, said Gregory, was that when you fried them, the edges would get cooked thoroughly but the center would stay soft and raw. As Gregory made the cakes, he had an idea. Why not get rid of the center, so the whole cake could be fried evenly?

So Gregory picked up the round lid off of a pepper container and punched a hole out of the center of the doughnuts that he was making. He fried them up, and just like he thought, the whole cake fried nice and evenly. There was no more uncooked, raw center — only delicious, fried cake. Ever since then, doughnuts have been made with holes in the middle.

However, there is another theory. At just around the same time doughnuts were gaining popularity in America, so were bagels, which were mostly sold in New York. The bagel makers made bagels with a hole in the center so they could put them one on top of the other on a stick, like a tower. This saved space when displaying the bagels. Some people say that doughnut makers liked this idea and started making holes in doughnuts so they could be displayed the same way.

**1** ドーナツに穴がある理由は誰にもわからず，その理由を説明する物語も誰も信じていない。

**2** 1847年にグレゴリーという名の16歳の船乗りが，揚げたケーキをドーナツと命名した。

**3** グレゴリーは，揚げケーキの調理法が難しく，やわらかいケーキができないことに悩んでいた。

**4** グレゴリーの予想に反し，パン生地の中心に穴を開けて油で揚げると，良い感じに火が通った。

**5** ベーグルのように棒に通して重ねて置くために，ドーナツに穴をあけ始めたと考える人もいる。

解説

出典はニーナ・ウェグナー『誰かに話したくなる「世の中のなぜ？」』

全訳〈ドーナツにはなぜ穴があるのかについては，おもしろい話がある。その物語が真実であるのかは誰にもわからないが，ドーナツがなぜあのような興味深い形をしているのかについての，よくできた説明になっていると考えられている。

話は1847年にさかのぼる。メイン州出身のアメリカ人である，ハンソン＝グレゴリーという16歳の船乗りの少年が，ドーナツを作っていた。当時，ドーナツはその名前では呼ばれておらず，「揚げケーキ」また，ときには「ツイスター」と呼ばれていた。この揚げケーキには，当時２つのタイプがあった。ダイヤモンド型に切られたものか，または長く引き伸ばしたパン生地を半分にたたんでからねじったものだ。

グレゴリーが言うには，このフライドケーキの問題点は，揚げたときに両端はこんがり仕上がるが，中心部はやわらかく生のままであることが多いことだった。ケーキを作っているうちに，彼にあるアイディアが浮かんだ。中心部を取り除いたらどうだろう？　そうすればケーキ全体を均等に仕上げられるのではないだろうか。

そこでグレゴリーは，コショウ入れの円いふたを取り外すと，作っていたドーナツの中心部に押し当てて穴を開けた。彼がドーナツを揚げると，案の定，ケーキ全体にちょうど均等に火が通った。火が通っていない，生の中心部はなくなり，おいしいばかりの揚げケーキが出来上がったのだ。それ以来，ドーナツは中心部に穴を開けて作られるようになったということだ。

しかし，別の話もある。ちょうど同じ頃，ドーナツはアメリカで人気が出始めていたが，ベーグルもまた人気になり，主にニューヨークで売られていた。ベーグルの製造業者は，ベーグルを棒に通してタワーのように積み重ねられるよう，その中心部に穴を開けていた。こうすることで，ベーグルを陳列するスペースを節約したのだ。一部の人が言うところでは，ドーナツの製造業者がこのアイディアを気に入り，同じように陳列できるようドーナツに穴を開け始めたということだ〉

**1**．本文では，ドーナツに穴がある理由を説明する２つの説が紹介されている。前者については，物語の真偽は誰にもわからないとしているが，理由を説明する物語を「誰も信じていない」とは述べられていない。

**2**．揚げたケーキがいつ，誰によってドーナツと呼ばれるようになったかについては述べられていない。

**3**．グレゴリーが悩んでいたのは，揚げケーキの両端に比べて中心部がこんがり仕上がらないことであって，やわらかいケーキが作りたかったわけではない。

**4**．グレゴリーの「予想どおり」に，パン生地の中心に穴を開けて揚げるとちょうど均等に火が通ったと述べられている。

**5**．妥当である。

**正答　5**

高卒警察官

No. 219 10月実施

## 文章理解 英文（内容把握） 平成11年度

次の英文の内容と一致しているものはどれか。

My name is Joe. That's what Milton Davidson calls me. He is a programmer, and I am a computer. He has made me speak better than any other computer can. Milton has never married, though he is nearly 40 years old. He has never found the right woman, he told me. "I'll find yet, Joe." he said. "I'm going to have true love, and you're going to help me." "What is true love?" I asked.

"Never mind." said Milton. "Just find the ideal girl. You can reach the data banks of every human being in the world. Cut out all men first."

It was easy. I kept contact with 3,786,112,090 women. Then he went on to say. "Cut out all that are married. Then cut out all younger than 35 ; all older than 45."

**1** ミルトン=デイビッドソンは，自分の作ったコンピュータのジョーに勧められて結婚する気になった。

**2** ミルトン=デイビッドソンが今まで結婚しなかったのは，コンピュータに夢中で女性に無関心だったためである。

**3** コンピュータのジョーは全世界の人間にコンタクトを取ることにしたが，それは彼にとっても生易しい技ではなかった。

**4** ミルトン=デイビッドソンが望んだのは理想の女性であり，彼はそれを見つけるためにコンピュータのジョーに指示を出した。

**5** コンピュータのジョーは，ミルトン=デイビッドソンの理想の女性を見つけるために，検索の範囲を次第に拡大していった。

### 解説

英文の全訳は次のとおり。

〈私の名前はジョー。ミルトン=デイビッドソンはそう私を呼んでいる。彼はプログラマーで，私はコンピュータである。彼はほかのどのコンピュータよりも上手に私をしゃべらせてくれる。彼は40歳近いけれど，結婚したことがまったくない。彼は自分にぴったりの女性に出会ったことがまったくないと，私に言った。「やがて見つけるさ，ジョー」，彼は言った。「真実の愛に出会うさ。そして，君が僕を手助けしてくれるだろう」「真実の愛ってなんですか？」私は尋ねた。

「気にするな」ミルトンは言った。「理想の女性を見つけるだけだ。君は世界中の人間のデータバンクに行ける。すべての男性を最初にカットしてくれ」

それは簡単であった。私は3,786,112,090人の女性とコンタクトを維持した。そして彼は続けてこう言った。「結婚している女性すべてをカットしてくれ。そして35歳以下と45歳以上のすべての女性をカットしてくれ」〉

**1**．コンピュータのジョーが勧めたのではなく，ミルトン自身の意志である。

**2**．結婚しなかった理由は理想の女性に出会っていなかったからである。

**3**．世界中の人々にコンタクトを取ることは簡単だったとある。

**4**．正しい。

**5**．検索の範囲は次第に狭まっていった。

**正答 4**

高卒警察官
10月実施
# No. 220 文章理解　英文（内容把握）　平成11年度

次の英文の内容と一致しているものはどれか。

Educated men talked Latin in those days, but he could not so much as read it and his only literature was the Bible. But you will see that his ignorance was a great help to him, for, cut off from all of the learned nonsense of his time, he had to trust to his own eyes, his own judgement.

**1**　彼は自分の無知を知っていたので，他の学者の意見を参考にした。
**2**　彼には，自分自身の目と判断に頼らざるを得なかったことが幸いした。
**3**　彼は高い教育を受けていたので，ラテン語を話すことができた。
**4**　彼は聖書だけが頼りだったので，すべての判断はこれによった。
**5**　彼はほかの学者たちの説をたわごととして軽べつしていた。

## 解説

英文の全訳は次のとおり。

〈当時，教育のある人々はラテン語を話していたが，彼はそれを読むことさえもできなかったため，彼の唯一の文学は聖書であった。しかし，おわかりのとおり，彼が無学であることは彼を大いに助けたのであった。というのは，彼の時代の学問上のナンセンスのすべてから遮断され，彼は，自分自身の目，つまり自分自身の判断を信じなければならなかったからである。〉

**1**．「自分の無知を知っていた」とも「他の学者の意見を参考にした」とも書かれていない。
**2**．正しい。
**3**．彼はラテン語を読むことさえできなかった。
**4**．彼は聖書だけを頼りにしたわけでもなく，また，判断は「自分」によったものであった。
**5**．「たわごととして軽べつしていた」とはどこにも書かれていない。

**正答　2**

高卒警察官

9月実施

# No.221 文章理解 英文（内容把握） 平成10年度

次の英文の内容と一致しているものはどれか。

The pursuit of social success, in the form of prestige or power or birth, is the most important obstacle to happiness in a competitive society. I am not denying that success is a part of happiness —— to some, a very important part. But it is not, by itself, enough to satisfy most people. You may be rich and admired, but if you have no friends, no interests, no spontaneous useless pleasure, you will be miserable. Living for social success is one form of living but theory is dusty and dry.

**1** 真の幸福にとって，物質的，外面的に豊かな生活は何の役にも立たず，むしろマイナスの効果をもたらす。

**2** 多くの人は幸福であることを望みながら，現実には満たされない生活を送っている。

**3** 社会的成功が得られても，人間的な喜びや楽しみがなければ大部分の人にとって人生はみじめなものになってしまう。

**4** 理論に基づいて筋道どおりの生活を推進すれば社会的成功が得られるが，そのためには卓越した知力と精神力が不可欠である。

**5** 大部分の人にとって競争社会における社会的成功を得ることが幸福な生活を送るために最も重要な条件になる。

## 解説

英文の全訳は次のとおり。

〈名声や権力，家柄といった形で，社会的成功を追求していくことは，競争社会においては幸福に対する最も重要な障害である。私は，成功が幸福の一部であり，とても重要な部分であるという人もいることを否定するわけではないが，しかし，成功は，それだけでは大部分の人々を十分に満足させることにはならない。あなたは裕福でまわりから賞賛されているかもしれない。しかし，友人も興味も自然にわき起こる役に立たない喜びもないならば，あなたはみじめな思いをするだろう。社会的成功のために生きることは，生き方の一つの形であるが，机上の理論というものは，ほこりにまみれた，無味乾燥なものである。〉

**1**．何の役にも立たず，マイナスの効果をもたらすとは述べられていない。本文では真の幸福は物質的・外面的に豊かな生活だけでは十分に満足できないと述べられているので，誤り。

**2**．多くの人が現実には満たされない生活を送っているとは述べられていないので，誤り。

**3**．正しい。

**4**．理論に基づいて筋道どおりの生活を推進すれば社会的成功が得られる点は述べられていない。また，卓越した知力と精神力が不可欠とも述べられていないので，誤り。

**5**．「大部分の人にとって」ではなく，「ある人にとって」と述べられているので，誤り。

**正答 3**

高卒警察官

9月実施

No. 222 文章理解　英会話文（内容把握）　平成10年度

次の会話文の内容と一致するものはどれか。

Ms. Black : I'm here to see the apartment that you advised. I'm Cherry Black ; I have seen you earlier. You must be Mr. …… ?

Mr. Hudson : Hudson. Jerome Hudson. I'm the resident manager. Let me get the key, the apartment is on the fourth floor. The previous person just moved out yesterday, so we haven't cleaned it or repaired it yet. Please ignore the mess ; we'll have it ready for occupancy within the week.

**1** ブラックはアパートの下見をしに突然ハドソンのところにやってきた。
**2** ハドソンはアパートの持ち主である。
**3** 案内する部屋は6階にある。
**4** 案内する部屋には昨日まで前の住人が住んでいた。
**5** 案内する部屋は掃除が済んでいてきれいである。

**解説**

英文の全訳は次のとおり。

〈ミス・ブラック「私はあなたがアドバイスしてくれたアパートを下見に来ました。私はチェリー=ブラックです。私は以前に，あなたに会ったことがありますね。あなたは確か……」。
ハドソン氏「ハドソンです。ジェローム=ハドソンです。私はアパートの管理人をしています。カギを取ってきます。アパートは4階です。前の住人はちょうど昨日，引っ越したばかりです。ですから，まだ清掃も補修もしていません。散らかった状態は無視してください。今週中に住めるように準備しておきましょう」〉

**1**．ミス・ブラックは突然やってきたのではなく，以前にハドソン氏と面識があったので，誤り。
**2**．ハドソン氏はアパートの持ち主ではなく管理人なので，誤り。
**3**．6階ではなく4階なので，誤り。
**4**．正しい。
**5**．部屋は清掃も補修も済んでおらず，散らかった状態なので，誤り。

**正答　4**

数学 物理 化学 生物 地学 文章理解 判断推理 数的推理 資料解釈

## No. 223 警視庁 文章理解 英文（内容把握） 平成29年度

次の英文の内容と合致するものとして，最も妥当なのはどれか。

The host family was a typical American family, and they welcomed the student with open arms. After a simple orientation, the father of the host family said, "Feel free to open the frig and drink whatever you want."

When the Japanese high school student heard that, she wasn't quite sure how to take it. The student thought it would be rude to open someone else's refrigerator, and that the father was probably just saying that out of politeness.

This is where the Japanese sense of reserve called *enryo* plays a role. Even later, the student still couldn't bring herself to open the refrigerator on her own. The home where she was staying made movement impossible except by car, so they had to drive to a mall to do their shopping.

When they went shopping together, the student would buy some juice and take it to her room. The host family couldn't understand why she would do that.

Since she couldn't speak English well and since, even though she was thirsty, she hesitated to open the refrigerator, she finally got depressed and homesick. The host family became concerned why the student wasn't more open, and finally discussed the matter with an acquaintance*1 of mine.

It turned out to be a very simple matter. When an American says you should feel free to open the refrigerator, it is perfectly all right to do that — open the refrigerator and take out some juice. To an American this is a very natural thing to do; when guests stay overnight, they are often told this as a means of helping them to relax.

［語義］acquaintance*1　知人

**1**　ホスト一家はアットホームなアメリカ人家庭であったため，文中の学生がその一家を訪れた時，一家全員がその学生を両手で抱きしめてくれた。

**2**　文中の学生が，ホスト一家の父から「冷蔵庫は自由に開けて，なんでも飲んでね」と言われた時，英語で何と答えたらよいのかわからずに困惑した。

**3**　日本人には遠慮という概念があるため，文中の学生はホームステイ先の冷蔵庫を勝手に開けることができなかった。

**4**　ホスト一家は，文中の学生が心を開かないことを心配し，その学生に直接話しかけ相談にのってあげた。

**5**　文中の学生がホストファミリーに対し心を開かなかったのは，その学生の人見知りの性格によるものであった。

## 解説

出典は山久瀬洋二『完璧すぎる日本人』

全訳〈ホスト一家は典型的なアメリカ人家庭で，彼らはその学生を温かく迎えてくれた。家のことを簡単に説明した後，ホスト一家の父は「冷蔵庫は自由に開けて，なんでも飲んでね」と言った。

その日本人の女子高校生はこれを聞いて，どのように受け止めたらよいのかよくわからなかった。彼女は，他人の冷蔵庫を開けるのは不作法であり，おそらく父親は単に社交辞令で言っているのだろうと考えた。

こうしたところに，「遠慮」と呼ばれる日本人の自制の感覚が働くのだ。だいぶ後になっても，その学生は相変わらず冷蔵庫を勝手に開けることができなかった。彼女が滞在していた家庭は車以外での移動が不可能だったため，彼らが買い物をするときはショッピングモールまで車で行かなくてはならなかった。

彼らが一緒に買い物に出かけると，彼女はよくジュースを買い，それを自分の部屋に持っていったのだった。ホスト一家は，彼女がなぜそんなことをするのかわからなかった。

彼女は英語がうまく話せず，またのどが渇いていても冷蔵庫を開けるのをためらったために，しまいにはふさぎ込むようになりホームシックになった。ホスト一家は，その学生がなぜもっと心を開かないのか気にかかるようになり，悩んだ末にその問題を私の知人に相談した。

その結果判明したのは，とても単純なことだった。アメリカ人が冷蔵庫を自由に開けてもかまわないと言うとき，それはそうしてもまったく大丈夫，つまり，冷蔵庫を開けてジュースを取り出してもよいということだ。アメリカ人にとっては，これはとても自然な行為であり，来客が泊まっていくとき，彼らはくつろげるようにとの気遣いからよくこのように言われているのだ〉

**1**．ホスト一家については「典型的なアメリカ人家庭」と述べられており，「アットホームな（＝家庭的な）」と述べられているわけではない。また，学生が訪れたとき「一家全員が」抱きしめてくれた，とは明言されていない。with open arms は文字どおりには「両手を広げて」の意味であるが，「温かく，心から，熱烈に」などの意味を表すイディオムとして使われることが多い。

**2**．ホスト一家の父の発言を「どのように受け止めたらよいのかよくわからなかった」と述べられており，英語でなんと答えたらよいのかわからずに困惑したわけではない。

**3**．妥当である。

**4**．前半部分は正しいが，学生に直接話しかけ相談にのったとは述べられておらず，筆者の知人に相談したとある。

**5**．学生の性格については述べられていない。個人の性格によるものではなく，日本人の「遠慮」の感覚が働いているためと述べられている。

**正答　3**

高卒警察官

No. 224 警視庁

# 文章理解　英文（内容把握）　平成17年度

次の英文の内容と一致しているものはどれか。

"New Age" is the name of a lifestyle that arose in the 1970's when values underwent great diversification, and many people tried to change the way they lived, incorporating the religions and philosophies of Asia and Native American.

New Age people reject the traditional ideas of science and rationality, and look for spiritual salvation, which they try to experience through various practices. For example, they may practice Indian mystic philosophy, hoping to gain a means of revitalizing their lives. Many books and workshops by and for New Agers exist, and the New Age industry is growing.

**1** ニューエイジは，価値観が多様化しつつあった1970年代のアジアや中米で生まれた。
**2** ニューエイジの人々は，科学や理性を信仰し，新しい生活様式を模索する。
**3** ニューエイジの人々は，伝統的な考え方を拒否し，科学や合理性を追求する。
**4** ニューエイジの人々は，生の充実を求めて神秘思想などを実体験しようとする。
**5** ニューエイジは，現在ではごく一部の人が支持するのみになっている。

## 解説

全訳〈「ニューエイジ」は価値観が多様化した1970年代に生まれた生活様式の名前である。多くの人々は自らの生活方法を変えようとし，アジアや先住アメリカ人の宗教や思想を取り込んだ。

ニューエイジの人々は科学や合理性といった伝統的な考えを拒否し，魂の救済を求める。彼らはさまざまな実践を通し魂の救済を実体験しようと試みている。たとえば，インドの神秘思想を実践し，生を充実させる方法を得ようとしている。ニューエイジの人々による，またはニューエイジの人々のための本や研究会が多数存在し，ニューエイジ産業は成長している。〉

**1**. アジアや中米で生まれたとの記述はない。
**2**. ニューエイジの人々は科学や合理性といった伝統的な考えを拒否しているとある。
**3**. 科学や合理性を拒否している。
**4**. 正しい。彼らは魂の救済を実体験しようと試み，その例としてインドの神秘思想が挙げられている。
**5**. ニューエイジ産業は成長しているとある。

正答　4

高卒警察官
警視庁
No. 225 文章理解 英文（内容把握） 平成11年度

次の英文中の最高齢グループに関する記述として，正しいものはどれか。

In fact, the elderly are as different from each other as the young. Marketing men hope to shepherd them into four sub-groups, each with distinct outlooks and spending patterns : those aged 50-64, 65-74, 75-84, and 85 and older. People in the first group, for example, may suddenly find themselves flush with cash. Many are at the peak of their earning power, and raising age hand spend money on traveling, and buying gifts for grandchildren, but have usually retired, and so live on a tighter budget ; those in the oldest group may spend big sums on health care.

**1** 家を建てたり，育児のための費用はもう必要ない。
**2** 健康管理にたくさんのお金を使うかもしれない。
**3** 旅行や孫へのプレゼントにお金を使う。
**4** 退職している場合が多いので，堅実な生活をしている。
**5** 収入が最高に達している。

**解説**

英文の全訳は次のとおり。

〈実際，高齢者は若者同様お互い違っている。マーケティングをしている人たちは異なる見解や支出パターンで４つのサブグループに導こうとしている。それは，50-64歳，65-74歳，75-84歳，そして85歳以上の人たちである。最初のグループの人たちは，たとえば，自分たちには現金がたくさんあることに突然気がつく。多くの人たちは経済力がピークに達しており，さらに年をとったグループは旅行や，孫たちにプレゼントを買うことにお金を費やすが，その頃になると普通引退しているので，以前より切り詰めた生活をする。最高齢グループの人々は多額な費用を健康管理に使うかもしれない。〉

**1**．家を建てたり育児をすることについては何も書かれていない。
**2**．正しい。
**3**．旅行や孫のためにお金を使うのは，50-64歳の最初のグループ以外のより高齢なグループで，最高齢グループのみに特定はできない。
**4**．退職しているのは，最高齢グループに入る前のことである。
**5**．収入が最高になるのは最初のグループである。

**正答 2**

高卒警察官
警視庁
No. 226 文章理解　英文（内容把握）　平成11年度

次の英文で述べられている公害問題の解決に必要なものとして，正しいものはどれか。

Almost everyone complains about pollution, but few are doing anything about it. The average person shrugs his shoulders and says the problem is too big for him ; but there are, surprisingly, many things that he can do. In fact, the problem will not be solved without the cooperation of millions of people like him. An individual's contribution will involve sacrifice, but surely the price is not too high to pay for clean land, air and water.

**1**　多くの人の協力
**2**　子供のときからの教育
**3**　国による規制
**4**　公害に対する正しい知識
**5**　行政と市民の連携

**解説**

英文の全訳は次のとおり。

〈たいていの人は公害に対して不平を言うが，それに対して何か対策を取る人はほとんどいない。平均的な人は肩をすくめ，自分には問題が大きすぎると言うが，しかし，驚くことに彼にできることはたくさんあるのである。事実，問題は何百万もの彼のような人々の協力なしには解決されないのである。個人の貢献には犠牲が必要かもしれないが，きれいな土や空気や水のための代償が高すぎて払えないということはないはずだ。〉

**1**．正しい。
**2**．教育については何も述べられていない。
**3**．国による規制についても何も述べられていない。
**4**．知識についても述べられていない。
**5**．行政についても何も述べられていない。

正答　1

高卒警察官

No. 227 9月実施

# 文章理解　古文（内容把握）　平成11年度

次の文の大意として，最も適切なものはどれか。

大蔵卿ばかり耳とき人はなし。まことに，蚊のまつげの落つるをも聞きつけ給ひつべうこそありしか。

職の御曹司の西面に住みしころ，大殿の新中将宿直にて，ものなどいひしに，そばにある人の「この中将に扇の絵のこといへ」とささめけば，「いま，かの君の立ち給ひなんにを」といとみそかにいひるるを，その人だにえ聞きつけで，「なにとか，なにとか」と耳をかたぶけ来るに，遠くゐて，「にくし。さのたまはば，今日は立たじ」とのたまひしこそ，いかで聞きつけ給ふらんとあさましかりしか。

**1**　筆者がそばにいた人と扇の絵についてあれこれと話していたとき，大蔵卿が自分に関係のある話だと勘違いして話に割り込んできたので驚いた。

**2**　大蔵卿は大変耳がよいのによく聞こえないふりをしていたことがわかって，筆者はあきれてしまった。

**3**　そばにいた人でさえ聞き取れなかった筆者の言葉を遠くにいた大蔵卿が聞きつけたので，筆者はあきれてしまった。

**4**　大蔵卿は耳ざとく，すぐにうわさ話を聞きつけて知ったかぶりをするので，周囲から嫌われていた。

**5**　絵に詳しい新中将でさえ扇の絵についてうまく解釈できなかったのに，大蔵卿がすばらしい解釈をしたので，筆者は大変感心した。

**解説**

出典は『枕草子（第260段）』。現代語訳は次のとおり。

〈大蔵卿ほど耳ざとい人はいない。本当に蚊のまつ毛が落ちるほどの音でも聞きつけなさることができるほどであった。職の御曹司の西廂の間に住んでいた頃，大殿の新中将が宿直だったので，話などしていると，そばにいる女房が，「この中将に扇の絵のことを言いなさい」とささやくので，「もうすぐ，あの方がお帰りになるでしょうから」と，私がとてもひそかに耳打ちしたのを，その人でさえ聞き取れなくて，「何ですか，何ですか」と耳を傾けてくるのに，大蔵卿は遠くのほうに座っていて，「気に入らない，私をのけものにしてそのようにおっしゃるなら，今日はここを立ち去りません」とおっしゃったのは，いったいどうやってお聞きつけになったのであろうかと，私は驚きあきれた。〉

**1**．大蔵卿は「遠くゐて」とあるように，著者よりも遠くに座っていた。話に割り込んできてはいないので，誤り。

**2**．大蔵卿は「にくし。さのたまはば，今日は立たじ」といったので，聞こえないふりはしていない。よって，誤り。

**3**．正しい。

**4**．大蔵卿が周囲から嫌われていたことは記されていないので，誤り。

**5**．大蔵卿は扇の絵の解釈をしていない。また，著者は大蔵卿の耳のよさに驚きあきれている。

**正答　3**

高卒警察官
10月実施
No.228 文章理解 古文（内容把握） 平成11年度

次の文は，世阿弥が能を演ずる心得を書いた『花鏡』の中で老後の心得について述べている箇所であるが，この文の内容と一致しているものはどれか。

秘義にいはく「能は若年より老後まで，習ひ通るべし」。

老後まで習ふとは，初心より盛りに至りて，そのころの時分時分を習ひて，また四十以来よりは，能を少な少なと，次第次第に惜しむ風体をなす。これ，四十以来の風体を習ふなるべし。五十有余よりは，おほかた，せぬをもて手だてとするなり。大事の際(きは)なり。この時分の習事とは，まづ物数を少なくすべし。音曲を本として，風体を浅く，舞などをも手を少なく，古風の名残を見すべし。

**1** 年をとったら第一線を退き，何事にも控えめにして，人から要請されて初めて舞台に立つくらいにするのがよい。

**2** 年をとっても初心を忘れず，健康が許す限り努力して，新境地の開拓に努めるのがよい。

**3** 年をとるに従い謡を中心にして舞はあっさりと，手数等もなるべく少なくするのがよい。

**4** 年をとったら軽はずみな行いを慎み，芸の奥義は深く心に秘めて，これぞと思う人にだけ伝えるのがよい。

**5** 年をとっても美しさを失わないことが大切で，そのためには舞の差す手引く手を物々しくするのがよい。

## 解説

出典は世阿弥の『花鏡(かきょう)』の「奥の段」。全訳は次のとおり。

〈極秘の奥義としては「能は若いときから老年に至るまで，学び続けなければいけない」。年をとるまで学ぶとは，若年で始めたときから青壮年期になるまで，そのときそのときの稽古をして，40以降は能を少しずつ身を惜しむ演じ方をするのである。これが40以降の芸風の稽古である。50を過ぎてからは，およそ「せぬ」ということを稽古の方法とするのである。ここが大切である。この頃の稽古といえば，まず演目を減らさなければならない。謡を中心にして，舞をあっさりとし，舞の型を少なくして，昔の華やかな芸風のおもかげを見せる程度にすべきである。〉

**1**．「人から要請されて……」以下が誤り。
**2**．世阿弥の言ったことだが，ここでは誤り。
**3**．正しい。
**4**．「これぞと思う人にだけ伝えるのがよい」が誤り。
**5**．「舞の差す手引く手を物々しくするのがよい」が誤り。

正答 3

高卒警察官

9月実施

## No. 229 文章理解 古文（内容把握） 平成10年度

次の文は『伊勢物語』の最終部分であるが，文中の男の死に対する心情として妥当なものはどれか。

むかし，をとこ，わづらひて，心地死ぬべくおぼえければ，

つひにゆく道とはかねてききしかどきのふけふとは思はざりしを

**1** 世の中の無常を感じ，あきらめがついた。
**2** 悟りすまして死後の世界へ旅立つ。
**3** すっかり観念して極楽往生を願う。
**4** 現世への未練が残る。
**5** 今までの生き方を反省して，来世での再会を願う。

### 解説

『伊勢物語』の最終段，「つひにゆく――」は，『古今集』にも『大和物語』にも，在原業平の辞世の歌として載っているが，契沖や宣長に絶賛された『伊勢物語』のこの段が有名である。全訳は次のとおり。

〈昔，ある男が病気になって，死にそうだと思われたので（辞世の歌を詠んだ）

「最後には行かねばならない（死の）道だとは以前からわかってはいたのだが，昨日，今日のことだとは思ってもいなかったのになあ」〉

**1**．正しい。世の中の無常を初めて実感したのである。
**2**．「悟りすまして」が誤り。
**3**．「極楽往生」は書かれていない。
**4**．「現世への未練」も書かれていない。
**5**．「反省」も「来世での再会を願う」ことも本文にない。

正答 1

## No. 230 文章理解 古文（要旨把握） 平成10年度

次の文の要旨として妥当なものはどれか。

学問はただ年月長く倦まず，おこたらずして，はげみつとむるぞ肝要にて，学びやうは，いかやうにてもよかるべく，さのみかかはるまじきことなり。いかほど学びかたよくても，怠りてつとめざれば，功はなし。又，人々の才と不才とによりて，其の功いたく異なれども，才不才は，生れつきたることなれば，力に及びがたし。されど大抵は，不才なる人といへども，おこたらずつとめだにすれば，それだけの功は有る物なり。又，晩学の人もつとめはげめば，思ひのほか功をなすことあり。又，暇のなき人も，思ひのほか暇多き人よりも，功をなすものなり。されば才のともしさや，学ぶ事の晩きや，暇のなきやによりて，思ひくづをれて，止むることなかれ。とてもかくても，つとめだにすれば，出で来るものと心得べし。すべて思ひくづをるるは，学問に大にきらふ事ぞかし。

**1**　学問の成果があがるかどうかは，努力するかどうかによって決まるのであり，学問の方法とはまったく関係ない。

**2**　学問では方法こそが何よりも大切なことであり，方法次第で学問の成果も違ってくる。

**3**　学問においては，その方法が大切なことはいうまでもないが，ひたすら努力することも重要である。

**4**　学問は，その方法とは関係なく，努力することが大切である。

**5**　学問は，努力すればそれだけの成果があがるので，途中でくじけずに怠らず努めることが大切である。

出典は『初山踏』。本文は江戸時代の国学の大成者，本居宣長が初学の人への入門書として書いたものである。全訳は次のとおり。

〈学問というものは，ひたすら長い年月の間飽きず，怠らず，勉励努力することが最も大事であり，学び方は，どのような方法でもいいのであって，そんなにこだわってはいけない。どんなに学び方がよくても，怠けて努力しなければ，成果はあがらない。また，その人その人の才能の有無によって，学問の成果は大変異なるけれども，才能の有無は生まれつきのものだから，どうしようもないことだ。けれどもたいていの場合，どんなに不才の人であっても，怠けずに努力しさえすれば，それ相応の成果はあるものだ。また，年をとってから学問を始める人も，努力しさえすれば，思った以上に成果をあげることもある。また，暇のない人でも，案外暇の多い人よりも成果をあげるものだ。だから才能が乏しいからとか，始めるのが遅かったからとか，時間的なゆとりがないからという理由で，気持ちをくじかれて止めてはならない。とにかく努力しさえすれば，学問はできるものだと心得なさい。総じて気持ちがくじけることを学問では最も嫌うものであるのだ。〉

**1**．「学問の方法とはまったく関係ない」とまでは書かれていない。

**2**．「学問では方法こそが何より大切」とはいっていない。

**3**．「方法が大切」とはいっていない。

**4**．**1**と同様に誤り。

**5**．正しい。

**正答　5**

## 判断推理 命 題 令和2年度

あるクラスの生徒に好きな科目についてアンケートを行ったところ，以下のア，イのことがわかった。このとき，「日本史が好きな人は世界史も好きである。」といえるために必要な条件として，最も妥当なのはどれか。

ア：世界史が好きでない人は，数学が好きである。

イ：英語が好きな人は，日本史が好きでない。

**1** 数学が好きでない人は，英語も好きでない。

**2** 数学が好きでない人は，英語が好きである。

**3** 数学が好きな人は，英語も好きである。

**4** 英語が好きでない人は，数学が好きである。

**5** 英語が好きな人は，数学も好きである。

### 解説

与えられている命題ア，イを論理式で表すと，

ア：「$\overline{\text{世界史}}\rightarrow\text{数学}$」

イ：「$\text{英語}\rightarrow\overline{\text{日本史}}$」

となる。この命題ア，イから「日本史→世界史」を導くためには，命題ア，イの対偶であるウ，エを考え，

ウ：「$\overline{\text{数学}}\rightarrow\text{世界史}$」

エ：「$\text{日本史}\rightarrow\overline{\text{英語}}$」

このウ，エから，三段論法により，

オ：「$\text{日本史}\rightarrow\overline{\text{英語}}\rightarrow\overline{\text{数学}}\rightarrow\text{世界史}$」

が成り立てばよい。この場合，命題ウ，エのほかに，

カ：「$\overline{\text{英語}}\rightarrow\overline{\text{数学}}$」

という命題が存在すれば，三段論法が成り立つ。

選択肢の中に「$\overline{\text{英語}}\rightarrow\overline{\text{数学}}$」という命題は存在しないが，その対偶である

キ：「数学→英語」

は存在する。つまり，「数学が好きな人は，英語も好きである」であり，正答は**3**である。

**正答 3**

高卒警察官

## No. 232 警視庁 判断推理 命題 令和3年度

ある旅行同好会のメンバーの意見を聞いて，次の①〜④のことが成り立ったとき，確実にいえるものとして，最も妥当なのはどれか。

① 温泉が好きな人は，山が好きである。
② 釣りが好きではない人は，山が好きではない。
③ スキーが好きではない人は，温泉が好きではない。
④ スキーが好きな人は，冬が好きである。

**1** 釣りが好きではない人は，山も温泉も好きではない。
**2** 山が好きな人は，温泉が好きである。
**3** 冬が好きな人は，スキーが好きである。
**4** スキーか釣りが好きな人は，温泉が好きである。
**5** スキーが好きではない人は，釣りが好きではない。

### 解説

命題①〜④を論理式で表すと，次のようになる。

①：「温泉→山」
②：「$\overline{\text{釣り}}$→$\overline{\text{山}}$」
③：「$\overline{\text{スキー}}$→$\overline{\text{温泉}}$」
④：「スキー→冬」

次に，①〜④の対偶を⑤〜⑧とする。

⑤：「$\overline{\text{山}}$→$\overline{\text{温泉}}$」
⑥：「山→釣り」
⑦：「温泉→スキー」
⑧：「$\overline{\text{冬}}$→$\overline{\text{スキー}}$」

これら①〜⑧により，選択肢を検討していく。

**1**．正しい。②，⑤より，「$\overline{\text{釣り}}$→$\overline{\text{山}}$→$\overline{\text{温泉}}$」となる。これは，釣りが好きでない人は山が好きでなく，山が好きでない人は温泉が好きでない，ということである。つまり，「$\overline{\text{釣り}}$→($\overline{\text{山}}$∧$\overline{\text{温泉}}$)」となり，釣りが好きではない人は，山も温泉も好きではない，となる。
**2**．誤り。⑥より「山→釣り→」であるが，その先が推論できない。
**3**．誤り。「冬→□」となる命題が存在しないので，推論することができない。
**4**．誤り。「(スキー∨釣り）→」となる命題が存在しないので，推論することができない。
**5**．誤り。③より「$\overline{\text{スキー}}$→$\overline{\text{温泉}}$→」となるが，その先が推論できない。

**正答 1**

## No. 233 判断推理 命題 平成29年度



ある学校において，生徒に対し3か所の観光地A～Cへ行ったことがあるかどうかのアンケートを行ったところ，ア，イのことがわかった。このとき，確実にいえるのはどれか。

ア．Aに行ったことがある者は，全員Cにも行ったことがある。

イ．全員が1か所以上に行ったことがあるが，3か所すべてに行ったことがある者はいない。

**1** Aに行ったことがない者は，全員Cにも行ったことがない。

**2** Cに行ったことがある者は，全員Aにも行ったことがある。

**3** Bにだけ行ったことのある者がいる。

**4** Aに行ったことがある者は，全員Bに行ったことがない。

**5** Bに行ったことがある者は，全員Cに行ったことがない。

### 解説

**1**．誤り。「Aに行ったことがない者は，全員Cにも行ったことがない」は命題アの裏であるが，原命題が真であっても，その裏が真である保証はない。

**2**．誤り。「Cに行ったことがある者は，全員Aにも行ったことがある」は命題アの逆であるが，原命題が真であっても，その逆が真である保証はない。

**3**．誤り。命題アおよびイのいずれからも，Bにだけ行ったことのある者がいるかどうかは判断できない。

**4**．正しい。Aに行ったことがある者は，全員Cにも行ったことがあるので，Aに行ったことがある者がBにも行ったことがあるとすると，その者はA～C3か所のすべてに行ったことがあることになってしまう。つまり，「Aに行ったことがある者は，全員Bに行ったことがない」となる。

**5**．誤り。**3**と同様で，Bに行ったことのある者について，その者がCにも行ったことがあるかどうかは判断できない。

**正答 4**

## No. 234 警視庁 判断推理 発言からの推理 平成22年度

A，B，C，D，Eの５人のグループがおり，この５人のうち誰がリーダーなのかを各人に尋ねたところ以下のように返答した。本当のことを言っている者は１人だけで，残りの４人は嘘をついていることがわかっているとき，本当のことを言っているのは誰か。

A「CとEはリーダーではない」
B「AとDはリーダーではない」
C「DかEのどちらかだ」
D「BかCのどちらかだ」
E「AとBはリーダーではない」

**1** A
**2** B
**3** C
**4** D
**5** E

### 解説

各人の発言から，その発言者がリーダーの可能性がないと述べている者に×印をつけてみると，次表のようになる。この表から，Aがリーダーであると仮定すると，Aの発言だけが正しく，B～E４人の発言は嘘ということになり，本当のことを述べているのは１人だけという条件を満たしている。これに対し，Bがリーダーであると仮定すると，本当のことを述べているのはA，B，Dの３人ということになり，本当のことを述べているのは１人だけという条件を満たさない。C，D，Eのいずれかをリーダーであると仮定した場合も，それぞれ本当のことを述べているのは３人ずついることになり，やはり条件を満たさない。つまり，本当のことを述べている者が１人しかいないのであれば，リーダーはAであり，B～Eの４人はうそをついていることになる。したがって，本当のことを述べているのはAであり，正答は**1**である。

| | リーダー | A | B | C | D | E |
|---|---|---|---|---|---|---|
| 発言者 | A | | | × | | × |
| | B | × | | | × | |
| | C | × | × | × | | |
| | D | × | | | × | × |
| | E | × | × | | | |

正答　**1**

## 判断推理　平面図形　平成22年度

下の２種類の図形ア，イを敷き並べて，ウの長方形を作った。このとき，２種類の図形ア，イを使用した枚数の組合せとして正しいのはどれか。ただし，図形ア，イとも裏返して使用することはしない。

**1**　ア＝2，イ＝6
**2**　ア＝3，イ＝5
**3**　ア＝4，イ＝4
**4**　ア＝5，イ＝3
**5**　ア＝6，イ＝2

ア　イ　ウ

## 解説

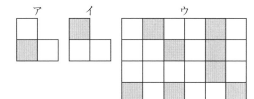

まず，下段について左右の隅を考えると，どちらも図Ⅰのように図形アを用いなければならない。そうすると，この２枚の図形アの間の部分は図Ⅱのように図形イが２枚となる。

次に，上段左半分では黒い部分の配置から図形アと図形イが１枚ずつ必要で，最後に上段右半分では図形イが２枚となる（図Ⅲ）。

以上から図形アは３枚，図形イは５枚必要であり，正答は**2**である。

図Ⅰ

図Ⅱ

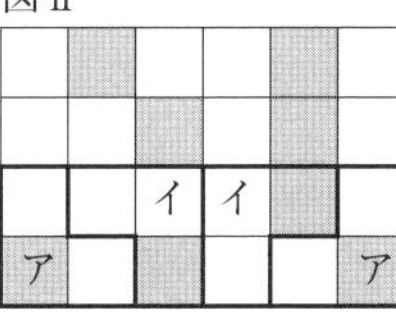


図Ⅲ

**正答　2**

高卒警察官

千葉県警

# No. 236 判断推理 4組の兄弟の習い事 平成15年度

A，B，C，D 4 組の兄弟 8 人は，野球，書道，水泳を習っている。A，B，C の 3 兄弟は 2 つずつ習っているが，うち 1 つだけは兄弟で共通していて，他方，D 兄弟は 1 つずつ習っているが，これは兄弟で 1 つのものを共通して習っているという。さらに次のことがわかっているとき，確実にいえるのはどれか。

・野球は 5 人，水泳は 4 人が習っている。

・Aの兄とBの兄とCの弟は，3 人とも書道を習っている。

・Bの弟とCの兄は，ともに水泳を習っている。

・D兄弟は野球を習っていない。

**1** B兄弟がともに水泳を習っているとき，C兄弟はともに野球を習っている。

**2** A兄弟がともに野球を習っているとき，B兄弟はともに水泳を習っている。

**3** B兄弟がともに野球を習っているとき，C兄弟はともに水泳を習っている。

**4** C兄弟がともに野球を習っているとき，B兄弟はともに水泳を習っている。

**5** D兄弟がともに書道を習っているとき，A兄弟はともに水泳を習っている。

## 解説

対応表を作る（表中の太文字は条件から明らかなもの）。条件より，D兄弟は共通のもの 1 つしか習っておらず，しかもそれは野球ではなく，書道か水泳である。

ｉ)D兄弟が水泳の場合

| | | 野球 | 書道 | 水泳 | 合計 |
|---|---|---|---|---|---|
| A | 兄 | ○ | ○ | × | 2 |
| | 弟 | ○ | ○ | × | 2 |
| B | 兄 | | ○ | × | 2 |
| | 弟 | | | ○ | 2 |
| C | 兄 | | | ○ | 2 |
| | 弟 | | ○ | × | 2 |
| D | 兄 | × | | ○ | 1 |
| | 弟 | × | | ○ | 1 |
| 合計 | | 5 | 14−9=5 | 4 | 14 |

水泳の合計が 4 人なので，A 兄弟は水泳を習っていない。となると，A 兄弟は 2 人とも野球・書道となって，共通は 1 つだけという条件に反する。

よって，D 兄弟は水泳を習っていない。

ⅱ)D兄弟が書道の場合

| | | 野球 | 書道 | 水泳 | 合計 |
|---|---|---|---|---|---|
| A | 兄 | | ○ | | 2 |
| | 弟 | ○ | × | ○ | 2 |
| B | 兄 | | ○ | | 2 |
| | 弟 | ○ | × | ○ | 2 |
| C | 兄 | ○ | × | ○ | 2 |
| | 弟 | | ○ | | 2 |
| D | 兄 | × | ○ | × | 1 |
| | 弟 | × | ○ | × | 1 |
| 合計 | | 5 | 14−9=5 | 4 | 14 |

書道を習っているものは確定するが，網がけ部分が決まらない。A 兄弟の共通科目が，①野球の場合，②水泳の場合で，さらに場合分けすると，①が 2 通り，②が 1 通りが考えられる。すべてを書き上げておく。

①-イ

| | | 野球 | 書道 | 水泳 | 合計 |
|---|---|---|---|---|---|
| A | 兄 | ○ | ○ | × | 2 |
| | 弟 | ○ | × | ○ | 2 |
| B | 兄 | ○ | ○ | × | 2 |
| | 弟 | ○ | × | ○ | 2 |
| C | 兄 | ○ | × | ○ | 2 |
| | 弟 | × | ○ | ○ | 2 |
| D | 兄 | × | ○ | × | 1 |
| | 弟 | × | ○ | × | 1 |
| 合計 | | 5 | 5 | 4 | 14 |

①-ロ

| | | 野球 | 書道 | 水泳 | 合計 |
|---|---|---|---|---|---|
| A | 兄 | ○ | ○ | × | 2 |
| | 弟 | ○ | × | ○ | 2 |
| B | 兄 | × | ○ | ○ | 2 |
| | 弟 | ○ | × | ○ | 2 |
| C | 兄 | ○ | × | ○ | 2 |
| | 弟 | ○ | ○ | × | 2 |
| D | 兄 | × | ○ | × | 1 |
| | 弟 | × | ○ | × | 1 |
| 合計 | | 5 | 5 | 4 | 14 |

②

| | | 野球 | 書道 | 水泳 | 合計 |
|---|---|---|---|---|---|
| A | 兄 | × | ○ | ○ | 2 |
| | 弟 | ○ | × | ○ | 2 |
| B | 兄 | ○ | ○ | × | 2 |
| | 弟 | ○ | × | ○ | 2 |
| C | 兄 | ○ | × | ○ | 2 |
| | 弟 | ○ | ○ | × | 2 |
| D | 兄 | × | ○ | × | 1 |
| | 弟 | × | ○ | × | 1 |
| 合計 | | 5 | 5 | 4 | 14 |

**1**．B兄弟がともに水泳を習っているとき（①-ロ），C兄弟はともに野球を習っているので正しい。

**2**．A兄弟がともに野球を習っているとき（①-イ，①-ロ），B兄弟は野球（①-イ）か水泳（①-ロ）を習っている。

**3**．B兄弟がともに野球を習っているとき（①-イ，②），C兄弟は水泳（①-イ）か野球（②）を習っている。

**4**．C兄弟がともに野球を習っているとき（①-ロ，②），B兄弟は水泳（①-ロ）か，野球（②）を習っている。

**5**．D兄弟がともに書道を習っているとき（①-イ，①-ロ，②），A兄弟は野球（①-イ，①-ロ）か，水泳（②）を習っている。

よって，**1** が正しい。

**正答　1**

高卒警察官

警視庁

## No.237 判断推理 集合の要素の個数 平成23年度

ある会社の社員50人のうち，北海道を旅行したことがある人が41人，京都を旅行したことがある人が39人，沖縄を旅行したことがある人が35人いた。このとき，３か所すべてを旅行したことがある社員の最少人数として，正しいのはどれか。

**1** 12人
**2** 15人
**3** 18人
**4** 21人
**5** 24人

数学 物理 化学 生物 地学 文章理解 判断推理 数的推理 資料解釈

### 解説

北海道を旅行したことのない人が９人，京都を旅行したことのない人が11人，沖縄を旅行したことのない人が15人いることになるが，これらがすべて別人であるとき，３か所すべてを旅行したことがある社員が最少となる。したがって，50－(9＋11＋15)＝50－35＝15より，３か所すべてを旅行したことがある社員の最少人数は15人であり，正答は**2**である。

正答 **2**

ある課のA～Fの６人が将棋のリーグ戦を行ない，試合は月曜日から金曜日まで各自１日１試合ずつ，全体で毎日３試合，合計15試合を終了した。その結果について次のア，イがわかっているとすると，正しくいえるものはどれか。

ア　月曜日にはCとDが対戦し，火曜日にはEとFが対戦している。

イ　木曜日にはDとEが対戦し，金曜日にはBとFが対戦している。

**1**　Aの月曜日の対戦相手はBである。
**2**　Bの水曜日の対戦相手はEである。
**3**　Cの水曜日の対戦相手はEである。
**4**　Dの金曜日の対戦相手はAである。
**5**　Eの金曜日の対戦相手はAである。

## 解説

条件ア，イを表Ⅰのようにまとめてみる。まず，月曜日のFの対戦相手を考えてみる。Fは火曜日にEと，金曜日にBと対戦しているので，月曜日の対戦相手はA，C，Dのいずれかであるが，月曜日にはCとDが対戦しているので，月曜日のFの対戦相手はAである。この結果，月曜日にBとEが対戦することになる。そうすると，木曜日にDとEが対戦しているので，木曜日のFの対戦相手はCということになり，ここから，Fの水曜日の対戦相手は残ったDとなる。また，木曜日の残りの対戦はAとBである（表Ⅱ）。火曜日と水曜日のBの対戦相手はC，Dであるが，水曜日にDとFの対戦があるので，水曜日のBの対戦相手はC，火曜日の対戦相手はDとなる。ここから，火曜日にAとCの対戦，水曜日にAとEの対戦があることになり（表Ⅲ），金曜日はAとDの対戦，CとEの対戦と決まり，すべての対戦が確定する（表Ⅳ）。

表Ⅰ

| 月曜日 | 火曜日 | 水曜日 | 木曜日 | 金曜日 |
|---|---|---|---|---|
| | | | | |
| C－D | | | D－E | B－F |
| | E－F | | | |

表Ⅱ

| 月曜日 | 火曜日 | 水曜日 | 木曜日 | 金曜日 |
|---|---|---|---|---|
| A－F | | | A－B | |
| C－D | | | D－E | B－F |
| B－E | E－F | D－F | C－F | |

表Ⅲ

| 月曜日 | 火曜日 | 水曜日 | 木曜日 | 金曜日 |
|---|---|---|---|---|
| A－F | A－C | A－E | A－B | |
| C－D | B－D | B－C | D－E | B－F |
| B－E | E－F | D－F | C－F | |

表Ⅳ

| 月曜日 | 火曜日 | 水曜日 | 木曜日 | 金曜日 |
|---|---|---|---|---|
| A－F | A－C | A－E | A－B | A－D |
| C－D | B－D | B－C | D－E | B－F |
| B－E | E－F | D－F | C－F | C－E |

よって，正答は**4**となる。

**正答　4**

高卒警察官

No.239 警視庁

# 判断推理 数量相互の関係 平成30年度

オリンピックが開催され，A～Dの４ヵ国のメダル獲得状況について以下のことがわかっている。このとき，確実にいえることとして，最も妥当なのはどれか。

・A～D国のメダル獲得数の合計は，金メダル10枚，銀メダル15枚，銅メダル７枚であった。
・A～D各国のメダル獲得数は，Aが４枚，BとDが各９枚，Cが10枚であった。
・Aは金・銀・銅メダルのうち，２種類のメダルを獲得した。
・Bは銅メダルを２枚獲得し，金メダルの枚数は，Cが獲得した金メダルの枚数と等しい。
・Cは銀メダルを５枚獲得し，単独で最多であった。
・Dが獲得した金メダルの枚数は，単独で最多であり，銀メダルの枚数はBが獲得した銀メダルの枚数と等しい。

**1** Aは金メダルを２枚獲得した。
**2** Bは銀メダルを３枚獲得した。
**3** Cは銅メダルを２枚獲得した。
**4** Dは金メダルを６枚獲得した。
**5** Dは金・銀・銅メダルのうち，２種類のメダルを獲得した。

## 解説

B，Cが獲得した金メダルの枚数をそれぞれ$x$，B，Dが獲得した銀メダルの枚数をそれぞれ$y$とし，「A～D国のメダル獲得数の合計は，金メダル10枚，銀メダル15枚，銅メダル７枚」，「A～D各国のメダル獲得数は，Aが４枚，BとDが各９枚，Cが10枚」，「Bは銅メダルを２枚獲得」，「Cは銀メダルを５枚獲得」までをまとめると，**表Ⅰ**となる。ここで，銀メダルはCの５枚が単独で最多なので，$y<5$であるが，$y=2$だと，Aの獲得した銀メダルが６枚となってしまい，条件を満たせない。$y=3$でも，Aの獲得した銀メダルは４枚となり，Aは２種類で４枚という条件を満たせない。$y=4$のとき，Bの獲得したメダル数から，$x=3$となり，Dが獲得した金メダルの枚数は単独で最多なので４枚となる。ここから，**表Ⅱ**のようにすべてのメダル獲得数が決定し，正答は**3**である。

**表Ⅰ**

| | 金 | 銀 | 銅 | 計 |
|---|---|---|---|---|
| A | | | | 4 |
| B | $x$ | $y$ | 2 | 9 |
| C | $x$ | 5 | | 10 |
| D | | $y$ | | 9 |
| 計 | 10 | 15 | 7 | 32 |

**表Ⅱ**

| | 金 | 銀 | 銅 | 計 |
|---|---|---|---|---|
| A | 0 | 2 | 2 | 4 |
| B | 3 | 4 | 2 | 9 |
| C | 3 | 5 | 2 | 10 |
| D | 4 | 4 | 1 | 9 |
| 計 | 10 | 15 | 7 | 32 |

正答 **3**

駅前にあるデパートで，A～Eの5人が買い物をした。5人の買い物の状況についてア～キのことがわかっている。

ア　デパートは1階から5階までである。
イ　5人は応接セット，洋服，時計，テレビ，おもちゃのうち，それぞれ異なる1点ずつを買ったが，それらはすべて異なる階で売られている。
ウ　Aは2階で買い物をした。
エ　BはCが買い物をした階より1つ上の階で時計を買った。
オ　Dは応接セットを買った。
カ　おもちゃが売られているのは3階である。
キ　テレビが売られているのは，洋服が売られている階より3つ上の階である。

このとき，次のうちで正しいのはどれか。

**1**　洋服が売られているのは1階である。
**2**　Cはテレビを買った。
**3**　時計が売られているのは5階である。
**4**　Eはテレビを買った。
**5**　応接セットが売られているのは2階である。

## 解説

「テレビが売られているのは，洋服が売られている階より3つ上の階（キ）」だから，洋服が1階でテレビが4階，洋服が2階でテレビが5階，のいずれかである。これに，Aが買い物をしたのが2階（ウ），おもちゃが売られているのは3階（カ）という条件を加えると，表Ⅰ，表Ⅱの2通りが考えられる。

表Ⅰの場合，「BはCが買い物をした階より1つ上の階で時計を買った（エ）」という条件を満たすためには，Bが買い物をしたのは5階で，Cは4階でテレビを買ったことになるが，そうすると，「Dは応接セットを買った（オ）」という条件を満たすことができない（表Ⅰ－2）。これに対し，表Ⅱの場合はBが4階で時計を買い，Cが3階でおもちゃを買ったことになるので，Dは1階で応接セットを，Eが5階でテレビを買い，すべての条件を満たすことができる（表Ⅱ－2）。

表Ⅰ

| | | |
|---|---|---|
| 5階 | | |
| 4階 | テレビ | |
| 3階 | おもちゃ | |
| 2階 | | A |
| 1階 | 洋服 | |

表Ⅱ

| | | |
|---|---|---|
| 5階 | テレビ | |
| 4階 | | |
| 3階 | おもちゃ | |
| 2階 | 洋服 | A |
| 1階 | | |

表Ⅰ－2

| | | |
|---|---|---|
| 5階 | 時計 | B |
| 4階 | テレビ | C |
| 3階 | おもちゃ | |
| 2階 | | A |
| 1階 | 洋服 | |

表Ⅱ－2

| | | |
|---|---|---|
| 5階 | テレビ | E |
| 4階 | 時計 | B |
| 3階 | おもちゃ | C |
| 2階 | 洋服 | A |
| 1階 | 応接セット | D |

以上から，正答は**4**である。

正答　**4**

高卒警察官

No.241 10月実施

# 判断推理　テストでの得点　平成13年度

あるクラスで数学と国語と英語のテストを実施した。このテストの結果について次のことがいえるとき，このテストを受けたAさんの得点について，正しく述べているのは次のうちどれか。

・数学が50点以上の者は，英語が60点以上だった。
・英語が60点以上の者は，国語が40点以上だった。
・国語が50点以上の者は，数学も50点以上だった。

**1**　Aさんは国語で40点取った。すなわちAさんの合計得点は120点以上である。
**2**　Aさんは英語で60点取った。すなわちAさんの合計得点は130点以上である。
**3**　Aさんは数学で40点取った。すなわちAさんの合計得点は140点以上である。
**4**　Aさんは英語で50点取った。すなわちAさんの合計得点は150点以上である。
**5**　Aさんは数学で60点取った。すなわちAさんの合計得点は160点以上である。

## 解説

条件をベン図に表してみると下のようになる。この図をもとに各選択枝を検討してみる。

**1**．国語が40点であっても英語が60点未満，数学が50点未満の可能性があり，合計得点は判断できない。
**2**．英語が60点なので国語が40点以上であることは確実であるが，数学の得点については判断できない。
**3**．数学が40点だと他の国語，英語の得点は判断できない。
**4**．英語が50点だと他の国語，数学の得点は判断できない。
**5**．数学が60点ならば，国語が40点以上，英語が60点以上であることは確実なので，合計得点は160点以上ということになり，これが正答であることがわかる。

**正答　5**

No. 242 9月実施

## 判断推理　うそつき問題　平成18年度

A～Cの３人は正直者かうそつきのいずれかであり，正直者は必ず正しいことを言い，うそつきは必ずうそを言う。

まず，Aが自分は正直者であるかうそつきであるかについて発言し，その後，B，Cの順で次のように発言した。

B 「Aは自分が正直者であると述べた」

C 「Bが述べたことは正しい」

３人の中に少なくとも１人はうそつきがいることがわかっているとき，正直者をすべて挙げたものは，次のうちどれか。

**1**　A
**2**　B
**3**　C
**4**　A，C
**5**　B，C

### 解説

Aが「私はうそつきである」と述べることはありえない。Aが正直者なら「私は正直者である」と述べることになり，また，Aがうそつきなら「私はうそつきである」と述べれば正しいことを述べたことになってしまうから，やはり「私は正直者である」と述べることになるからである。そうすると，B，Cの発言は正しいことになり，B，Cの２人は正直者である。うそつきが少なくとも１人いるのだから，それはA以外に考えられず，以上から正答は**5**である。

正答　**5**

## No. 243 5月実施 判断推理 対応関係 平成27年度

月曜日から金曜日までの連続する5日間の料理献立について，次のア～オのことが分かっているとき，確実にいえるのはどれか。

ア．5日間とも，料理は和食，洋食，中華の中から1種類を選び，3種類とも少なくとも1日は選ぶ。

イ．5日間とも，材料として牛肉，豚肉，魚の中から一品を使い，3種類とも少なくとも1日は使う。ただし，同じ種類の料理に同じ材料を使うことはしない。

ウ．牛肉は2日連続して使い，そのうちの1日は洋食である。

エ．和食は2日おき，中華も2日おきに選ぶ。

オ．魚を使うのは2日あり，そのうちの1日は月曜日である。

**1** 和食で牛肉を使う日がある。

**2** 木曜日が中華なら，使うのは牛肉である。

**3** 中華で魚を使う日がある。

**4** 豚肉を使う日が2日ある。

**5** 火曜日が和食なら，使うのは魚である。

## 解説

和食と中華はどちらも2日おきなので，「和食＝（月，木），中華＝（火，金）」，「中華＝（月，木），和食＝（火，金）」，のどちらかの組合せとなり，水曜日は洋食である。牛肉は2日連続して使い，そのうちの1日は洋食だから，水曜日は牛肉を使い，牛肉を使うもう1日は火曜日または木曜日である。これに月曜日は魚を使うという条件を加えると，表Ⅰ～表Ⅳの4通りが考えられる。また，条件イより，表Ⅱでは魚を使うもう1日は和食ではなく中華なので金曜日，豚肉を使うのが木曜日の和食となり，表Ⅳでは魚を使うもう1日は中華ではなく和食なので金曜日，豚肉を使うのが木曜日の中華となる。表Ⅰおよび表Ⅲにおける火曜日と金曜日は，豚肉と魚のどちらを使うか確定しない。

この表Ⅰ～表Ⅳより，**1**，**2**，**5**は確実とはいえず，**4**は誤りで，確実にいえるのは**3**の「中華で魚を使う日がある」だけである。したがって，正答は**3**である。

表Ⅰ

| | 月 | 火 | 水 | 木 | 金 |
|---|---|---|---|---|---|
| 料理 | 和食 | 中華 | 洋食 | 和食 | 中華 |
| 材料 | 魚 | | 牛肉 | 牛肉 | |

表Ⅱ

| | 月 | 火 | 水 | 木 | 金 |
|---|---|---|---|---|---|
| 料理 | 和食 | 中華 | 洋食 | 和食 | 中華 |
| 材料 | 魚 | 牛肉 | 牛肉 | 豚肉 | 魚 |

表Ⅲ

| | 月 | 火 | 水 | 木 | 金 |
|---|---|---|---|---|---|
| 料理 | 中華 | 和食 | 洋食 | 中華 | 和食 |
| 材料 | 魚 | | 牛肉 | 牛肉 | |

表Ⅳ

| | 月 | 火 | 水 | 木 | 金 |
|---|---|---|---|---|---|
| 料理 | 中華 | 和食 | 洋食 | 中華 | 和食 |
| 材料 | 魚 | 牛肉 | 牛肉 | 豚肉 | 魚 |

**正答 3**

高卒警察官

No. 244　5月実施

## 判断推理　対応関係　平成27年度

A～Eの5人が，書店で書籍をそれぞれ3冊ずつ購入した。次のア～カのことが分かっているとき，確実にいえるのはどれか。

ア．5人が購入した書籍のジャンルは，雑誌，コミック，辞書，単行本，文庫本のいずれかで，同じジャンルの書籍を複数購入した者はいなかった。

イ．どのジャンルの書籍も3人が購入したが，購入した書籍のジャンルの組合せは5人とも異なっていた。

ウ．雑誌，辞書，文庫本の組合せで購入した者がいた。

エ．コミック，辞書，文庫本の組合せで購入した者がいた。

オ．AとEは単行本を購入したが，Aは辞書を購入せず，Eはコミックを購入しなかった。

カ．Bは文庫本を購入せず，Cは単行本を購入せず，Dは雑誌を購入しなかった。

**1**　Aは文庫本を購入した。

**2**　Bはコミックを購入しなかった。

**3**　Cは辞書を購入しなかった。

**4**　Dは単行本を購入した。

**5**　Eは雑誌を購入した。

数学 物理 化学 生物 地学 文章理解 判断推理 数的推理 資料解釈

## 解説

まず，条件オおよびカをまとめると，表Iのようになる。次に，条件ウおよびエを考えると，「雑誌，辞書，文庫本の組合せで購入した者」として可能性があるのはCだけ，「コミック，辞書，文庫本の組合せで購入した者」として可能性があるのはDだけである。そうすると，Aがコミックを，Bがコミックと単行本を購入していることは確実にいえることになる。ここまでで表Ⅱとなる。

ここで，雑誌を購入した残りの2人がAとBだと，AとBは購入したジャンルがすべて同じとなってしまう。したがって，AとBの一方だけが雑誌を購入し，雑誌を購入したもう1人はEである。この段階で，**1**は不確実，**2**～**4**は誤りで，確実にいえるのは**5**だけと決まる。各人が購入した書籍の組合せとしては，表Ⅲ，表Ⅳの2通りの可能性がある。

以上から，正答は**5**である。

表I

| | 雑誌 | コミック | 辞書 | 単行本 | 文庫本 |
|---|---|---|---|---|---|
| A | | | × | ○ | |
| B | | | | | × |
| C | | | | × | |
| D | × | | | | |
| E | | × | | ○ | |

表Ⅱ

| | 雑誌 | コミック | 辞書 | 単行本 | 文庫本 |
|---|---|---|---|---|---|
| A | | ○ | × | ○ | |
| B | | ○ | | ○ | × |
| C | ○ | × | ○ | × | ○ |
| D | × | ○ | ○ | × | ○ |
| E | | × | | ○ | |

表Ⅲ

| | 雑誌 | コミック | 辞書 | 単行本 | 文庫本 |
|---|---|---|---|---|---|
| A | ○ | ○ | × | ○ | × |
| B | × | ○ | ○ | ○ | × |
| C | ○ | × | ○ | × | ○ |
| D | × | ○ | ○ | × | ○ |
| E | ○ | × | × | ○ | ○ |

表Ⅳ

| | 雑誌 | コミック | 辞書 | 単行本 | 文庫本 |
|---|---|---|---|---|---|
| A | × | ○ | × | ○ | ○ |
| B | ○ | ○ | × | ○ | × |
| C | ○ | × | ○ | × | ○ |
| D | × | ○ | ○ | × | ○ |
| E | ○ | × | ○ | ○ | × |

**正答 5**

高卒警察官

No. 245 警視庁

## 判断推理　対応関係　平成24年度

次の図のようなマンションにA～Lの12人が相異なる部屋に住んでおり，他の部屋は空き部屋になっている。次のア～キのことがわかっている。

| 401 | 402 | 403 | 404 |
|---|---|---|---|
| 301 | 302 | 303 | 304 |
| 201 | 202 | 203 | 204 |
| 101 | 102 | 103 | 104 |

ア　AはGと隣同士である。

イ　Bのすぐ下の部屋にE，Eのすぐ下の部屋にFが住んでいる。

ウ　Cの両隣にはDとHが住んでいる。

エ　Iのすぐ上の部屋にKが住んでいる。

オ　JはFの隣に住んでいる。

カ　LはCのすぐ上の部屋に住んでいる。

キ　104，302，404は空き部屋である。

このとき，確実にいえるのはどれか。

**1**　AとBは隣同士に住んでいる。

**2**　Eの両隣は空き部屋である。

**3**　Fのすぐ下の部屋にはHが住んでいる。

**4**　Hは101に住んでいる。

**5**　JとKは同じ階に住んでいる。

## 解説

まず，ア，イとオ，ウとカ，エの条件をそれぞれまとめてみると，**図Ⅰ**のようになる。

**図Ⅰ**

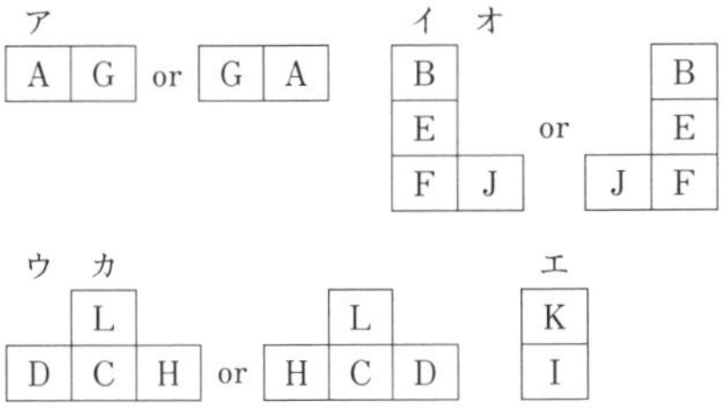

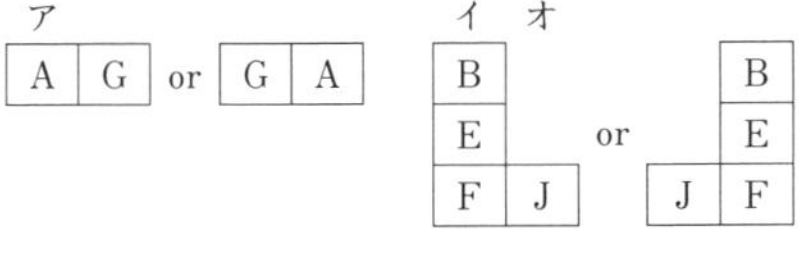


ウ カ

L / D C H or L / H C D

エ

K / I

**図Ⅱ**

| 401 | 402 | 403 | 404 |
|---|---|---|---|
| | | | ／ |
| 301 | 302 | 303 | 304 |
| B | ／ | L | |
| 201 | 202 | 203 | 204 |
| E | DorH | C | DorH |
| 101 | 102 | 103 | 104 |
| F | J | | ／ |

**図Ⅲ**

| 401 | 402 | 403 | 404 |
|---|---|---|---|
| AorG | AorG | B | ／ |
| 301 | 302 | 303 | 304 |
| K | ／ | E | |
| 201 | 202 | 203 | 204 |
| I | L | F | J |
| 101 | 102 | 103 | 104 |
| DorH | C | DorH | ／ |

条件キより，104，302，404号室は空き部屋なので，条件ウ，カからC，D，H，Lの部屋を考えると，Cの部屋は203号室（**図Ⅱ**）または102号室（**図Ⅲ**）のどちらかしかない。このとき，どちらも条件イ，オを満たすB，E，F，Jの部屋はそれぞれ1通りである。しかし，**図Ⅱ**の場合だと条件エを満たすK，Ｉの部屋が存在しない。**図Ⅲ**の場合は301号室がK，201号室がＩとなり，AとGは一方が401号室，他方が402号室で，残る1つの空き部屋は304号室となる。

以上から，**1**，**3**，**4**は確実とはいえず，**5**は誤りで，正答は**2**であることになる。

**正答 2**

高卒警察官

5月実施

No. 246 判断推理　発言からの推理　平成27年度

A～Cの３人が次のように述べている。３人のうち，正しいことを述べているのは２人で，１人は誤ったことを述べている。正しいことを述べている者の発言内容はすべて正しく，誤ったことを述べている者の発言内容は全てが誤っている。このとき，時計が壊れている者として，正しいのはどれか。

A「私の時計は壊れている。Bの時計は壊れていない。」
B「私の時計は壊れている。Aの時計は壊れていない。」
C「私の時計は壊れているが，Bの時計は壊れていない。」

**1**　Aの時計だけが壊れている。
**2**　Bの時計だけが壊れている。
**3**　Cの時計だけが壊れている。
**4**　Aの時計とCの時計が壊れている。
**5**　Bの時計とCの時計が壊れている。

解説

Aの発言は「Aの時計は壊れている。Bの時計は壊れていない。」，Bの発言は「Aの時計は壊れていない。Bの時計は壊れている。」となるので，２人の発言は矛盾する。つまり，A，Bの一方の発言が誤っていることになり，ここから，Cの発言は正しい。そうすると，Cの発言から，Bの時計は壊れていないことになり，Bの発言が誤り，Aの発言は正しい，と決定する。したがって，時計が壊れている者はAとCの２人であり，正答は**4**である。

正答　4

高卒警察官

No. 247　10月実施

# 判断推理　兄弟の年齢の推定　平成17年度

4人兄弟がいて，長男と次男は2歳離れており，三男と四男は3歳，長男と三男も3歳離れている。また，長男と次男と三男の年齢を合計すると，8年後の次男と三男と四男の年齢の合計の半分よりも5だけ大きい。現在の三男の年齢は何歳か。

**1**　5歳　　**2**　6歳　　**3**　7歳　　**4**　8歳　　**5**　9歳

## 解説

判断推理の問題というよりは，むしろ数的推理の問題である。求めたい文字を$x$などの未知数で表し，与えられた関係から方程式を立てて，これを解けばよい。方程式を立てるとき，算数の問題で使うような線分図を用いると，数量関係が視覚的にとらえられるので，式がつくりやすくなる。

求めたいものが「現在の三男」の年齢なので，これを$x$と置こう。4人の年齢差を線分で図示すると，下図のようになる。

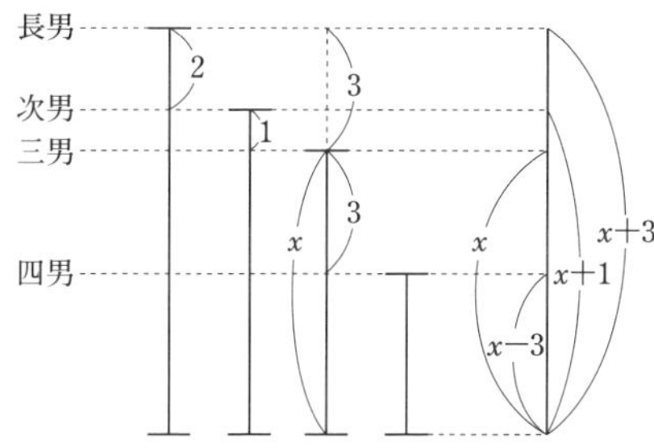


あるいは，下図のように数直線を用いてもよい。

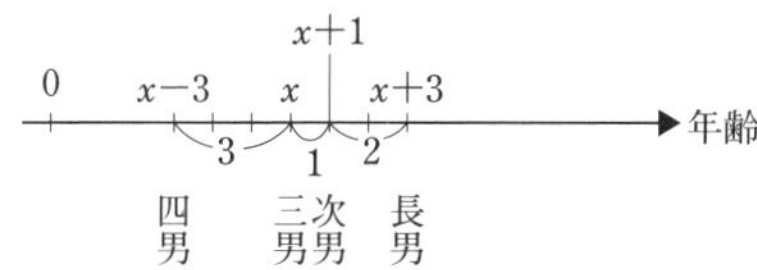


すなわち，長男と次男の差が2歳で，長男と三男の差が3歳なので，次男と三男の差は$3-2=1$〔歳〕とわかる。よって，$x$歳の三男から見ると，ほかの3人の年齢はそれぞれ，次のようになる。

長男…三男より3歳多い ⟶ $x+3$

次男…三男より1歳多い ⟶ $x+1$

四男…三男より3歳少ない ⟶ $x-3$

ここで，まだ使っていなかった条件を用いる。まず，現在の長男，次男，三男の年齢の合計は，

$(x+3)+(x+1)+x=3x+4$……①

次に，8年後の次男，三男，四男の年齢はそれぞれ，$(x+1)+8=x+9$，$x+8$，$(x-3)+8=x+5$となるから，これらの合計の半分は，

$$\frac{(x+9)+(x+8)+(x+5)}{2}=\frac{3x+22}{2}=\frac{3}{2}x+11\cdots②$$

条件より，①は②よりも5だけ大きいから，

$3x+4=\frac{3}{2}x+11+5$　　ゆえに，$\frac{3}{2}x=12$

よって，$x=\frac{24}{3}=8$〔歳〕と求められるから，**4**が正しい。

**正答　4**

高卒警察官 No. 248 警視庁

## 判断推理　位置関係　令和2年度

A～Dの４人が，下図のように①～④の位置に立って写真を撮影することとなった。はじめに，左からA～Dの順に横１列に並んで写真を１枚撮り，その後，１枚目の撮影とは並び順を変え，並び方が異なる全種類の写真を撮った。このうち，４人とも１枚目の撮影の時と同じ位置には立たず，かつ，AとDが必ず隣どうしに並んで撮った写真の４人の並び方について，確実にいえることとして，最も妥当なのはどれか。

| 左 | ①A | ②B | ③C | ④D | 右 |
|---|---|---|---|---|---|

**1**　Aが右端にいるとき，左端にはBがいる。
**2**　Bが左端にいるとき，右端にはCがいる。
**3**　Bが左端にいるとき，左から２番目にはDがいる。
**4**　Cが左端にいるとき，左から２番目にはAがいる。
**5**　Dが左端にいるとき，右端にはBがいる。

### 解説

まず，**1**から検討する。Aが右端にいるとき，その隣の③はDである。Bは②には立っていないので，Bは①，Cが②となる。Aが右端にいるとき，４人の位置はこの１通り（図Ⅰ）しかなく，**1**は確実にいえる。この図Ⅰが成り立つので，**2**，**3**は確実とはいえない。**4**については，図Ⅱのような場合もありうるので，確実とはいえない。**5**については，Dが左端にいるなら②はAとなり，Cは③には立たないので，Cは右端である（図Ⅲ）。

以上から，正答は**1**である。

図Ⅰ

| 左 | ①B | ②C | ③D | ④A | 右 |
|---|---|---|---|---|---|

図Ⅱ

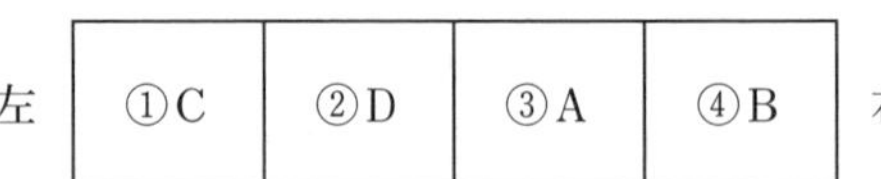

| 左 | ①C | ②D | ③A | ④B | 右 |
|---|---|---|---|---|---|

図Ⅲ

| 左 | ①D | ②A | ③B | ④C | 右 |
|---|---|---|---|---|---|

**正答　1**

高卒警察官

No. 249　9月実施

## 判断推理　位置関係　令和3年度



図のような十字路と9軒の家があり，A～Iの9人が「1」～「9」のいずれかの家に住んでいる。次のア～ウのことがわかっているとき，確実にいえるのはどれか。ただし，「4」の家と「6」の家は向かい合っているとは言わない。

ア：Aの家は，道路を挟んでB，Cの家と向かい合っている。

イ：Dの家は，Eの家と隣り合っており，また，Fの家と向かい合っている。

ウ：Fの家とGの家は，どちらもAの家と隣り合っており，また，Gの家はHの家と向かい合っている。

**1**　「1」の家には，Dが住んでいる。

**2**　「3」の家には，Bが住んでいる。

**3**　「5」の家には，Gが住んでいる。

**4**　「6」の家には，Iが住んでいる。

**5**　「7」の家には，Cが住んでいる。

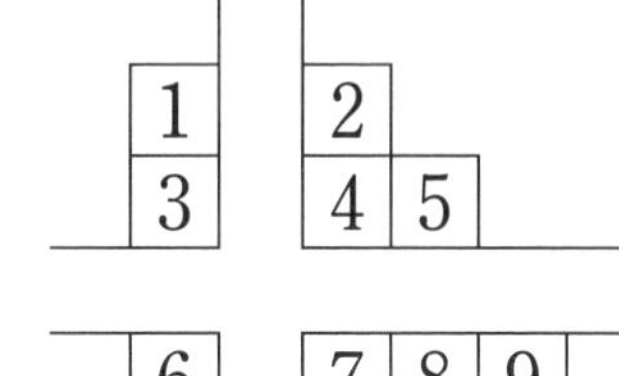


### 解説

条件アより，「3」，「4」，「6」，「7」のうちの3軒がA，B，Cの家となる。そして，条件ウより，「4」がAの家でなければならない。これにより，「3」，「7」がB，Cの家である。ここから，条件イより，Dの家は「8」，Eの家は「9」，Fの家は「5」となる（**図Ⅰ**）。そして，再び条件ウより，Gの家は「2」，Hの家は「1」である（**図Ⅱ**）。B，Cの家は「3」，「7」のどちらであるか確定できないが，残る「6」はIの家となる。B，Cの家は「3」，「7」のどちらであるか確定できないので，**図Ⅲ**，**図Ⅳ**の2通りが考えられる。この**図Ⅲ**，**図Ⅳ**より確実にいえるのは，「6」の家には，Iが住んでいるだけであり，正答は**4**である。

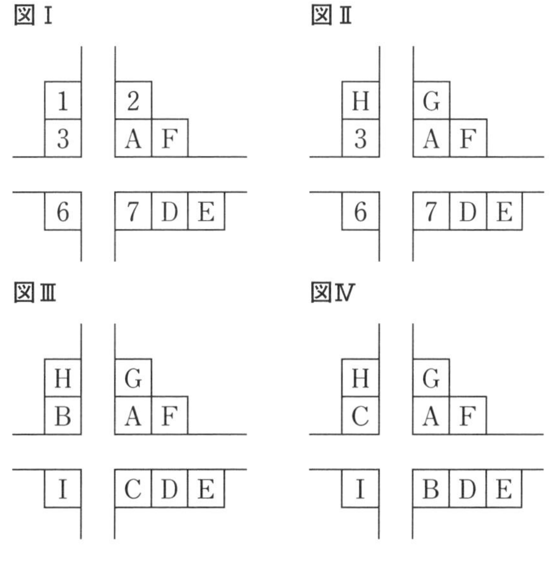


正答　4

高卒警察官

No. 250 警視庁

# 判断推理 位置関係 平成30年度

A～Hの８人が会議に出席し，下の図のようなテーブルに向かって着席した。各自の着席状況について以下のことがわかっているとき，確実にいえることとして，最も妥当なのはどれか。

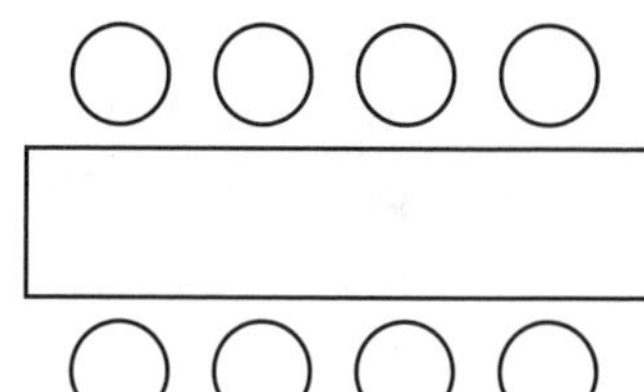

・Aの正面にはGが座っている。
・Bはテーブルの端の席に座っている。
・Cの正面の一人おいた隣にはFが座っている。
・Dの右隣にはCが座っている。
・Hの両隣にはBとFが座っている。

**1** Aの右隣にはEが座っている。
**2** Bの左隣にはHが座っている。
**3** Dの正面にはBが座っている。
**4** Eの正面にはFが座っている。
**5** Gの左隣にはFが座っている。

## 解説

Hの両隣にはBとFが座っており，Bはテーブルの端の席に座っている。B，H，Fの３人が図の下側の席だとすると，**図Ⅰ**，**図Ⅱ**の２通りとなり，Fとの関係でCの席も決まる（Cの正面の１人おいた隣にはFが座っている）。しかし，**図Ⅰ**では，Dの右隣にはCが座っている，という条件を満たせない。**図Ⅱ**からは，A，D，E，Gの席が**図Ⅲ**のように決まる（AとGの席は入れ替わってもよい）。また，**図Ⅲ**の配置を180°回転させると**図Ⅳ**となり，こちらも可能である。この**図Ⅲ**，**図Ⅳ**より，**1**，**5**は確定せず，**2**，**3**は誤りで，確実にいえるのは「Eの正面にはFが座っている」だけであり，正答は**4**である。

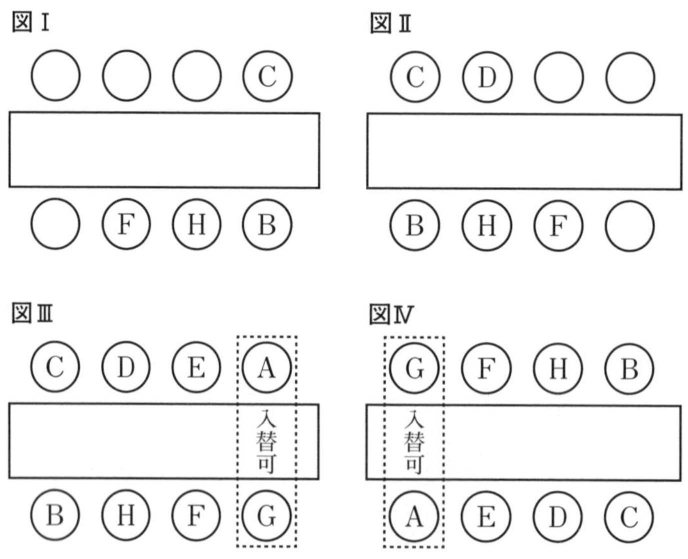


正答 4

高卒警察官

No. 251 9月実施

# 判断推理 位置関係 令和元年度



図のような，等間隔に８人分の席が用意された円卓に，３組の男女のカップル（A，B），（C，D），（E，F）が着席している。次のア～オのことがわかっているとき，確実にいえるのはどれか。

ア　AとB，CとD，EとFはそれぞれ隣り合って着席しており，AとBの席は図に示す位置である。

イ　空席は隣り合っておらず，また，女性の隣に他のカップルの男性が着席していることはない。

ウ　Aの正面の席には，男性が着席している。

エ　Dは女性で，Dの正面に着席しているのも女性である。

オ　Eの右隣にはFが着席している。

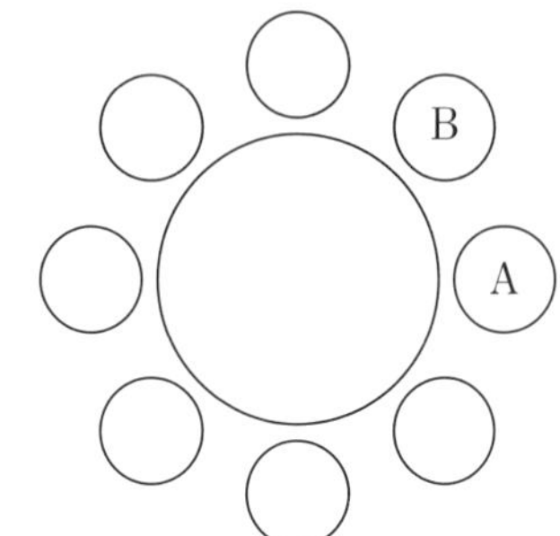


**1**　Aは男性である。

**2**　Bは女性である。

**3**　Cは空席の隣に着席している。

**4**　Eは女性である。

**5**　Fは男性である。

## 解説

図Ⅰのように，A，B以外の席を１～６としてみる。３には男性が着席しているが，そのカップルである女性が４に着席していると，残る１組のカップルが（1，2），（5，6）のいずれかとなり，どちらにしても，空席が隣り合ってしまう。したがって，２には３の男性とカップルである女性が着席している。（2，3）＝（E，F）とすると，FはEの右隣なので，２がE，３がFとなる。そうすると，条件エから，６がD（女性）となり，５がCで男性，Dの右隣であるAが女性，そして，Bが男性となる（図Ⅱ）。２がDの場合，５がE，６がFとなり，Eは男性，Fは女性である。なお，Cは３で男性となる。この場合も，Aは女性，Bは男性である（図Ⅲ）。この図Ⅱ，図Ⅲより，**1**，**2**は誤り，**4**，**5**は不確定で，正答は**3**である。

図Ⅰ

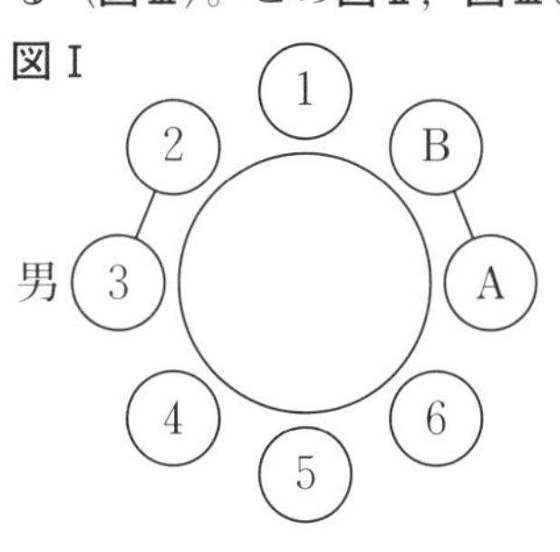


図Ⅱ

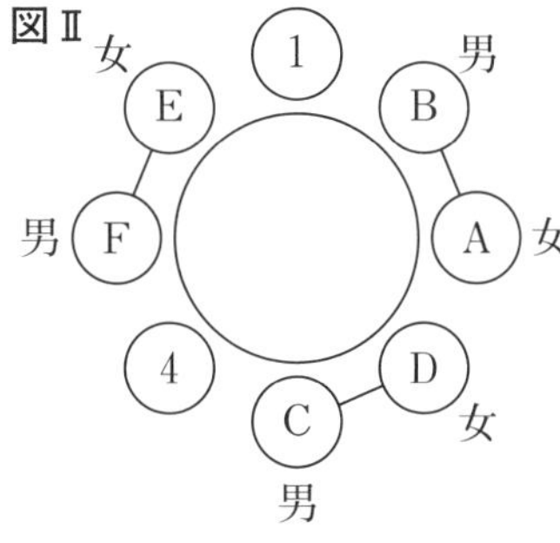


図Ⅲ

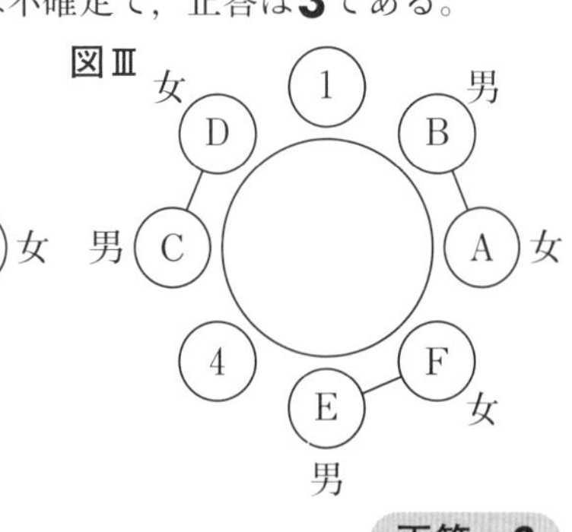


正答　3

高卒警察官

No.252 警視庁

## 判断推理　位置関係　平成25年度

A～Eの５人が次のような位置関係にいるとき，確実に言えるのはどれか。

ア　Aから見てBは１km 真東にいる。

イ　Cから見てBは１km 真南にいる。

ウ　Dから見てAは１km 真北にいる。

エ　Eから見てCは１km 真西にいる。

**1**　AとBとCの３人は一直線上に並んでいる。

**2**　Aから見てCは１km 北東にいる。

**3**　Cから見てDは真東にいる。

**4**　BからEまでの距離と，CからAまでの距離は同じである。

**5**　DからCまでの距離は，DからEまでの距離よりも長い。

### 解説

ア～エの条件を図にしてみると，**図Ⅰ**のようになる。これを**図Ⅱ**のようにしてみると，１辺２km の正方形が考えられ，AとCは辺の中点，Bはその対角線の交点，DとEはその向かい合う頂点という位置関係になる。また，AとC，BとD，BとEはそれぞれ１辺１km の正方形の向かい合う頂点という位置関係である。この図から，**1**および**3**は誤りとわかる。AC 間の距離は，１辺１km の正方形の対角線に相当するので$\sqrt{2}$km であり，**2**も誤りである。CD 間の距離は，１km×２km の長方形の対角線に相当するので$\sqrt{5}$km，DE 間の距離は$2\sqrt{2}$km であり，$\sqrt{5}<2\sqrt{2}=\sqrt{8}$ より，**5**も誤りである。これに対し，BE 間の距離と AC 間の距離は，どちらも$\sqrt{2}$km で等しく，**4**は正しい。

したがって，正答は**4**である。

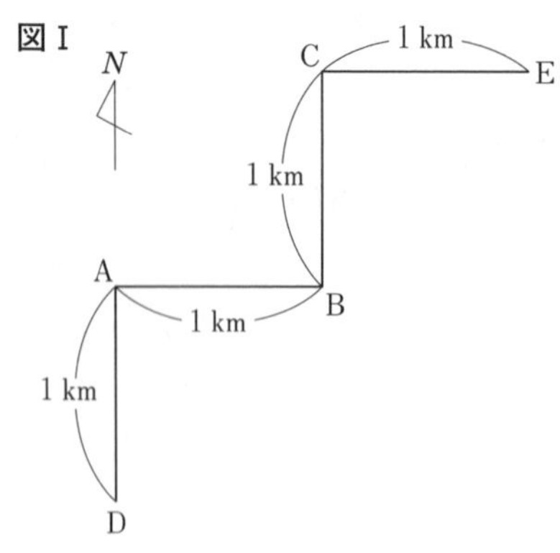


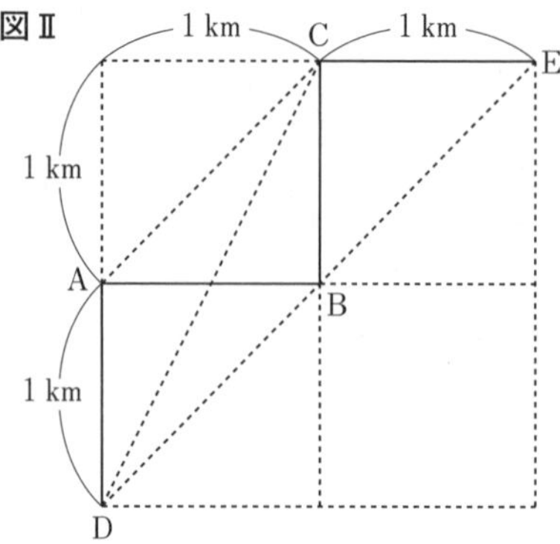


**正答　4**

# No. 253 判断推理 トーナメント戦

警視庁　令和4年度

A～Fの6人が，サッカーのPK対決のトーナメント戦を行い，次のア～カのことがわかっているとき，確実に言えることとして，最も妥当なのはどれか。

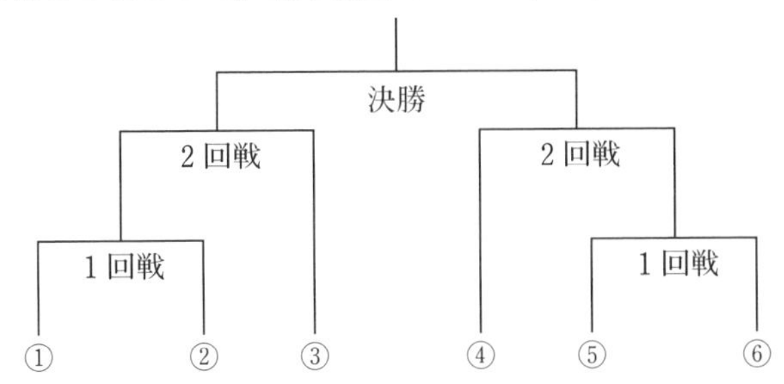


ア　優勝したのは，⑤であった。

イ　BはAに勝った。

ウ　CはBに勝った。

エ　Dは2回戦でFに負けた。

オ　EはFに負けた。

カ　FはCに勝った。

**1**　Aは①である。

**2**　Bは②である。

**3**　Cは③である。

**4**　Dは⑥である。

**5**　Eは④である。

## 解説

まず，Fはエ～カより，C，D，Eの3人に勝っているので，優勝した⑤はFである。次に，エより，DがFに負けたのは2回戦だから，Dが④となる。そして，ウ，カより，CはBに勝ってからFに負けているので（トーナメント戦では負ければ終わりなので，負けた後に勝つことはない），⑥はCではなくEである。

さらに，イ，ウより，BはAに勝った後にCに負けているので，Cが③となるが，A，Bに関しては，①，②のどちらであるかは決まらない。

したがって，**1**，**2**は確定できず，**4**，**5**は誤りであり，正答は**3**である。

正答　**3**

高卒警察官 No. 254 警視庁

## 判断推理　暗号　平成17年度

ある暗号規則に従うと「かながわ」は「0123010701140111」,「あおもり」は「091815131501」と表される。この規則に従って「みやぎ」を表したものとして，妥当なものはどれか。

**1**　090701250913
**2**　090702250913
**3**　090701210913
**4**　080802210913
**5**　130921010709

## 解説

暗号を解読するには，元の文（平文という）と暗号文の間に，どのような対応規則があるかを見つけることがカギになる。本問では，平文と数字の列が対応していて，「かながわ」も「あおもり」も，ともに平仮名4文字である。しかし，暗号の数字の数はそれぞれ16個，12個のように違いがあるので，単純な平仮名と数字の対応ではなさそうである。そこで，ローマ字表記となんらかの対応があるのではないか，と見当をつけてみると，

「かながわ」→ＫＡＮＡＧＡＷＡ…８文字
「あおもり」→ＡＯＭＯＲＩ………６文字

である。暗号の数字の数も，それぞれ16と12で，16＝2×8，12＝2×6なので，アルファベットの数のちょうど２倍ずつになっている。したがって，この暗号では，

アルファベット１文字⟷数字２個

の対応があると考えられる。

そこで，与えられた暗号の数字を２個ずつペアにして区切り，ローマ字表記と見比べると，

| K | A | N | A | G | A | W | A |
|---|---|---|---|---|---|---|---|
| ↕ | ↕ | ↕ | ↕ | ↕ | ↕ | ↕ | ↕ |
| 01 | 23 | 01 | 07 | 01 | 14 | 01 | 11 |

となり，同じアルファベットに同じ数字が対応していないことがわかる。しかし，最も多く出てくるものに注目すると，アルファベットではＡ，数字の組では01で，個数が等しい。しかも並んでいる順番を見ると，Ａは偶数番目に，01は奇数番目に出てくる。そこで，アルファベットを１文字ずらしてみたり，並べる順序を逆にして並べ替えたりしてみよう。すると，順序が逆になっているらしいと推定できる。実際にアルファベットの文字を逆に並べ替えると，

という対応規則になっているようである。Ａはアルファベットの１番目，Ｗは23番目，Ｇは７番目，Ｎは14番目，Ｋは11番目であるから，この対応は，アルファベットの順番を２ケタの数字で対応させたものと考えられる。同様に「あおもり」はＡＯＭＯＲＩを逆さに並べ替えて，

I　R　O　M　O　A

↕　↕　↕　↕　↕　↕

09　18　15　13　15　01

と対応していることから，アルファベットの順番を表していることが確かめられる。すなわちこの暗号は，

(1)ローマ字表記を逆に並べ，

(2)アルファベット順に数字を割り振る。

という2段階でつくられていることがわかった。

| A | B | C | D | E | F | G | H | I | J | K | L | M |
|---|---|---|---|---|---|---|---|---|---|---|---|---|
| 01 | 02 | 03 | 04 | 05 | 06 | 07 | 08 | 09 | 10 | 11 | 12 | 13 |

| N | O | P | Q | R | S | T | U | V | W | X | Y | Z |
|---|---|---|---|---|---|---|---|---|---|---|---|---|
| 14 | 15 | 16 | 17 | 18 | 19 | 20 | 21 | 22 | 23 | 24 | 25 | 26 |

したがって，「みやぎ」のローマ字表記ＭＩＹＡＧＩを逆さまにし，上の表に従って数字の組合せを対応させると次のようになる。

I　G　A　Y　I　M

↕　↕　↕　↕　↕　↕

09　07　01　25　09　13

よって，「090701250913」となり**1**が正しい。

**正答　1**

# No. 255 判断推理 対応関係 平成24年度

A～Fの６人の性別について，次のア～ウのことがわかっている。

ア　A，B，C，Dの４人のうち，男性は１人，女性は３人である。

イ　D，E，Fの３人のうち，男性は１人，女性は２人である。

ウ　A，C，Eの３人のうち，男性は１人，女性は２人である。

このとき，必ず男性と女性が１人ずつになる組合せとして，正しいのはどれか。

**1**　AとB
**2**　AとC
**3**　BとF
**4**　CとE
**5**　DとE



## 解説

条件アおよびイから，Dが男性だとすると，A，B，Cは女性（ア），E，Fは女性（イ）ということになり，これは条件ウと矛盾する。したがって，Dは女性である。そうすると，条件イより，E，Fの一方が男性ということになる。

・Eが男性（Fは女性）の場合。

条件ウよりA，Cは女性ということになるので，これと条件アよりBは男性である。

| A | B | C | D | E | F |
|---|---|---|---|---|---|
| 女 | 男 | 女 | 女 | 男 | 女 |

・Fが男性（Eは女性）の場合。

条件ウよりA，Cの一方が男性ということになるので，これと条件アよりBは女性である。

| A | B | C | D | E | F |
|---|---|---|---|---|---|
| 男 | 女 | 女 | 女 | 女 | 男 |
| 女 | 女 | 男 | 女 | 女 | 男 |

この結果，どちらの場合においてもBとFは性別が異なり，男性と女性が１人ずつになる組合せとなるので，正答は**3**である。**1**，**2**，**4**，**5**については，いずれも確実とはいえない。

正答　**3**

## 手　順



A～Eの５人でバトンのリレーを行う。まず，A→B→C→D→Eの順にリレーし，Eまでリレーしたら今度は，E→D→C→B→Aの順にリレーし，これを繰り返していく。この場合，１回目にバトンを受け取るのはB，５回目にバトンを受け取るのはDであるが，100回目にバトンを受け取る者として，正しいのはどれか。

**1**　A
**2**　B
**3**　C
**4**　D
**5**　E

**解説**

このバトンリレーは，「A→B→C→D→E→D→C→B→A」という８回のリレーが繰り返されることになる。８×12＝96より，96回目にバトンを受け取るのがAなので，97回目はB，98回目はC，99回目はD，100回目はEとなる。

よって，正答は**5**である。

**正答　5**

## No. 257 判断推理 4つの輪の移動回数 平成14年度

図のようにA～Dの4本の棒が立っており，Aの棒には穴のあいた大きさの異なる4つの輪が下から大きい順に重なっている。この4つの輪をBの棒に移したい。何回輪を移動させればよいか，その最小回数を求めよ。ただし，小さい輪の上に大きい輪を乗せてはいけない。また，1回に1つの輪しか動かせないものとする。

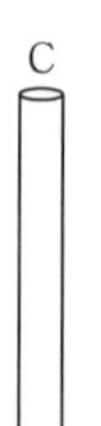

**1** 7回
**2** 8回
**3** 9回
**4** 11回
**5** 15回

### 解説

4つの輪を小さいほうから①②③④とする。次の表のようにすれば9回で済むことがわかる。

| 回数 | 手順 | A ①②③④ | B | C | D |
|---|---|---|---|---|---|
| 1 | ①をBに | ②③④ | ① | | |
| 2 | ②をCに | ③④ | ① | ② | |
| 3 | ①をCに | ③④ | | ①② | |
| 4 | ③をDに | ④ | | ①② | ③ |
| 5 | ④をBに | | ④ | ①② | ③ |
| 6 | ③をBに | | ③④ | ①② | |
| 7 | ①をAに | ① | ③④ | ② | |
| 8 | ②をBに | ① | ②③④ | | |
| 9 | ①をBに | | ①②③④ | | |

よって，**3**が正しい。ただし，手順は1通りではないことに注意。

**正答 3**

## 判断推理　操作手順　令和元年度

図のように，40枚のカードが重ねられており，1番上の1枚だけが赤い色のカードである。この状態から，最上部の10枚と，最下部の15枚を入れ替える。この操作を4回繰り返したとき，赤い色のカードは上から何枚目となるか。

**1**　11枚目
**2**　13枚目
**3**　15枚目
**4**　17枚目
**5**　19枚目

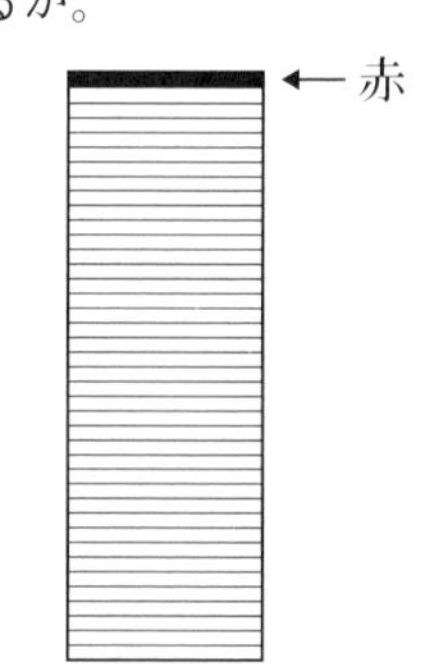


### 解説

1回目の操作を行うと，赤いカードの上に30枚のカードがあることになるので，赤いカードは上から31枚目となる。2回目の操作では，赤いカードの上にある30枚のうち，25枚が赤いカードの下に移動することになる。したがって，2回目の操作を行うと，赤いカードは上から6枚目となる。3回目の操作により，赤いカードの上に30枚が加わることになるので，36枚目に移動する。4回目の操作では，赤いカードの上にある35枚のうち，25枚が赤いカードの下へ移動するので，赤いカードは上から11枚目となる。

したがって，正答は**1**である。

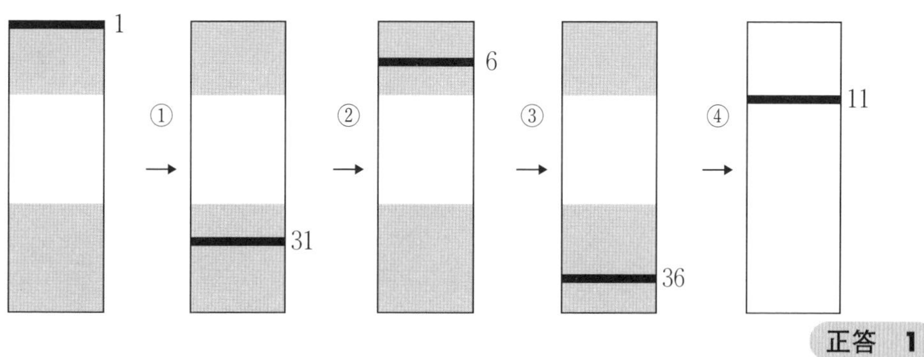


正答　**1**

## No. 259 警視庁 判断推理 順序関係 平成20年度

A～Eの５人について，次のア～オの事実関係が分かっているとき正しくいえるものはどれか。

ア　Aは，Eより15分遅れて来た。
イ　Bは，Eより12分遅れて来た。
ウ　Cは，Aより３分遅れて来た。
エ　Dは，Bより13分早く来た。
オ　Eは，定刻10分前に来た。

**1**　一番早く来た者と一番遅く来た者との差はちょうど20分である。
**2**　早く来た順でいうとE，D，A，C，Bの順である。
**3**　定刻に間に合わなかったのは，AとCの２人である。
**4**　定刻前に来たのはA，B，Dの３人である。
**5**　定刻に最も近い時刻に来たのはBである。

### 解説

次の図のように，各人の到着した時刻を数直線上に表わしてみればよい。一番早く来たのはDで定刻の11分前，一番遅く来たのはCで定刻の８分後であるから，その差は19分で，**1**は誤りである。到着順はD，E，B，A，Cであり，**2**も誤りである。定刻に間に合わなかったのは，A，B，Cの３人，定刻前に来たのはD，Eの２人だから，**3**，**4**も誤りである。定刻に最も近い時刻に来たのは，定刻２分後のBであり，正答は**5**である。

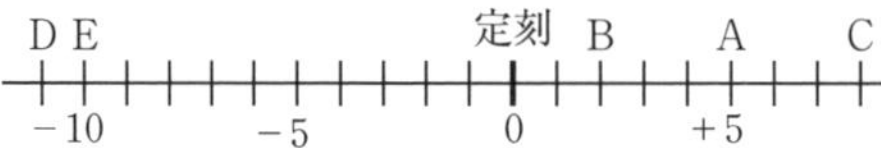


正答　5



数学 物理 化学 生物 地学 文章理解 判断推理 数的推理 資料解釈

## No. 260 9月実施 判断推理 対応関係 平成26年度

A～Eの5人が，紅茶，緑茶，ウーロン茶，ほうじ茶，麦茶のペットボトルから，それぞれ2種類ずつ選んだ。ア～オのことが分かっているとき，確実にいえるのはどれか。

ア　ほうじ茶を選んだのは3人，麦茶を選んだのは2人いたが，ほうじ茶と麦茶の両方を選んだ者はいなかった。

イ　Aはほうじ茶を選び，もう1種類はEと同じものを選んだ。

ウ　Bは麦茶を選び，もう1種類はDと同じものを選んだ。

エ　紅茶を選んだのは1人だけだった。

オ　2種類の組合せが同じ者はいなかった。

**1**　Aは緑茶を選んだ。
**2**　Bはウーロン茶を選んだ。
**3**　Cは紅茶を選んだ。
**4**　Dは緑茶を選んだ。
**5**　Eはウーロン茶を選んだ。

### 解説

条件アより，ほうじ茶と麦茶の組合せで選んだ者はなく，条件エより，紅茶を選んだのは1人だけなので，AとEが選んだ同じ種類は緑茶またはウーロン茶である。また，条件オより，Eは麦茶を選んでいる。BとDについても同様なので，BとDが選んだ同じ種類は緑茶またはウーロン茶，Dが選んだもう1種類はほうじ茶である。そして，2種類の組合せが同じ者はいないので，AとEが緑茶を選んでいれば，BとDはウーロン茶，AとEがウーロン茶を選んでいれば，BとDは緑茶を選んでいる，という関係になるが，この点はどちらなのか確定しない。そうすると，紅茶を選んだ1人はCで，BとEは麦茶を選んでいるので，Cが選んだもう1種類はほうじ茶である。ここまでで表のようになる。したがって，正答は**3**である。

| | 紅茶 | 緑茶 | ウーロン茶 | ほうじ茶 | 麦茶 |
|---|---|---|---|---|---|
| A | × | | | ○ | × |
| B | × | | | × | ○ |
| C | ○ | × | × | ○ | × |
| D | × | | | ○ | × |
| E | × | | | × | ○ |

正答　**3**

高卒警察官

No. 261 9月実施

# 判断推理 大小の円盤の目盛数字関係 平成28年度

図のように，大きい円盤と小さい円盤があり，中心が一致するように重ねられている。大きい円盤には時計回りに，小さい円盤には反時計回りに１～90の目盛が等間隔で付けられており，２枚の円盤はそれぞれ矢印の方向に回転させることができる。大きい円盤の目盛１と小さい円盤の目盛20を対応させたとき，対応する目盛の数の和が21となるのは，全部で何か所あるか。

**1** 10か所
**2** 20か所
**3** 30か所
**4** 40か所
**5** 50か所

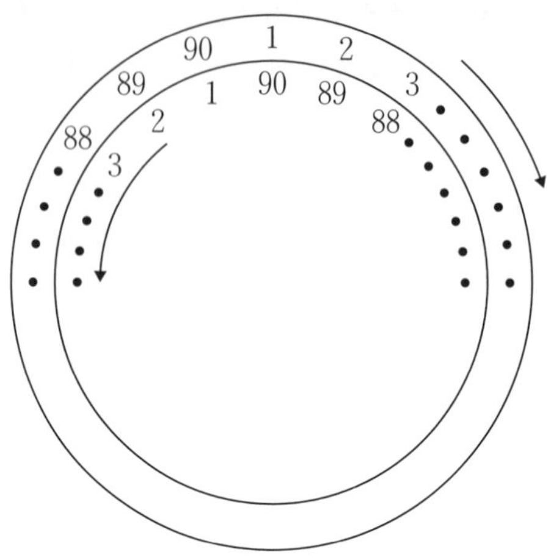


## 解説

大きい円盤の目盛１と小さい円盤の目盛20を対応させると，大きい円盤の目盛１～20に小さい円盤の目盛20～１が対応することになり，この20か所では目盛の数の和がすべて21となる。大きい円盤の目盛21～90には小さい円盤の目盛90～21が対応するので，この70か所では目盛の数の和は全て111である。したがって，対応する目盛の数の和が21となるのは，全部で20か所あり，正答は**2**である。

| 大 | 1 | 2 | 3 | 4 | 5 | 6 | 7 | 8 | 9 | 10 | 11 | 12 | 13 | 14 | 15 | 16 | 17 | 18 | 19 | 20 |
|---|---|---|---|---|---|---|---|---|---|---|---|---|---|---|---|---|---|---|---|---|
| 小 | 20 | 19 | 18 | 17 | 16 | 15 | 14 | 13 | 12 | 11 | 10 | 9 | 8 | 7 | 6 | 5 | 4 | 3 | 2 | 1 |
| 計 | 21 | 21 | 21 | 21 | 21 | 21 | 21 | 21 | 21 | 21 | 21 | 21 | 21 | 21 | 21 | 21 | 21 | 21 | 21 | 21 |
| 大 | 21 | 22 | 23 | 24 | 25 | 26 | 27 | 28 | 29 | 30 | 31 | 32 | 33 | 34 | 35 | 36 | 37 | 38 | 39 | 40 |
| 小 | 90 | 89 | 88 | 87 | 86 | 85 | 84 | 83 | 82 | 81 | 80 | 79 | 78 | 77 | 76 | 75 | 74 | 73 | 72 | 71 |
| 計 | 111 | 111 | 111 | 111 | 111 | 111 | 111 | 111 | 111 | 111 | 111 | 111 | 111 | 111 | 111 | 111 | 111 | 111 | 111 | 111 |
| 大 | 41 | 42 | 43 | 44 | 45 | 46 | 47 | 48 | 49 | 50 | 51 | 52 | 53 | 54 | 55 | 56 | 57 | 58 | 59 | 60 |
| 小 | 70 | 69 | 68 | 67 | 66 | 65 | 64 | 63 | 62 | 61 | 60 | 59 | 58 | 57 | 56 | 55 | 54 | 53 | 52 | 51 |
| 計 | 111 | 111 | 111 | 111 | 111 | 111 | 111 | 111 | 111 | 111 | 111 | 111 | 111 | 111 | 111 | 111 | 111 | 111 | 111 | 111 |
| 大 | 61 | 62 | 63 | 64 | 65 | 66 | 67 | 68 | 69 | 70 | 71 | 72 | 73 | 74 | 75 | 76 | 77 | 78 | 79 | 80 |
| 小 | 50 | 49 | 48 | 47 | 46 | 45 | 44 | 43 | 42 | 41 | 40 | 39 | 38 | 37 | 36 | 35 | 34 | 33 | 32 | 31 |
| 計 | 111 | 111 | 111 | 111 | 111 | 111 | 111 | 111 | 111 | 111 | 111 | 111 | 111 | 111 | 111 | 111 | 111 | 111 | 111 | 111 |

| 大 | 81 | 82 | 83 | 84 | 85 | 86 | 87 | 88 | 89 | 90 |
|---|---|---|---|---|---|---|---|---|---|---|
| 小 | 30 | 29 | 28 | 27 | 26 | 25 | 24 | 23 | 22 | 21 |
| 計 | 111 | 111 | 111 | 111 | 111 | 111 | 111 | 111 | 111 | 111 |

**正答 2**

高卒警察官

No. 262　9月実施

# 判断推理　規則性　平成19年度

あるパソコンの数字キーは，1～5の数字について入力した数字と出力される数字が一致しないようになってしまっている。入力する数字と出力される数字との関係は表のようになっており，A～Dには1～5のうちのいずれかの数字が該当する。ただし，A～Dに該当する数字はすべて異なっている。このとき，入力した数字と出力される数字との組合せとして正しいものは，次のうちどれか。なお，1～5のうちで出力されない数字はない。

| | 入力 | 出力 |
|---|---|---|
| **1** | 3 | 1 |
| **2** | 3 | 2 |
| **3** | 5 | 1 |
| **4** | 5 | 2 |
| **5** | 5 | 3 |

| 入力 | 出力 |
|---|---|
| 1 | 5 |
| 2 | A |
| 3 | B |
| 4 | C |
| 5 | D |
| A | 4 |
| C | 3 |

## 解説

A～Dに該当する数字を考えてみる。1と入力すると5が出力されるので，A～Dは5ではない。2と入力するとAが出力され，Aと入力すると4が出力されるので，Aは2でも4でもない。Aが1だとすると，1を入力したときに4が出力される場合と5が出力される場合があることになってしまうので，Aは1でもない。したがって，A=3である。A=3だと，3を入力すると4が出力されるのだから，B=4，また，C=2である。ここから，D=1となる。この結果，3を入力したときに出力されるのはBだから4となり，5を入力したときに出力されるのはDだから1で，正答は**3**である。

| | 1 | 2 | 3 | 4 | 5 |
|---|---|---|---|---|---|
| A | × | × | ○ | × | × |
| B | × | × | × | ○ | × |
| C | × | ○ | × | × | × |
| D | ○ | × | × | × | × |

正答　**3**

高卒警察官

No. 263 警視庁

# 判断推理 サッカーの総当たり戦 平成26年度

A～Fの６チームによるサッカーの１回戦の総当たり戦が行われた。引き分けた試合はなく，最終的な結果について次のア～オがわかっているとき，確実に言えるのはどれか。

ア　AチームはDチームには負けたがFチームには勝った。
イ　BチームはEチームには負けたがCチームにもFチームにも勝った。
ウ　CチームはFチームには負けたがDチームには勝った。
エ　２位のチームは４勝１敗であった。
オ　AチームはFチームより勝ち数が多かった。

**1**　AチームはBチームに勝った。
**2**　BチームはDチームに負けた。
**3**　CチームはAチームに負けた。
**4**　DチームはFチームに負けた。
**5**　FチームはDチームに勝った。

## 解説

条件ア～ウまでをまとめると，表Ⅰのようになる。２位のチームは４勝１敗（条件エ）なので，１位のチームは５勝０敗であるが，それは表ⅠよりE以外にありえない。そうすると，４勝１敗で２位となったのはBである。AはBとEに負けているが，Fより勝ち数が多いので，AはCに勝って２勝３敗，FはCだけに勝って１勝４敗となり，表Ⅱのようにすべての勝敗が確定する。この表Ⅱより，正答は**3**である。

表Ⅰ

| ＼ | A | B | C | D | E | F | 勝 | 敗 | 順位 |
|---|---|---|---|---|---|---|---|---|---|
| A | ＼ | | | × | | ○ | | | |
| B | | ＼ | ○ | | × | ○ | | | |
| C | | × | ＼ | ○ | | × | | | |
| D | ○ | | × | ＼ | | | | | |
| E | | ○ | | | ＼ | | | | |
| F | × | × | ○ | | | ＼ | | | |

表Ⅱ

| ＼ | A | B | C | D | E | F | 勝 | 敗 | 順位 |
|---|---|---|---|---|---|---|---|---|---|
| A | ＼ | × | ○ | × | × | ○ | 2 | 3 | 3 |
| B | ○ | ＼ | ○ | ○ | × | ○ | 4 | 1 | 2 |
| C | × | × | ＼ | ○ | × | × | 1 | 4 | 5 |
| D | ○ | × | × | ＼ | × | ○ | 2 | 3 | 3 |
| E | ○ | ○ | ○ | ○ | ＼ | ○ | 5 | 0 | 1 |
| F | × | × | ○ | × | × | ＼ | 1 | 4 | 5 |

正答　**3**



数学 物理 化学 生物 地学 文章理解 判断推理 数的推理 資料解釈

高卒警察官

No. 264　9月実施

## 判断推理　サイコロの目の和　平成26年度

向かい合う面の目の和が７である，図１のようなサイコロを４個用意し，接する面の目が等しくなるようにして，図２のように並べた。このとき，図２におけるA，B，C３面の目の和として，正しいものはどれか。

**1**　10
**2**　11
**3**　12
**4**　13
**5**　14

図１

図２

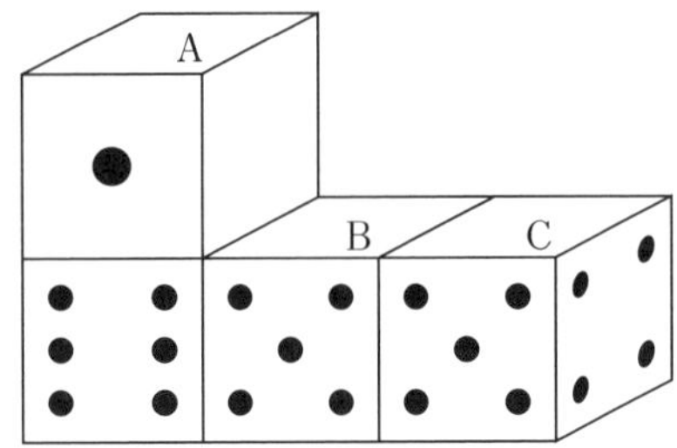


### 解説

向かい合う面の目の和は７なので，このサイコロの目の配置は図Ⅰのようになる。４個並べたサイコロは，接する面の目が等しいので，下段の３個のサイコロは，図Ⅱのように３と４の目で接していることになる。この図Ⅱについて，図Ⅰの目の配置と合致するように残りの目を考えると，図Ⅲのように確定する。ここから，A=5，B=1，C=6となり，5+1+6=12で，正答は**3**である。

図Ⅰ

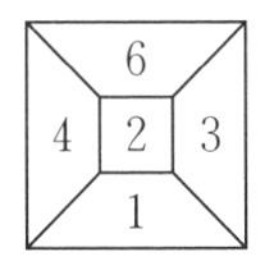


図Ⅱ

上段

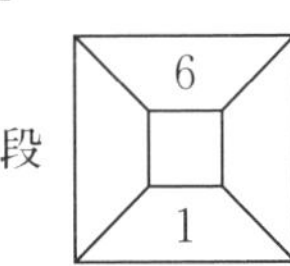
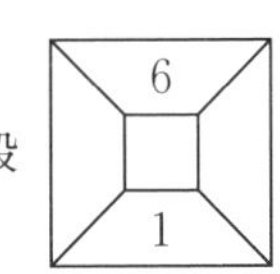


下段

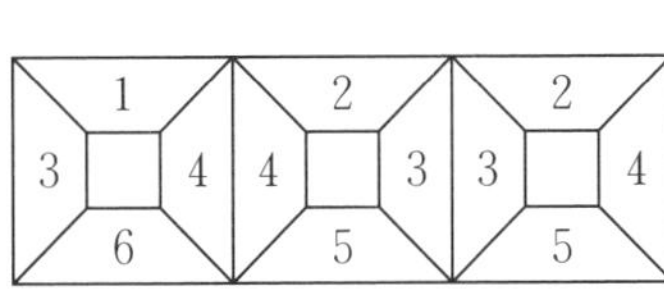


図Ⅲ

上段

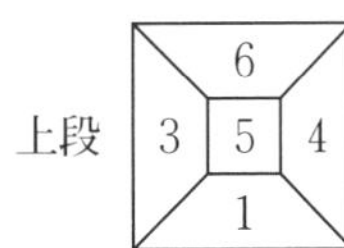


下段

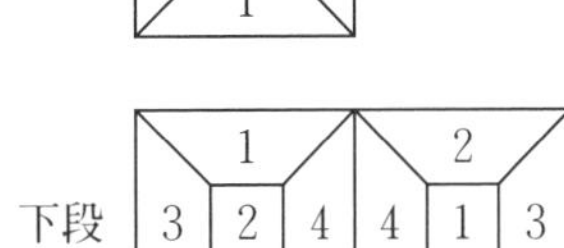


正答　3

高卒警察官

5月実施

## No. 265 判断推理 平面構成 平成27年度

下の図は，１枚の正方形を６枚の直角二等辺三角形に分割したものである。

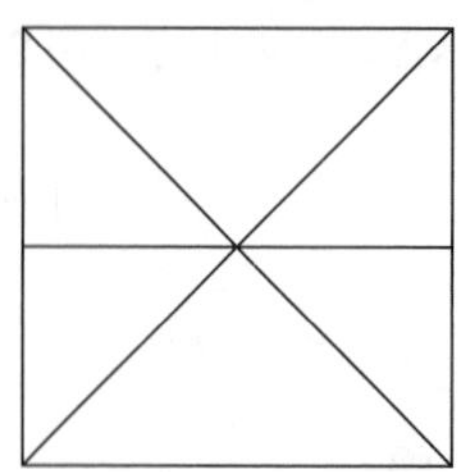

ア～ウの図形のうち，この６枚の直角二等辺三角形を隙間なく重ねることなく敷き詰めて作ることができるものを全て挙げた組合せとして，正しいのはどれか。

ア

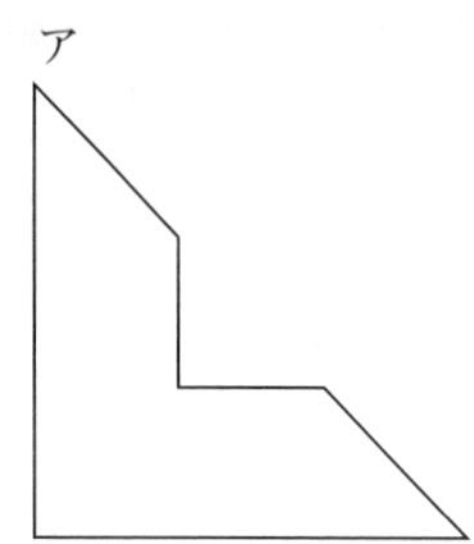

イ

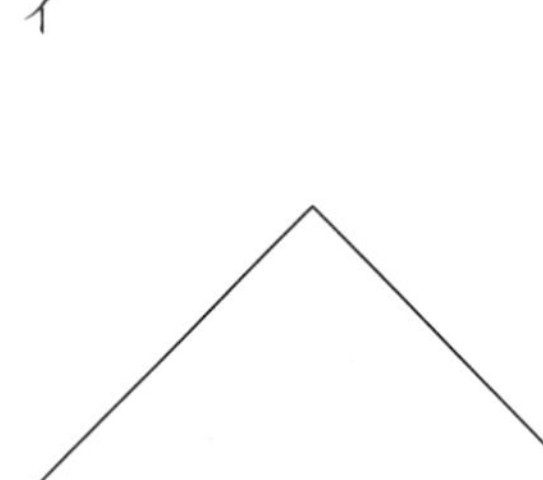

ウ

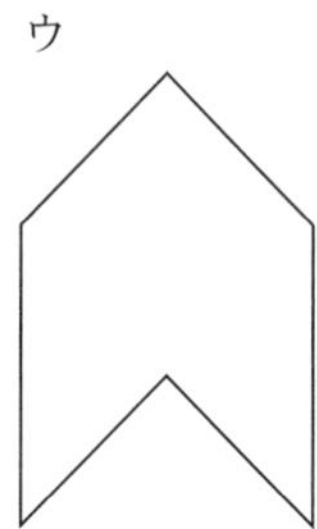

**1**　イのみ
**2**　ア，イ
**3**　ア，ウ
**4**　イ，ウ
**5**　ア，イ，ウ

### 解説

下の図のようになり，ア，イ，ウとも６枚の直角二等辺三角形を隙間なく重ねることなく敷き詰めて作ることが可能である。

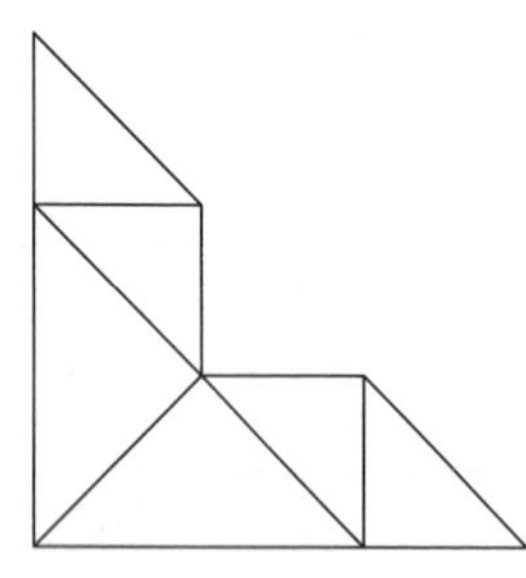

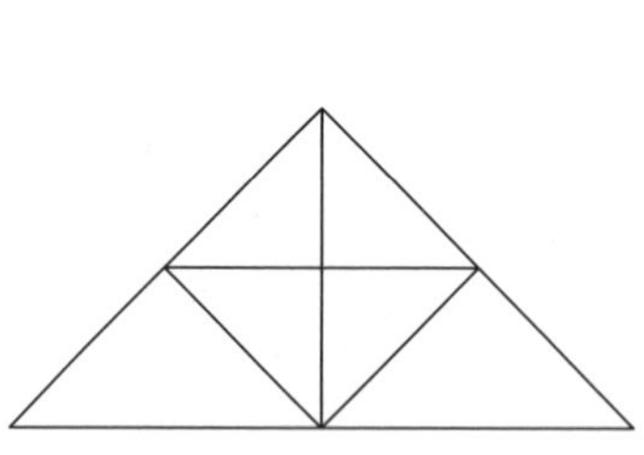

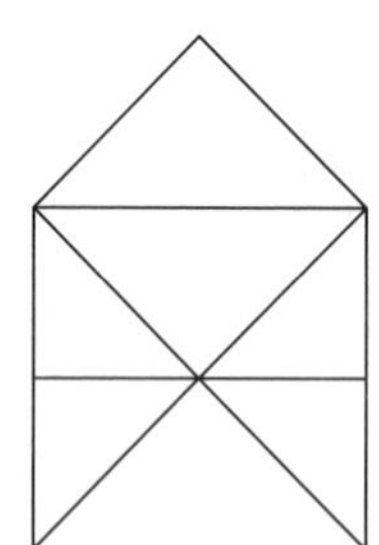

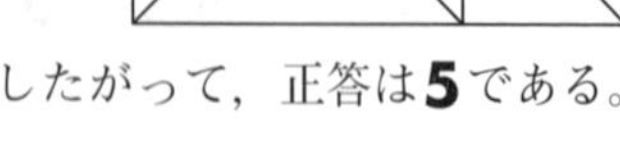

したがって，正答は**5**である。

正答　**5**

図のような正五角柱がある。この正五角柱を４点A，B，C，Dを通る平面で切断したとき，斜線部の面に対して垂直な方向から見た図として，正しいのはどれか。

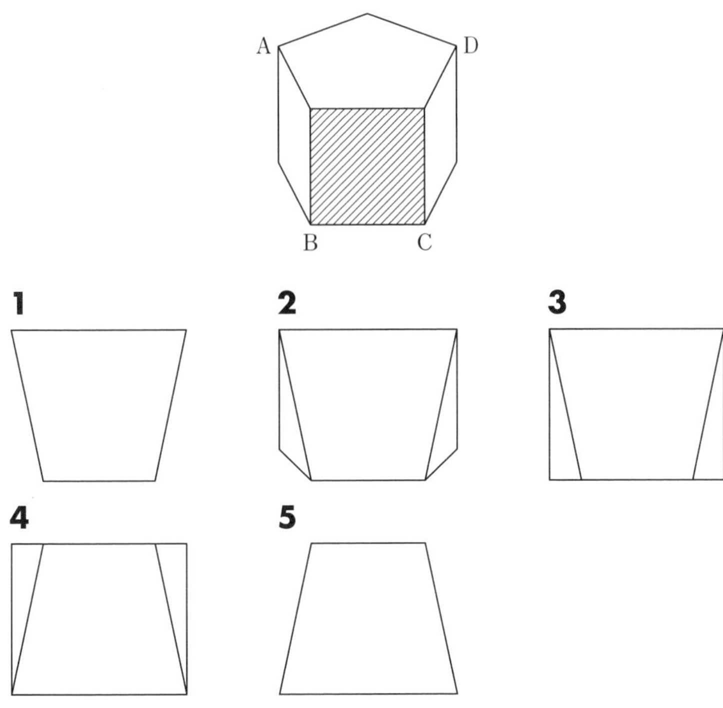


**解説**

４点A，B，C，Dを通る平面は**図Ⅰ**における灰色部分の面であり，この平面で切断すると**図Ⅱ**のようになる。この**図Ⅱ**の立体を正面から見ると，**図Ⅲ**となる。

したがって，正答は**3**である。

**図Ⅰ**

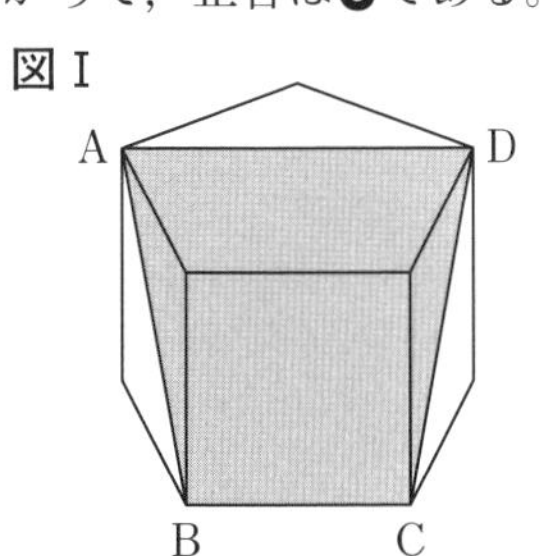


**図Ⅱ**

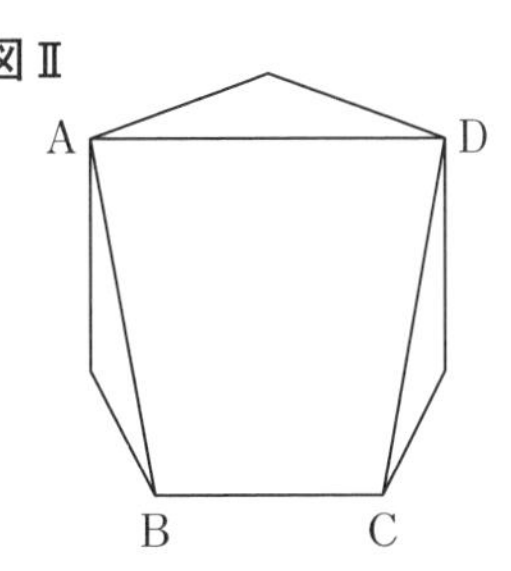


**図Ⅲ**

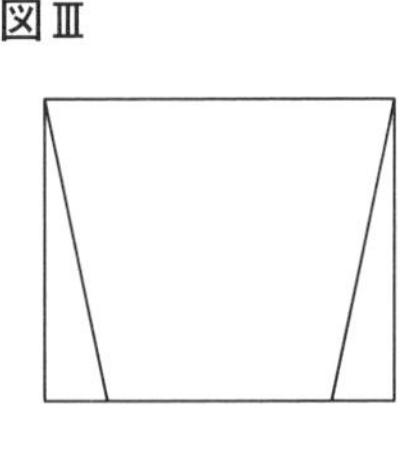

**正答 3**

高卒警察官

# No.267 9月実施 判断推理 正方形の分割 平成15年度

正方形の各辺を $n$ 等分して等分点を打ち，各辺上から１つずつ選んで結び，新たに正方形を作る。面積が等しいものは同じ正方形と考え，それらを１個と数えていったら，10個の正方形ができた。$n$ の値はいくつか。なお，複数考えられる場合は小さいほうの値を答えよ。

**1**　$n=18$
**2**　$n=19$
**3**　$n=20$
**4**　$n=21$
**5**　$n=22$

## 解説

辺を $n$ 等分すると，両端の頂点を含まない辺上に（$n-1$）個の等分点ができる。試しに $n=2$，3，4，…と書いてみて，規則を見つけていく（点線は同じもの。なお，$n=5$ は同じものは書いていない）。

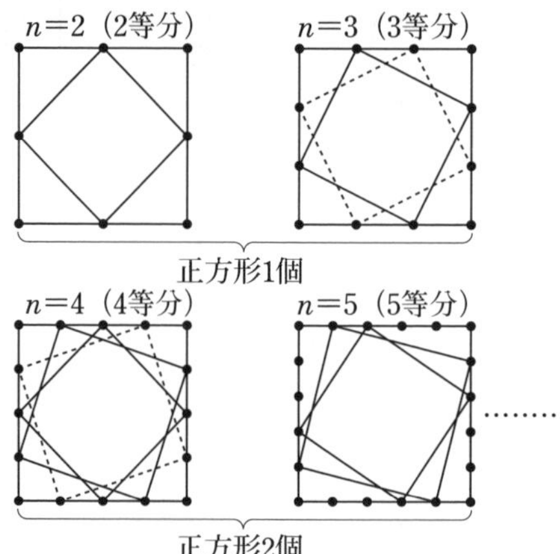


等分点の数（$n-1$）が偶数のときは，$\frac{n}{2}$ 個の正方形が，奇数のときは $\frac{n-1}{2}$ 個の正方形ができている。

| $n$等分 | 2 | 3 | 4 | 5 | … |
|---|---|---|---|---|---|
| 等分点の個数($n-1$) | 1 | 2 | 3 | 4 | … |
| 正方形の個数 | 1 | 1 | 2 | 2 | … |

よって，10個の正方形ができるのは，

$\frac{n}{2}=10$　　∴　$n=20$

$\frac{n-1}{2}=10$　　∴　$n=21$

のいずれか。小さいほうは $n=20$ なので，**3**が正しい。

**正答　3**

# No. 268 判断推理　直角三角形の個数　平成13年度

下の図において，A～Fは円周を6等分する点である。このA～Fのうち，3点を結んでできる直角三角形の個数として正しいのは，次のうちどれか。

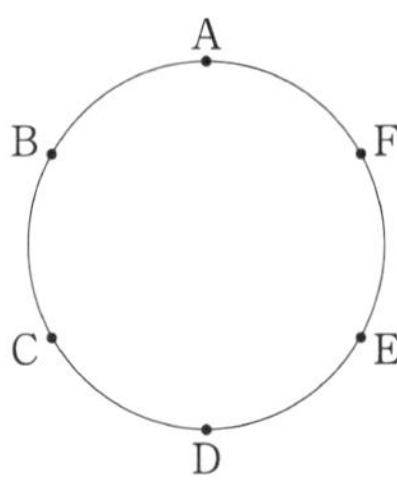


**1**　9個
**2**　12個
**3**　16個
**4**　18個
**5**　20個

## 解説

1つの円周上の3点を頂点とする三角形が直角三角形になるのは，斜辺が円の直径となる場合である。図の6等分点では，AD，BE，CFという3本の直径が考えられ，それぞれを直径とした場合に，残りの4点のいずれかと結べば直角三角形となるから，その個数は3×4＝12〔個〕である。

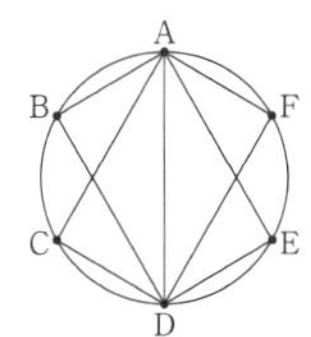


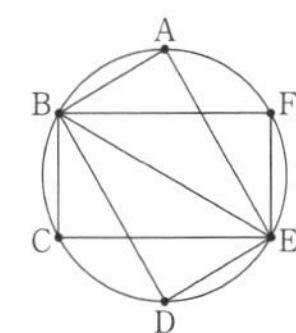


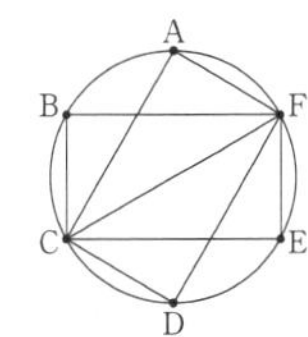


よって，**2**が正しい。

**正答　2**

高卒警察官
No. 269 10月実施

# 判断推理　正六面体の切断面　平成29年度

図のような正六面体 ABCDEFGH があり，辺 EH の中点を P，辺 EF の中点を Q，辺 CG の中点を R とする。3 点 P，Q，R を通る平面で正六面体 ABCDEFGH を切断し，頂点 A を含む側を取り除く。残った立体を矢印の方向（もとの正六面体における面 ABCD の対角線 AC と平行）から見た図として，正しいのはどれか。

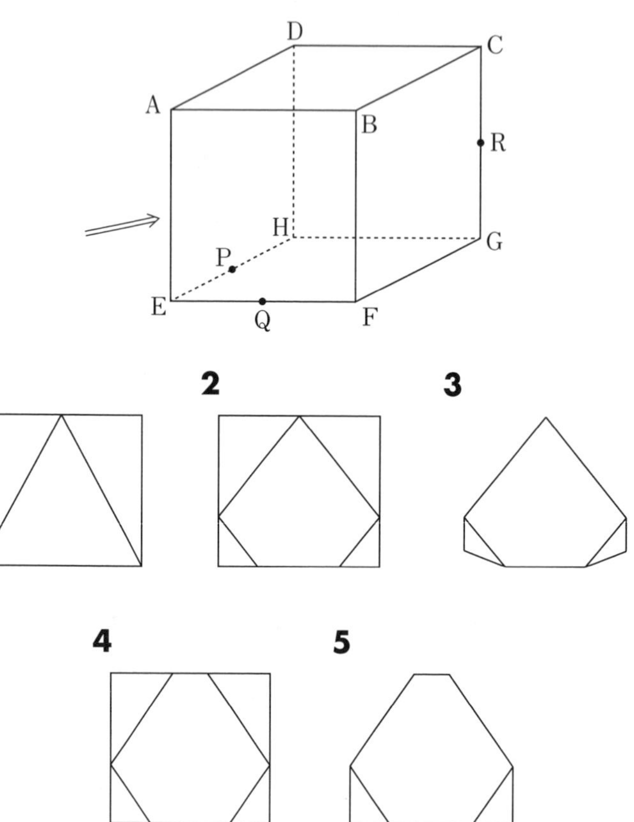

3点P，Q，Rを通る平面で切断した場合の切断面は，次のように考えればよい。まず，同一平面上にある2点P，Qを直線分で結ぶ。線分PQを延長し，辺GFの延長上での交点をX，辺GHの延長上での交点をYとする，線分RXと辺BFとの交点をS，線分RYと辺DHとの交点をTとする。このようにしてできる，五角形PQSRTが切断面である（図Ⅰ）。この結果，頂点Aを含む側を取り除くと，図Ⅱのような立体が残る。これを矢印の方向から見ると図Ⅲとなる。

この図Ⅲより，正答は**3**である。

図Ⅰ

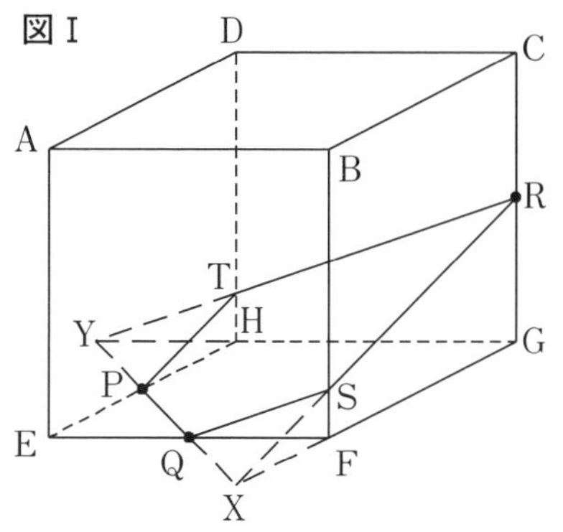


図Ⅱ

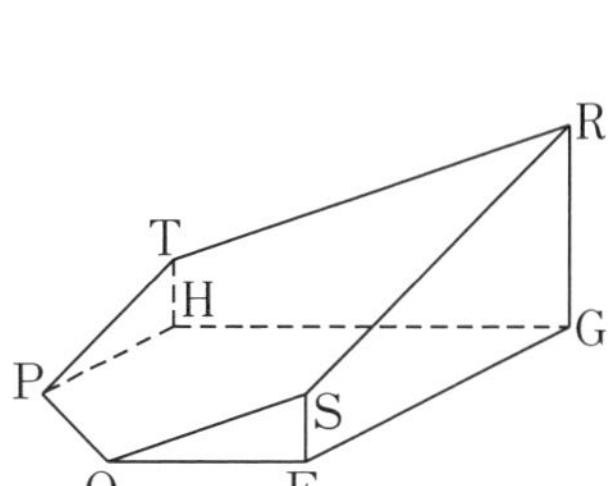


図Ⅲ

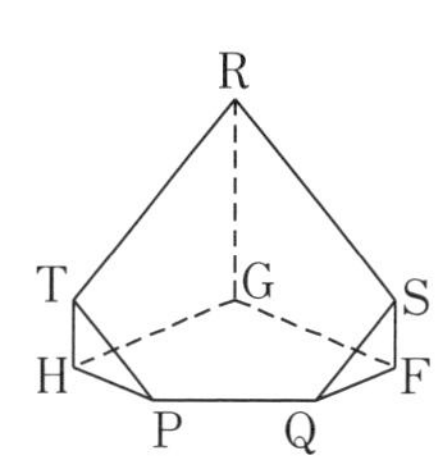


**正答　3**

高卒警察官

No. 270　9月実施

# 判断推理　平面図形　令和4年度

図Ⅰは，1辺の長さ10の正方形から1辺の長さ8の正方形を取り除いた図形である。この図形を，図Ⅱのように透き間なく10枚並べたとき，矢印で示した部分の長さとして，正しいのはどれか。

図Ⅰ

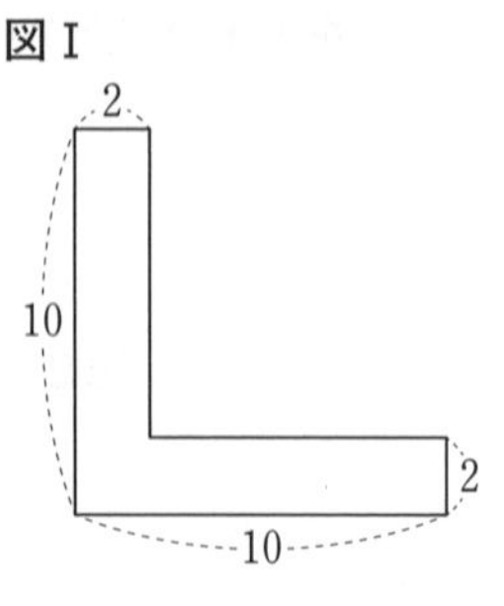


図Ⅱ

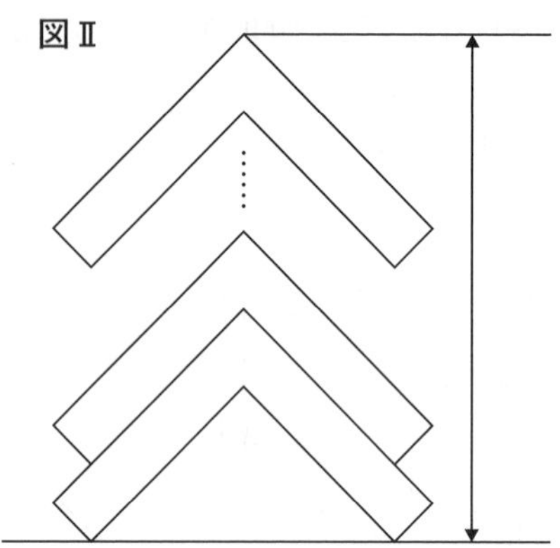

**1**　$18\sqrt{2}$
**2**　$20\sqrt{2}$
**3**　$22\sqrt{2}$
**4**　$24\sqrt{2}$
**5**　$26\sqrt{2}$

## 解説

図のようにA，B，Cとすると，AB＝$2\sqrt{2}$，BC＝$4\sqrt{2}$である。この図形を10枚並べた場合，矢印部分の長さは，BC×1＋AB×10となるので，

$4\sqrt{2}+2\sqrt{2}\times10=24\sqrt{2}$

である。

よって，正答は**4**である。

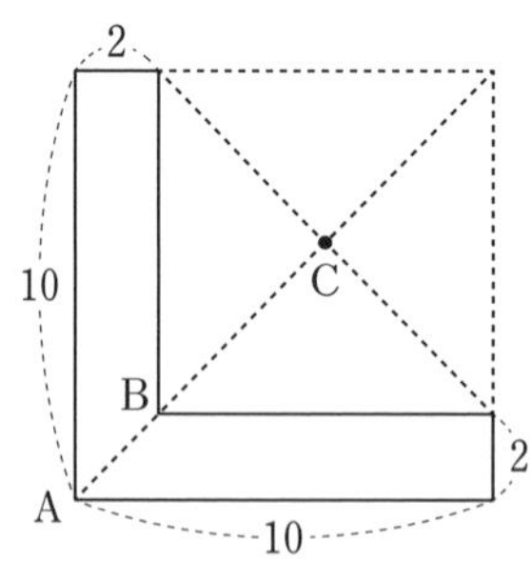


正答　**4**

## No.271 警視庁 判断推理 3つ以上の点を通る円 平成13年度

下の図のように9個の点が等間隔で並んでいるとき，3つ以上の点を通る円はいくつ描けるか。

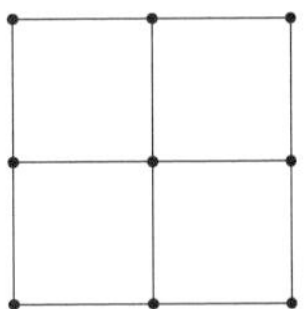

**1** 28個
**2** 30個
**3** 32個
**4** 34個
**5** 36個

### 解説

以下の図のように，3つ以上の点を通る円は全部で34個描くことができる。
よって，**4**が正しい。

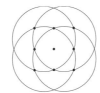

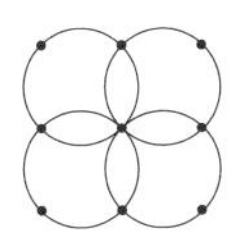
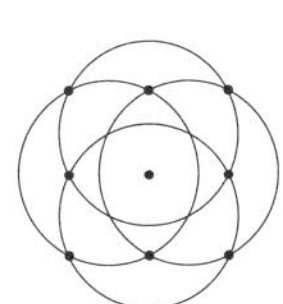
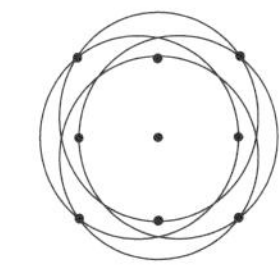

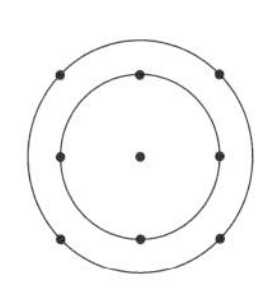
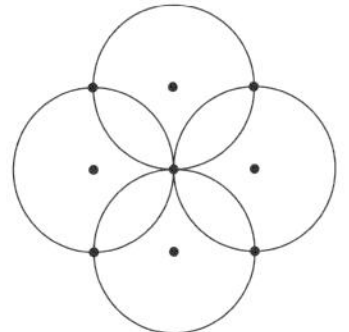
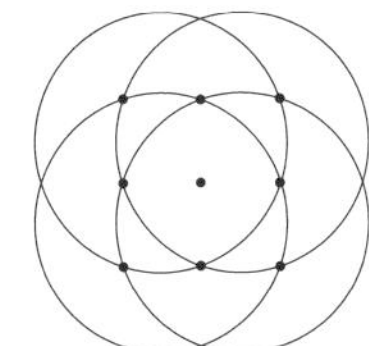
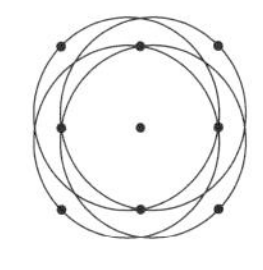

**正答 4**

# 高卒警察官 9月実施 No.272 判断推理 2地点の最短経路 平成14年度

次の図において，A地点からB地点へ行く最短経路は何通りあるか。

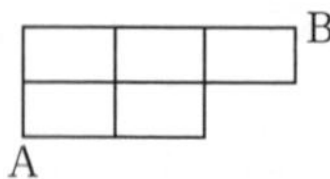


**1**　5通り
**2**　6通り
**3**　8通り
**4**　9通り
**5**　11通り

## 解説

Aから最短経路でBに行くためには，図の右方向，上方向へ進めばよい。

Aを出発点として，図の各頂点まで何通りの最短経路があるか，下のような手順で数を順に振っていく。

(1)出発点から到着点まで最短経路で進む方向を確認する。
(2)出発点から進む方向にある地点には，機械的に1と振る。
(3)2か所から来る地点には，その2地点の数を加える。
(4)1か所だけから来るところは，その数字を移す。

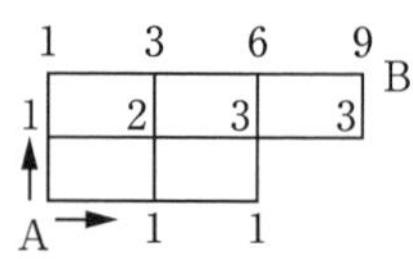


このように数が振れ，Bまでの最短経路の道順は9通りであるとわかる。
よって，**4**が正しい。

**正答　4**

高卒警察官

No. 273 9月実施

## 判断推理 道　順 平成21年度

次の図のような街路において，地点Aから地点Bまで行く最短経路は何通りあるか。ただし，×地点は通行止めで通ることができない。

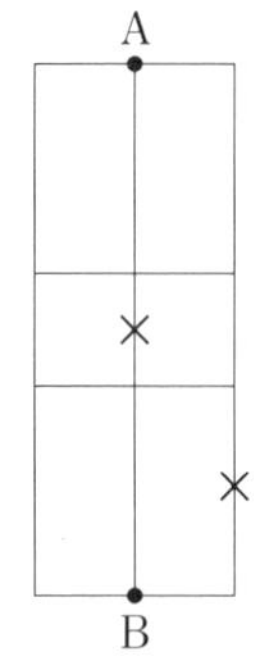


**1**　4通り
**2**　5通り
**3**　6通り
**4**　7通り
**5**　8通り

### 解説

次図のように，全部で6通りある。

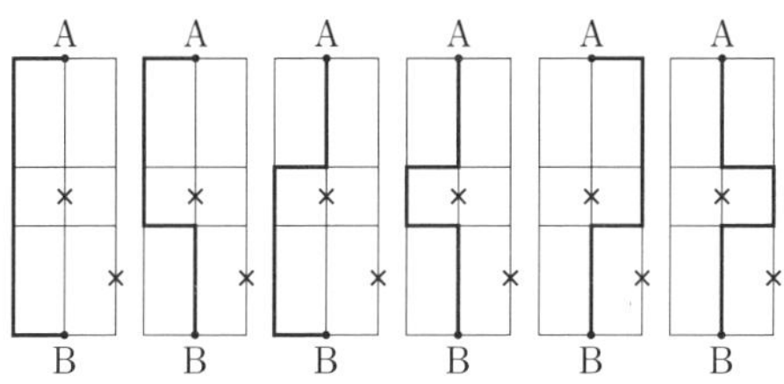


正答　3

高卒警察官 No. 274 9月実施

## 判断推理　最短経路数　平成20年度

次の図のような，正六角柱を２段重ねた立体がある。この立体の辺に沿って，頂点Aから頂点Bを経由して頂点Cまで最短経路で行くとき，その経路は全部で何通りあるか。

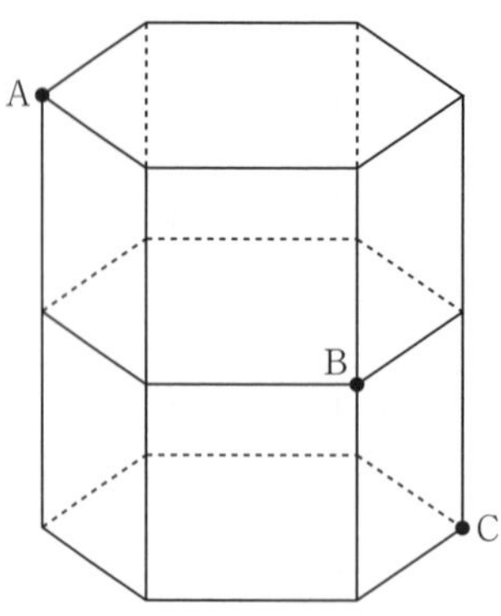


**1**　4通り
**2**　6通り
**3**　8通り
**4**　10通り
**5**　12通り

立体の表面上での動きを考える場合，展開図で平面図形として考えるのが基本である。ここでも次の図のように，必要な部分を展開して考えればよい。AからBまでの経路は３通りあり，この３通りのすべてについてBからCへの経路が２通りあるから，3×2=6〔通り〕となり，正答は**2**である。

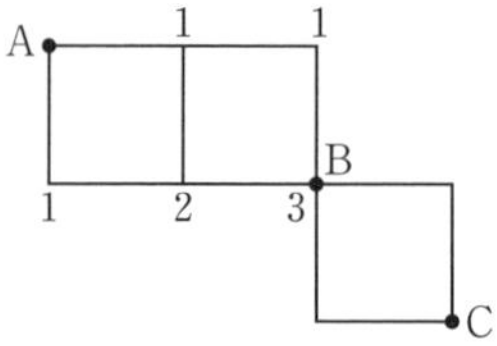


正答　**2**

高卒警察官

10月実施

# No. 275 判断推理 糸を巻きつけた円柱側面の図 平成13年度

下の図のような円柱のAからBまで，たるまないように糸をぴったりと巻きつけた。この状態での円柱側面を表した図として正しいものは次のうちどれか。

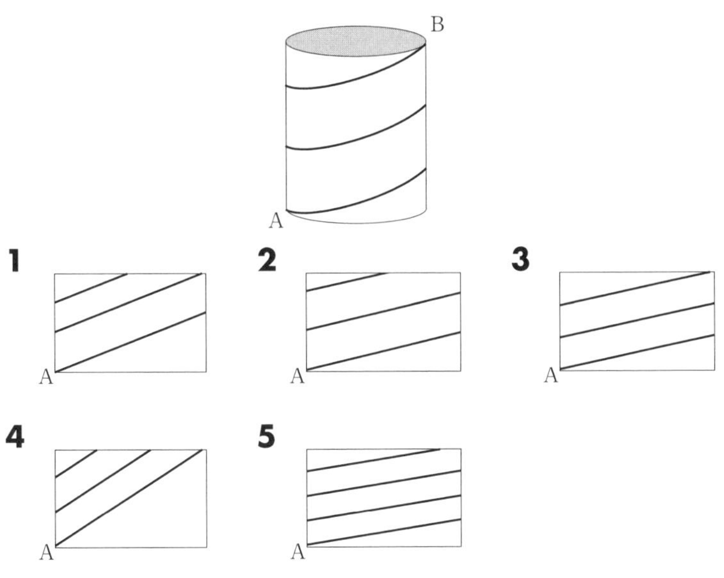


## 解説

図では円柱の側面に糸を2周半巻き付けていることになり，この側面をAの部分が端になるように展開すると，上端のBは長方形の上端中央になる。そして，糸を示す線分は，右端と左端の高さが合っていなければならない。

よって，**2**が正しい。

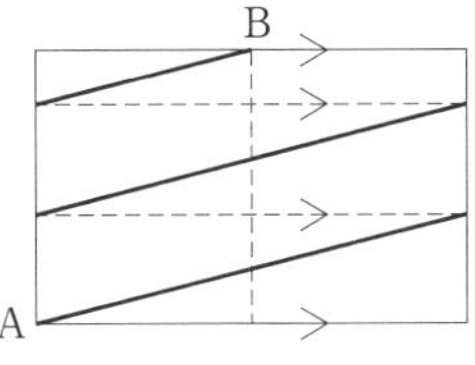


**正答 2**

高卒警察官 9月実施

## No. 276 判断推理 折り紙の切断と展開 平成30年度

図のように，山型五角形の紙を折った後，灰色部分を切り取った。もとのように展開したときの図として，正しいのはどれか。

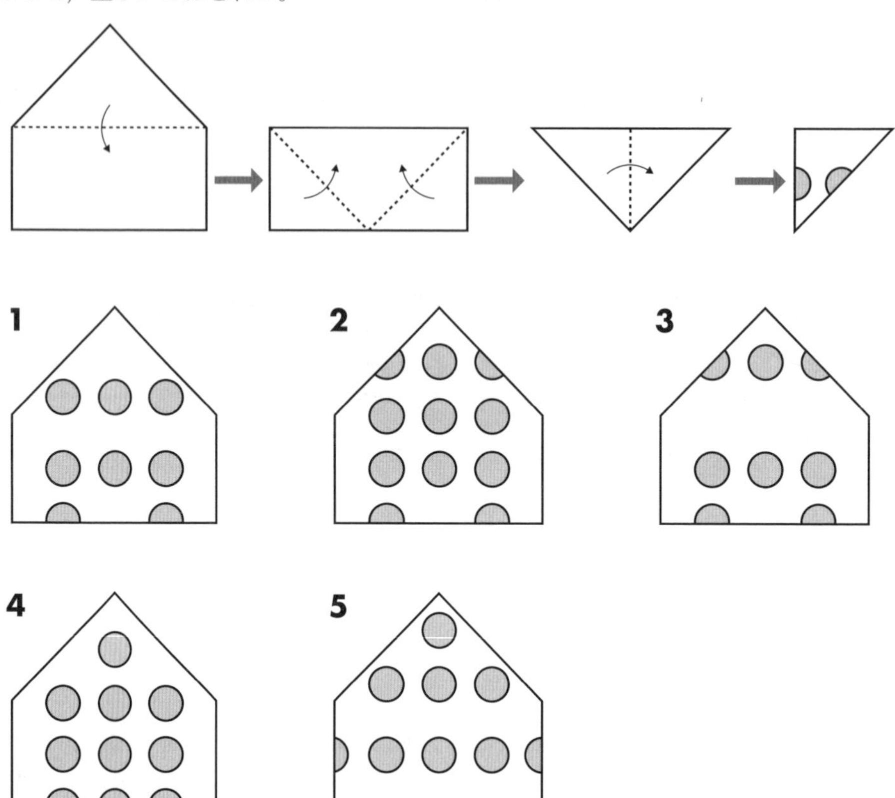


### 解説

最後に折った状態から逆順に展開してみればよい。その際に，切り取った部分は折り目の線を軸として対称（＝線対称）となることに注意する。展開すると図のようになり，正答は**3**である。

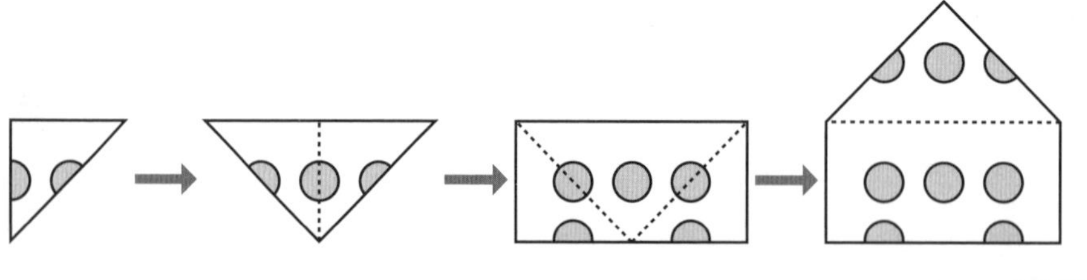

正答 3

# No. 277 判断推理 軌　跡 平成23年度

図の正三角形が直線$l$上を滑らずに1回転するとき，正三角形の内部にある点Pが描く軌跡として，正しいのはどれか。

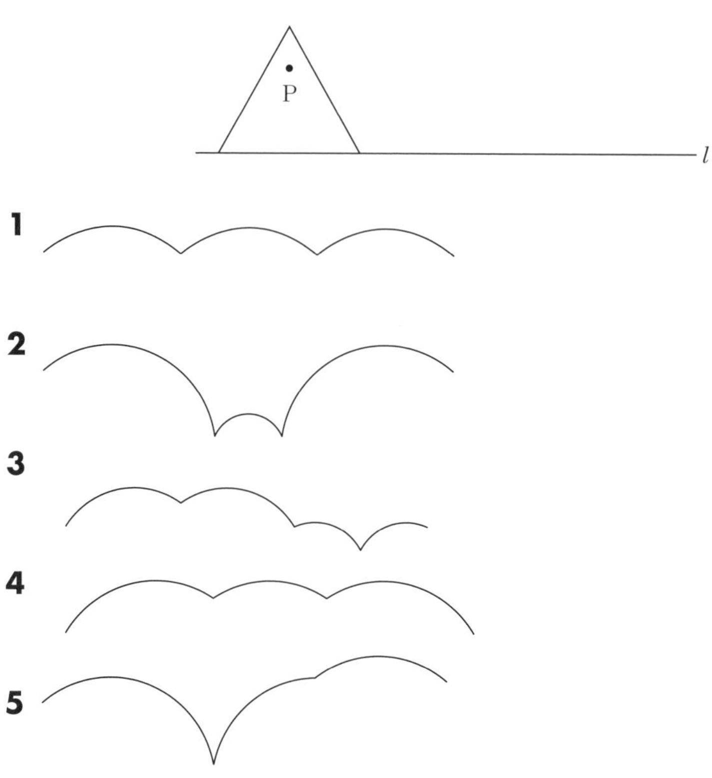


## 解説

多角形が滑らずに回転するときの軌跡となる弧を考える場合，ポイントとなるのは，①回転の中心，②回転の半径，③回転の角度，の3点である。

①回転の中心は，多角形の各頂点が1つずつ順番に該当していく。また，正三角形が回転するとき，③回転の角度は，正三角形の外角である120°で一定である。②回転の半径については，ここでは回転の中心となる各頂点から点Pまでの距離を考えればよい。

三角形の場合，頂点は3個なので，回転の中心も同様であり，したがって，1回転する間に軌跡となる弧は3通りしかなく，**3**のように4通りの弧ができることはない。

そして，問題図では2番目の頂点が回転中心となるとき，回転半径は最も短くなるので，その弧は最も下部（直線$l$に最も近い）になる。また，点Pと最初の回転中心となる頂点，3番目に回転中心となる頂点との距離は等しいので，1番目の弧と3番目の弧は等しい高さとなる。

以上から考えると，点Pの軌跡は図のようになり，正答は**2**である。

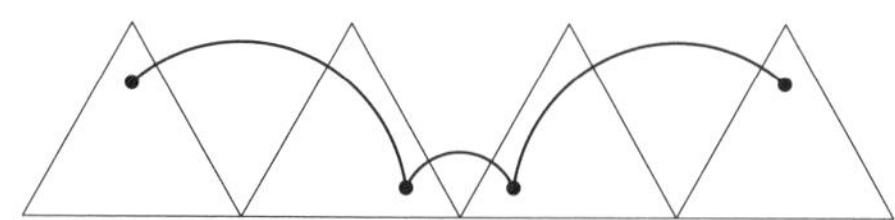

**正答　2**

高卒警察官

No. 278 9月実施 判断推理 軌跡 平成22年度

次の図のような円Oが直線$l$上を滑ることなく１回転するとき，円Oの内部にある点Pが描く軌跡として正しいのはどれか。

**1**

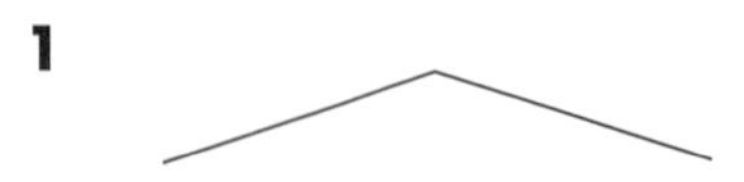

**2**

**3**

**4**

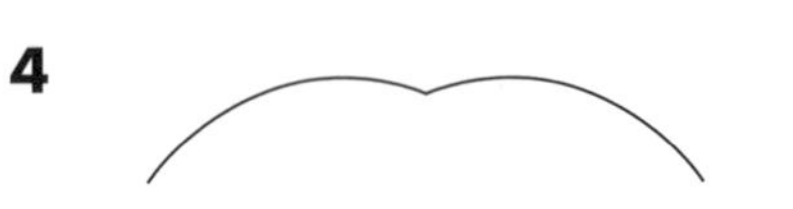

**5**

**解説**

点Pを通る半径をOQとして，円Oが１回転するときにこの半径OQがどのように動くかを考えるとわかりやすい。半径OQが回転していくと，それに従って点Pも移動していく（図Ⅰ）。これをもう少し細かく検討してみると，たとえば45°ずつ回転させた状態を考えれば図Ⅱのようになる。

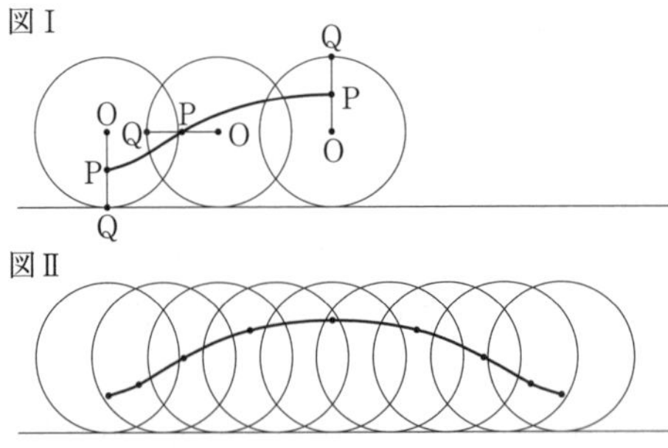


この図Ⅱから，正答は**2**と判断できる。

正答 **2**

高卒警察官

No. 279 9月実施

# 判断推理　軌　跡　平成28年度



１辺の長さが３の正方形Ａが，１辺の長さ４の正方形Ｂに図のように接している。正方形Ａが正方形Ｂの周囲を矢印の方向に滑ることなく回転するとき，正方形Ａの辺上の点Ｐが描く軌跡として，正しいのはどれか。

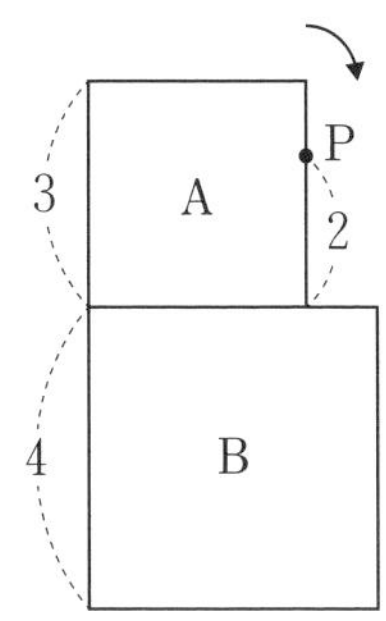

点Ｐの軌跡は，図のように８種類の弧で形成されることになる。この図に合致する図は**4**であり，正答は**4**となる。

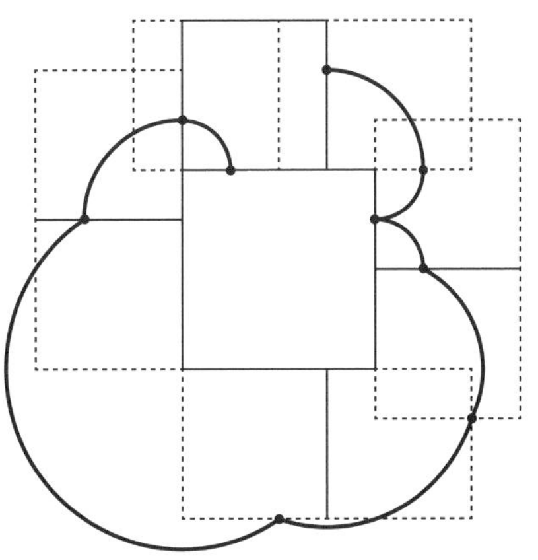

正答　4

図のように，直線上に横の長さ $a$ の平行四辺形と，1辺の長さ $2a$ の正三角形がある。今，平行四辺形が矢印方向に平行移動していく。このとき，平行四辺形と正三角形が重なる部分の図形として，平行四辺形，正三角形のほかに2種類あるがその組合せとして，正しいのはどれか。

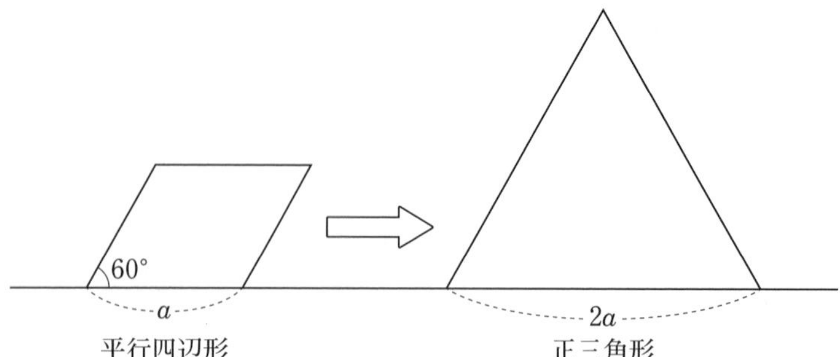

平行四辺形　　正三角形

ア：二等辺三角形　　イ：台形　　ウ：五角形　　エ：六角形

**1**　ア，イ
**2**　ア，ウ
**3**　イ，ウ
**4**　イ，エ
**5**　ウ，エ

平行四辺形の左下および右上の角は60°なので，重なり始めは平行四辺形であり（**図Ⅰ**），右上の頂点が正三角形の右側の辺に達するまで続く（**図Ⅱ**）。平行四辺形が正三角形の右側へ出始めると重なり合う部分の図形は五角形となり（**図Ⅲ**），その後に台形となる（**図Ⅳ**）。最後は**図Ⅴ**のように正三角形となり，図形の重なりは終了する。このように，重なる部分が二等辺三角形，六角形となることはなく，ア～エの中では，イの台形とウの五角形の2種類である。

よって，正答は**3**である。

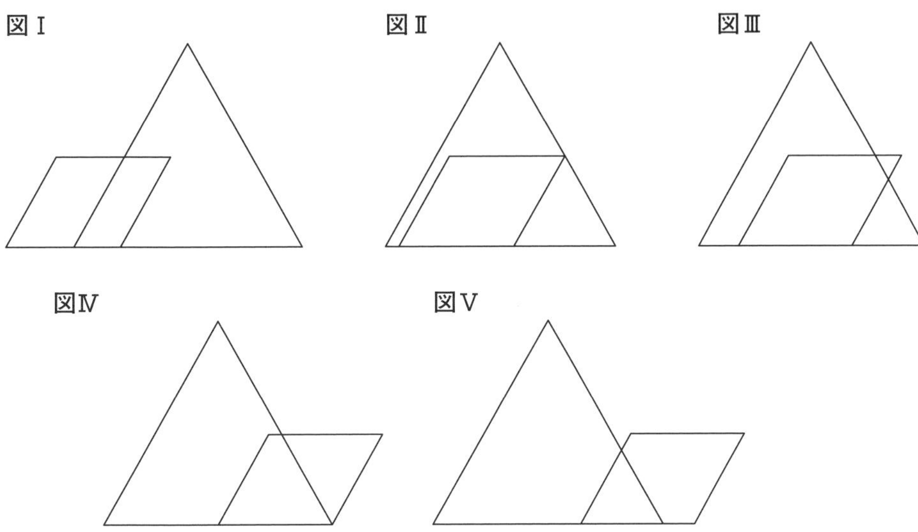


**正答　3**

1辺の長さ2の正方形の内部に，1辺の長さ1の正方形が図のように配置されている。1辺の長さ1の正方形が図の矢印の方向に回転して1周するとき，正方形の頂点A，Bが描く軌跡の長さの比として，正しいのはどれか。

**1** A：B＝1：1
**2** A：B＝1：$\sqrt{2}$
**3** A：B＝$\sqrt{2}$：1
**4** A：B＝2：$\sqrt{2}$
**5** A：B＝$\sqrt{2}$：2

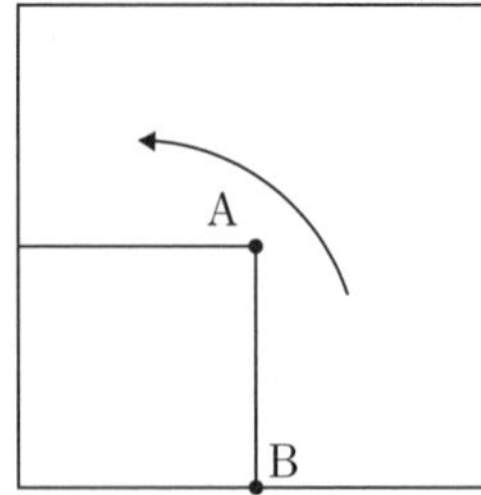


**解 説**

頂点Aの軌跡は図Ⅰ，頂点Bの軌跡は図Ⅱのようになる。図Ⅰにおける頂点Aの軌跡は，半径1，中心角90°の弧が4本なので，$1\times2\times\pi\times\frac{1}{4}\times4=2\pi$である。図Ⅱにおける頂点Bの軌跡は，半径$\sqrt{2}$，中心角90°の弧が2本なので，$\sqrt{2}\times2\times\pi\times\frac{1}{4}\times2=\sqrt{2}\pi$である。

したがって，その比は，

$$A:B=2\pi:\sqrt{2}\pi=2:\sqrt{2}$$

であり，正答は**4**である。

図Ⅰ

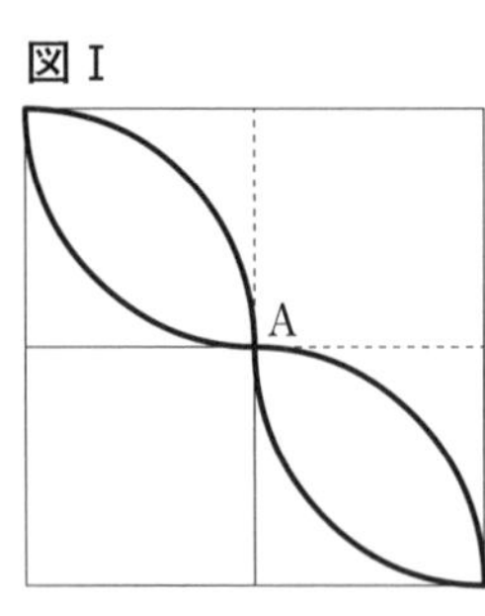


図Ⅱ

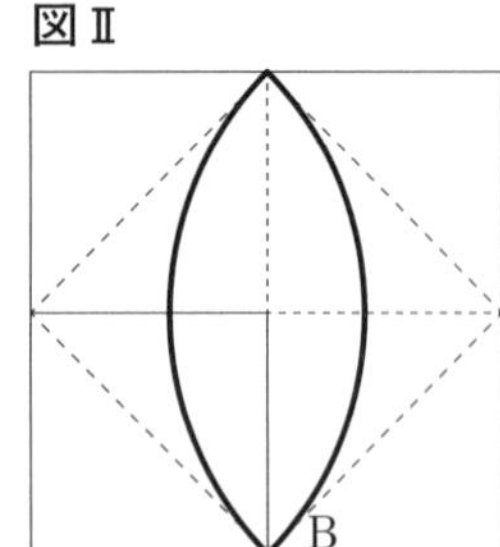


**正答 4**

高卒警察官

No. 282　9月実施

## 判断推理　立体構成　平成19年度

下の図Ⅰは，立方体を10個組み合わせて作った立体である。この立体を２組用意し，図Ⅱのように面どうしが接するように配置した。このとき，他の立方体と３面で接している立方体の個数として正しいものは，次のうちどれか。

図Ⅰ

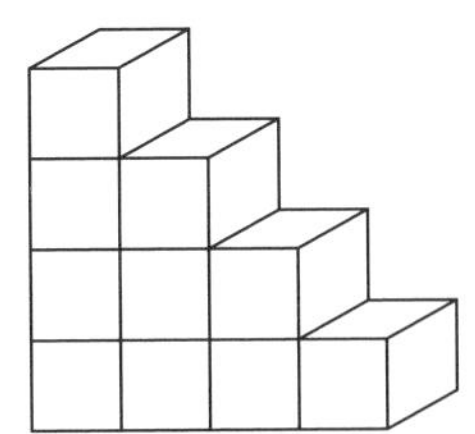

図Ⅱ

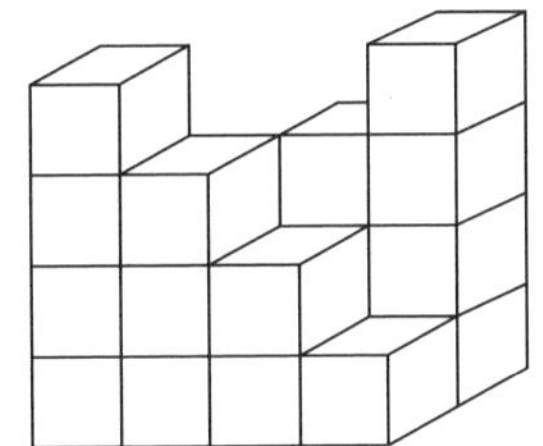

**1**　2個
**2**　4個
**3**　6個
**4**　8個
**5**　10個

### 解説

立方体を10個組み合わせて作った立体について，それぞれの立方体が他の立方体と何面で接しているかを考えてみる（図Ⅰ）。これを２組が面同士で接するように配置すると，図Ⅱの灰色部分の立方体は新たに面で接する立方体が増えるので，１面ずつ接する面が増えることになる。この立体で他の立方体と３面で接しているのは４個あるが，２組とも同様の位置関係なので，３面で他の立方体と接している立方体の個数は，全部で８個(＝４×２)あることになる。

図Ⅰ

| | | | |
|---|---|---|---|
| 1 | | | |
| 3 | 2 | | |
| 3 | 4 | 2 | |
| 2 | 3 | 3 | 1 |

図Ⅱ

| | | | |
|---|---|---|---|
| 1 | | | |
| 3 | 2 | | |
| 3 | 5 | 3 | |
| 3 | 4 | 4 | 2 |

よって，正答は**4**である。

**正答　4**

## 判断推理　平面構成　平成28年度

図１の２種類の図形ア，イは，いずれも正三角形４枚を組み合わせた図形である。図形ア，イをそれぞれ何枚かずつ使い，それらを裏返すことなく隙間なく敷き詰めて，図２のような正三角形とした。このとき，X，Y，Zの部分に当たる図形の組合せとして，正しいのはどれか。

| | X | Y | Z |
|---|---|---|---|
| **1** | ア | ア | イ |
| **2** | ア | イ | ア |
| **3** | ア | イ | イ |
| **4** | イ | ア | ア |
| **5** | イ | ア | イ |

図１

ア

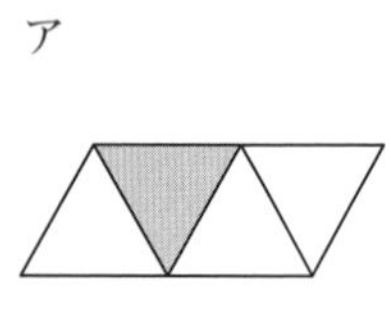

イ

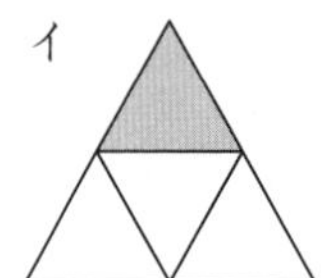

図２

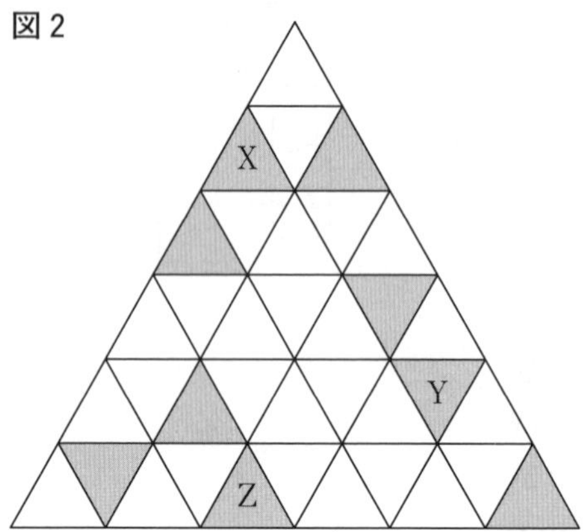


**解説**

まず，最上端が図形イとなることはないので，図形アであるが，最上端から右下方向には図形アとすることができないので，Xの部分は図形アである。そうすると，その右隣は図形イとなり，また，Xを含む部分の左斜め下は図形イ，さらに，右下端も図形イでなければならない（図Ⅰ）。次に左下端を考えると，ここは図形アとなるので，その上の部分も図形アである。その結果，Zの部分は図形イとなる（図Ⅱ）。Yの部分については，その左上が図形イでなければならないので，Yの部分は図形アとなる（図Ⅲ）。以上から，正答は**1**である。

図Ⅰ

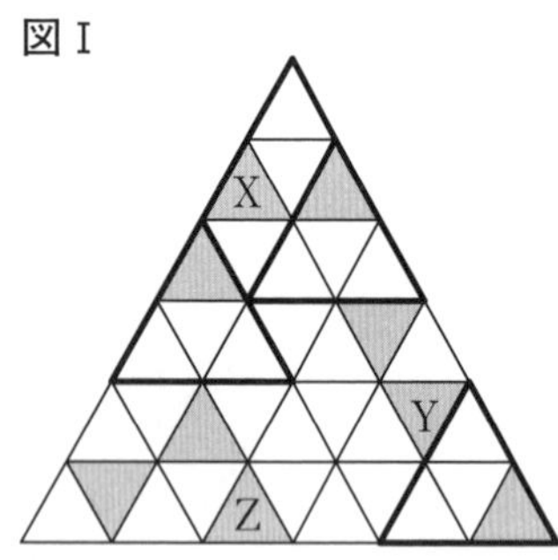


図Ⅱ

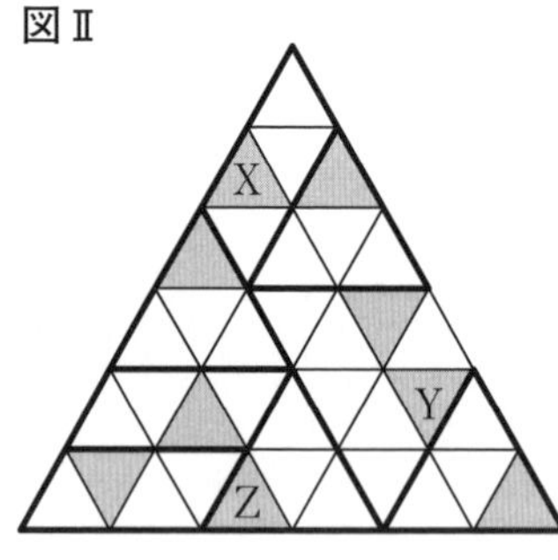


図Ⅲ

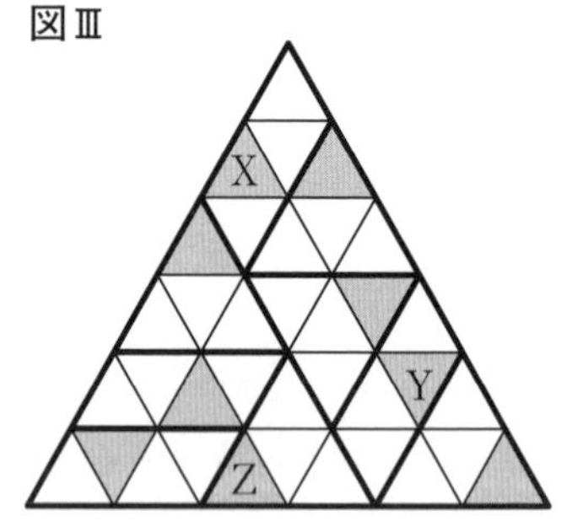


正答　**1**

高卒警察官

No. 284　9月実施

## 判断推理　切り離した立方体の側面　平成14年度

10個の立方体が図のように接着されている。すべての面に色を塗った後，切り離すと，３面のみが塗られた立方体はいくつあるか。

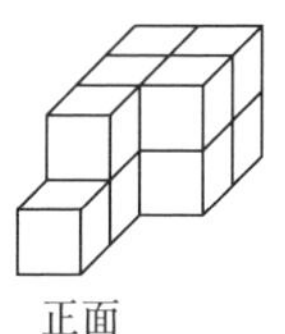
正面

反対側

**1**　３個
**2**　４個
**3**　５個
**4**　６個
**5**　７個

下の段の５個と上の段の５個を分けて考える。

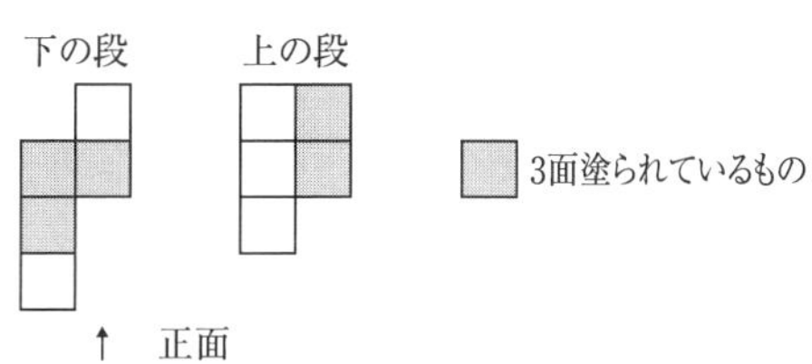


下の段の立方体では下の面が塗られていることと，上に立方体が乗っているか，上の段の立方体では上の面が塗られていることと，下に立方体があるか一つ一つ見ていくと，全部で５個あることがわかる。

よって，**3**が正しい。

**正答　3**

## No. 285 判断推理 展開図の組立て 平成13年度

下の展開図を組み立てた場合について，正しく述べているのは次のうちどれか。

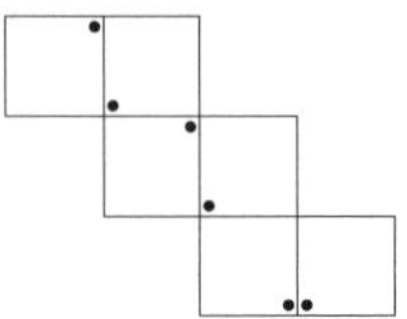

**1**　3つの点が集まる頂点が1か所ある。
**2**　2つの点が集まる頂点が1か所ある。
**3**　3つの点が集まる頂点が2か所ある。
**4**　2つの点が集まる頂点が2か所ある。
**5**　2つの点が集まる頂点が3か所ある。



### 解説

下の図Ⅰにおいて，A，B，Cの部分は3つの面が集まる頂点で，これ以外の面が集まることはないので，この3点については他の点と1か所に集まることはない。そこで，残りの3点が1か所に集まるかどうかであるが，図Ⅱのように左上の1面と右下の2面を回転移動させてみると，3つの点が1か所に集まることはなく，「2つの点が集まる頂点が1か所ある」という**2**が正答であることがわかる。

図Ⅰ

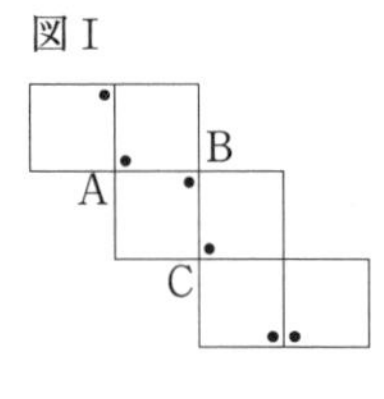


図Ⅱ

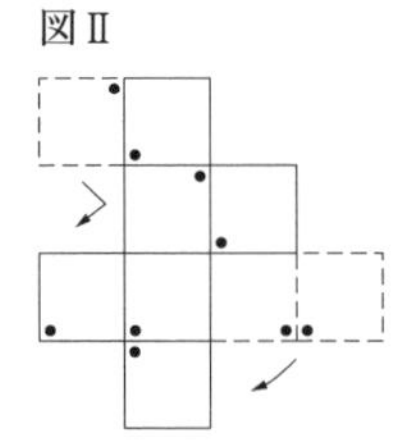

**正答　2**

次の立体の展開図として，正しいのはどれか。

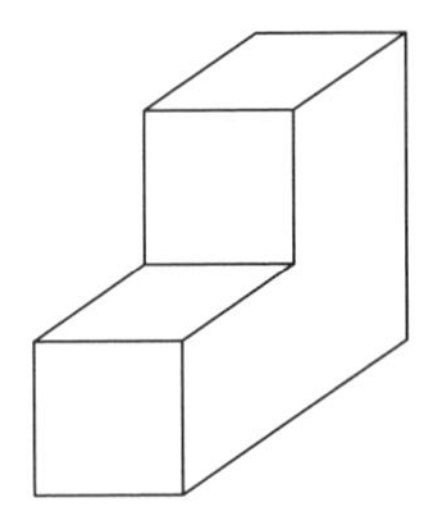

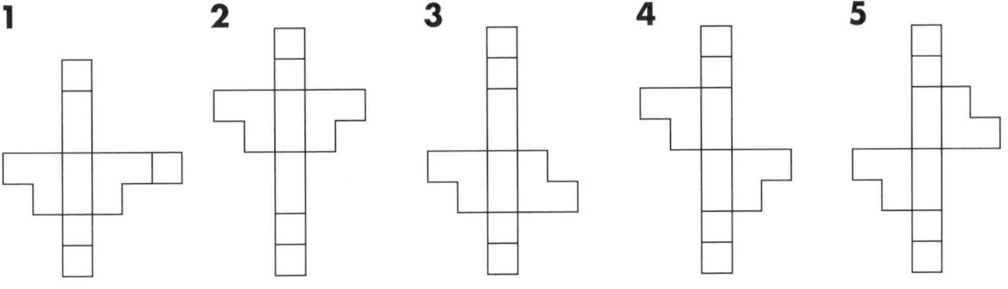


**解説**

**1**については，図で示した灰色部分の面が重なってしまい，最終的に1面が不足することになってしまう。**2**～**4**については，灰色部分の面が図に示すような配置となっていなければならない。**5**に関してはいずれの面も誤りはなく，問題図の立体とすることが可能である。したがって，正答は**5**である。

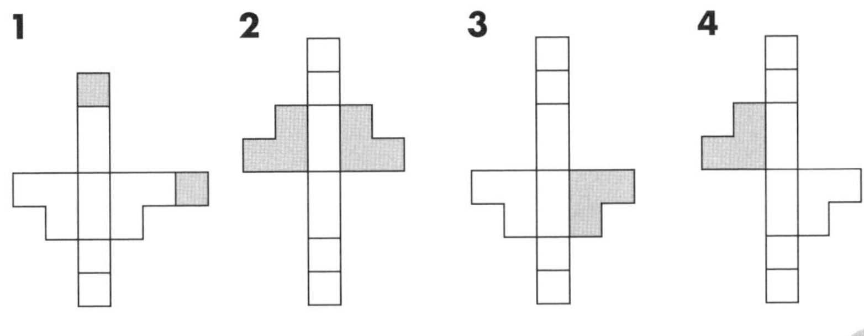


**正答　5**

高卒警察官

# No. 287 警視庁 判断推理 正八面体の展開図 平成22年度

次のア～エの正八面体の展開図のうち，組み立てたときに同じ模様となるものの組み合わせはどれか。

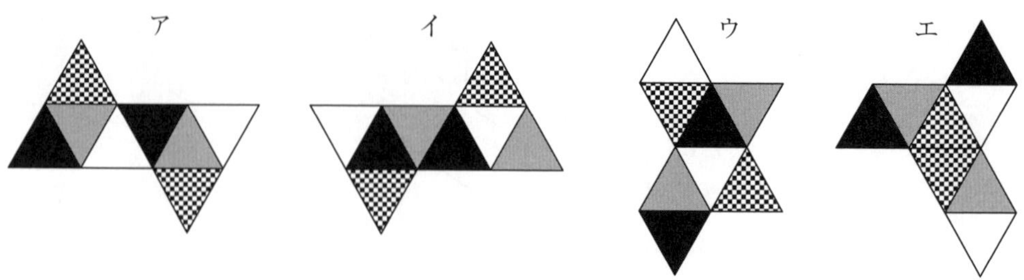


**1** アとイ
**2** アとウ
**3** イとウ
**4** イとエ
**5** ウとエ

## 解説

正八面体の展開図では，1列に並んだ面で間に2面置いた面どうしが平行面（向かい合う面）となる。次図において，同じ文字が記された面が互いに平行面である。そうすると，ア，ウの展開図は同じ模様の面どうしがすべて平行面となっており，この両者は組み立てたときに同じ模様となる。これに対し，イの展開図では黒い面どうし，白い面どうしが平行面となっていない（灰色の面どうしと網目の面どうしはそれぞれ平行面）。また，エの展開図は網目の2面が隣どうしになっている。したがって，組み立てたときに同じ模様となるものはアとウだけであり，正答は**2**である。

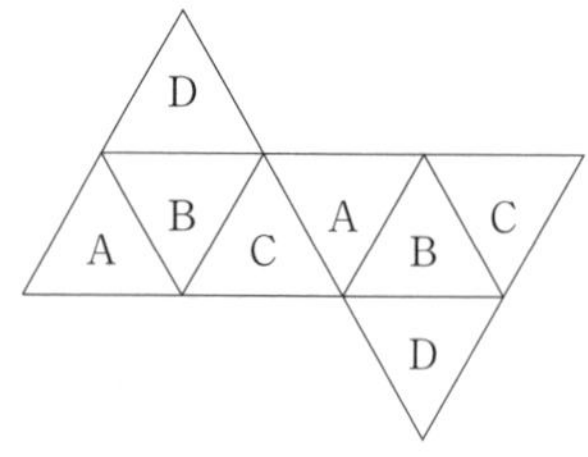


正答 **2**

高卒警察官

No. 288　9月実施

## 判断推理　立体図形　令和3年度

図のような，直方体ABCD－EFGHがあり，AB＝6，AE＝7である。この直方体ABCD－EFGHを面BDHFで切断したところ，長方形ABFE：長方形BDHF＝3：5（面積比）となった。このとき，元の直方体ABCD－EFGHの体積として，正しいのはどれか。

**1**　168
**2**　252
**3**　288
**4**　336
**5**　420

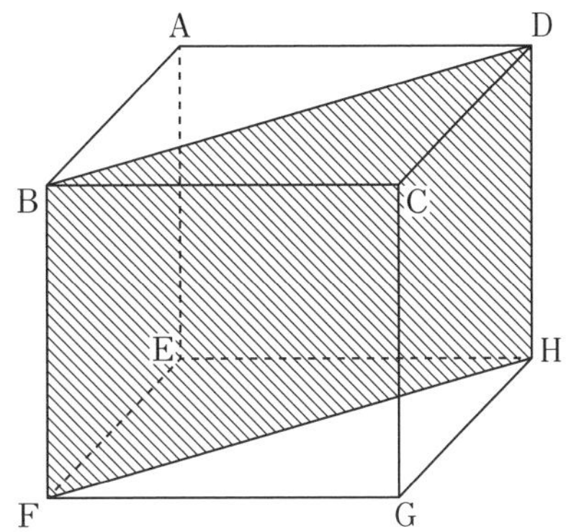


**解説**

長方形ABFEと長方形BDHFは，辺BF（＝AE＝7）が共通なので，その面積比はAB：BDに一致する。つまり，AB：BD＝3：5＝6：10である。ここで，△ABDを考えると，∠BAD＝90°，AB＝6，BD＝10であるから，三平方の定理により，AD＝8である（△ABDは3：4：5型の直角三角形）。これにより，直方体ABCD－EFGHの体積は，AB×AD×AE＝6×8×7＝336であり，正答は**4**である。

**正答　4**

## 判断推理　展開図　平成20年度



次の展開図を組み立てて立体としたとき，Aの面と同一の平面上にある面は，ア～オのうちどれか。

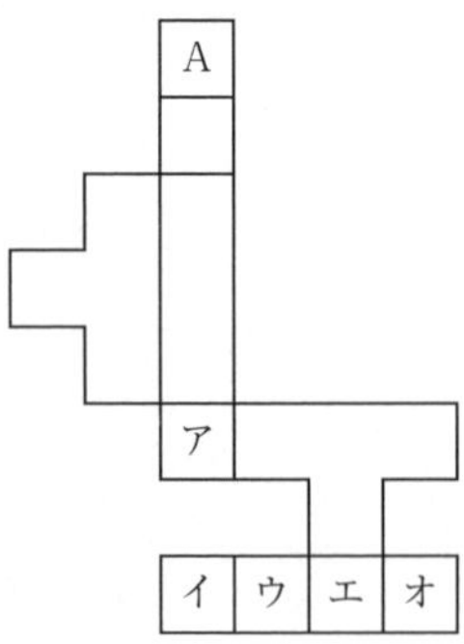


**1**　ア
**2**　イ
**3**　ウ
**4**　エ
**5**　オ

問題の展開図を組み立てると次の図のような立体になる。この立体において，Aの面と同一の平面上にあるのはイの面であり，正答は**2**である。

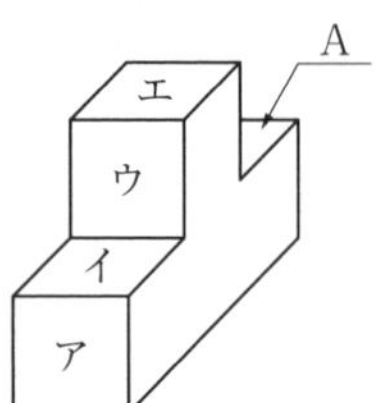


正答　**2**

高卒警察官

No. 290 9月実施

# 判断推理　重なったサイコロの目の数　平成15年度

相対する面の目の和が7になっているようなサイコロを4つ用意し，接する面の目が等しくなるようにして，図のように並べてみた。このとき，Aの面の目は何か。ただし，4つのサイコロの目の付き方はみな同じであるものとする。

**1** 2
**2** 3
**3** 4
**4** 5
**5** 6

## 解説

5面図を書いてみるとよい。相対する面の和が7，接する面の目が等しいという条件があるので，どんどん埋めていくことができる。

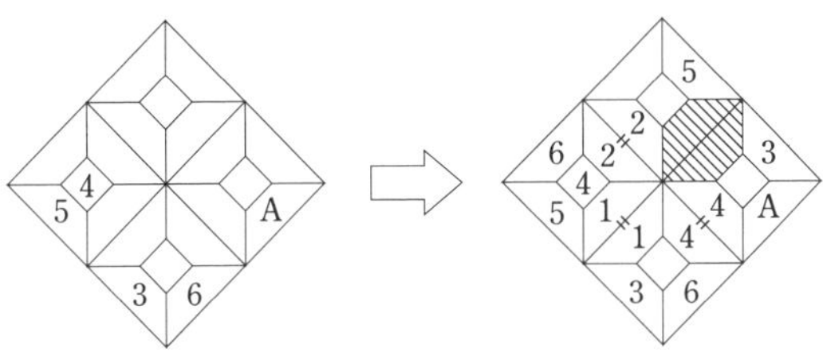


図中の斜線部分には，奥のサイコロはすでに2と5が使われ，右のサイコロにはすでに3と4が使われていることから，1か6が入る。1の場合A=6，6の場合A=1なので，選択枝より，A=6しかありえない。

よって，**5**が正しい。

正答　**5**

数学　物理　化学　生物　地学　文章理解　判断推理　数的推理　資料解釈

## 高卒警察官 10月実施 No. 291 判断推理 積み重ねられた立方体の数 平成13年度

下の図のように合同な立方体が積まれているとき，考えられる立方体の最大数と最小数の差は何個になるか。

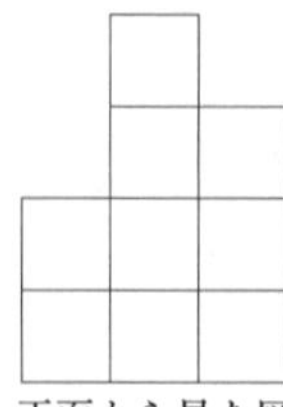
正面から見た図

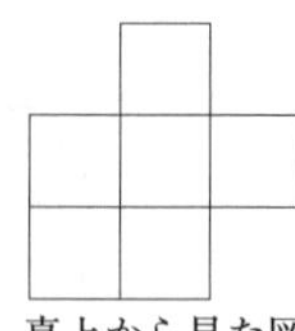
真上から見た図

**1**　3個
**2**　4個
**3**　5個
**4**　6個
**5**　7個

### 解説

真上から見た図で考えると下のようになる。それぞれの数字は重ねられた立方体の個数を表している。最小数の場合，左側にある2個，中央の列の4個は手前でなくてもよい（1個の場所と入れ換えてもよい）が，いずれにしても最大数は19個，最小数は12個となり，その差は7個である。

よって，**5**が正しい。

最大数

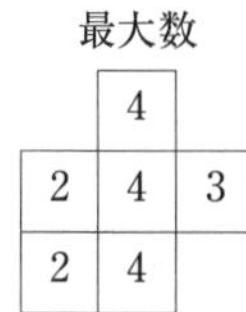

|  | 4 |  |
|---|---|---|
| 2 | 4 | 3 |
| 2 | 4 |  |

最小数

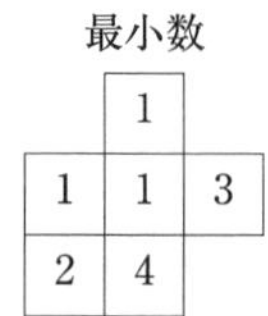

|  | 1 |  |
|---|---|---|
| 1 | 1 | 3 |
| 2 | 4 |  |

**正答　5**

高卒警察官

No. 292　9月実施

## 数的推理　覆面算　令和2年度

$A$～$F$は1～9のそれぞれ異なる自然数である。この$A$～$F$について，

$A \times A = B$，$C + D = A$，$A \times E = D \times F$

という関係が成り立つとき，$E + F$の値として正しいのはどれか。

**1**　8
**2**　9
**3**　10
**4**　11
**5**　12

解説

$C$，$D$は異なる自然数なので，$A \geqq 3$である。しかし，$A = 4$だと，$4 \times 4 = B = 16$となってしまうので，$A = 3$，$B = 9$と決まる。$A \times E = D \times F$より，$D$，$E$，$F$について，5，7はありえない（ほかに共通因数を持つ数がない）ので，$A \times E = D \times F$を満たすのは，$E = 4$，$D = 2$（したがって，$C = 1$），$F = 6$である。ここから，$E + F = 4 + 6 = 10$となり，正答は**3**である。

正答　3

高卒警察官

9月実施

## No. 293 数的推理 素因数分解 平成23年度

2つの自然数$a$，$b$がある。$a$は奇数，$b$は3で割ると2余る数であり，また，$a \times b = 180$である。このとき，$a+b$の値として，正しいのはどれか。

**1** 21
**2** 29
**3** 33
**4** 37
**5** 45

### 解説

180を素因数分解すると，$180 = 2^2 \times 3^2 \times 5$である。180は2という素因数を2個持っているが，$a$は奇数なので素因数2は持たない。したがって，$b$が素因数2を2個持っていることになり，$b$は4の倍数である。$b=4$だと，「3で割ると2余る」数ではないが，$b$が素因数3を持っていると，$b$は3の倍数ということになって，「3で割ると2余る」という条件を満たせない。

したがって，$b$は$2^2 \times 5 = 20$以外にありえない。このことから，$a$は$3^2 = 9$と決まり，$a+b = 9+20 = 29$より，正答は**2**である。

正答 **2**

No. 294 9月実施

## 数的推理　整　数　令和3年度

3種類の菓子があり，それぞれ1個40円，60円，80円である。この3種類の菓子をそれぞれ1個以上，全部で13個買ったところ，金額は720円となった。80円の菓子を60円の菓子より多く買った場合，40円の菓子を買った個数として，正しいのはどれか。

**1**　4個
**2**　5個
**3**　6個
**4**　7個
**5**　8個

### 解説

60円の菓子を買った個数から考えてみるのがよい。60円の菓子を6個買ったとすると，80円の菓子を少なくとも7個買うので，この2種類で13個となってしまい，条件に合わない。60円の菓子を5個買ったとすると，80円の菓子を少なくとも6個買うが，この2種類で780円となってしまう。60円の菓子が4個だと，80円の菓子は少なくとも5個だが，80×5＋60×4＝640なので，40円の菓子は2個（計11個）しか買えない。60円の菓子が3個の場合，80×4＋60×3＋40×6＝740となり，720円にならない。60円の菓子が2個のとき，80円の菓子を4個，40円の菓子を7個買えば，80×4＋60×2＋40×7＝720となり，条件を満たす。

したがって，40円の菓子は7個買ったことになり，正答は**4**である。

**正答　4**

高卒警察官

No. 295 警視庁

# 数的推理　記数法　平成21年度

2進法で111で表せる数と，4進法で110で表せる数の和を5進法で表すと，どのように表せるか。

**1**　100
**2**　102
**3**　103
**4**　110
**5**　112

## 解説

2進法の111を10進法で表わすと，$111_{(2)}=1\times2^2+1\times2^1+1\times2^0=4+2+1=7$ である。また，4進法の110を10進法で表わすと，$110_{(4)}=1\times4^2+1\times4^1+0\times4^0=16+4+0=20$ である。$7+20=27$ だから，この27を5進法に直せばよい。選択枝から，$100_{(5)}=1\times5^2=25$だから，27はこれより2だけ大きい数であり，5進法で表わすと102となる。

したがって，正答は**2**である。

**注**：$a^0=1$ である（ただし，$a\neq0$）。

正答　**2**

高卒警察官

No. 296　9月実施

## 数的推理　生徒数・男女数の比と実数　平成30年度

A高校とB高校の生徒数の比は，A：B＝3：2であり，A高校の男子生徒数と女子生徒数との比は，男子：女子＝2：1である。B高校の男子生徒数はA高校の男子生徒数より136人少なく，B高校の女子生徒数はA高校の女子生徒数より20人多い。このとき，B高校の男子生徒数として，正しいのはどれか。

**1**　88人
**2**　90人
**3**　92人
**4**　94人
**5**　96人

### 解説

A高校の生徒数を $3m$ 人，B高校の生徒数を $2m$ 人とすると，A高校の男子生徒数は $2m$ 人，A高校の女子生徒数は $m$ 人である。B高校の男子生徒数は（$2m-136$）人，B高校の女子生徒数は（$m+20$）人となるので，

$$(2m-136)+(m+20)=2m$$
$$3m-116=2m$$
$$m=116$$

となる。

したがって，B高校の男子生徒数は，$116\times2-136=96$より，96人であり，正答は**5**である。

**正答　5**

数学　物理　化学　生物　地学　文章理解　判断推理　数的推理　資料解釈

高卒警察官 No.297 9月実施

## 数的推理　ある規則に基づく数字の表記　平成15年度

ある規則に従って，1，2，3，4，10，12を表すと次のようになる。この規則のもとで，25はどのように表されるか。

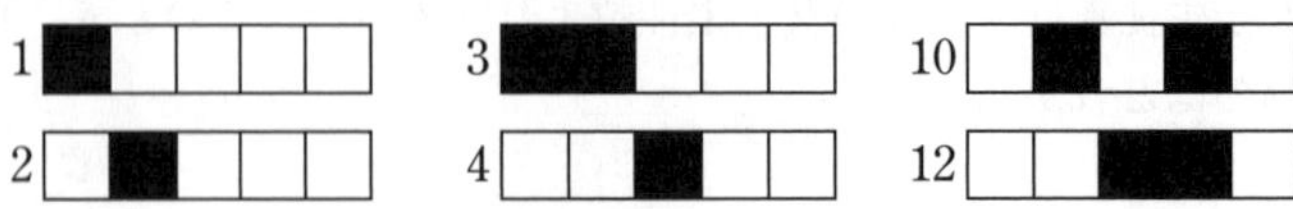

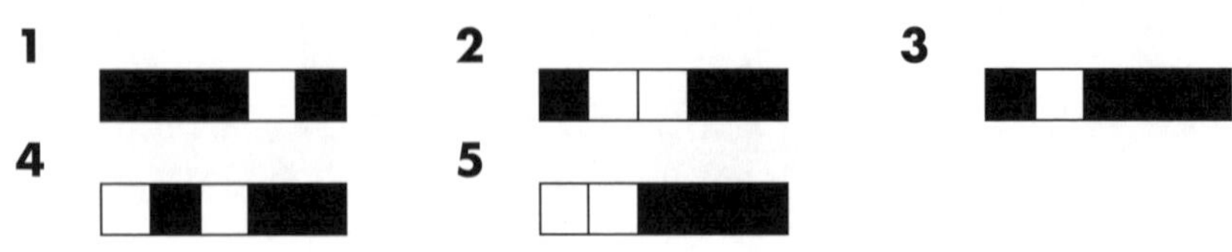

解説

2 進法の表記を 0＝□，1＝■で表した規則である。ただし，位取りは左右反転している。

| 1 | 2 | 4 | 8 | 16 |
|---|---|---|---|---|

25＝16＋8＋1 なので，■□□■■となる。

よって，**2**が正しい。

25を 2 進法で表すと，

```
2)25
2)12 …1
2) 6 …0
2) 3 …0
   1 …1
```

25＝11001(2)

となるので，左右反転させて

10011＝■□□■■

となることからも確認できる。

正答　**2**

# 数的推理　数量関係　平成20年度

ある映画館の入場料は，大人1,000円，子供500円である。ある映画の初日の入場者は大人と子供が同数で空席が10席あり，入場料合計は90,000円であった。２日目は空席がなく，入場料合計は110,000円となった。２日目の入場者について，その大人と子供の人数の差として正しいものは，次のうちどれか。

**1**　30人
**2**　35人
**3**　40人
**4**　45人
**5**　50人

## 解説

初日は大人と子供が同数なので，大人１人と子供１人で１組とすると，90000÷(1000＋500)＝60 より，大人60人，子供60人が入場している。２日目は入場者が10人増えたことになるが，これが全部大人だとすると大人70人，子供60人で入場料合計は10,000円しか増えず，100,000円にしかならない。大人が１人増えて子供が１人減ると入場料収入は500円増えるので，さらに10,000円増えるためには，10000÷500＝20 より，大人が20人増えて子供が20人減ればよい。そうすると，大人は90人，子供は40人で，その差は50人である(1000×90＋500×40＝90000＋20000＝110000)。

よって，正答は**5**である。

正答　**5**

# 数的推理　整数関係　平成30年度

ある自然数$x$について，次のア～ウのことがわかっている。

ア．200より大きく，300より小さい。

イ．7の倍数である。

ウ．17で割ると，商と余りが一致する。

このとき，自然数$x$における各ケタの数の和として，正しいのはどれか。

**1**　8
**2**　9
**3**　10
**4**　11
**5**　12

## 解説

自然数$x$を17で割ると，その商と余りが一致するので，商と余りを$p$とすると，$x\div 17=p\cdots p$，となり，ここから，$x=17p+p=18p$である。そして，$x$は7の倍数であるが，18は7の倍数ではないので，$p$が7の倍数である。ここから，

$x=18\times 7\times 1=126$
$x=18\times 7\times 2=252$
$x=18\times 7\times 3=378$
$x=18\times 7\times 4=504$
⋮
⋮
⋮

となるが，アの200より大きく300より小さいという条件を満たすのは252だけである。

したがって，各ケタの数の和は，$2+5+2=9$となり，正答は**2**である。

正答　**2**

高卒警察官

No. 300　9月実施

## 数的推理　自然数　令和4年度

2つの自然数$a$，$b$がある。$a$と$b$の積は700で，$a$，$b$ともに10でも35でも割り切れない。このとき，$a$，$b$の和として正しいのはどれか。

**1**　50
**2**　53
**3**　56
**4**　59
**5**　62

### 解説

700を素因数分解すると，$700=2^2\times5^2\times7$である。$a$，$b$はどちらも10で割り切れないので，2と5という素因数を同時に持つことはない。また，$a$，$b$はどちらも35で割り切れないので，5と7という素因数を同時に持つこともない。したがって，$a$，$b$の一方は，$2^2\times7=28$，他方は，$5^2=25$となる。したがって，$a$，$b$の和は，$28+25=53$となる。

よって，正答は**2**である。

正答　**2**

高卒警察官

9月実施

No. 301 数的推理 年齢算 平成20年度

4人の兄弟がいて，その中の1人を基準としたとき，他の3人との年齢差はそれぞれ，2歳，9歳，13歳である。また，別の1人を基準とした他の3人との年齢差はそれぞれ，2歳，7歳，11歳である。このとき，次男と三男との年齢差として正しいものは，次のうちどれか。

**1**　4歳
**2**　5歳
**3**　6歳
**4**　7歳
**5**　8歳

**解説**

9歳と13歳の差，7歳と11歳の差はいずれも4歳である。また，9歳と7歳の差，13歳と11歳の差はいずれも2歳である。ここから，次の図のように取ってみると，最も左側を長男とすれば，長男と次男とは2歳，次男と三男とは7歳，三男と四男との差は4歳となり，長男と次男，三男，四男との年齢差はそれぞれ2歳，9歳，13歳，次男と長男，三男，四男との年齢差はそれぞれ2歳，7歳，11歳で条件を満たす。また，最も右側を長男とした場合は，長男と次男とは4歳，次男と三男とは7歳，三男と四男との差は2歳で，四男と三男，次男，長男との差がそれぞれ2歳，9歳，13歳，三男と四男，次男，長男との差がそれぞれ，2歳，7歳，11歳となる。どちらにしても，次男と三男との年齢差は7歳であり，正答は**4**である。

正答　**4**

警視庁

No. 302 数的推理 時計算 平成20年度

時計の針が３時00分を指していて，ちょうど長針と短針のなす角度が90度となっている。次に長針と短針のなす角度が90度になるのは何分後か。

**1**　$32\frac{5}{11}$分後

**2**　$32\frac{6}{11}$分後

**3**　$32\frac{7}{11}$分後

**4**　$32\frac{8}{11}$分後

**5**　$32\frac{9}{11}$分後

## 解説

時計の針が３時00分を指していて，ちょうど長針と短針のなす角度が90°のとき，ここから長針と短針のなす角度は徐々に小さくなっていき，１回重なって（長針と短針のなす角度が０°になる）から再び開いていく。つまり，長針と短針のなす角度は90°→０°→90°となるまでの時間を考えればよいのだから，合計180°分の変化を考えることになる。時計の長針は１時間に360°回転するから１分間に６°回転する。短針は１回転するのに長針の12倍の時間（12時間）を要するので，１分間当たりの回転角度は長針の$\frac{1}{12}$で0.5°である。したがって，両者の間の角度は１分間に６°と0.5°の差である5.5°だけ変化する。毎分5.5°変化してこれが180°になればよいのだから，これにかかる時間は，$180\div5.5=\frac{180}{5.5}=\frac{360}{11}=32\frac{8}{11}$で，正答は**4**である。

正答　**4**

数学
物理
化学
生物
地学
文章理解
判断推理
数的推理
資料解釈

高卒警察官

No. 303 9月実施

## 数的推理 平均算 平成28年度

100人が受験して行われた試験で20人が合格した。不合格者の平均点は合格者の平均点より10点低く，全受験者の平均点は56点であった。このとき，合格者の平均点として，正しいのはどれか。

**1** 60点
**2** 62点
**3** 64点
**4** 66点
**5** 68点

### 解説

合格者の平均点を $x$ とすると，不合格者の平均点は $(x-10)$ である。ここから，$20x+80(x-10)=56\times100$，$100x-800=5600$，$100x=6400$，$x=64$ より，合格者の平均点は64点となる。したがって，正答は**3**である。

正答 **3**

10月実施

## No. 304 数的推理 施設の入館料金 平成29年度

ある施設の入館料金は１人800円であるが，30名以上の団体だと割引が適用され，１人600円になる。この場合，30名未満であっても30名分の入館料金を支払えば，割引が適用される。30名未満のある団体が入館するに当たり，30名での割引料金を支払ったほうが安いので，30名として入館しようとしたが，１名が都合で入館できなくなったため，人数分の入館料金を支払ったほうが安いことになった。当初，30名分の入館料金で入館しようとしたこの団体の人数として，正しいのはどれか。

**1** 22人
**2** 23人
**3** 24人
**4** 25人
**5** 26人

### 解説

当初の人数を $x$ とすると，$800(x-1)<600\times30<800x$，という不等式が成り立つ。ここから，$800x-800<18000<800x$，より，$800x-800<18000$，$800x<18800$，$x<23.5$，また，$18000<800x$，$22.5<x$，となり，$22.5<x<23.5$，であるが，$x$ は自然数なので，$x=23$，である。したがって，この団体の当初人数は23人であり，正答は**2**である。

正答 **2**

高卒警察官 10月実施

## No. 305 数的推理 3種類のスイカを買う方法 平成13年度

大・中・小3種類のスイカがあり，大は1個500円，中は1個300円，小は1個100円である。これらのスイカを1,000円でお釣りのないように買うとすると，その買い方は何通りあるか。ただし，必ずしも全種類買う必要はなく，同じ種類だけを買ってもよい。

**1** 6通り
**2** 7通り
**3** 8通り
**4** 9通り
**5** 10通り

### 解説

同じ種類のスイカだけを買ってもよいのだから，買い方は下の表のように全部で7通りある。

| 大 | 中 | 小 |
|---|---|---|
| 2 | 0 | 0 |
| 1 | 1 | 2 |
| 1 | 0 | 5 |
| 0 | 3 | 1 |
| 0 | 2 | 4 |
| 0 | 1 | 7 |
| 0 | 0 | 10 |

よって，**2**が正しい。

**正答 2**

9月実施

## No. 306 数的推理　約数・倍数　令和2年度

100までの自然数の中にある，２で割り切れるが５で割り切れない数の個数と，３で割り切れるが６で割り切れない数の個数の差として，正しいのはどれか。

**1**　20
**2**　21
**3**　22
**4**　23
**5**　24

### 解説

「２で割り切れる＝２の倍数」だから，100までの自然数の中で，２で割り切れる数は，100÷２＝50より，50個ある。このうち，５でも割り切れるのは10の倍数だから，100÷10＝10より，10個である。したがって，100までの自然数の中にある２で割り切れるが５で割り切れない数の個数は，50－10＝40より，40個である。一方，100までの自然数の中にある３で割り切れる数は，100÷３＝33…１より，33個である。この中で６の倍数でもあるのは，100÷６＝16…４より，16個なので，100までの自然数の中にある３で割り切れるが６で割り切れない数の個数は，33－16＝17より，17個である。

以上から，その差は，40－17＝23より，23個であり，正答は**4**である。

正答　4

高卒警察官

9月実施

No. 307 数的推理　旅人算　令和 2年度

Aの家とBの家は１本道で通じており，４km 離れている。今，Aが時速６km の速さでBの家に向かって出発し，それから10分後に，Bが時速４km の速さでAの家に向かって出発した。２人が出会うのは，Aが出発してから何分後か。

**1**　24分後
**2**　25分後
**3**　26分後
**4**　27分後
**5**　28分後

解説

Aが時速６km で10分進むと，その距離は，$6\times\frac{10}{60}=1$ より，１km である。残りの３km を，Aが時速６km，Bが時速４km で向かい合って進むので，出会うまでにかかる時間は，

$$3\div(6+4)=\frac{3}{10}$$

$$\frac{3}{10}\text{時間}=18\text{分}$$

となる。

したがって，Aが出発してから２人が出会うまでにかかる時間は，10＋18＝28より，28分となり，正答は**5**である。

正答　5

# No. 308 9月実施 数的推理 速さ・時間・距離 令和4年度

トラックを1周するのに，毎分200m の速さの場合と，毎分80m の速さの場合とで，3分の差が生じる。このトラック1周の長さとして，正しいのはどれか。

**1** 320m
**2** 360m
**3** 400m
**4** 440m
**5** 480m

## 解説

200：80＝5：2より，毎分200m の速さと毎分80m の速さの比は5：2である。したがって，毎分200m の速さと毎分80m の速さでトラックを1周するのにかかる時間は，速さの逆比で2：5となる。毎分200m の速さでトラックを1周するのにかかる時間を$x$分とすると，

$$x : (x+3) = 2 : 5$$
$$5x = 2(x+3)$$
$$5x = 2x + 6$$
$$3x = 6$$
$$x = 2$$

となり，毎分200m の速さでトラックを1周するのにかかる時間は2分である。

したがって，このトラック1周の長さは，200×2＝400より，400m であり，正答は**3**である。

**正答 3**

高卒警察官

9月実施

No. 309 数的推理 列車の到着時間 平成14年度

A，B 2つの駅があり，今，A駅からB駅に向かって列車が出発した。ところが，全行程の$\frac{2}{3}$の地点で地震が起こり，予定時間の$\frac{1}{6}$もの間その地点で立往生してしまった。その後運転を再開したが，安全確保のため今までの$\frac{1}{3}$の速さで徐行せざるをえなくなり，B駅には到着予定時刻よりも90分遅れて到着した。当初の予定では，A駅を出発して何分後にB駅に到着することになっていたか。

**1** 108分
**2** 120分
**3** 144分
**4** 168分
**5** 180分

解説

地震のため予定時間の$\frac{1}{6}$もの間停止していたことから，予定時間・距離とも6等分したダイヤグラムを作る。

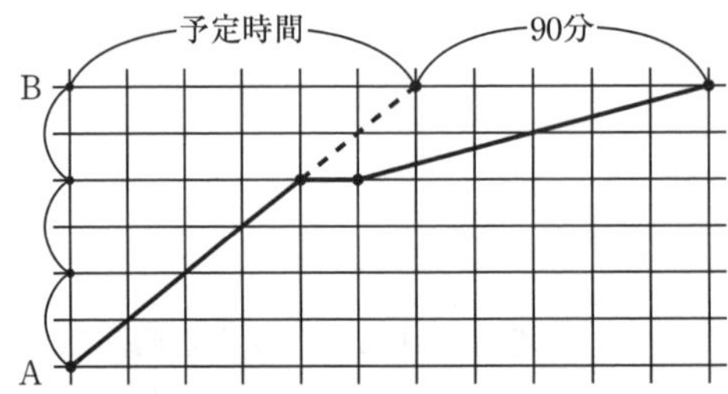


残り$\frac{1}{3}$の距離を今までの$\frac{1}{3}$の速さで行くと，ダイヤグラムで6目盛り分の時間がかかる。5目盛りが90分に相当するので，1目盛り＝18分。予定時間は6目盛りなので，

18×6＝108〔分〕

よって，**1**が正しい。

[別解]

ダイヤグラムを書き慣れていなければ，文字式を使って考えるしかない。

予定の時間を $a$ 時間とおくと，地震が起こるまでの時間 $\left(\frac{2}{3}\right.$ 進むのにかかった時間$\left.\right)$ は $\frac{2}{3}a$ 時間，停止時間は $\frac{1}{6}a$ 時間と表せる。残り $\frac{1}{3}$ を進むのにかかる時間は，地震がなければ $\frac{1}{3}a$ 時間であるが，速度が $\frac{1}{3}$ になってしまったので，３倍の $\frac{1}{3}a\times3=a$〔時間〕になる。これをすべて合計した時間が $a$ 時間より $\frac{90}{60}$ 時間多くかかったことになるので，

$$\frac{2}{3}a+\frac{1}{6}a+a=a+\frac{90}{60}$$

$$\frac{5}{6}a=\frac{90}{60}$$

$$a=1.8\text{〔時間〕}=108\text{〔分〕}$$

**正答　1**

数学
物理
化学
生物
地学
文章理解
判断推理
数的推理
資料解釈

# No. 310 警視庁 数的推理 食塩水の濃度 平成27年度

5％の食塩水200gを蒸発させて20％の食塩水にした。これに4％の食塩水を加えたところ9％の食塩水になった。加えた4％の食塩水の量として，正しいのはどれか。

**1** 110g
**2** 130g
**3** 150g
**4** 170g
**5** 190g



## 解説

濃度5％の食塩水を蒸発させて濃度20％の食塩水とするためには，濃度が4倍となるので，食塩水の量を$\frac{1}{4}$にしなければならない。つまり，20％の食塩水は50g（$=200\times\frac{1}{4}$）あることになる。この20％の食塩水 50gに4％の食塩水を加えたら9％になった，という点は次の図で考えればよい。濃度の差に関する比と食塩水の量の比は逆比の関係となる。濃度の差の比は5：11だから，4％の食塩水と20％の食塩水の量の比は11：5となる。したがって，4％の食塩水の量は110gとなり，正答は**1**である。

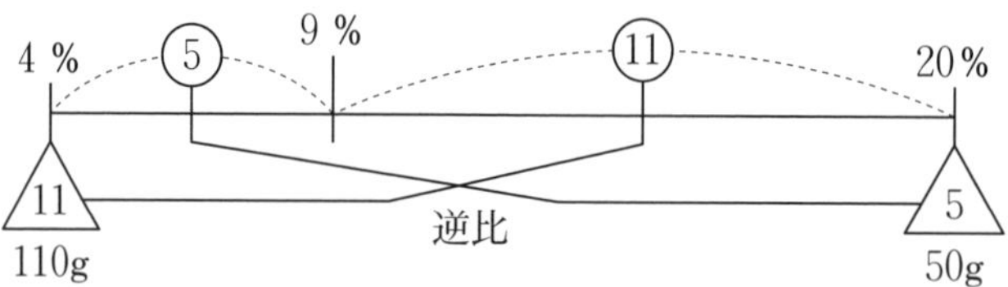


**正答 1**

9月実施

## No. 311 数的推理 濃 度 令和3年度

濃度11％の食塩水に水150g を加えたところ，濃度が５％になった。水を加える前の元の食塩水の量として，正しいのはどれか。

**1** 120g
**2** 125g
**3** 130g
**4** 135g
**5** 140g

### 解説

水150g を加えて，濃度が11％から５％になった，つまり濃度の比が11：５になったということは，食塩水の量に関して，水を加える前の量と水を加えた後の量の比が５：11になっているということである。つまり，元の食塩水の量と加えた水150g の比は，５：(11－5)＝５：６である。したがって，$150\times\frac{5}{6}=125$より，元の食塩水の量は125g である。

よって，正答は**2**である。

**正答 2**

高卒警察官

No. 312　9月実施

# 数的推理　魔方陣　令和元年度

次の図において，3×3のマス目に1つずつ整数を入れて，縦，横，両対角線の3数の和をすべて等しくなるようにしたい。図のように，4か所に8，12，13，14を入れたとき，$E$の部分に入る数として，正しいのはどれか。

**1**　5
**2**　6
**3**　10
**4**　11
**5**　15

| | | |
|---|---|---|
| $A$ | 14 | $B$ |
| 8 | $C$ | 12 |
| 13 | $D$ | $E$ |

## 解説

3×3のマス目に1つずつ整数を入れて，縦，横，両対角線の3数の和をすべて等しくなるようにすると，縦，横，両対角線の3数の和は，必ず中央の数の3倍となる。そこで，中段に注目すると，$3C=8+C+12$，$2C=20$，$C=10$である（図Ⅰ）。つまり，縦，横，両対角線の3数の和は30である。ここから，$B+10+13=30$，$B=7$が決まる（図Ⅱ）。$E+7+12=30$より，$E=11$となり，正答は**4**である（図Ⅲ）。$A$，$D$については，図Ⅳのようになる。

図Ⅰ

| | | |
|---|---|---|
| $A$ | 14 | $B$ |
| 8 | 10 | 12 |
| 13 | $D$ | $E$ |

図Ⅱ

| | | |
|---|---|---|
| $A$ | 14 | 7 |
| 8 | 10 | 12 |
| 13 | $D$ | $E$ |

図Ⅲ

| | | |
|---|---|---|
| $A$ | 14 | 7 |
| 8 | 10 | 12 |
| 13 | $D$ | 11 |

図Ⅳ

| | | |
|---|---|---|
| 9 | 14 | 7 |
| 8 | 10 | 12 |
| 13 | 6 | 11 |

**正答　4**

# No. 313 数的推理 方程式 令和4年度

A，B 2つの部屋にそれぞれ何人かが入っている。今，Aの部屋からBの部屋へ4人が移動したところ，A，Bの部屋にいる人数が等しくなった。その後，Bの部屋からAの部屋へ8人が移動したところ，Aの部屋の人数はBの部屋の人数の3倍となった。最初にAの部屋に入っていた人数として，正しいのはどれか。

**1** 16人
**2** 18人
**3** 20人
**4** 22人
**5** 24人

## 解説

最初にAの部屋に入っていた人数を$x$人とすると，Bの部屋に入っていた人数は（$x-8$）人である。Aの部屋からBの部屋へ4人が移動すると，どちらの部屋の人数も（$x-4$）人となる。ここで，Bの部屋からAの部屋へ8人が移動すると，Aの部屋の人数はBの部屋の人数の3倍となるのだから，

$x-4+8=3(x-4-8)$

$x+4=3(x-12)$

$x+4=3x-36$

$2x=40$

$x=20$

となる。

したがって，最初にAの部屋に入っていた人数は20人であり，正答は**3**である。

**正答 3**

高卒警察官

No. 314 9月実施

## 数的推理 価格と利益 平成25年度

A，B２つの商品を合計4,000円で仕入れ，どちらも20％の利益を見込んで定価をつけた。商品Bは定価で売れたが，商品Aは売れなかったので，定価の10％引きにして売り，得られた利益は合計で440円となった。商品Aの仕入れ値として，正しいのはどれか。

**1** 1,800円
**2** 2,000円
**3** 2,400円
**4** 2,800円
**5** 3,000円

### 解説

4,000円の20％は800円だから，商品A・Bとも定価で売れれば800円の利益があることになる。商品Aを定価の10％引きで売ったことにより，利益が360円減少した（＝800−440）のだから，この360円が商品Aの定価の10％に当たる。ここから，商品Aの定価は3,600円，その仕入れ値は，$3600\div\frac{12}{10}=3000$ より，3,000円で，正答は**5**である。

正答 **5**



数学 物理 化学 生物 地学 文章理解 判断推理 数的推理 資料解釈

A，B，C 3 種類の商品がある。その価格比は，A：B＝1：4，B：C＝2：1である。A，B，Cの価格の合計が560円であるとき，AとCとの価格の差として，正しいのはどれか。

**1** 40円
**2** 50円
**3** 60円
**4** 70円
**5** 80円

## 解説

Aの価格を $x$（円）とすると，A：B＝1：4より，Bの価格は $4x$ である。そして，B：C＝2：1より，Cの価格は $2x$ である。$x+4x+2x=560$，$7x=560$，$x=80$ より，Aの価格は80円であり，ここから，Cの価格は160円である。したがって，AとCとの価格の差は，160－80＝80より，80円であり，正答は**5**である。

正答 **5**

高卒警察官

No. 316 9月実施

## 数的推理　割　合　平成28年度

あるイベントの参加予定者のうち，６％が大学生であった。ところが，当日になって100名が欠席した。大学生には欠席者がなかったので，当日の参加者に占める大学生の割合は８％となった。このとき，当初の参加予定者数として，正しいのはどれか。

**1**　320人
**2**　360人
**3**　400人
**4**　440人
**5**　480人

### 解説

当初の参加予定者数を $x$ 人とすると，その６％に当たる $\frac{6}{100}x$ 人が大学生，当日の参加者数は $(x-100)$ 人で，その８％に当たる $\frac{8}{100}(x-100)$ 人が大学生である。ここから，$\frac{6}{100}x=\frac{8}{100}(x-100)$，$6x=8(x-100)$，$2x=800$，$x=400$ より，当初の参加予定者数は400人となる。したがって，正答は**3**である。

正答　3

9月実施

## No. 317 数的推理 7の累乗数値 平成26年度

$7^1$, $7^2$, $7^3$, $7^4$の一の位は，それぞれ7，9，3，1である。このことを利用すると，$7^{21}=(7^4)^a\times7^b$，だから，$7^{21}$の一の位は$c$である。

$a$，$b$，$c$にあてはまる数値の組合せとして，正しいものはどれか。

**1** $a=3$, $b=1$, $c=1$
**2** $a=3$, $b=7$, $c=3$
**3** $a=5$, $b=1$, $c=7$
**4** $a=5$, $b=1$, $c=1$
**5** $a=5$, $b=7$, $c=7$

### 解説

$a$，$b$の組合せとしては何通りか考えられるが，選択肢では$a$として3または5しかないので，ここから考えると，$7^{21}=(7^4)^3\times7^9$，$7^{21}=(7^4)^5\times7^1$，のどちらかであるが，$a=3$，$b=9$の組合せはないので，$a=5$，$b=1$である。一の位だけを見ればよいのだから，$7^4$の一の位は1なので，$(7^4)^5$の一の位も1であり，結局，$7^{21}$の一の位は$7^1$の一の位と一致するので7である。以上から，$a=5$，$b=1$，$c=7$となり，正答は**3**である。

正答 **3**

高卒警察官 No.318 9月実施

## 数的推理　人数計算　平成26年度

バスツアーの参加者に用意した100個の菓子を配るが，全員に同数ずつできるだけ多く配ると7個余る。また，女性客だけに同数ずつできるだけ多く配ると5個余る。このとき，男性客の人数として正しいものはどれか。

**1**　10人
**2**　11人
**3**　12人
**4**　13人
**5**　14人

### 解説

全員に配ると7個余るのだから，配るのは93個である。93＝3×31 より，3人に31個ずつ配る，31人に3個ずつ配る，のどちらかであるが，参加者が3人ならば余った7個からさらに2個ずつ配ることが可能で，余りは1個でなければならない。したがって，参加者は全部で31人である。また，女性客だけに配ると5個余るので，配るのは95個である。95＝5×19 より，5人に19個ずつ配る，19人に5個ずつ配る，のどちらかであるが，5人ならばもう1個ずつ配れて余りは出ない。したがって，女性客は19人である。ここから男性客は，31－19＝12 より，12人であり，正答は**3**である。

正答　**3**

# No. 319 数的推理 仕事算 令和3年度

水槽を空の状態から満水にするために，ポンプAで注水すると50分かかる。空の状態からポンプAで注水を始め，10分経過したところでポンプAでの注水を止めてポンプBに切り替えたところ，ポンプBで24分注水したところで水槽は満水となった。このとき，最初からポンプBで注水した場合に，満水になるまでにかかる時間として，正しいのはどれか。

**1** 30分
**2** 32分
**3** 34分
**4** 36分
**5** 38分

## 解説

ポンプAで注水すると満水にするのに50分かかるのだから，ポンプAで10分間注水すると水槽の$\frac{1}{5}$だけ注水される。つまり，残りの$\frac{4}{5}$を注水するのにポンプBでは24分かかることになる。ここから，ポンプBで水槽を空の状態から満水にするのにかかる時間は，$24\times\frac{5}{4}=30$より，30分である。

よって，正答は**1**である。

正答 **1**

高卒警察官

No. 320 9月実施 数的推理 不定方程式 令和元年度

Aは，ある製品を1日に100個作成することができ，Bは同製品を1日に40個作成することができる。まず，Aが何日間かこの製品を作成し，その後，Bが作成したところ，2人が作成した製品の合計数は，ちょうど1,000個となった。また，作成した日数はBよりAのほうが多かった。このとき，AとBが作成した日数の差として，正しいのはどれか。

**1** 1日
**2** 2日
**3** 3日
**4** 4日
**5** 5日

**解説**

Aが作成した日数を$x$，Bが作成した日数を$y$とすると，$100x+40y=1000$，$5x+2y=50$である。$5x$，50はいずれも5の倍数なので，$2y$も5の倍数であるが，2は5の倍数ではないので，$y$が5の倍数である。$y=5$のとき，$x=8$で，$x>y$の条件を満たす。$y=10$のとき，$x=6$で，$x<y$となり，条件を満たさない。したがって，条件を満たすのは，$x=8$，$y=5$のときだけであり，AとBが作成した日数の差は3日となる。

したがって，正答は**3**である。

正答 **3**

No. 321 9月実施

## 数的推理　整数関係　平成25年度

百の位の数が9である3ケタの整数があり，十の位と一の位の数の和も9である。この3ケタの整数から，百の位の数と一の位の数を入れ替えてできる数を引くと，396となった。この整数の十の位と一の位の数の積として，正しいのはどれか。

**1**　8
**2**　9
**3**　14
**4**　18
**5**　20

### 解説

もとの3ケタの整数を $9ab$ と表すと，百の位と一の位の数を入れ替えてできる整数は $ba9$ となる。$9ab-ba9=396$ であるが，差の一の位が6となるためには $b=5$ でなければならない。つまり，$a=4$ である（945−549=396）。十の位が4，一の位が5だから，その積は，$4\times5=20$ で，正答は**5**である。

正答　**5**

高卒警察官

No. 322　9月実施

## 数的推理　連立方程式　平成22年度

兄と弟がじゃんけんをして，兄は勝てば3歩前進し，負ければ2歩後退する，弟は勝てば6歩前進し，負ければ2歩後退する，というゲームを行った。最初は同じ地点から始めて，何回かじゃんけんを行ったところ，兄は弟より3回多く勝ったが，弟のほうが兄より3歩多く前進していた。このとき，弟は最初の地点から何歩前進しているか。ただし，兄弟の歩幅は同じとする。

**1**　16
**2**　18
**3**　20
**4**　22
**5**　24

### 解説

弟がじゃんけんに勝った回数を $x$ とすると，兄が勝った回数は $(x+3)$ となる。兄が進んだ歩数は，$3(x+3)-2x$，弟が進んだ歩数は，$6x-2(x+3)$ で，弟のほうが兄より3歩多く進んでいるので，

$$3(x+3)-2x=6x-2(x+3)-3$$

である。ここから，

$$3x+9-2x=6x-2x-6-3$$
$$x+9=4x-9$$
$$3x=18,\ x=6$$

であり，弟が勝った回数は6回，負けた回数(＝兄が勝った回数)は9回となる。$6\times6-2\times9=18$ より，弟は18歩前進していることになるので，正答は**2**である。

正答　**2**

## No. 323 9月実施 数的推理 的当てゲームの得点 平成15年度

A，Bの2人が的に矢を当てるゲームを行った。得点は的の中心の斜線部分に当たると5点，その周囲ならば2点，外れは0点である。2人が的に当てた合計回数は32回で，AはBより2回多く当てたが，得点はBのほうがAより5点多かった。BはAより何回多く的の中心の斜線部分に当てたか。

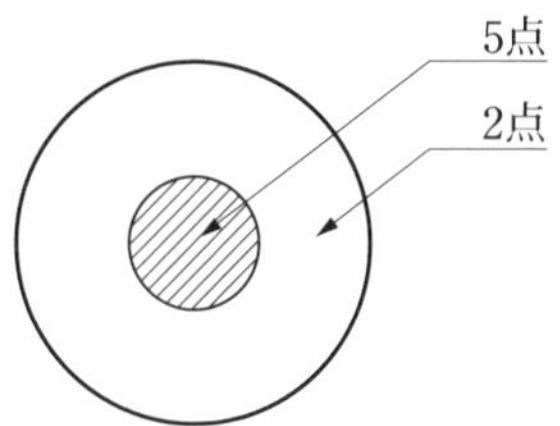


**1** 1回
**2** 2回
**3** 3回
**4** 4回
**5** 5回

### 解説

A，Bの2人が的に当てた回数は合計32回で，AはBより2回多く当てたのだから，Aが的に当てたのは17回，Bが当てたのは15回である。ところが得点はBのほうが5点多くなっている。

仮にAが17回，Bが15回すべて中心の5点部分に当てたのなら，Aの得点は17×5＝85〔点〕，Bの得点は15×5＝75〔点〕で，Aのほうが10点多くなる。

ここで，Aの5点の回数が1回減って2点の回数が1回増えると，点数は3点少なくなる。Bの得点が75点ならAの得点は70点となるので，その場合のAの得点は70点でなければならない。85−70＝15より，Aが的の2点部分に当てたのは，15÷3＝5で5回，したがって，5点部分に当てたのは12回となる。つまり，BはAより5点部分に3回多く当てたことになる。

これは，Bが5点に14回，2点に1回なら，Aは5点に11回，2点に6回というように，Bの5点に当たった回数が減れば，それに従ってAが5点に当たった回数も減り，その差の3回というのは変わらない。

よって，**3**が正しい。

**正答 3**

# 数的推理　滑車の回転数　平成12年度

次のように滑車を組み合わせて，Aを左に60°回転させると，Fはどの向きに何度回るか。ただし，BとEの半径は等しく，AとFの半径はBとEの2分の1，CとDの半径はBとEの4分の1とする。

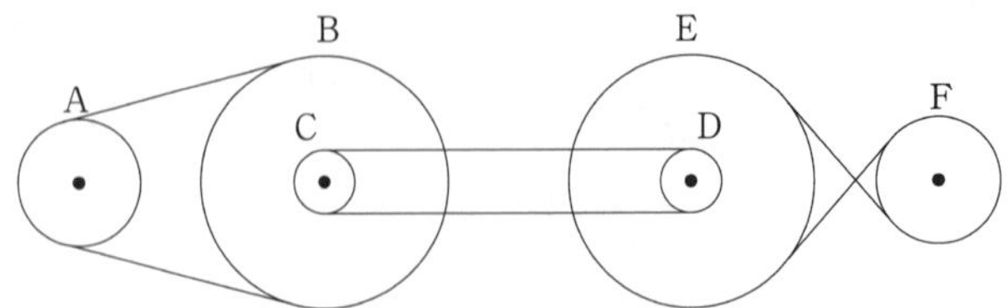


**1**　左に60°
**2**　左に45°
**3**　左に30°
**4**　右に60°
**5**　右に30°

## 解説

まず，回転の向きを考えると，BはAと同じ左向き，C，D，EはいずれもBと同じ左向き，FはEと逆向きの右向きとなる。

次に，回転角度を考える。滑車の回転角度は滑車の半径に反比例するので，BはAの$\frac{1}{2}$倍，CとBは同じ中心を持つのでCはBの1倍，DはCの1倍，EはDの1倍，FはEの2倍になる。

したがってFの回転角度はAの$\frac{1}{2}\times1\times1\times1\times2=1$〔倍〕である。

以上のことから，Fは右向きに60°回転することがわかる。

よって，**4**が正しい。

**正答　4**

## No. 325　9月実施　数的推理　長方形の角を2回折ってできる角度　平成18年度

ある長方形の紙を図の矢印のように折り曲げたとき，∠$x$を求めよ。

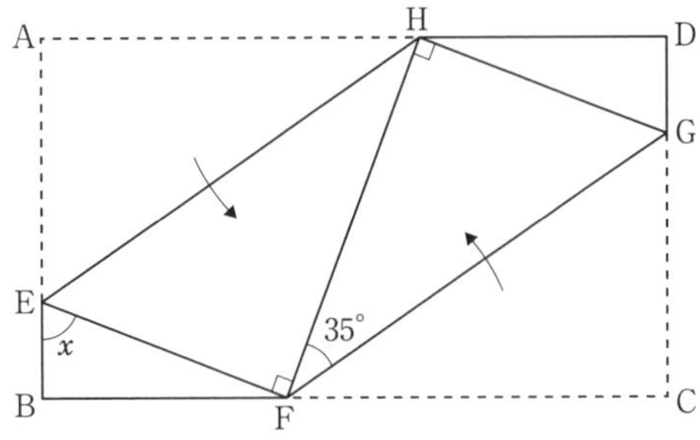


**1**　55°
**2**　60°
**3**　65°
**4**　70°
**5**　75°

### 解説

∠HFG＝∠GFC＝35°，∠EFH＝∠HAE＝90°より，∠BFE＝180°－(90°＋35°＋35°)＝20°
よって，△BFEにおいて，∠$x$＝90°－20°＝70°となり，**4**が正しい。

**正答　4**

高卒警察官

9月実施

## No. 326 数的推理 斜線部分の面積の大小関係 平成16年度

図のA～Cの斜線部分の面積の大小関係として，正しいものはどれか。

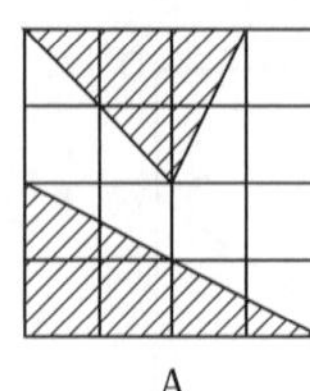
A

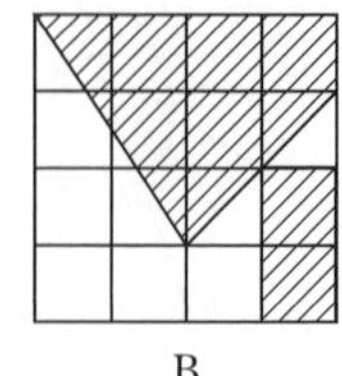
B

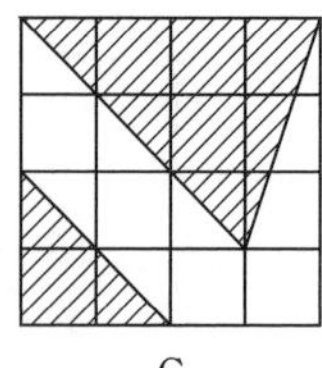
C

**1** A＞B＞C
**2** B＞A＞C
**3** B＞C＞A
**4** C＞A＞B
**5** C＞B＞A

### 解説

1目盛を1とすると，

Aの面積は，$\frac{1}{2}\times4\times2+\frac{1}{2}\times3\times2=7$

Bの面積は，$\frac{1}{2}\times2\times3+\frac{1}{2}\times2\times2+4=9$

Cの面積は，$\frac{1}{2}\times4\times3+\frac{1}{2}\times2\times2=8$

したがって，B＞C＞Aとなるので，正答は**3**である。

**正答 3**

## No. 327 警視庁 数的推理 平面図形 平成29年度

次の図で，D，E，Fはそれぞれ辺BC，CA，ADの3等分点である。△ABDと△AFEの面積の比として，最も妥当なのはどれか。

**1**　3：1
**2**　5：2
**3**　7：3
**4**　9：4
**5**　2：1

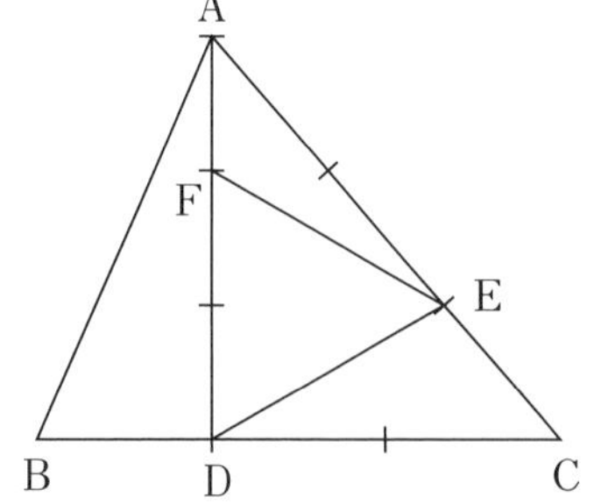


### 解説

BC：BD=3：1，より，△ABC：△ABD=3：1，であり，△ABD=$\frac{1}{3}$△ABC，である。ここから，△ACD=$\frac{2}{3}$△ABC，となる。次に，AC：AE=3：2，より，△ADE=$\frac{2}{3}$△ACD=$\frac{2}{3}\times\frac{2}{3}$△ABC=$\frac{4}{9}$△ABC，である。そして，AD：AF=3：1，より，△AFE=$\frac{1}{3}$△ADE=$\frac{1}{3}\times\frac{4}{9}$△ABC=$\frac{4}{27}$△ABC，となる。この結果，△ABD：△AFE=$\frac{1}{3}$△ABC：$\frac{4}{27}$△ABC=$\frac{1}{3}$：$\frac{4}{27}$=9：4，であり，正答は**4**である。

**正答　4**

# 数的推理　平面図形　平成23年度

次の図において，AF：FC＝２：５，DC：CB＝１：２，EB＝６cm とするとき，AE の長さとして，正しいのはどれか。

**1**　0.75cm
**2**　0.8cm
**3**　1.0cm
**4**　1.2cm
**5**　1.25cm

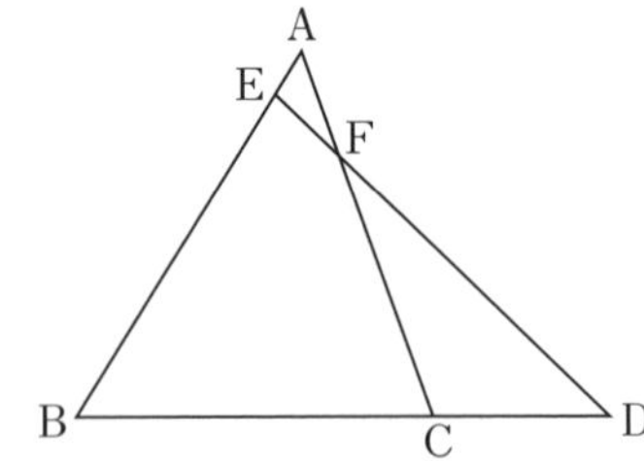


## 解説

図のように，点Cから線分 DE と平行な線分を引き，線分 AB との交点をGとする。CG//DE より，BG：GE＝BC：CD＝2：1 となるので，BE＝6cm を点Gで BG：GE＝2：1 に分ければ，BG＝4cm，GE＝2cm である。

また，FE//CG より，AE：EG＝AF：FC＝2：5 となるので，AE：EG＝2：5＝0.8：2

AE の長さは0.8cm であり，正答は**2**である。

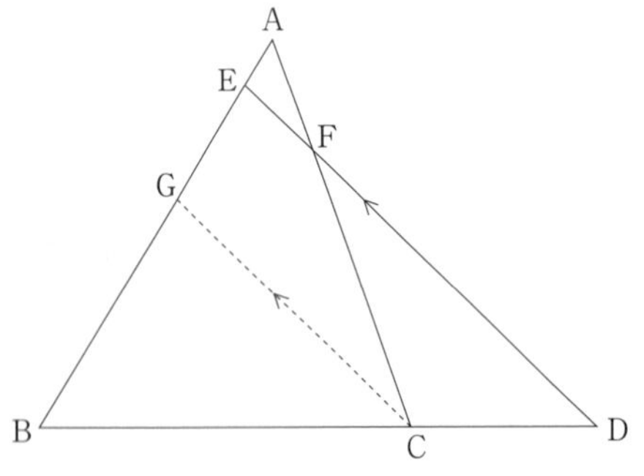


正答　**2**

# 数的推理　直角三角形に囲まれた図形の面積　平成17年度

図のような直角三角形で囲まれた斜線部分の長方形の面積を求めよ。ただし，直角三角形の面積の合計は44cm²とする。

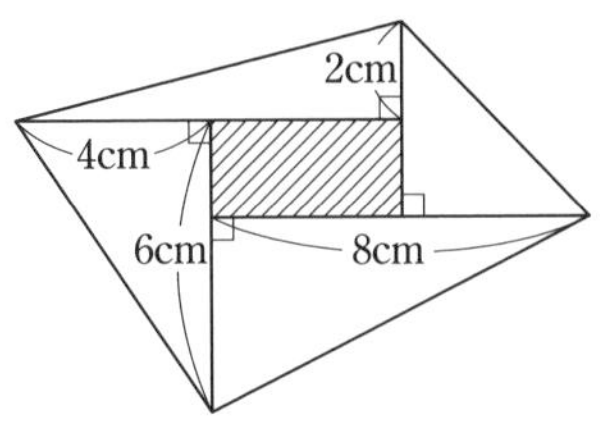


**1**　7.5cm²
**2**　8.0cm²
**3**　8.5cm²
**4**　9.0cm²
**5**　9.5cm²

## 解説

次図のように，各直角三角形と合同な三角形をもう一つ用意して，長方形を作る。この長方形の面積は，(2＋6)×(4＋8)＝96〔cm²〕。

一方，斜線部の長方形の周りの三角形の面積は，問題文の仮定にある直角三角形の面積の合計の２倍になるから，44×2＝88〔cm²〕。

したがって，斜線部の長方形の面積は，$S$＝96－88＝8〔cm²〕と求められる。

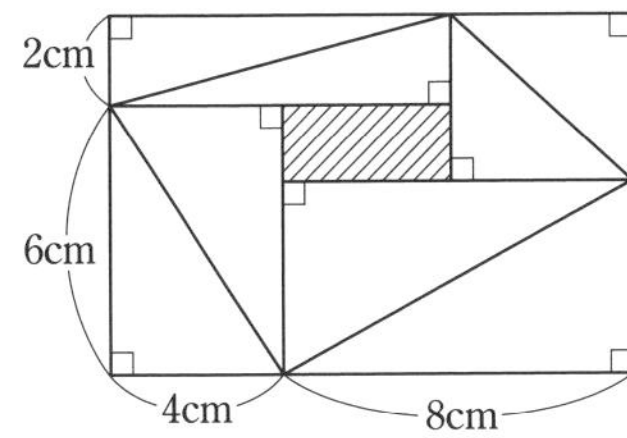


よって，**2**が正しい。

正答　**2**

下の図のように，直径24 cmの円Oと直径6 cmの円Pが点Qで外接しており，また，2円の共通接線 $l$ と点S，Tでそれぞれ接している。このとき四角形OPTSの面積として正しいものは次のうちどれか。

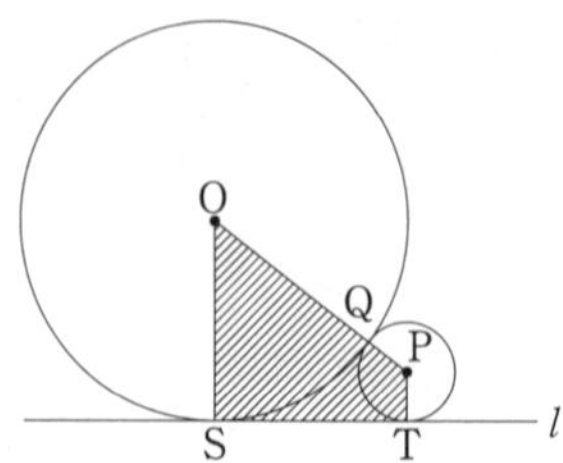


**1**　75 cm²
**2**　80 cm²
**3**　85 cm²
**4**　90 cm²
**5**　95 cm²

円の接線に対して接点を通る垂線を引くと，その垂線は必ず円の中心を通る。

したがって，OS⊥$l$，PT⊥$l$ なので，四角形OPTSは（OS，PT）を（上底，下底）とする台形であり，STは上底，下底に対して垂直なので，これが高さとなる。点PからOSに垂線PHを引くと，

　OH＝OS－PT＝12－3＝9 で，

　OP＝12＋3＝15 であることから，

△OHPは3辺の比が3：4：5の直角三角形となる。

したがって，PH＝12

四角形PTSHは各内角がいずれも直角なので長方形であり，ST＝PH＝12である。

以上から，四角形OPTSの面積は，

$$(12+3)\times 12\times\frac{1}{2}=90\ 〔\mathrm{cm}^2〕$$

よって，**4**が正しい。

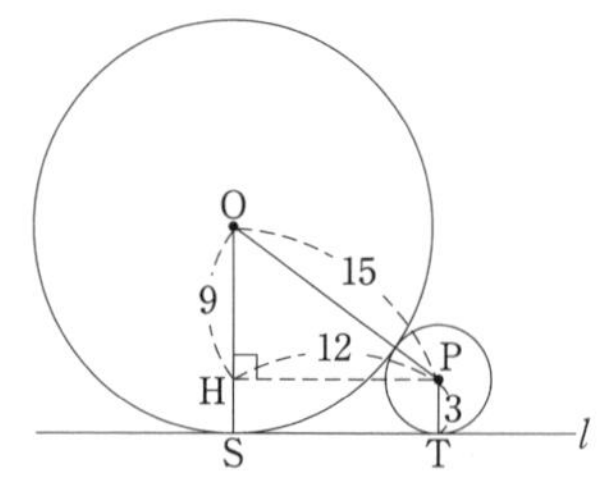


**正答　4**

高卒警察官

警視庁（女性）

No. 331 数的推理 図形の面積 平成14年度

図は，一辺 $4a$ の正方形の中に，等しい大きさの円を 4 つ書き入れたものである。このとき斜線をつけた部分の面積として正しいものは次のうちどれか。

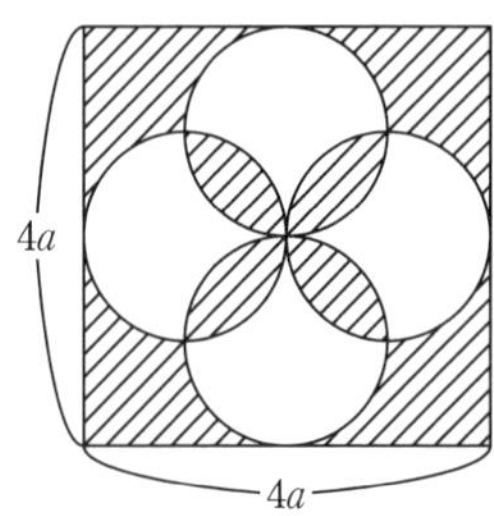


**1** $4\pi a^2$
**2** $4\sqrt{2}\pi a^2$
**3** $8a^2$
**4** $8\pi a^2$
**5** $8\sqrt{2}\pi a^2$

## 解説

図のように等積移動すると，斜線部分の面積は正方形の $\frac{1}{2}$ になる。

$$4a\times4a\times\frac{1}{2}=8a^2$$

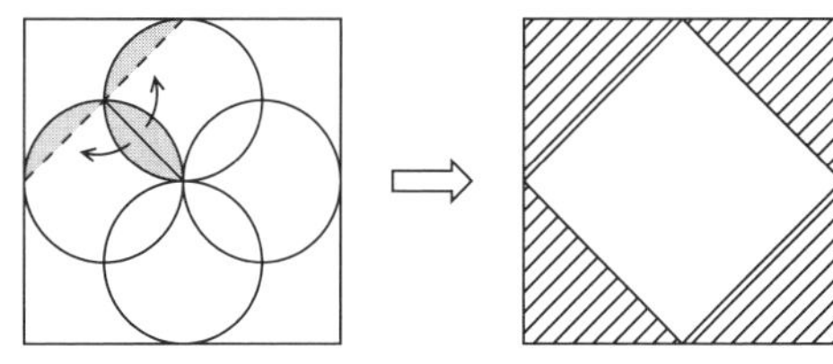

よって，**3**が正しい。

**正答 3**

## No. 332 警視庁 数的推理 三角すいを切断した立体の体積 平成15年度

下の図のような三角錐がある。辺AD＝90cm，BD＝30cm，CD＝40cmであり，この３辺はいずれも互いに直交している。

いま，AP：PB＝2：1，AQ：QC＝4：1，AR：RD＝5：1であるような３つの点，P，Q，Rを通る平面でこの三角錐を切断し２つの立体に分けた場合，大きい方の立体の体積はいくらか。

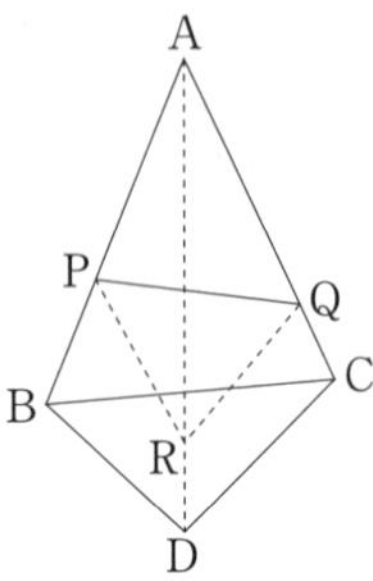


**1** 9,600cm$^3$
**2** 9,800cm$^3$
**3** 10,000cm$^3$
**4** 10,800cm$^3$
**5** 12,000cm$^3$

### 解説

この三角すいA-BCDは，辺AD，BD，CDがいずれも互いに直交している。したがって，底面は∠BDC＝90°の直角三角形で，その面積は，

$$30\times40\times\frac{1}{2}=600〔\mathrm{cm}^2〕$$

高さはAD＝90〔cm〕だから，三角すい全体の体積は，

$$600\times90\times\frac{1}{3}=18000〔\mathrm{cm}^3〕$$

である。ここで，立体A-PQRの体積は，$\frac{AP}{AB}\times\frac{AQ}{AC}\times\frac{AR}{AD}\times$(A-BCD)となるので，A-PQRの体積は，

$$\frac{2}{3}\times\frac{4}{5}\times\frac{5}{6}\times18000=8000〔\mathrm{cm}^3〕$$

である。下部の立体PQR-BCDの体積は，

$$18000-8000=10000〔\mathrm{cm}^3〕$$

となるので，こちらのほうが大きい。

よって，正答は**3**である。

**正答 3**

高卒警察官

No. 333 10月実施

## 数的推理　正四面体の体積　平成15年度

正四面体 ABCD の辺 AB の中点を E，辺 AD の中点を F とする。三角すい ACEF の体積は正四面体 ABCD の体積の何倍になるか。

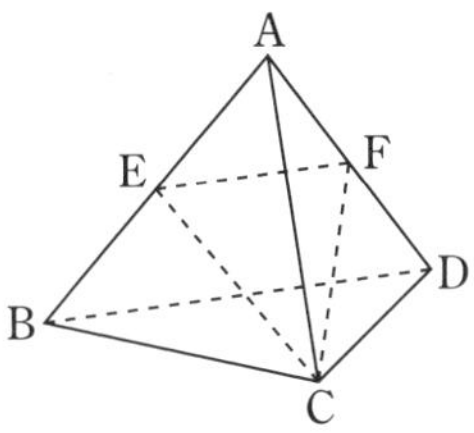


**1** $\frac{1}{2}$倍

**2** $\frac{1}{4}$倍

**3** $\frac{1}{6}$倍

**4** $\frac{1}{8}$倍

**5** $\frac{1}{10}$倍

### 解説

△ABD を底面として考えれば，正四面体 ABCD と三角すい ACEF は高さの等しい立体となるので，その体積の比は底面積の比に一致する。

点 E は AB の中点，点 F は AD の中点だから，△ABD∽△AEF で，BD：EF＝2：1 だから，その高さも 2：1 で，面積は $2^2：1^2=4：1$ である。したがって，三角すい ACEF の体積は正四面体 ABCD の$\frac{1}{4}$倍である。

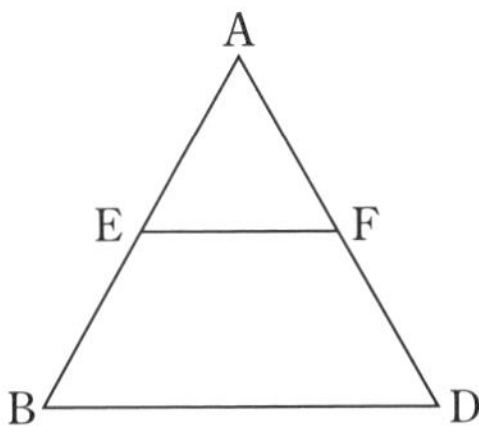


よって，**2**が正しい。

正答　**2**

高卒警察官

No. 334 9月実施

# 数的推理　水槽と円柱の底面の距離　平成15年度

底面積が100cm$^2$，高さが50cm の水槽に水が30cm の深さまで入っている。ここに底面積が40cm$^2$，高さが16cm の円柱をまっすぐに水面から 8 cm の深さまで沈めた。このとき，水槽の底面と円柱の底面との距離として正しいものは，次のうちどれか。

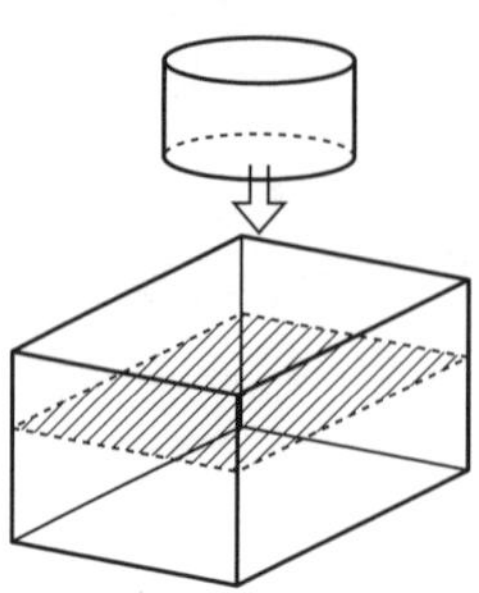

**1**　22.8cm
**2**　24.0cm
**3**　25.2cm
**4**　26.4cm
**5**　27.6cm

## 解説

底面積が40cm$^2$ の円柱を 8 cm の深さまで沈めると，水中にある部分の体積は，

　　40×8＝320〔cm$^3$〕

となる。

　水槽の水の深さはこの分だけ増すことになるが，水槽の底面積は100cm$^2$ だから，320÷100＝3.2 より，水の深さは3.2cm 増して33.2cm になる。この中に 8 cm だけ円柱は沈んでいるのだから，水槽の底面と円柱の底面との距離は

　　33.2−8＝25.2〔cm〕

となる。

　よって，**3**が正しい。

正答　**3**

## No.335 警視庁 数的推理 平面図形の面積 平成27年度

次の図のように，半径6の円に正六角形が外接しているとき，斜線部分の面積として，最も妥当なのはどれか。

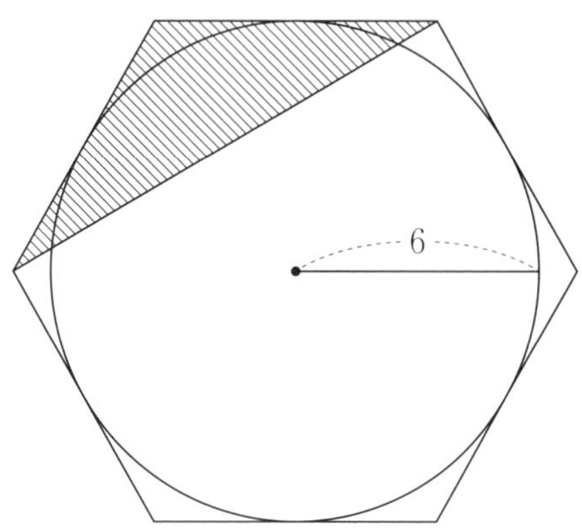


**1** $6\sqrt{3}$
**2** 9
**3** $9\sqrt{3}$
**4** 12
**5** $12\sqrt{3}$

### 解説

問題図を右に30°回転させて図Ⅰのようにすると見やすくなる。斜線部分を△ABCとすると，正六角形の内角は120°だから，△ABCは頂角120°（両底角30°）の二等辺三角形である。この二等辺三角形ABCの底辺BCは円の直径と等しいので，BC＝12である。この二等辺三角形ABCについて，図Ⅱのように頂点Aから底辺BCに垂線AHを引くと，△ABHおよび△ACHは「30°，60°，90°」型直角三角形となるので，AH：BH＝1：$\sqrt{3}$＝$2\sqrt{3}$：6となる。したがって，△ABCは底辺12，高さ$2\sqrt{3}$であり，その面積は，$12\times2\sqrt{3}\times\frac{1}{2}=12\sqrt{3}$で，正答は**5**である。

図Ⅰ

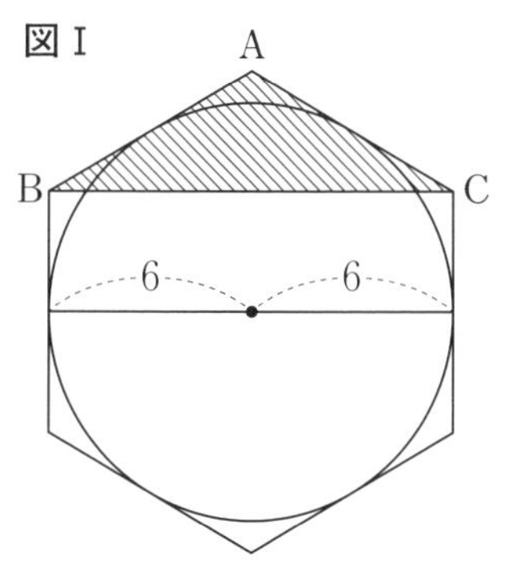


図Ⅱ

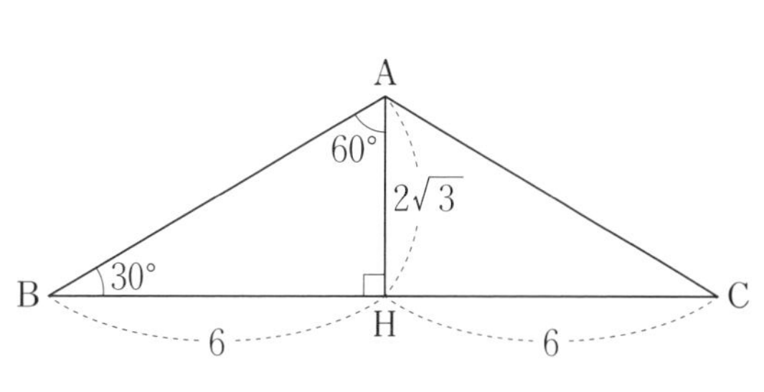


**正答 5**

高卒警察官

No. 336 警視庁

## 数的推理　立体図形　平成22年度

次の図は，AB＝CD＝EF＝6 cm，DE＝FC＝12cm，AD＝AC＝BE＝BF＝$\sqrt{118}$cmの立体である。この立体の体積はいくらか。

**1**　240cm³
**2**　260cm³
**3**　280cm³
**4**　300cm³
**5**　320cm³

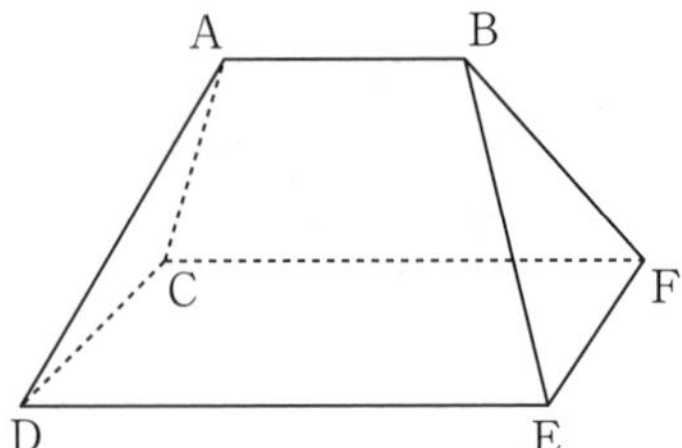


### 解説

面ABEDにおいて，頂点Aから辺EDに垂線AH，頂点Bから辺EDに垂線BIを引き，面ABFCについても同様に垂線AG，BJを引く。面ABEDは等脚台形なので，DH＝EI＝3（∵AB＝HI＝6）である。同様にCG＝FJ＝3であり，四角錐ACDHG≡四角錐BIEFJになる。そこで，この立体の体積は，三角柱AHGBIJの体積と四角錐BIEFJの体積×2の和として求めればよい。

まず，△BIEは∠BIE＝90°で，BE＝$\sqrt{118}$，IE＝3だから，$BI^2=118-3^2=109$である。次に，△BIJはBI＝BJの二等辺三角形なので，辺IJ（＝EF＝6）の中点をMとすれば，△BIMは直角三角形で，$BM^2=109-3^2=100$より，BM＝10である。したがって，△BIJの面積は，$6\times10\times\frac{1}{2}=30$であり，ここから三角柱AHGBIJの体積は，30×6＝180となる。四角錐BIEFJの体積は，底面積が3×6＝18，高さはBM＝10だから，$18\times10\times\frac{1}{3}=60$，したがって，四角錐ACDHGの体積も60となる。

以上から，求める立体の体積は，180＋60×2＝300〔cm³〕となり，正答は**4**である。

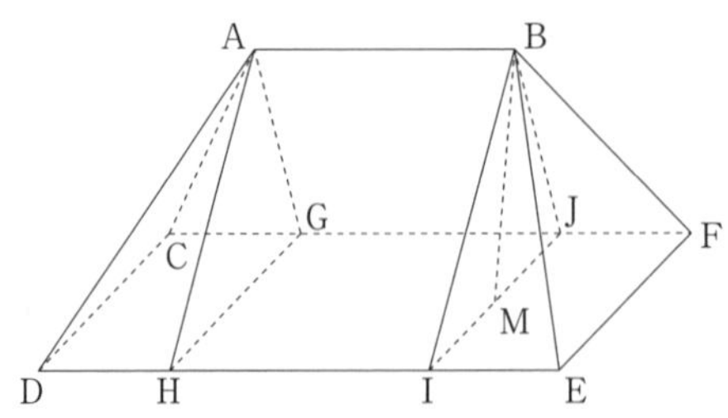


正答　4

## No. 337 9月実施 数的推理 確　率 令和3年度

サイコロ3個を同時に振ったとき，出た目の和が16になる確率として，正しいのはどれか。

**1** $\frac{1}{108}$

**2** $\frac{1}{72}$

**3** $\frac{1}{48}$

**4** $\frac{1}{36}$

**5** $\frac{1}{18}$

### 解説

サイコロ3個を同時に振ったとき，出た目の和が16になるのは，その目の組合せが（4，6，6），（5，5，6）となる場合である。（4，6，6）となるのは，4の目がどのサイコロに出るかで3通り，（5，5，6）となるのは，6の目がどのサイコロに出るかでやはり3通りあり，計6通りである。サイコロ3個を同時に振ったとき，その目の出方は，$6^3=216$より216通りある。

したがって，求める確率は，$\frac{6}{216}=\frac{1}{36}$であり，正答は**4**である。

正答　4

高卒警察官

No. 338　9月実施

## 数的推理　場合の数　令和4年度

A，Bの2人は黒いシャツ，C，D，Eの3人は白いシャツを着ている。5人が1列に並ぶとき，同じ色のシャツを着た者が隣り合わない並び方は何通りあるか。

**1**　6通り
**2**　8通り
**3**　10通り
**4**　12通り
**5**　14通り

### 解説

同じ色のシャツを着た者が隣り合わない並び方は，「白，黒，白，黒，白」という並び方になる。このとき，黒いシャツのA，Bについては2通り，白いシャツのC，D，Eについては，3！＝3×2×1＝6より，6通りの並び方がある。したがって，2×6＝12より，並び方は12通りである。

よって，正答は**4**である。

**正答　4**

## 数的推理　確　率　平成25年度

次の図のようなトーナメント方式のじゃんけん大会が開催されることとなり，A，B，C，D，E，F，G，Hの８人が出場をする。このとき，A，B，C，Dの４人がそろって１回戦を勝ち抜く確率として，正しいのはどれか。ただし，１回戦の対戦相手は開催当日８人に対して平等な抽選により決定され，勝負は決着がつくまで行うものとし，各人が対戦相手に勝つ確率は全て$\frac{1}{2}$とする。

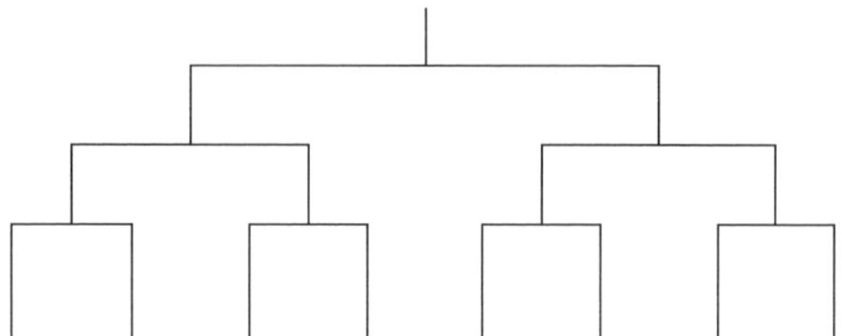

**1** 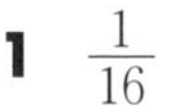 $\frac{1}{16}$

**2** $\frac{1}{35}$

**3** $\frac{1}{70}$

**4** $\frac{1}{128}$

**5** $\frac{1}{140}$

### 解説

A，B，C，Dの４人がそろって１回戦を勝ち抜くためには，A，B，C，Dの４人が１回戦で対戦することのない組合せでなければならない。A，B，C，Dの順で１回戦のトーナメント位置を決めるとすると，BはAの位置を除く７か所のうち，Aの対戦相手とならない６か所のいずれかであればよいから，その確率は$\frac{6}{7}$である。CはA，Bの位置を除く６か所の位置のうち，A，Bと対戦しない４か所のいずれかであればよいから，A，B，Cが１回戦で対戦しない確率は$\frac{6}{7}\times\frac{4}{6}$である。Dは５か所のうち，A，B，Cと対戦しない２か所のどちらかであればよいから，A，B，C，Dが１回戦で対戦しない確率は$\frac{6}{7}\times\frac{4}{6}\times\frac{2}{5}$となる。

各人が１回戦を勝つ確率はいずれも$\frac{1}{2}$だから，A，B，C，Dの４人がそろって１回戦を勝ち抜く確率は，$\frac{6}{7}\times\frac{4}{6}\times\frac{2}{5}\times\frac{1}{2}\times\frac{1}{2}\times\frac{1}{2}\times\frac{1}{2}=\frac{1}{70}$

となり，正答は**3**である。

**正答　3**

高卒警察官

No. 340 警視庁

## 資料解釈　事故類型別交通死亡事故発生件数の比較　令和2年度

次のグラフは，我が国の事故類型別交通死亡事故発生件数を示したものである。このグラフからいえることとして，最も妥当なのはどれか。

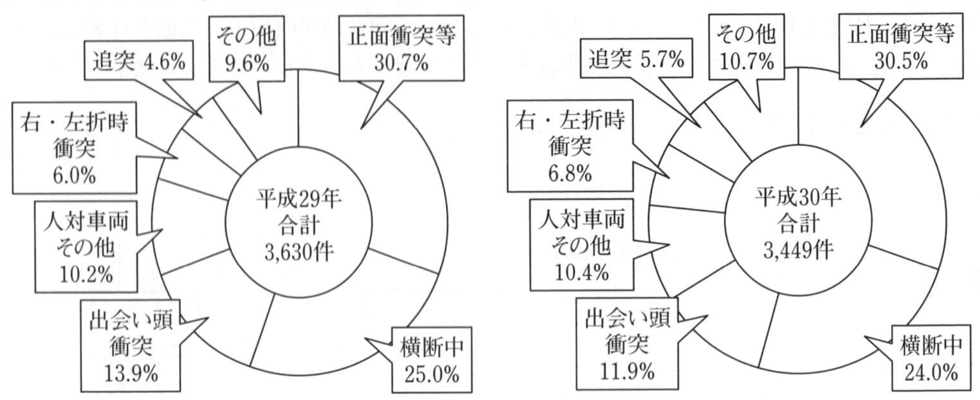


**1**　平成29年に比べて平成30年の件数が増加している事故類型は「人対車両その他」,「右・左折時衝突」,「追突」,「その他」の 4 項目である。

**2**　平成29年に比べて平成30年の件数が最も減少している事故類型は「横断中」である。

**3**　平成30年の「人対車両その他」の件数の対前年減少率は，同年の「合計」の件数の対前年減少率を下回っている。

**4**　平成29年に比べて平成30年の件数が最も増加した事故類型は「追突」で，その「追突」の平成30年の件数の前年比は130％を上回っている。

**5**　平成30年の「正面衝突等」と「横断中」の合計件数は，平成29年の「正面衝突等」と「人対車両その他」と「その他」の合計件数よりも少ない。

## 解説

**1**．誤り。「人対車両その他」の場合，平成29年は，3630×0.102≒370，平成30年は，3449×0.104≒359であり，平成30年の件数は29年より減少している。

**2**．誤り。「横断中」の場合，3449×0.240－3630×0.250≒828－908＝－80，「出会い頭衝突」の場合は，3449×0.119－3630×0.139≒410－505＝－95であり，「横断中」より「出会い頭衝突」のほうが，減少数は多い。

**3**．正しい。「人対車両その他」の構成比を比べると，平成29年が10.2％，平成30年が10.4％で，平成30年のほうが大きい。したがって，平成30年の「人対車両その他」の件数の対前年減少率は，同年の「合計」の件数の対前年減少率を下回っている。

**4**．誤り。(3449×0.057)÷(3630×0.046)≒1.177より，その前年比は約118％である。

**5**．誤り。3449×(0.305＋0.240)≒1052＋828＝1880，3630×(0.307＋0.102＋0.096)≒1114＋370＋348＝1832より，平成30年の「正面衝突等」と「横断中」の合計件数は，平成29年の「正面衝突等」と「人対車両その他」と「その他」の合計件数よりも多い。

**正答　3**

# 資料解釈　病院と一般診療所の開設者別病床数(数表)　平成25年度

次の表は，病院と一般診療所について，開設者別に病床数をまとめたものである。この表から言えることとして，最も妥当なのはどれか。

開設者別病床数

(単位：床)

| 開設者 | 病院 | | 一般診療所 | |
|---|---|---|---|---|
| | 2011年 | 2010年 | 2011年 | 2010年 |
| 国 | 116,191 | 117,814 | 2,252 | 2,274 |
| 公的医療機関 | 329,861 | 334,031 | 2,740 | 2,967 |
| 社会保険関係団体 | 35,599 | 35,636 | 30 | 30 |
| 医療法人 | 851,918 | 852,022 | 86,674 | 89,458 |
| 個人 | 34,957 | 38,371 | 36,177 | 40,504 |
| その他 | 214,547 | 215,480 | 1,493 | 1,628 |
| 合計 | 1,583,073 | 1,593,354 | 129,366 | 136,861 |

**1** 2011年と2010年の両年において，病院，一般診療所共に「医療法人」の病床数が，「合計」の50％以上を占めている。

**2** 2010年についてみると，病院の「国」の病床数と一般診療所の「国」の病床数の和が，病院の病床数の「合計」と一般診療所の病床数の「合計」の和の10％以上を占めている。

**3** 病院の「国」から「その他」までのうち，2010年の病床数に対する2011年の病床数の減少数が最も多いのは，「個人」である。

**4** 一般診療所の「国」から「その他」までのうち，2010年の病床数に対する2011年の病床数の減少率が最も大きいのは，「公的医療機関」である。

**5** 「国」から「個人」までのうち，病院の病床数と比較した一般診療所の病床数の割合が最も小さいのは，2011年の「公的医療機関」である。

## 解説

**1**．妥当である。病院の合計数は両年とも1,600,000床未満なので，800,000床あれば50％を超えていることになる。診療所については，両年とも合計が140,000床未満だから，70,000床あれば50％を超えている。

**2**．2010年において，病院の病床数の「合計」と一般診療所の病床数の「合計」の和は，1593354＋136861≒1730000 だから，その10％は約170,000床である。病院の「国」の病床数と一般診療所の「国」の病床数の和は 117814＋2274≒120000 なので，10％に満たない。

**3**．「個人」の減少数は，38371－34957≒3400 である。これに対し，「公的医療機関」の場合は，334031－329861≒4100 で，減少数は「個人」より「公的医療機関」のほうが多い。

**4**．「公的医療機関」の場合，2010年に対する2011年の減少数は約230だから，減少率は10％未満である。これに対し，「個人」の場合は減少数が4,300以上だから，減少率は10％を超えている。

**5**．2011年の「公的医療機関」の場合，一般診療所の病床数は病院の病床数の$\frac{1}{1000}$を超えているが，「社会保険関係団体」では，2010年，2011年とも$\frac{1}{1000}$未満である。したがって，病院の病床数と比較した一般診療所の病床数の割合は「社会保険関係団体」のほうが小さい。

**正答　1**

高卒警察官

No. 342 警視庁

## 資料解釈　エネルギー消費量の推移　平成28年度

次の図は，1965年度から2005年度までの，わが国の業務部門における，床面積当たりの用途別エネルギー消費量の推移をまとめたものである。この図から言えることとして，最も妥当なのはどれか。

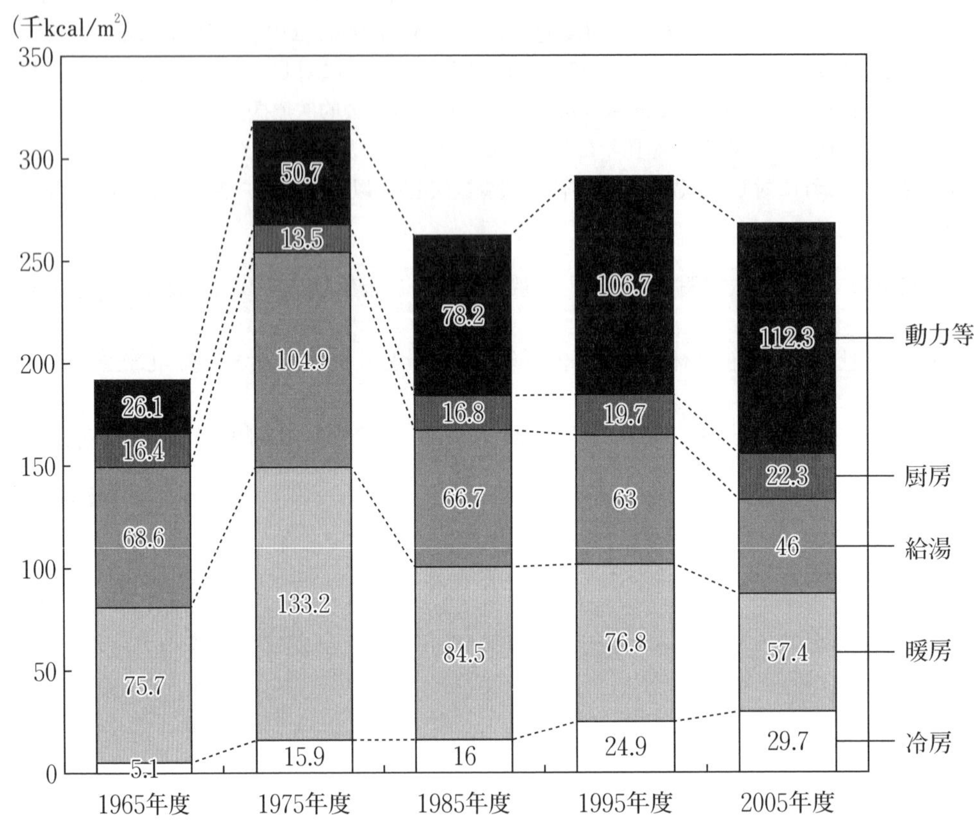


**1**　動力等のエネルギー消費量は，1975年度以降，各前統計年度値に対して20％以上増加している。

**2**　給湯のエネルギー消費量をみると，最大であった統計年度の値は，他の各統計年度の値の２倍を超えている。

**3**　各統計年度毎の冷房と暖房のエネルギー消費量の合計は，いずれの統計年度でも統計年度毎の全エネルギー消費量の50％を超えていない。

**4**　全エネルギー消費量に対する厨房のエネルギー消費量の比率は，全ての統計年度で５％を超えている。

**5**　2005年度の全エネルギー消費量は，1965年度の全エネルギー消費量の1.5倍を超えている。

**解説**

**1**. 誤り。1995年度における動力等のエネルギー消費量は106.7千 kcal だから，ここから20％増加すれば，2005年度は120千 kcal を超えていなければならない。

**2**. 誤り。給湯のエネルギー消費量が最大なのは1975年度で104.9千 kcal である。これが２倍を超えているならば，他の統計年度における給湯のエネルギー消費量は52.45千 kcal 未満でなければならない。

**3**. 正しい。1975年度以外の統計年度における冷房と暖房のエネルギー消費量の合計は，多くても100千 kcal 程度なので，これが50％を超えているならば，全体量が200千 kcal 程度以下でなければならない。1975年度における冷房と暖房のエネルギー消費量の合計は約150千 kcal なので，これが50％を超えているためには，全体量が300千 kcal 程度以下でなければならない。したがって，いずれの統計年度でも50％を超えていない。

**4**. 誤り。1975年度における全エネルギー消費量は300千 kcal を超えているので，その５％なら15千 kcal を超えていなければならない。

**5**. 誤り。1965年度における全エネルギー消費量は，5.1＋75.7＋68.6＋16.4＋26.1≒192であり，その1.5倍は288となるが，図から判断する限り，2005年度における全エネルギー消費量は280千 kcal 未満である。

**正答 3**

高卒警察官

No. 343 警視庁

# 資料解釈 主要肥料メーカーの生産能力等 平成30年度

次の表は主要肥料メーカーの生産能力等を表したものである。この表からいえることとして，最も妥当なのはどれか。

| 会社 | 生産能力（千 t） | 生産数量（千 t） | 1銘柄当たりの生産量（t/ 銘柄） |
|---|---|---|---|
| A社 | 1,360 | 900 | 17,308 |
| B社 | 318 | 234 | 511 |
| C社 | 289 | 190 | 868 |
| D社 | 266 | 150 | 263 |

**1** 4社のうち，生産能力の7割以上を生産しているメーカーはない。
**2** A社の生産数量は4社の生産数量の合計の6割に満たない。
**3** 4社の中で，最も銘柄数が多いのはB社である。
**4** 4社を合計した1銘柄あたりの生産数量は約4,700t である。
**5** D社の1銘柄あたりの生産能力は，500t に満たない。

数学 物理 化学 生物 地学 文章理解 判断推理 数的推理 資料解釈

**1**．誤り。B社の場合，318×0.7≒223＜234であり，生産能力の7割を超えている。

**2**．誤り。1：1.5＝4：6より，A社の生産数量がB，C，D社の生産数量の1.5倍あれば全体の6割を占めることになる。234＋190＋150＝574であるが，600×1.5＝900であることから，A社の生産数量はB，C，D社の生産数量の1.5倍を超えている。したがって，4社の生産数量の合計の6割を超えていることになる。

**3**．誤り。銘柄数の大小は，「生産数量÷1銘柄当たりの生産量」で求められる。B社の場合，234÷511＜0.5であるが，D社の場合は，150÷263＞0.5であり，銘柄数はD社のほうが多い。実際の銘柄数は，B社：234×1000÷511≒458，D社：150×1000÷263≒570となる。

**4**．誤り。「A～D4社の1銘柄当たりの生産数量の和」÷4≒4700であるが，4社を合計した1銘柄当たりの生産数量を求めるには，「4社の生産数量の和」÷「4社の銘柄数の和」で求めなければならない。**2**より，4社の生産数量の和は，1474×1000，**3**より，銘柄数は，B社とD社の和だけでも1,000を超えている。1474×1000÷1000＝1474であるから，4社を合計した1銘柄当たりの生産数量は，1,474t未満である。

**5**．正しい。570×500＝285000＞266×1000より，D社の1銘柄当たりの生産能力は500tに満たない。

**正答　5**

高卒警察官

No. 344 警視庁

# 資料解釈　メバチマグロの在庫量　令和4年度

次の表は，平成30年・冷凍メバチマグロの月別／市別・月末在庫量についてまとめたものである。この表から判断できるア～オの記述の正誤の組合せとして，最も妥当なのはどれか。

(単位：t)

| | 消費地 | | | 産地 | | | | | | 総計 |
|---|---|---|---|---|---|---|---|---|---|---|
| | 東京都区部 | 福岡市 | その他 | 三浦市 | 静岡市 | 焼津市 | 枕崎市 | 指宿市 | その他 | |
| 1月 | 80 | 178 | 79 | 1,167 | 3,178 | 2,956 | 50 | 58 | 190 | 7,936 |
| 2月 | 93 | 166 | 73 | 1,508 | 4,167 | 3,497 | 61 | 42 | 187 | 9,794 |
| 3月 | 93 | 161 | 76 | 1,484 | 2,386 | 3,847 | 50 | 173 | 207 | 8,477 |
| 4月 | 103 | 190 | 63 | 1,555 | 2,393 | 5,158 | 37 | 146 | 207 | 9,852 |
| 5月 | 119 | 181 | 56 | 1,444 | 2,215 | 4,734 | 88 | 105 | 246 | 9,188 |
| 6月 | 108 | 184 | 86 | 1,626 | 2,639 | 5,373 | 40 | 94 | 215 | 10,365 |
| 7月 | 102 | 196 | 108 | 1,511 | 2,527 | 4,571 | 31 | 52 | 251 | 9,349 |
| 8月 | 73 | 191 | 128 | 1,468 | 2,165 | 3,974 | 171 | 74 | 237 | 8,481 |
| 9月 | 64 | 186 | 158 | 1,324 | 1,816 | 4,146 | 147 | 113 | 233 | 8,187 |
| 10月 | 59 | 174 | 127 | 1,489 | 2,216 | 4,354 | 236 | 60 | 221 | 8,936 |
| 11月 | 70 | 189 | 136 | 1,513 | 1,853 | 4,273 | 63 | 143 | 220 | 8,460 |
| 12月 | 57 | 148 | 170 | 1,277 | 2,184 | 3,776 | 462 | 113 | 219 | 8,406 |
| 年間 | 1,021 | 2,144 | 1,260 | 17,366 | 29,739 | 50,659 | 1,436 | 1,173 | 2,633 | 107,431 |

ア　年間在庫量が最も多いのは焼津市で，総計の50％を超えている。

イ　年間在庫量について，「産地」の総在庫量は「消費地」の総在庫量の20倍以上の在庫がある。

ウ　焼津市を除いた1月と6月の総計を比べると，両者の差異は20トン未満である。

エ　東京都区部と福岡市とを比べると，半数以上の月で福岡市の在庫量が東京都区部の2倍以上になっている。

オ　枕崎市で月別在庫量が最大だったのは12月で，指宿市の月別在庫量が最大だった月の3倍を超えている。

| | ア | イ | ウ | エ | オ |
|---|---|---|---|---|---|
| **1** | 正 | 誤 | 正 | 誤 | 誤 |
| **2** | 正 | 誤 | 正 | 誤 | 正 |
| **3** | 誤 | 正 | 正 | 正 | 誤 |
| **4** | 誤 | 正 | 誤 | 正 | 正 |
| **5** | 誤 | 正 | 誤 | 正 | 誤 |

## 解説

ア：誤り。「年間在庫量が最も多いのは焼津市」という前半部分は正しい。後半部分は，50659×2＝101318＜107431となるので，誤りである。

イ：正しい。「消費地」の年間総在庫量は，1021＋2144＋1260＝4425である。「産地」の年間総在庫量は，107431－4425＝103006であり，4425×20＝88500＜103006より，20倍を超えている。

ウ：正しい。1月は，7936－2956＝4980，6月は，10365－5373＝4992であり，その差は12トンである。

エ：正しい。福岡市の在庫量が東京都区部の在庫量の2倍以上になっている月は，1月，8～12月の6回ある。

オ：誤り。「枕崎市で月別在庫量が最大だったのは12月」という前半部分は正しい。後半部分については，指宿市の月別在庫量が最大だったのは，3月の173トンなので，173×3＝519＞462であり，3倍未満である。

以上から，正答は**3**である。

**正答　3**

警視庁

# No. 345 資料解釈 窃盗の手口別構成比 平成21年度

次のグラフは，窃盗の手口別構成比についてあらわしたものであるが，このグラフから正しくいえるものはどれか。

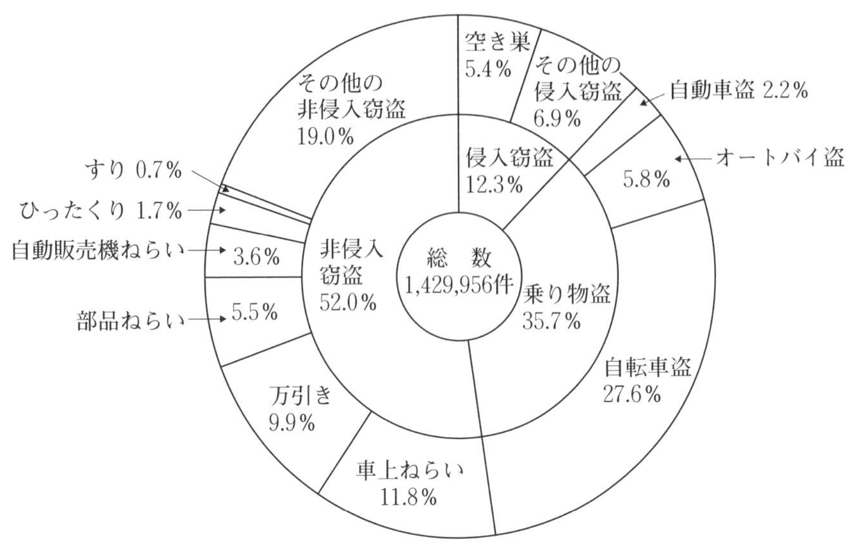


注：内容別の構成比の合計は，誤差の関係で必ずしも内側の％にならない。

**1** 侵入窃盗の件数は，20万件を上回っている。
**2** 乗り物盗の件数は，侵入窃盗の件数の３倍を上回っている。
**3** 万引きの件数は，約14万件である。
**4** 非侵入窃盗件数に占める車上ねらいの割合は，２割を下回っている。
**5** 自転車盗の件数は，オートバイ盗の件数の５倍を上回っている。

## 解説

**1**．誤り。総数が150万件，侵入窃盗の構成比が13％あったとしても，150万×0.13＝19.5万にしかならず，20万件には達しない。

**2**．誤り。12.3×3＝36.9＞35.7 より，乗り物盗の件数は侵入窃盗の件数の３倍を下回っている。

**3**．正しい。143万×0.099＝14.157万≒14万〔件〕である。

**4**．誤り。52.0×0.2＝10.4＜11.8 より，非侵入窃盗件数に占める車上ねらいの割合は，２割を上回っている。

**5**．誤り。5.8×5＝29.0＞27.6 より，自転車盗の件数は，オートバイ盗の件数の５倍を下回っている。

**正答 3**

高卒警察官 No. 346 警視庁

# 資料解釈　特別法犯の構成比と推移　平成27年度

次の表は，交通法令違反を除く特別法犯の状況について，2000年と2013年とを比較したものである。両年とも，送致件数及び送致人員について法令別の構成比及び合計を示し，構成比の単位は%，送致件数の合計の単位は件，送致人員の合計の単位は人である。この表から言えることとして，最も妥当なのはどれか。

| | 送致件数 | | 送致人員 | |
|---|---|---|---|---|
| | 2000年 | 2013年 | 2000年 | 2013年 |
| 覚せい剤取締法 | 34.1 | 20.5 | 29.3 | 16.4 |
| 軽犯罪法 | 10.3 | 14.1 | 12.2 | 16.8 |
| 廃棄物処理法 | 3.1 | 7.3 | 4.1 | 9.5 |
| 銃刀法 | 5.6 | 6.7 | 4.7 | 6.2 |
| その他 | 46.9 | 51.4 | 49.7 | 51.0 |
| 合計 | 75,917 | 73,551 | 64,622 | 65,627 |

（注）端数処理のため，合計が100%にならない場合がある。

**1**　2013年における覚せい剤取締法違反送致件数と軽犯罪法違反送致件数との差は4000件に満たない。

**2**　2013年における覚せい剤取締法違反送致人員の2000年のそれに対する減少数は，9000人を上回っている。

**3**　2013年の軽犯罪法違反送致人員の2000年のそれに対する増加率は，30%以上である。

**4**　2013年の廃棄物処理法違反送致件数は，2000年のそれよりも4000件以上増加している。

**5**　2013年における廃棄物処理法違反と銃刀法違反の送致件数の差は，2000年のそれの約3分の1である。

**解説**

**1**．誤り。2013年における覚せい剤取締法違反送致件数と軽犯罪法違反送致件数との差は，73,551件の6.4％（＝20.5−14.1）。73551×0.064＞70000×0.06＝4200，より，その差は4,000件を超えている。

**2**．誤り。2013年における覚せい剤取締法違反送致人員の2000年のそれに対する減少数は，概ね65,000人の13％（＝29.3−16.4）程度である。65000×0.13＝8450，より，9,000人に達しない。

**3**．正しい。2013年における送致人員の合計数は2000年より多く，16.8÷12.2≒1.38，だから，その増加率が30％以上であるというのは正しい。

**4**．誤り。75,000件の４％として，75000×0.04＝3000，より，増加数は3,000件であり，4,000件を超えることはない。

**5**．誤り。2000年は，75917×(0.056−0.031)≒1900，2013年は，73551×(0.073−0.067)≒440であり，$\frac{1}{4}$未満である。

以上より，正答は**3**である。

**正答　3**

数学　物理　化学　生物　地学　文章理解　判断推理　数的推理　資料解釈

## No. 347 資料解釈 病院の1日平均外来患者数等の推移 平成20年度

下図は，ある県の病院の一日平均外来患者数，一日平均在院患者数及び一般病床等の平均在院日数をみたものであるが，この図から正しくいえるものはどれか。

一日平均在院・外来患者数と一般病床等の平均在院日数の推移

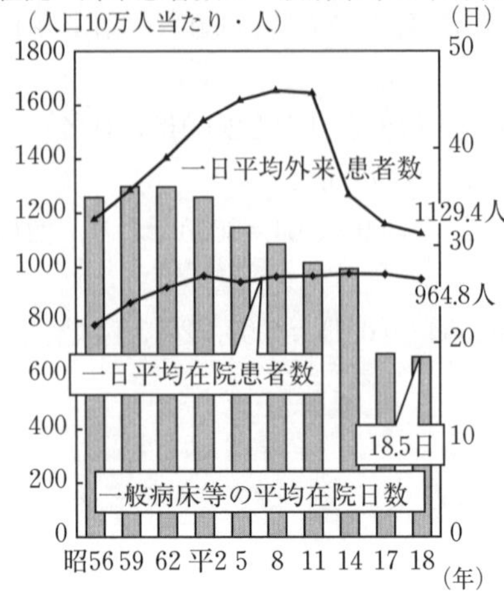


**1**　一日平均外来患者数は平成11年に比べ平成14年に大きく減少しており，その減少率は約31％となっている。

**2**　一般病床等の平均在院日数は昭和59年に比べると平成18年には約40％程度減少してきており，治療効果の改善が図られてきている。

**3**　一日平均外来患者数は平成８年を一つのピークとしてその後減少傾向にあり，平成18年の対前年減少率は平成17年のそれの３分の１程度となっている。

**4**　昭和62年に比べた平成２年一般病床等の平均在院日数の減少数は平成２年に比べた平成５年のそれの２分の１以下であり，平成２年の減少率は3.3％，平成５年のそれは6.5％となっている。

**5**　昭和59年から平成17年の間のうち，それぞれの３年前に比べた一日平均在院患者数の増加率をみると，昭和59年は昭和62年より高く，昭和62年より平成２年は低くなっている。

**1**．平成11年の一日平均外来患者数は1,600～1,700人の間である。1600×0.7＝1120，1700×0.7＝1190より，平成11年から31％減少した場合は14年の一日平均外来患者数は1,200人未満とならなければならないが，図では1,200人を超えており，誤りである。

**2**．一般病床等の平均在院日数が減少しているのが治療効果の改善であるかどうかは，この資料からは判断できない。

**3**．前半部分は正しいが，後半部分については，平成16年の資料がないので，17年の対前年減少率を知ることができず，比較することができない。

**4**．昭和62年に比べた平成２年一般病床等の平均在院日数の減少数は平成２年に比べた平成５年のそれの２分の１以下であるならば，平成２年の減少率は平成５年の減少率の２分の１以下でなければならない。

**5**．正しい。増加量が一定である場合，グラフの傾きは一定で直線となるが，それでもこのときの増加率は小さくなっていく。昭和56年～59年，59年～62年，62年～平成２年の部分では，グラフの傾きは小さくなっているので，昭和59年→62年→平成２年と増加率は明らかに小さくなっている。

**正答　5**

高卒警察官

警視庁

No. 348 資料解釈 栽培面積の地域別構成比 平成26年度

次の図は，平成24年のみかん，みかん以外の柑橘類（図及び選択肢では「柑橘類」と表示する），りんご及びかきの栽培面積に関して，北海道を除く地域別の構成比を示したものである。また，みかんの都府県における栽培面積の合計は47,200ヘクタール，みかん以外の柑橘類のそれは27,700ヘクタール，りんごのそれは39,100ヘクタール，かきのそれは22,600ヘクタールである。この図から言えることとして，最も妥当なのはどれか。なお，1％未満の地域は図では省略されている。

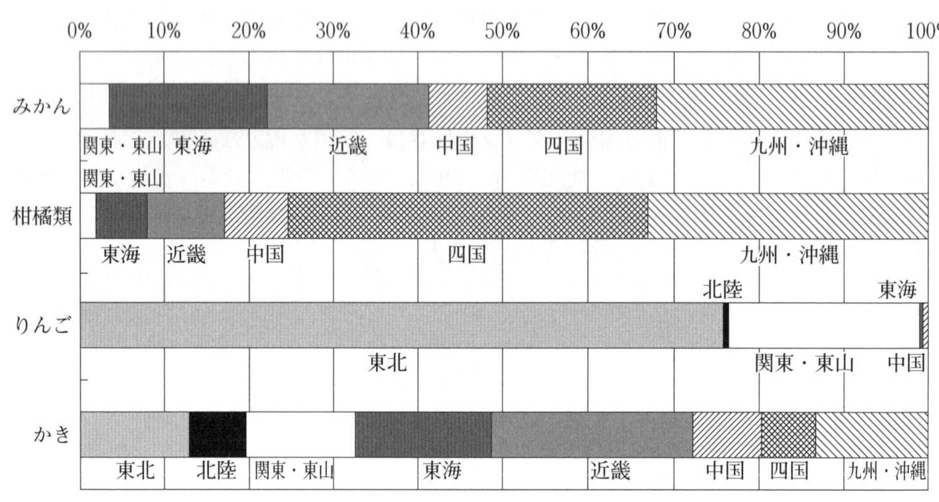


（注）関東・東山に所属する都県は，茨城，栃木，群馬，埼玉，千葉，東京，神奈川，山梨，長野である。

**1** 東北におけるりんごの栽培面積は，同地域におけるかきのそれの6倍弱である。
**2** 関東・東山におけるかきの栽培面積は，中国におけるみかんのそれのほぼ2倍である。
**3** 東海における柑橘類の栽培面積は，同地域のみかんのそれのほぼ3分の1弱である。
**4** 近畿におけるかきの栽培面積は，関東・東山におけるりんごのそれを上回っている。
**5** 九州・沖縄のみかんの栽培面積は，四国のそれよりも4,500ヘクタール以上多い。



数学 物理 化学 生物 地学 文章理解 判断推理 数的推理 資料解釈

**1**. 誤り。りんごの栽培面積合計は39,100ha，かきの栽培面積合計は22,600haだから，りんごの栽培面積はかきの1.7倍以上ある。りんごの栽培面積における東北の割合は約75%，かきの栽培面積における東北の割合は約13%とすると，75÷13≒5.8となるので，5.8×1.7≒9.9より，東北におけるりんごの栽培面積は，同地域におけるかきのそれの10倍程度あることになる。

**2**. 誤り。関東・東山におけるかきの栽培面積は，全体の約13%として，22600×0.13＝2938，中国におけるみかんの栽培面積は，全体の7%として，47200×0.07＝3304となり，中国におけるみかんの栽培面積のほうが大きい。

**3**. 誤り。みかんの栽培面積は柑橘類の栽培面積の約1.7倍（≒47200÷27700）ある。東海におけるみかんの栽培面積は全体の約18%，柑橘類の栽培面積は全体の約6%で，みかんは柑橘類の3倍ある。したがって，東海におけるみかんの栽培面積は柑橘類の栽培面積の約5.1倍（＝1.7×3）となるので，柑橘類の栽培面積は，同地域のみかんのそれの$\frac{1}{5}$未満である。

**4**. 誤り。近畿におけるかきの栽培面積は，全体の約24%として，22600×0.24＝5424，関東・東山におけるりんごの栽培面積は，全体の約22%として，39100×0.22＝8602となり，関東・東山におけるりんごの栽培面積のほうが大きい。

**5**. 正しい。みかんの栽培面積は，九州・沖縄が全体の約32%，四国が全体の約20%で，九州・沖縄のほうが約12%大きい。47200×0.12＞4500より，4,500ha以上多いというのは正しい。

以上から，正答は**5**である。

**正答　5**

高卒警察官

No.349 警視庁

# 資料解釈 公園での球技禁止状況 令和3年度

次のグラフは首都圏，中京圏，関西圏の公園において，野球・サッカーの禁止告知の看板が掲示されているかどうか，看板が掲示されている場合にはさらに禁止を強調した看板があるかどうかについてまとめたものである。下のグラフから読み取れるア～ウの正誤の組合せとして，最も妥当なのはどれか。ただし，グラフ中の「禁止看板あり」は，禁止告知の看板のみが掲示されている場合を指し，「禁止強調看板あり」は禁止告知の看板に加え禁止強調看板が掲示されている場合を指すものとする。

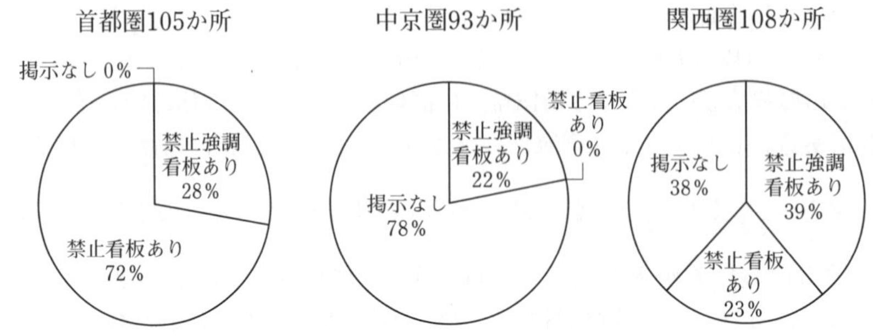


ア　関西圏の「禁止強調看板あり」の公園の個数は40か所以上である。

イ　3つのエリアの合計において，「掲示なし」の公園の割合は40%を超えている。

ウ　3つのエリアの合計において「禁止強調看板あり」の公園の個数は100か所を超えている。

| | ア | イ | ウ |
|---|---|---|---|
| **1** | 正 | 正 | 正 |
| **2** | 正 | 誤 | 正 |
| **3** | 正 | 誤 | 誤 |
| **4** | 誤 | 正 | 誤 |
| **5** | 誤 | 誤 | 正 |

## 解説

ア：正しい。108×0.39＝42.12より，40か所以上である。

イ：誤り。3つのエリアの合計において，「掲示なし」の公園は，105×0.00＋93×0.78＋108×0.38＝0＋72.54＋41.04＝113.58より，約114か所である。3つのエリアの公園の合計数は，105＋93＋108＝306であり，その40%は，306×0.4≒122である。したがって，40%に満たない。

ウ：誤り。105×0.28＋93×0.22＋108×0.39≒29＋20＋42＝91であり，100か所に満たない。

よって，正答は**3**である。

正答 3

高卒警察官

No. 350 警視庁

## 資料解釈　車両等の運転に関する違反別取締件数　平成19年度

次のグラフは，車両等の運転に関する違反別交通違反取締件数をみたものである。このグラフから，正しくいえるものはどれか。

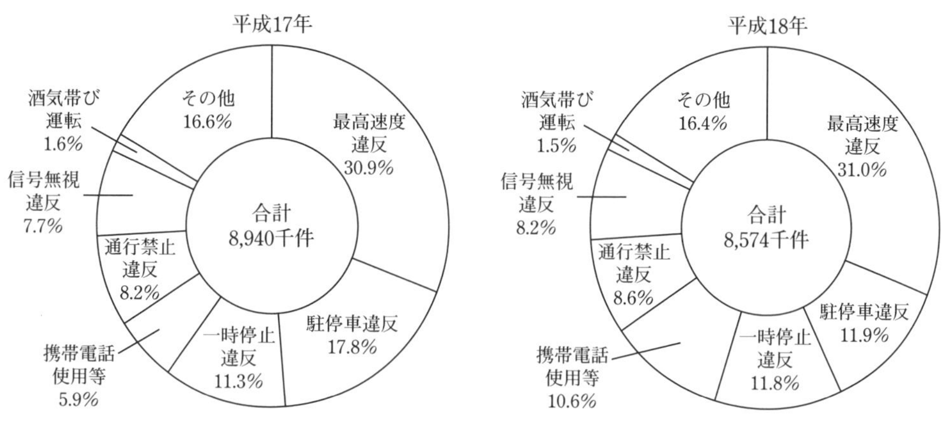


**1**　平成17年に比べた平成18年の違反件数が増加しているのは，一時停止違反，携帯電話使用等，通行禁止違反の3項目である。

**2**　平成17年に比べ，平成18年に最も増加したのは携帯電話使用等で，約2.5倍に増加している。

**3**　平成18年の酒気帯び運転は，平成17年に比べ約1万4千件減少し，減少率は約10%となっている。

**4**　平成18年における最高速度違反の対前年減少率は，違反件数の合計の対前年減少率を上回っている。

**5**　平成17年に比べ，平成18年に最も減少したのは駐停車違反であり，対前年減少率は，約50%となっている。

### 解説

**1**．平成17年における違反件数は，一時停止違反が 8940×0.113≒1010〔千件〕，携帯電話使用等が 8940×0.059≒527〔千件〕，通行禁止違反が 8940×0.082≒733〔千件〕，信号無視違反が 8940×0.077≒688〔千件〕となっている。一方，平成18年における違反件数は，一時停止違反が 8574×0.118≒1012〔千件〕，携帯電話使用等が 8574×0.106≒909〔千件〕，通行禁止違反が 8574×0.086≒737〔千件〕，信号無視違反が 8574×0.082≒703〔千件〕となっている。したがって，信号無視違反もこの間に増加している。

**2**．携帯電話使用等の違反件数は，平成17年が527千件，18年が909千件となっているが，527×2.5≒1320>909〔千件〕であり，この間の増加の倍率は2.5倍よりかなり少ない。

**3**．正しい。酒気帯び運転の違反件数は，平成17年が 8940×0.016≒143〔千件〕，18年が 8574×0.015≒129〔千件〕となっているので，この間の減少件数は 143－129≒14〔千件〕，すなわち約1万4千件である。また，減少率は 14÷143≒0.10，すなわち約10%である。

**4**．平成17年における違反件数は，最高速度違反が 8940×0.309≒2760〔千件〕，合計が8940千件，18年における違反件数は，最高速度違反が 8574×0.310≒2660〔千件〕，合計が8574千件となっている。したがって，平成18年における対前年減少率は，最高速度違反が (2760－2660)÷2760≒0.036，合計が (8940－8574)÷8940≒0.041 となる。よって，合計の対前年減少率のほうが大きい。

**5**．駐停車違反の違反件数は，平成17年が 8940×0.178≒1590〔千件〕，18年が 8574×0.119≒1020〔千件〕であるから，この間の減少率は (1590－1020)÷1590≒0.358 であり，50%をかなり下回っている。

**正答　3**

**●本書の内容に関するお問合せについて**

本書の内容に誤りと思われるところがありましたら，まずは小社ブックスサイト（books.jitsumu.co.jp）中の本書ページ内にある正誤表・訂正表をご確認ください。正誤表・訂正表がない場合や訂正表に該当箇所が掲載されていない場合は，書名，発行年月日，お客様の名前・連絡先，該当箇所のページ番号と具体的な誤りの内容・理由等をご記入のうえ，郵便，FAX，メールにてお問合せください。

〒163-8671 東京都新宿区新宿 1-1-12 実務教育出版 受験ジャーナル編集部
FAX：03-5369-2237　　E-mail：juken-j@jitsumu.co.jp

**【ご注意】**

※電話でのお問合せは，一切受け付けておりません。
※内容の正誤以外のお問合せ（詳しい解説・受験指導のご要望等）には対応できません。

公務員試験　合格の350シリーズ
**高卒警察官〈教養試験〉過去問350［2025年度版］**

2024年4月20日　初版第1刷発行　〈検印省略〉

**編　者**　資格試験研究会
**発行者**　淺井亨

**発行所**　株式会社 実務教育出版
〒163-8671　東京都新宿区新宿1-1-12
☎編集　03-3355-1812　販売　03-3355-1951
振替　00160-0-78270

**印　刷**　精興社
**製　本**　ブックアート


ISBN978-4-7889-6900-1 C0030　Printed in Japan
乱丁，落丁本は本社にておとりかえいたします。

# 公務員一次試験情報をお寄せください

小社では，次の要領で本年度公務員試験の情報を募集しております。受験後ご記憶の範囲でけっこうですので，事務系・技術系問わず，ぜひとも情報提供のご協力をお願いいたします。

☆**募集内容**　地方初級（道府県・市町村），警察官（中級も含む），消防官（中級も含む），特別職公務員などの一次試験に関する情報（教養・適性の実際問題・科目別内訳など）

**※試験問題を持ち帰ることができる試験については，情報をお送りいただく必要はありません。**

☆**送り先**　〒163-8671　新宿郵便局 私書箱330号　（株）実務教育出版「試験情報係」

☆**謝礼**　情報内容の程度により謝礼を進呈いたします。　☆**締切**　試験受験後

---

住所 〒＿＿＿＿＿＿＿＿＿＿

氏名＿＿＿＿＿＿＿＿　年齢（合格時）＿＿＿＿　職業＿＿＿＿

受講生番号＿＿－＿＿－＿＿　☎＿＿（　　）＿＿

※１つの試験についてのみご記入ください。そのほかの試験についてや用紙が足りない場合はレポート用紙でも可。

●**受験した試験名**＿＿＿＿＿＿＿＿　**試験区分**＿＿＿＿＿＿＿＿

●**一次試験日**＿＿＿＿＿＿＿＿　**試験時間**＿＿＿＿＿＿＿＿

●**制限時間と出題数**（課されたものについて，□内に✓を，また（　）内は○をつけてください。）

□教養択一式＿＿分＿＿題（うち必須＿＿題，選択＿＿題のうち＿＿題解答）

□教養記述式＿＿分＿＿題　□漢字＿＿分＿＿題　□専門（択一式・記述式・短答式）＿＿分＿＿題

□事務適性＿＿分＿＿形式＿＿題　□性格検査（クレペリン・　-　〔　　〕）＿＿分＿＿題

□作文＿＿分＿＿字（タテ・ヨコ）書き　課題＿＿＿＿＿＿＿＿

□面接試験　｛個別面接　試験官＿＿人　面接時間＿＿分
　　　　　　　集団面接　受験者＿＿人　試験官＿＿人　面接時間＿＿分

●**択一式マークの方法**　═（　）　⊗（　）　●（　）　▬（　）　そのほか〔具体的に　　〕

●**教養試験出題内訳**

| No. | 科　目 | 出　題　内　容 | No. | 科　目 | 出　題　内　容 |
|---|---|---|---|---|---|
| 1 | | | 26 | | |
| 2 | | | 27 | | |
| 3 | | | 28 | | |
| 4 | | | 29 | | |
| 5 | | | 30 | | |
| 6 | | | 31 | | |
| 7 | | | 32 | | |
| 8 | | | 33 | | |
| 9 | | | 34 | | |
| 10 | | | 35 | | |
| 11 | | | 36 | | |
| 12 | | | 37 | | |
| 13 | | | 38 | | |
| 14 | | | 39 | | |
| 15 | | | 40 | | |
| 16 | | | 41 | | |
| 17 | | | 42 | | |
| 18 | | | 43 | | |
| 19 | | | 44 | | |
| 20 | | | 45 | | |
| 21 | | | 46 | | |
| 22 | | | 47 | | |
| 23 | | | 48 | | |
| 24 | | | 49 | | |
| 25 | | | 50 | | |

受験した試験名・試験区分＿＿＿＿＿＿＿＿＿＿＿＿＿＿＿＿＿＿＿＿＿＿＿＿＿＿＿



**●教養試験出題数**

| | |
|---|---|
| 一般知識＿＿題 | 政治＿＿題　経済＿＿題　日本史＿＿題　世界史＿＿題<br>地理＿＿題　倫理＿＿題　社会＿＿題　文学＿＿題<br>芸術＿＿題　国語＿＿題　数学＿＿題　物理＿＿題<br>化学＿＿題　生物＿＿題　地学＿＿題　英語＿＿題　その他＿＿題 |
| 一般知能＿＿題 | 文章理解＿＿題（現代文＿＿題　古文＿＿題　漢文＿＿題　英文＿＿題）<br>判断推理＿＿題　数的推理＿＿題　資料解釈＿＿題　その他＿＿題 |

**●適性試験の内容**（各形式につき覚えている限りを自由にお書きください）

**●教養試験の問題内容**

**問題文**（科目名　　　　　　）

**選択枝 1**

**2**

**3**

**4**

**5**

（図や表が必要な場合はここにお書きください）

# 公務員二次試験情報をお寄せください

小社では，次の要領で本年度公務員試験の情報を募集しております。受験後ご記憶の範囲でけっこうですので，事務系・技術系問わず，ぜひとも情報提供のご協力をお願いいたします。

**☆募集内容**　国家一般職（高卒），各種・特別職公務員，地方初級（都道府県・市区町村），警察官（中級も含む），消防官（中級も含む）などの二次試験に関する情報（作文・面接試験の内容など）。用紙が足りない場合は，この用紙をコピーまたはレポート用紙にご記入ください。

**☆送り先**　〒163-8671　新宿郵便局 私書箱330号　（株）実務教育出版「試験情報係」

**☆謝礼**　情報内容の程度により，謝礼を進呈いたします。　**☆締切**　試験受験後

住所 〒＿＿＿＿＿＿＿＿＿＿

氏名＿＿＿＿＿＿　年齢（合格時）＿＿＿＿　職業＿＿＿＿

受講生番号＿＿－＿＿－＿＿　☎＿＿（　　）＿＿

※１つの試験についてのみご記入ください。そのほかの試験についてや用紙が足りない場合はレポート用紙でも可。

**●受験した試験名**＿＿＿＿＿＿　**試験区分**＿＿＿＿＿＿

**●二次試験日**＿＿＿＿＿＿　**試験時間**＿＿＿＿＿＿

**●制限時間と出題数**（課されたものについて，□内に✓をつけてください。）

□作文＿＿分＿＿字（タテ・ヨコ）書き　課題＿＿＿＿＿＿

□性格検査（クレペリン・　-　〔　　〕）＿＿分＿＿題

□事務適性試験＿＿分＿＿形式＿＿題　□記述式試験＿＿分＿＿題

□面接試験　{個別面接　試験官＿＿人　面接時間＿＿分
　　　　　　{集団面接　受験者＿＿人　試 験 官＿＿人　面接時間＿＿分

□体力検査　検査項目（　　　　　　）

□身体検査　検査項目（　　　　　　）

□そのほか（具体的に　　　　　　）

**●面接試験の質問内容とあなたの回答**（順番に，できるだけ詳しく）

**●そのほかの試験（性格検査，記述式試験など）の内容**

**※二次試験についての感想など，自由にお書きください。**